Die Bonus-Seite

Ihr Vorteil als Käufer dieses Buches

Auf der Bonus-Webseite zu diesem Buch finden Sie zusätzliche Informationen und Services. Dazu gehört auch ein kostenloser **Testzugang** zur Online-Fassung Ihres Buches. Und der besondere Vorteil: Wenn Sie Ihr **Online-Buch** auch weiterhin nutzen wollen, erhalten Sie den vollen Zugang zum **Vorzugspreis**.

So nutzen Sie Ihren Vorteil

Halten Sie den unten abgedruckten Zugangscode bereit und gehen Sie auf **www.galileocomputing.de**. Dort finden Sie den Kasten **Die Bonus-Seite für Buchkäufer**. Klicken Sie auf **Zur Bonus-Seite/Buch registrieren**, und geben Sie Ihren **Zugangscode** ein. Schon stehen Ihnen die Bonus-Angebote zur Verfügung.

Ihr persönlicher **Zugangscode**

bfe7-hwdu-cq6k-zpts

Thomas Theis

Einstieg in JavaScript

Galileo Press

Liebe Leserin, lieber Leser,

modernes JavaScript bietet reichhaltige Funktionalitäten an, um dynamische Webseiten zu entwickeln. Es lohnt sich, wenn Sie sich die Zeit nehmen und die grundlegenden Konzepte von JavaScript lernen. Sobald Sie diese Grundlagen beherrschen, können Sie die vielen Möglichkeiten, die sich für Ihren Webauftritt auftun, nutzen.

Dieser Programmierkurs führt Sie von den absoluten Basics bis hin zu kompletten Anwendungen. Auf sehr anschauliche und leicht verständliche Weise lernen Sie damit die Grundlagen von JavaScript. Von Anfang an entwickeln Sie selbst erste Programme und bauen Schritt für Schritt Ihr Wissen auf. Viele Programmbeispiele und Abbildungen unterstützen Sie beim Lernen. Nach der Lektüre können Sie eines oder mehrere von acht größeren Beispielprojekten selbst nachprogrammieren und nach Belieben erweitern. Genaue Anleitungen dazu und weitere Bonusprogramme finden Sie auf der beiliegenden CD-ROM (bei elektronischen Buch-Ausgaben: im Downloadpaket).

Jetzt wünsche ich Ihnen viel Erfolg beim Lernen. Falls Sie Fragen, Anregungen, Lob oder Kritik zu diesem Buch äußern möchten, wenden Sie sich an mich. Ich freue mich über Ihre Rückmeldung.

Ihre Anne Scheibe
Lektorat Galileo Computing

anne.scheibe@galileo-press.de
www.galileocomputing.de
Galileo Press · Rheinwerkallee 4 · 53227 Bonn

Auf einen Blick

Wir hoffen sehr, dass Ihnen dieses Buch gefallen hat. Bitte teilen Sie uns doch Ihre Meinung mit. Eine E-Mail mit Ihrem Lob oder Tadel senden Sie direkt an die Lektorin des Buches: *anne.scheibe@galileo-press.de*. Im Falle einer Reklamation steht Ihnen gerne unser Leserservice zur Verfügung: *service@galileo-press.de*. Informationen über Rezensions- und Schulungsexemplare erhalten Sie von: *britta.behrens@galileo-press.de*.

Informationen zum Verlag und weitere Kontaktmöglichkeiten finden Sie auf unserer Verlagswebsite *www.galileo-press.de*. Dort können Sie sich auch umfassend und aus erster Hand über unser aktuelles Verlagsprogramm informieren und alle unsere Bücher versandkostenfrei bestellen.

An diesem Buch haben viele mitgewirkt, insbesondere:

Lektorat Anne Scheibe
Fachkorrektorat Kai Günster
Korrektorat Petra Biedermann
Herstellung Janina Brönner
Einbandgestaltung Nils Schlösser, Janina Conrady
Coverbild iStockphoto: 17666427 © Maystra, 25909543 © Alkestida
Typografie und Layout Vera Brauner
Satz Typographie & Computer, Krefeld
Druck und Bindung Beltz Druckpartner, Bad Langensalza

Dieses Buch wurde gesetzt aus der TheAntiquaB (9,35/13,7 pt) in FrameMaker. Gedruckt wurde es auf chlorfrei gebleichtem Offsetpapier (90 g/m^2).

Der Name Galileo Press geht auf den italienischen Mathematiker und Philosophen Galileo Galilei (1564–1642) zurück. Er gilt als Gründungsfigur der neuzeitlichen Wissenschaft und wurde berühmt als Verfechter des modernen, heliozentrischen Weltbilds. Legendär ist sein Ausspruch *Eppur si muove* (Und sie bewegt sich doch). Das Emblem von Galileo Press ist der Jupiter, umkreist von den vier Galileischen Monden. Galilei entdeckte die nach ihm benannten Monde 1610.

Bibliografische Information der Deutschen Nationalbibliothek:
Die Deutsche Nationalbibliothek verzeichnet diese Publikation in der Deutschen Nationalbibliografie; detaillierte bibliografische Daten sind im Internet über *http://dnb.d-nb.de* abrufbar.

ISBN 978-3-8362-2587-8
© Galileo Press, Bonn 2014
1. Auflage 2014

Inhalt

3   Eigene Objekte

7   Browserobjekte nutzen

8   Ajax

9 Cascading Style Sheets (CSS) 261

10 jQuery 299

11 jQuery UI 317

12 jQuery mobile 327

13 Cookies 347

14 Beispielprojekte 357

15   HTML 5

Anhang

Kapitel 1
Einführung

Was ist JavaScript? Was kann ich damit machen und was nicht?
Wie baue ich es in meine Internetseite ein? In diesem Kapitel
werden erste Fragen geklärt.

Bei JavaScript handelt es sich um eine Programmiersprache, die speziell für Internetseiten entworfen wurde. Sie bietet viele Elemente, die auch aus anderen Programmiersprachen bekannt sind, wie zum Beispiel Schleifen zur schnellen Wiederholung von Programmteilen, Verzweigungen zur unterschiedlichen Behandlung verschiedener Situationen und Funktionen zur Zerlegung eines Programms in übersichtliche Bestandteile. Außerdem haben Sie mit Hilfe von Objekten und dem *Document Object Model* (DOM) Zugriff auf alle Elemente Ihrer Internetseiten, so dass Sie sie dynamisch verändern können.

1.1   Was mache ich mit JavaScript?

JavaScript-Programme werden den Benutzern innerhalb von Internetseiten zusammen mit HTML zur Verfügung gestellt. Sie werden auf dem Browser des Benutzers ausgeführt und können die Inhalte einer Internetseite dynamisch verändern. Dies geschieht entweder sofort nach dem Laden der Internetseite oder nach dem Eintreten eines Ereignisses, zum Beispiel der Betätigung eines Buttons durch den Benutzer. JavaScript ermöglicht somit den Entwurf komplexer Anwendungen mit einer Benutzeroberfläche.

JavaScript wurde entworfen, um dem Benutzer zusätzliche Möglichkeiten und Hilfen zu bieten, die er allein mit HTML nicht hat.

Sie sollten diese Möglichkeiten nicht dazu nutzen, den Benutzer in irgendeiner Form einzuschränken. Es ist zum Beispiel sehr ärgerlich für den Benutzer, beim Surfen auf eine Internetseite geleitet zu werden, die ihm den Schritt zurück auf die Vorgängerseite verwehrt, weil der Entwickler der Seite mit Hilfe von JavaScript die Liste der bisher besuchten Seiten gelöscht hat. Er wird sich hüten, diese Website jemals wieder aufzusuchen.

Formulare spielen im Zusammenhang mit JavaScript eine wichtige Rolle. Zum einen dienen sie der Übermittlung von Daten an einen Webserver. Vor dem Absenden können ihre Inhalte durch JavaScript auf Gültigkeit hin überprüft werden. Auf diese Weise wird unnötiger Netzverkehr vermieden. Zum anderen ermöglichen Formulare eine Interaktion mit dem Benutzer, ähnlich wie er dies von anderen Anwendungen auf seinem Rechner gewohnt ist. Er kann Eingaben vornehmen und eine Verarbeitung auslösen. Das Programm liefert ihm anschließend ein Ergebnis.

1.2 Was kann JavaScript nicht?

JavaScript kann sich selbst nicht einschalten. Es wird leider immer einzelne Benutzer geben, die aus Gründen der Vorsicht JavaScript in ihrem Browser ausgeschaltet haben. Allerdings ist der Anteil an Internetseiten, die diese Benutzer dann nicht mehr richtig betrachten können, sehr hoch. Wir können aber zumindest erkennen, ob JavaScript eingeschaltet ist oder nicht, und entsprechend reagieren, siehe Abschnitt 1.10, »Kein JavaScript möglich«.

JavaScript kann (ohne Zusätze) nichts auf dem Webserver speichern. JavaScript-Programme werden im Browser des Benutzers ausgeführt und nicht auf dem Webserver, von dem sie geladen werden. Daher ist es zum Beispiel nicht möglich, Daten auf dem Webserver speichern.

JavaScript kann nur wenige Daten auf dem Endgerät des Benutzers speichern. Es kann dort keine Schäden verursachen. Ein Zugriff auf Daten des Benutzers auf seiner Festplatte ist nur in geringem Umfang, in einem eingeschränkten Bereich und mit Zustimmung des Benutzers möglich. Beispiele dazu sehen Sie in Kapitel 13, »Cookies«.

1.3 Browser und mobile Browser

Internetseiten mit JavaScript werden von unterschiedlichen Browsern unter verschiedenen Betriebssystemen auf unterschiedlichen Endgeräten empfangen und für den Benutzer umgesetzt.

Manche JavaScript-Anweisung kann für bestimmte Browser eventuell kompakter formuliert werden. Ich empfehle allerdings, immer die Standardformulierung zu benutzen, damit die Anweisungen für möglichst viele Browser geeignet sind. Dieser Grundsatz gilt auch für die Beispielprogramme in diesem Buch.

Der Anteil an mobilen Endgeräten mit den dafür zugeschnittenen mobilen Browsern ist in den letzten Jahren größer geworden und wird weiterhin stark ansteigen. Mobilgeräte bieten einige zusätzliche Möglichkeiten, wie zum Beispiel Empfänger bzw.

Sensoren für Standortdaten, Lage und Beschleunigung des Mobilgeräts. Die dabei ermittelten Daten können von JavaScript weiterverarbeitet werden, siehe Abschnitt 15.11 und folgende.

1.4   Aufbau des Buchs

Zunächst eine Anmerkung in eigener Sache: Für die Hilfe bei der Erstellung dieses Buches bedanke ich mich beim Team von Galileo Press, besonders bei Anne Scheibe, Petra Biedermann und dem Fachgutachter Kai Günster.

Die Themen in diesem Buch stelle ich jeweils mit einer kurzen Beschreibung der Theorie, einem aussagefähigen Screenshot, einem vollständigen, lauffähigen Beispielprogramm und einer ausführlichen praktischen Erläuterung vor.

Auf diese Weise haben Sie einen raschen Einstieg in jedes Thema. Sie sind nicht gezwungen, vereinzelte Codezeilen zunächst in einen passenden Kontext zu setzen, um ihre Wirkung zu betrachten. Sie finden alle Beispielprogramme auf dem Datenträger zum Buch (bei elektronischen Buch-Ausgaben: im Download-Paket).

Die Inhalte des Buchs bauen normalerweise aufeinander auf, in kleinen, übersichtlichen Schritten. Dies hat den *Vorteil*, dass die Voraussetzungen zu jedem Thema vorher geklärt sind. Es hat allerdings den *Nachteil*, dass Sie das Buch tatsächlich von vorn nach hinten lesen sollten. Falls Sie es einfach an einer beliebigen Stelle aufschlagen, können Sie nicht davon ausgehen, dass hier alle Einzelheiten erklärt werden. Dies ist eventuell in einem früheren Abschnitt geschehen.

Nach der Einleitung in diesem Kapitel 1, »Einführung«, folgen die Grundlagen der Programmierung in Kapitel 2. Hier zeigen sich Ähnlichkeiten mit vielen anderen Programmiersprachen. Objekte spielen in JavaScript eine große Rolle. Sie erschaffen in Kapitel 3 eigene Objekte und lernen auf diese Weise ihren Aufbau kennen. In den Kapiteln 6, »Standardobjekte nutzen«, und 7, »Browserobjekte nutzen«, erläutere ich Ihnen die vielen vordefinierten Objekte von JavaScript.

Zur Interaktion mit dem Benutzer wird mit Ereignissen und ihren Folgen gearbeitet, siehe Kapitel 4, »Ereignisse«. Die Kenntnis des Aufbaus einer Internetseite nach dem Document Object Model (DOM, siehe Kapitel 5) ermöglicht Ihnen, auf beliebige Stellen im Dokument zuzugreifen und sie zu verändern.

Die Ajax-Technologie (siehe Kapitel 8, »Ajax«) ermöglicht Ihnen unter anderem den Austausch einzelner Teile eines Dokuments, ohne eine Seite vollständig neu laden zu müssen. JavaScript erweitert die Möglichkeiten der Formatierung und Positionierung von CSS durch dynamische Veränderungen bis hin zur Animation, siehe Kapitel 9, »Cascading Style Sheets (CSS)«.

Die weitverbreiteten Bibliotheken jQuery (siehe Kapitel 10) und jQuery UI (siehe Kapitel 11) bieten einen browserunabhängigen, komfortablen Zugriff auf viele Möglichkeiten von JavaScript. jQuery mobile (siehe Kapitel 12) dient speziell zur Programmierung mobiler Endgeräte.

Cookies (siehe Kapitel 13) bieten einen Zugriff auf Daten des Benutzers, allerdings nur in geringem Umfang und in einem eingeschränkten Bereich. In Kapitel 14, »Beispielprojekte«, verweise ich auf eine Reihe von größeren, ausführlich kommentierten Beispielprojekten, bei denen das Zusammenspiel vieler Elemente gezeigt wird. Die zusätzlichen, aber noch nicht überall vorhandenen Möglichkeiten von HTML 5 und JavaScript erläutere ich in Kapitel 15, »HTML 5«.

1.5   Einrichten der Arbeitsumgebung

Zum Schreiben Ihrer Programme genügt ein Texteditor, der die Markierungen von HTML und die Schlüsselwörter von JavaScript hervorheben kann. Dieses Verhalten erleichtert Ihnen sehr die Programmierung. Der Editor Notepad++, den Sie auf dem Datenträger zum Buch finden, beherrscht es.

Zum Testen Ihrer Programme empfiehlt sich die Nutzung möglichst vieler Browser unter unterschiedlichen Betriebssystemen auf verschiedenen Geräten. Es kann nicht schaden, die Programme auch auf älteren Rechnern zu testen, auf denen ältere Versionen der aktuellen Browser laufen.

Allerdings müssen Ihre Programme nicht beliebig abwärtskompatibel sein. Ich setze voraus, dass es nur noch wenige Benutzer gibt, die MS Windows 3.1 mit der zugehörigen Version des Internet Explorers nutzen.

1.6   Eine HTML-Datei

Es werden nur wenige HTML-Kenntnisse zum Erlernen von JavaScript vorausgesetzt. Einige wichtige Markierungen habe ich im folgenden Beispiel einmal kurz zusammengestellt:

```
<!DOCTYPE HTML PUBLIC "-//W3C//DTD HTML 4.01//EN"
   "http://www.w3.org/TR/html4/strict.dtd">
<html>
<head>
<meta http-equiv="content-type" content="text/html; charset=ISO-8859-1">
<title>Das ist der Titel</title>
</head>
<body>
```

```
<p>Ein Absatz mit einem Zeilenumbruch<br>
   und einigen Sonderzeichen: &lt; &amp; &pi;</p>
<p>Ein <a href="einbetten.htm">Hyperlink</a></p>
<p>Ein Bild: <img src="im_paradies.jpg" alt="Paradies"></p>

<p>Eine Liste:</p>
<ul>
   <li>Erster Eintrag</li>
   <li>Zweiter Eintrag</li>
</ul>

<p>Eine Tabelle:</p>
<table border="1">
   <tr>
      <td>Zelle A</td>
      <td>Zelle B</td>
   </tr>
   <tr>
      <td>Zelle C</td>
      <td>Zelle D</td>
   </tr>
</table>
</body>
</html>
```

Listing 1.1 Datei »seite.htm«

Vor dem eigentlichen Dokument wird die verwendete Definition des Dokumenttyps genannt (DTD). Dies ist eine Information für den Browser. In vielen Beispielen dieses Buchs habe ich die DTD für *HTML 4.01 Strict* genutzt. Ausnahmen erwähne ich gesondert.

Je mehr Sie sich an die Definitionen aus der jeweils genutzten DTD halten, desto höher ist die Wahrscheinlichkeit, dass die Seite in allen Browsern fehlerfrei dargestellt wird. Sie können Ihre Seiten über *http://validator.w3.org* validieren lassen, d. h. auf Übereinstimmung mit der DTD hin prüfen lassen.

Ein HTML-Dokument besteht aus Markierungen (auch *Tags* genannt) und Text. Die meisten Markierungen bilden einen Container (= Behälter). Das gesamte Dokument steht im html-Container, von der Start-Markierung <html> bis zur End-Markierung </html>. Darin liegen nacheinander ein head-Container mit Informationen über das Dokument und ein body-Container mit dem eigentlichen Dokumentinhalt.

Im head-Container finden Sie einen title-Container, der den Inhalt für die Titelleiste des Browsers bereitstellt. Außerdem stehen hier Metadaten über das Dokument. Im vorliegenden Beispiel sehen Sie, dass es sich um ein HTML-Dokument handelt, das den Zeichensatz ISO-8859-1 nutzt. Dieser enthält viele Sonderzeichen aus westeuropäischen Ländern, zum Beispiel deutsche Umlaute. Einige besondere Zeichen im ersten Absatz werden mit Hilfe von HTML-Sonderzeichen dargestellt.

Absätze stehen in p-Containern. Ein einzelner Zeilenumbruch wird mit Hilfe der Markierung <br> gebildet. Ein anklickbarer Hyperlink zu einem anderen Dokument steht in einem a-Container mit dem Attribut href. Der Wert eines Attributs steht in Anführungsstrichen. Ein Bild kann mit Hilfe der img-Markierung mit dem Attribut src eingebunden werden. Das Attribut alt ist für die Validierung erforderlich. Es enthält einen erläuternden Text, für den Fall, dass die Bilddatei nicht geladen werden kann.

Eine nicht nummerierte Liste steht in einem ul-Container, die einzelnen Listeneinträge in li-Containern. Eine Tabelle wird mit Hilfe eines table-Containers erstellt. Falls das Attribut border den Wert 1 hat, dann ist ein Rahmen sichtbar. Innerhalb der Tabelle gibt es einzelne Zeilen; diese werden jeweils mit Hilfe eines tr-Containers erstellt. Innerhalb einer Zeile wiederum gibt es einzelne Zellen, die jeweils durch einen td-Container gebildet werden.

In Abbildung 1.1 sehen Sie das Dokument im Browser.

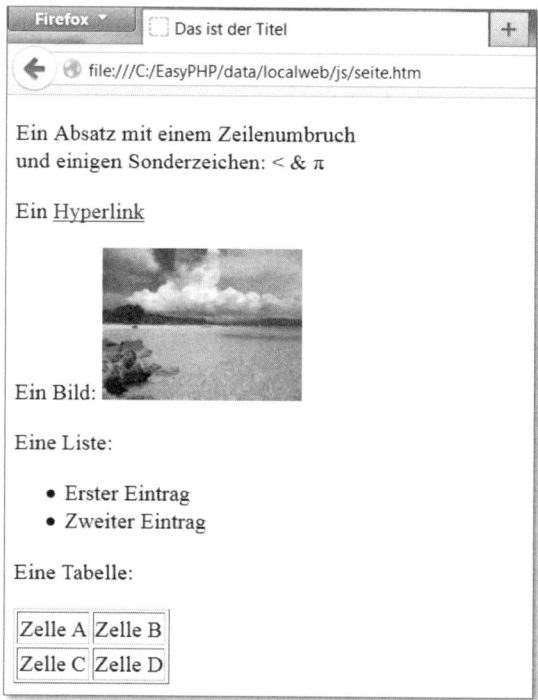

Abbildung 1.1 Eine HTML-Seite

Die Datei *seite.htm* wurde mit Hilfe des Editors Notepad++ erstellt und auf meinem Windows-PC im Verzeichnis *C:/EasyPHP/data/localweb/js* gespeichert. Sie können die Dateien auf Ihrem Rechner aber in jedem beliebigen Verzeichnis ablegen. Zur Darstellung der *htm*-Datei (oder *html*-Datei) im Browser Mozilla Firefox haben Sie zwei Möglichkeiten:

▸ Öffnen Sie den Browser, wählen Sie im Menü NEUER TAB, warten Sie kurz, bis das Menü aufklappt, klicken Sie dann auf DATEI ÖFFNEN, oder

▸ öffnen Sie den Windows-Explorer, und führen Sie einen Doppelklick auf die *htm*-Datei aus (falls Mozilla Firefox Ihr Standardbrowser ist).

Weitere Markierungen werde ich an passender Stelle erläutern. Auf die Besonderheiten und Vorteile von HTML 5 gehe ich in Kapitel 15 ein.

1.7   JavaScript innerhalb einer HTML-Datei

Nun geht es aber endlich los mit dem ersten JavaScript-Programm. Betrachten Sie zunächst folgenden Code:

```
<!DOCTYPE HTML PUBLIC "-//W3C//DTD HTML 4.01//EN"
    "http://www.w3.org/TR/html4/strict.dtd">
<html>
<head>
<meta http-equiv="content-type" content="text/html; charset=ISO-8859-1">
<title>JavaScript einbetten</title>
</head>
<body>
<p>Es folgt der erste Teil des body:</p>
<script type="text/javascript">
    document.write("<p>Das steht im ersten Teil<\/p>");
</script>
<p>Es folgt der nächste Teil des body:</p>
<script type="text/javascript">
    document.write("<p>Das steht im zweiten Teil<br>");
    document.write("Das ist die nächste Zeile aus dem body<\/p>");
</script>
</body>
</html>
```

Listing 1.2 Datei »einbetten.htm«

Sie können JavaScript an mehreren Stellen im head oder body eines HTML-Dokuments einbetten. Es wird jeweils ein script-Container benötigt. Dieser beginnt mit

`<script type="text/javascript">` und endet mit `</script>`. Innerhalb des Containers befinden sich JavaScript-Anweisungen, die der Reihe nach ausgeführt werden. Jede Anweisung sollte mit einem Semikolon abgeschlossen werden.

Bei `document.write()` handelt es sich um eine Methode des `document`-Objekts. Objekte erläutere ich in Kapitel 3, »Eigene Objekte«, in aller Ausführlichkeit. An dieser Stelle soll genügen, dass Sie sowohl Text als auch HTML-Markierungen mit Hilfe der Methode `document.write()` in einem Dokument ausgeben können, und zwar innerhalb von Anführungszeichen.

Einige Hinweise:

▶ Falls ein `script`-Container die Ende-Markierung eines Containers enthält, dann muss dieser zur erfolgreichen Validierung mit einem Backslash ergänzt werden. Dies habe ich hier bei `<\/p>` gemacht.

▶ Halten Sie sich beim Programmieren an die richtige Schreibweise der Anweisungen. Die Browser verzeihen in JavaScript wenige Fehler, anders als in HTML.

▶ JavaScript unterscheidet zwischen Groß- und Kleinschreibung. Mit der Anweisung `document.Write(...)` werden Sie keinen Erfolg haben, da es die Methode `Write()` mit großem Anfangsbuchstaben W nicht gibt.

▶ Sie können auch mehrere Anweisungen in eine Zeile schreiben. Hauptsache, es steht ein Semikolon am Ende jeder Anweisung.

In Abbildung 1.2 sehen Sie einige Zeilen, die teilweise aus dem HTML-Bereich, teilweise aus den beiden JavaScript-Bereichen stammen.

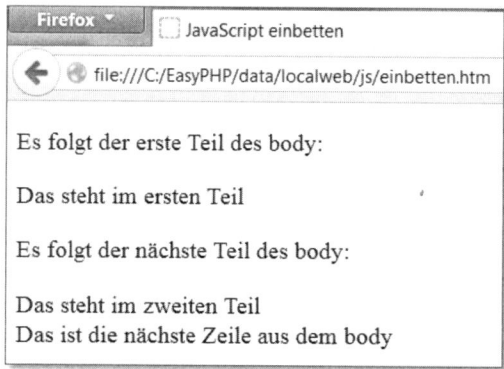

Abbildung 1.2 JavaScript innerhalb einer Datei

Ein Hinweis zum `script`-Container: Ab HTML 5 kann der Zusatz `type="text/javascript"` weggelassen werden.

1.8   JavaScript aus externer Datei

Sie können Programmteile, die Sie in mehreren JavaScript-Programmen nutzen möchten, in einer externen Datei speichern. Auf den Code einer solchen externen Datei können Sie leicht zugreifen, indem Sie die Datei in Ihr Programm einbinden. Es folgt ein Beispiel:

```
...
<body>
<script type="text/javascript" src="externe_datei.js"></script>
<script type="text/javascript">
    document.write("<p>Das kommt aus extern.htm<\/p>");
</script>
</body></html>
```

Listing 1.3 Datei »extern.htm«

Eine Anmerkung: In diesem Beispiel und in vielen folgenden Beispielen habe ich den Beginn des Dokuments aus Platzgründen ganz oder teilweise weggelassen. Er wird nur abgedruckt, falls er neben den Standardangaben DOCTYPE, charset und title weitere Angaben enthält.

Der erste script-Container ist leer. Allerdings wird das Attribut src mit dem Wert externe_datei.js notiert. Der Code aus der betreffenden Datei wird in die Datei *extern.htm* eingebunden. In der Datei *externe_datei.js* steht der folgende Code:

```
document.write("<p>Das kommt aus externe_datei.js<\/p>");
```

Listing 1.4 Datei »externe_datei.js«

In Abbildung 1.3 sehen Sie die beiden Absätze, die jeweils mit Hilfe der Methode document.write() aus dem zusammengefügten Programm erzeugt werden.

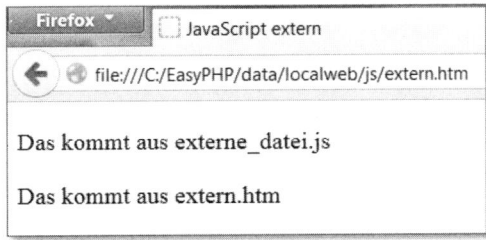

Abbildung 1.3 Zusätzliches JavaScript aus externer Datei

Beachten Sie, dass in der externen Datei kein script-Container steht. Der Name dieser Datei kann eine beliebige Endung haben. Als Konvention hat sich die Endung *js* eingebürgert.

Auf die genannte Weise werden die Bibliothek jQuery (siehe Kapitel 10) und andere
große JavaScript-Bibliotheken mit ihren vielen nützlichen Funktionen in Anwendungen eingebunden.

1.9 Kommentare

Kommentare dienen zur Beschreibung der einzelnen Teile Ihrer Programme. Sie
erleichtern Ihnen und anderen den Einstieg in ein vorhandenes Programm. Betrachten wir ein Beispiel:

```
...
<body>
<!-- Das ist ein Kommentar
     im HTML-Bereich -->
<p>Ein Absatz aus dem HTML-Bereich</p>
<script type="text/javascript">
   /* Das ist ein Kommentar über mehrere Zeilen
      im JavaScript-Bereich */
   document.write("<p>Ein Absatz aus dem JS-Bereich<\/p>");
   // Ein kurzer Kommentar, nur bis zum Zeilenende
</script>
</body></html>
```

Listing 1.5 Datei »kommentar.htm«

Im Programmcode sehen Sie drei verschiedene Arten von Kommentaren:

▶ Ein Kommentar im HTML-Bereich kann sich über eine oder mehrere Zeilen erstrecken. Er steht zwischen den Zeichenfolgen <!-- und -->.

▶ Im JavaScript-Bereich wird ein Kommentar, der über eine oder mehrere Zeilen
geht, zwischen den Zeichenfolgen /* und */ notiert.

▶ Falls Sie nur einen kurzen Kommentar im JavaScript-Bereich notieren möchten,
zum Beispiel hinter einer Anweisung, so eignet sich die Zeichenfolge //. Ein solcher einzeiliger Kommentar geht nur bis zum Ende der Zeile.

Die Kommentare werden nicht abgebildet, siehe Abbildung 1.4. Natürlich kann jeder
Benutzer bei Bedarf den Quelltext der Seite ansehen und damit auch die Kommentare.

Falls Sie eines Ihrer Programme oder das Programm eines Kollegen nach längerer
Zeit noch einmal ansehen oder erweitern möchten, dann werden Sie für jede Zeile
Kommentar dankbar sein, die Sie darin vorfinden. Aus den gleichen Gründen ist es
auch sehr zu empfehlen, übersichtliche, leicht lesbare Programme zu schreiben.

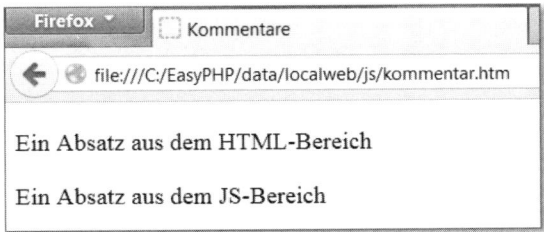

Abbildung 1.4 Kommentare sind nicht sichtbar.

1.10   Kein JavaScript möglich

Wie bereits in Abschnitt 1.2, »Was kann JavaScript nicht?«, erwähnt: Es wird immer einzelne Benutzer geben, die aus Gründen der Vorsicht JavaScript in ihrem Browser ausgeschaltet haben. Was können wir machen? Es ist nicht möglich, mit Hilfe eines Programms JavaScript beim Benutzer einzuschalten. Wir können aber erkennen, ob es eingeschaltet ist oder nicht.

Falls es nicht eingeschaltet ist, dann können wir entweder eine einfache Version der Seite in reinem HTML anbieten oder einen Hinweis geben, dass die Nutzung der betreffenden Internetseiten das Einschalten von JavaScript voraussetzt. Ein Beispiel:

```
...
<body>
<script type="text/javascript">
document.write("<p>Hier läuft JavaScript<\/p>");
</script>
<noscript>
<p>Hier läuft JavaScript nicht<br>
   Bitte schalten Sie es ein</p>
</noscript>
</body></html>
```

Listing 1.6 Datei »kein_script.htm«

Innerhalb des `noscript`-Containers können Sie Text und HTML-Markierungen für diejenigen Benutzer notieren, bei denen JavaScript ausgeschaltet ist.

Bei eingeschaltetem JavaScript werden nur die Anweisungen aus dem `script`-Container ausgeführt. Die Seite sieht dann aus wie in Abbildung 1.5.

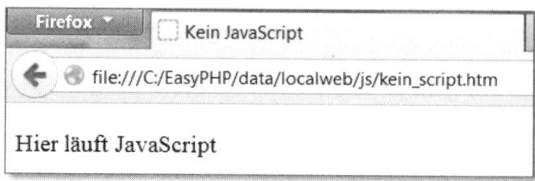

Abbildung 1.5 JavaScript ist eingeschaltet.

Im Mozilla Firefox 22 lässt sich JavaScript über das Menü EINSTELLUNGEN • EIN-
STELLUNGEN • Registerkarte INHALT ausschalten. Dann sieht die Seite aus wie in
Abbildung 1.6.

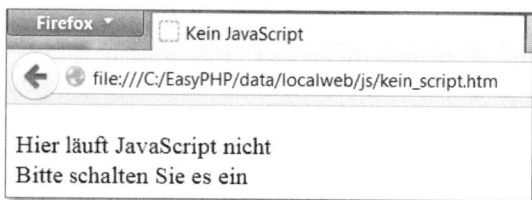

Abbildung 1.6 JavaScript ist ausgeschaltet.

Kapitel 2
Grundlagen der Programmierung

Variablen, Operatoren, Verzweigungen, Schleifen und Funktionen sind die Basiselemente zum Einstieg in die Programmierung.

In diesem Kapitel lernen Sie die Grundlagen der Programmierung in JavaScript kennen: Variablen, Operatoren, Verzweigungen, Schleifen und Funktionen. Diese Elemente sind die Basis vieler Programmiersprachen und erleichtern Ihnen auch einen späteren Einstieg in andere Bereiche.

2.1 Speicherung von Werten

In diesem Abschnitt geht es um die Speicherung von Zeichenketten, Zahlen und Wahrheitswerten mit Hilfe von Variablen. Außerdem lernen Sie zwei Dialogfelder für einfache Ein- und Ausgaben kennen.

Variablen haben in JavaScript keinen bestimmten, festgelegten Typ. Sie können innerhalb einer Variablen eine Zeichenkette speichern. Später können Sie in derselben Variablen eine Zahl speichern.

2.1.1 Speicherung von Zeichenketten

Innerhalb eines Programmablaufs müssen häufig Texte gespeichert werden. Dies können zum Beispiel Inhalte aus Textfeldern in Formularen sein. Diese gespeicherten Texte werden zu einem späteren Zeitpunkt im Programm wieder benötigt.

Texte bestehen aus einzelnen Zeichen und werden in ihrer Gesamtheit Zeichenketten (englisch *strings*) genannt. Zur Speicherung benötigen wir Variablen. Im folgenden Programm sehen Sie einige Beispiele:

```
...
<body>
<script type="text/javascript">
    // Deklaration, Zuweisung
    var halloText;
    halloText = "Hallo Welt";
    var textEinfach2 = 'Das geht auch so';
```

```
// Ausgabe
document.write("<p>Erster Text: " + halloText + "<br>");
document.write("Zweiter Text: " + textEinfach2 + "<br>");

// Eine Variable ohne Wert
var nochEine;
document.write("Ohne Wert: " + nochEine + "<\/p>");
</script>
</body></html>
```

Listing 2.1 Datei »zeichen.htm«

Zunächst muss ein Speicherplatz geschaffen werden, an dem eine Zeichenkette in einer Variablen gespeichert werden kann. Dieser Platz muss mit Hilfe eines Namens erreichbar sein. Diesen Vorgang nennt man *Deklaration* einer Variablen. Zu Beginn des Programms wird eine Variable mit dem Namen halloText deklariert, mit Hilfe des JavaScript-Schlüsselworts var.

Einige Regeln für den Namen einer Variablen:

▶ Er kann aus Groß- und Kleinbuchstaben sowie aus Ziffern und dem Unterstrich _ bestehen.

▶ Am Anfang des Namens darf keine Ziffer stehen.

▶ Sonderzeichen, deutsche Umlaute, das ß oder ein Leerzeichen im Namen sind nicht erlaubt.

▶ Der Name darf nicht einem der Schlüsselwörter von JavaScript entsprechen. Eine Liste der Schlüsselwörter finden Sie im Anhang.

▶ Eine Konvention: Der Name einer Variablen sollte etwas über den Inhalt aussagen. Falls also ein Nachname gespeichert werden soll, so sollten Sie die Variable auch nachname nennen.

▶ Eine weitere Konvention: Längere Namen für Variable sind besonders selbsterklärend. Dabei hat sich die sogenannte *camelCase*-Schreibweise eingebürgert: Der Name beginnt mit einem Kleinbuchstaben, jedes neue Wort beginnt mit einem Großbuchstaben, zum Beispiel buttonStart und buttonStop.

In obigem Programm folgt nach der Deklaration eine Zuweisung. Der Variablen halloText wird der Wert "Hallo Welt" zugewiesen.

Anschließend sehen Sie, wie Sie eine Deklaration und eine Zuweisung in einer Zeile vereinigen können. Die Variable textEinfach2 wird deklariert, und es wird ihr der Wert 'Das geht auch so' zugewiesen. Der Name der Variablen enthält gemäß den oben genannten Regeln kleine und große Buchstaben, Ziffern und ggf. Unterstrich, aber keine Ziffer am Anfang.

Ein Zeichenkettenwert muss zwischen doppelten oder zwischen einfachen Anführungsstrichen notiert werden.

Eine Variable, der noch kein Wert per Programmcode zugewiesen wurde, hat den Wert undefined.

Die Werte der Variablen werden mit Hilfe von document.write() auf dem Bildschirm ausgegeben, siehe Abbildung 2.1.

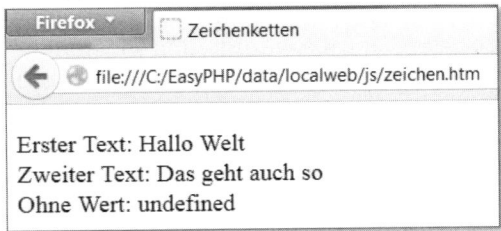

Abbildung 2.1 Ausgabe von Zeichenketten

Eine Ausgabe kann sich aus mehreren Teilen zusammensetzen:

▶ aus einer Zeichenkette in Anführungsstrichen,

▶ aus dem Wert einer Variablen, die eine Zeichenkette enthält, oder

▶ aus einer Zeichenkette in Anführungsstrichen, die eine HTML-Markierung enthält.

Diese Teile werden mit Hilfe des Operators + zu einer längeren Zeichenkette verbunden.

2.1.2   Ein- und Ausgabe von Zeichenketten

In diesem Abschnitt lernen Sie zwei nützliche Methoden kennen:

▶ Die Methode prompt() erwartet, dass der Benutzer eine Eingabe macht, also einen Text eingibt.

▶ Mit Hilfe der Methode alert() wird ein Dialogfeld mit einer Meldung für den Benutzer ausgegeben.

Beide Methoden arbeiten mit Zeichenketten. Außerdem führen beide Methoden dazu, dass das Programm in seinem Verlauf anhält. Erst nach einer Eingabe bzw. nach einer Bestätigung der Meldung läuft das Programm weiter. Auf diese Weise haben Sie die Möglichkeit, den Benutzer zu einer Eingabe oder zum Lesen einer Ausgabe zu *zwingen*.

Ein Beispiel:

```
...
<body>
<script type="text/javascript">
   var ihrName = prompt("Bitte Ihren Namen\neingeben:", "Peter");
   alert("Sie haben eingegeben:\n" + ihrName + "\nVielen Dank");
</script>
</body></html>
```

Listing 2.2 Datei »zeichen_ein_aus.htm«

Sobald Sie das Programm starten, erscheint eine Eingabeaufforderung wie in Abbildung 2.2.

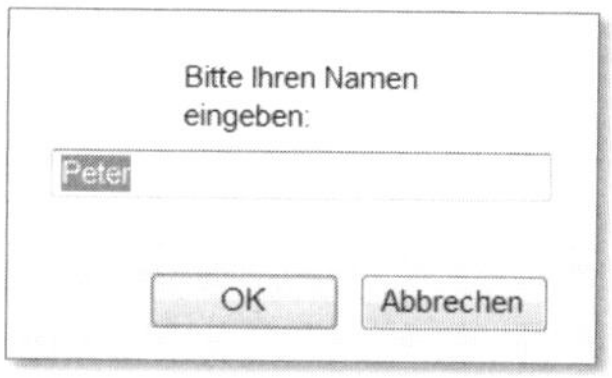

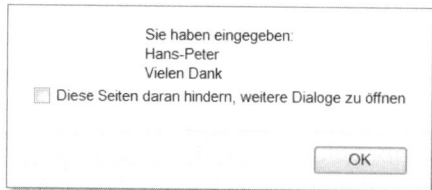

Abbildung 2.2 Eingabe mit »prompt()«

Die Methode prompt() erzeugt die Eingabeaufforderung mit dem Text, der aus der ersten Zeichenkette stammt. Das Steuerzeichen \n (Backslash und n) erzeugt einen Zeilenumbruch innerhalb des Dialogfelds. Der Buchstabe n steht für *new line*.

Sie können bei prompt() eine zweite Zeichenkette angeben, durch Komma getrennt. Diese enthält eine mögliche Vorgabe für das Eingabefeld, hier ist dies der Text Peter. Falls Sie die zweite Zeichenkette weglassen, bleibt das Eingabefeld leer.

Nach Betätigung des Buttons OK wird der aktuelle Inhalt des Eingabefeldes zurückgeliefert und in der Variablen ihrName gespeichert. Falls Sie den Button ABBRECHEN betätigen, wird der Wert null gespeichert. In Abschnitt 2.3.4, »Eingabe von Zahlen prüfen«, werden wir ermitteln, ob der Benutzer OK oder ABBRECHEN gedrückt hat.

Falls Sie nun die Eingabe zu Hans-Peter ergänzen, erscheint dank alert() eine Meldung wie in Abbildung 2.3.

Sie haben eingegeben:
Hans-Peter
Vielen Dank

☐ Diese Seiten daran hindern, weitere Dialoge zu öffnen

OK

Abbildung 2.3 Ausgabe mit »alert()«

Sie können das Steuerzeichen \n auch bei der Methode alert() zur Erzeugung eines Zeilenumbruchs nutzen. Die Ausgabe wird mit Hilfe des Operators + zu einer längeren Zeichenkette verbunden.

Die Methode alert() ist sehr nützlich für eine Fehlersuche. Sie können sich an mehreren Stellen Ihres Programms mit Hilfe von alert() Werte von Variablen ausgeben lassen. Falls diese nicht mit den erwarteten Werten übereinstimmen, können Sie den Ort der Fehlerursache bereits eingrenzen. Mehr zu diesem Thema erfahren Sie in Abschnitt 2.5, »Fehler finden, Fehler vermeiden«.

Sowohl prompt() als auch alert() ist eine Methode des window-Objekts. Ähnlich wie die Methode document.write() müsste man sie also eigentlich mit Hilfe von window. prompt() und window.alert() aufrufen. Dies ist jedoch speziell beim window-Objekt nur selten notwendig. Objekte erläutere ich in Kapitel 3, »Eigene Objekte«, in aller Ausführlichkeit.

2.1.3   Speichern von Zahlen

Zahlen werden zum Beispiel für Berechnungen benötigt und ebenfalls in Variablen gespeichert. Die Werte für diese Variablen können sich aus Zuweisungen des Entwicklers und Eingaben des Benutzers ergeben, wie bei Zeichenketten. Es gilt, einige Besonderheiten zu beachten, wie das folgende Beispiel zeigt:

```
...
<body>
<script type="text/javascript">
   // Deklaration, Zuweisung
   var zahl, nochEineZahl;
   zahl = 42;
   nochEineZahl = zahl + 30.8;
   var kleineZahl = -3.7e-3;
   var grosseZahl = 5.2e6;

   // Ausgabe
   document.write("<p>Erste Zahl: " + zahl + "<br>");
   document.write("Zweite Zahl: " + nochEineZahl + "<br>");
   document.write("Unerwartet: " + nochEineZahl + 25 + "<br>");
   document.write("Dritte Zahl: " + (nochEineZahl + 25) + "<br>");
   document.write("Eine kleine Zahl: " + kleineZahl + "<br>");
   document.write("Eine große Zahl: " + grosseZahl + "<\/p>");
</script>
</body></html>
```

Listing 2.3 Datei »zahlen.htm«

Zunächst werden zwei Variable auf einmal deklariert, durch Komma voneinander getrennt. Der ersten Variablen wird ein Zahlenwert zugewiesen. Es folgt eine Berechnung: Zunächst wird der aktuelle Wert der Variablen zahl ermittelt, dazu wird der konstante Wert 30.8 addiert. Das Ergebnis wird der zweiten Variablen zugewiesen.

Beachten Sie, dass die Nachkommastellen der Zahl 30.8 nach englischer Schreibweise mit einem Punkt abgetrennt werden. Auf die gleiche Art und Weise notiere ich die Zahlen auch in diesen Erläuterungen, so dass Sie kein Problem mit der Umsetzung zwischen der deutschen und der englischen Schreibweise beim Entwickeln oder Bedienen eines Programms haben.

Der Operator + steht hier zwischen zwei Zahlen und hat daher eine andere Wirkung als zwischen zwei Texten: Zwei Zahlen werden addiert; zwei Texte werden zusammengefügt. Dies werden Sie im weiteren Verlauf des Programms noch einmal sehen.

Im Programm folgen zwei Variable, denen zwei Werte im sogenannten *Exponentialformat* zugewiesen werden. Es handelt sich dabei um die Werte −3.7 mal 10 hoch −3 (= 0.0037) und 5.2 mal 10 hoch 6 (= 5.2 Millionen). Dieses Format ist besonders für sehr kleine und sehr große Zahlen geeignet, da es die fehlerträchtige Eingabe vieler Nullen erspart.

Es folgt die Ausgabe, siehe Abbildung 2.4.

Abbildung 2.4 Ausgabe von Zahlen

Betrachten wir das, was in den Klammern von document.write() steht:

In der ersten Zeile steht zu Beginn eine Zeichenkette. Diese wird mit Hilfe des Operators + mit einer Zahl verbunden. Dabei erfolgt eine automatische Typumwandlung. Aus der Zahl 42 wird die Zeichenkette "42". Es ergibt sich insgesamt eine Zeichenkette für die Ausgabe. Ebenso verhält es sich in der zweiten Zeile.

Diese Vorgehensweise führt in der dritten Zeile zu einer unerwarteten Ausgabe. Die Zeichenkette "Unerwartet: 72.8" wird mit der Zahl 25 verbunden. Daraus ergibt sich die Zeichenkette "Unerwartet: 72.825". Falls wir die beiden Zahlen zunächst addieren und dann erst ausgeben möchten, dann müssen wir Klammern setzen, wie in der nächsten Zeile geschehen. Nur dann wird das richtige Additionsergebnis, 97.8, angezeigt.

Als Letztes werden noch die kleine und die große Zahl ausgegeben.

2.1.4 Speichern von Wahrheitswerten

In einer Variablen können neben Zeichenketten und Zahlen auch Wahrheitswerte (*boolesche Werte*) gespeichert werden. Es gibt zwei Wahrheitswerte: `true` (deutsch: wahr) und `false` (deutsch: falsch, unwahr).

Auf diese Weise können Sie zum Beispiel den Zustand eines Kontrollkästchens (englisch *checkbox*) in einem Formular speichern. Falls die CheckBox markiert ist, dann hat eine bestimmte Eigenschaft der CheckBox (siehe Abschnitt 4.2.3, »Ereignisse im Formular«) den Wert `true`, ansonsten den Wert `false`.

So wird eine Information gespeichert, für die es nur zwei Zustände gibt: *Ein* oder *Aus*, 0 oder 1, *zutreffend* oder *nicht zutreffend*. Ein Beispiel:

```
...
<body>
<script type="text/javascript">
   // Deklaration, Zuweisung
   var gespeichert = true;
   var fertig = false;

   // Ausgabe
   document.write("<p>Gespeichert: " + gespeichert + "<br>");
   document.write("Fertig: " + fertig + "<\/p>");
</script>
</body></html>
```

Listing 2.4 Datei »bool.htm«

Zwei Variable werden deklariert. Gleichzeitig wird ihnen jeweils ein Wert zugewiesen. Anschließend werden sie ausgegeben, siehe Abbildung 2.5.

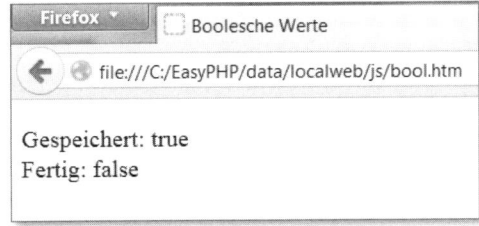

Abbildung 2.5 Ausgabe von Wahrheitswerten

2.2   Berechnungen durchführen

In den folgenden Abschnitten sehen Sie, wie Sie Berechnungen mit Variablen und Zahlenwerten durchführen. Ihre Programme werden durch die Ein- und Ausgabe von Zahlen und Ergebnissen interaktiv.

2.2.1   Rechenoperatoren

Zur Durchführung von Berechnungen stehen neben dem Operator + die folgenden Operatoren zur Verfügung: – für die Subtraktion, * für die Multiplikation, / für die Division und % für Modulo. Der Modulo-Operator berechnet den Rest bei einer ganzzahligen Division.

Im folgenden Programm wird ein wenig gerechnet:

```
...
<body>
<script type="text/javascript">
    var z = 2 + 4 - 2.5;        document.write("<p>" + z + "<br>");
    z = 2 + 4 * 3 - 6 / 2;      document.write(z + "<br>");
    z = (2 + 4) * (3 - 6) / 2;  document.write(z + "<br>");
    z = 13% 5;                  document.write(z + "<br>");
    z = 6;
    z = -z;                     document.write(z + "<br>");
    z = z * 5;                  document.write(z + "<\/p>");
</script>
</body></html>
```

Listing 2.5 Datei »berechnung.htm«

In diesem Programm wird die Übersichtlichkeit verbessert, indem mehrere Anweisungen in eine Zeile geschrieben werden. Nach jeder Berechnung wird unmittelbar das Ergebnis ausgegeben.

Wie in der Mathematik gilt: Punktrechnung vor Strichrechnung. Das heißt, dass die Multiplikation und die Division eine höhere Rangstufe (Priorität) haben als die Addition und die Subtraktion und demnach zuerst ausgeführt werden. Falls Operatoren dieselbe Priorität haben, werden die Berechnungen von links nach rechts ausgeführt. Falls Sie Prioritäten ändern wollen, müssen Sie Klammern setzen. Die einzelnen Berechnungen laufen wie folgt ab:

▶ Die erste Berechnung wird von links nach rechts ausgeführt und ergibt den Wert 3.5.

▶ In der zweiten Berechnung werden zunächst 4 * 3 und 6 / 2 gerechnet. Erst dann wird addiert bzw. subtrahiert. Es ergibt sich 2 + 12 – 3 = 11.

▶ Bei der dritten Berechnung werden zunächst die Inhalte der Klammern (2 + 4) und (3 – 6) berechnet. Erst dann werden die restlichen Berechnungen durchgeführt. Es ergibt sich 6 * –3 / 2 = –9.

▶ Falls wir 13 durch 5 teilen und nur mit ganzen Zahlen rechnen, dann ergibt sich »2 Rest 3«. Der Modulo-Operator % ermittelt den Rest 3.

▶ Wie bei Zahlen können Sie auch bei den Variablen ein Minuszeichen voranstellen. Dadurch wird der Wert der Variablen mit –1 multipliziert. Aus 6 wird –6, aus –6 wird 6.

▶ Eine Variable kann auch in eine Berechnung einbezogen werden. Im letzten Beispiel sehen Sie, dass der alte Wert von z (–6) mit 5 multipliziert wird und sich damit der neue Wert von z (–30) ergibt.

Die Ergebnisse sehen Sie in Abbildung 2.6.

Abbildung 2.6 Einige Berechnungen

2.2.2   Zuweisungsoperatoren

Zuweisungsoperatoren sind nützlich zur Verkürzung von Anweisungen. Häufig eingesetzt werden die Operatoren +=, ++ und --, seltener die Operatoren -=, *=, /= und %=. Alle genannten Operatoren kommen im folgenden Beispiel zum Einsatz:

```
...
<body>
<script type="text/javascript">
   var tx;
   tx = "Das";            document.write("<p>" + tx + "<br>");
   tx = tx + " ist ein";  document.write(tx + "<br>");
   tx += " Satz.";        document.write(tx + "<\/p>");

   var z;
   z = 6;     document.write("<p>" + z + " ");
   z++;       document.write(z + " ");
```

```
z--;       document.write(z + " ");
z += 13;   document.write(z + " ");
z -= 5;    document.write(z + " ");
z *= 3;    document.write(z + " ");
z /= 6;    document.write(z + " ");
z %= 3;    document.write(z + "<\/p>");
</script>
</body></html>
```

Listing 2.6 Datei »zuweisung.htm«

Zunächst wird eine Zeichenkette zugewiesen und zweimal verlängert. Bei der zweiten Verlängerung wird der Zuweisungs-Operator += genutzt.

Anschließend wird eine Variable zugewiesen und mehrmals verändert. Der Operator ++ erhöht den Wert einer Variablen um 1, der Operator -- vermindert ihn um 1. Dasselbe würden Sie bewirken mit den Anweisungen z=z+1 bzw. z=z-1.

Entsprechend erhöht der Operator += den Wert einer Variablen um den nachfolgenden Wert. Der Operator -= vermindert ihn um den nachfolgenden Wert. Die Operatoren *=, /= und %= stehen somit für eine Verkürzung der folgenden Anweisungen: z=z*[Wert] bzw. z=z/[Wert] bzw. z=z%[Wert].

In Abbildung 2.7 sehen Sie die Ergebnisse der Zuweisungen.

Abbildung 2.7 Zuweisungsoperatoren

2.2.3   Eingabe von Zahlen

In diesem Abschnitt soll die mittlerweile bekannte Methode prompt() zur Eingabe von zwei Zahlen genutzt werden. Die Summe dieser beiden Zahlen soll anschließend mit Hilfe von alert() ausgegeben werden.

Die Methode prompt() liefert eine Zeichenkette. Sie haben in Abschnitt 2.1.3, »Speichern von Zahlen«, gesehen, dass der Operator + Zeichenketten und Zahlen unterschiedlich behandelt. Daher ist es notwendig, eine solche Eingabe zunächst in eine

Zahl umzuwandeln, bevor sie zur Berechnung einer Summe genutzt werden kann. Es folgt das Programm:

```
...
<body>
<script type="text/javascript">
  // Eingabe
  var eingabe = prompt("Bitte geben Sie die erste Zahl ein");
  var z1 = parseFloat(eingabe);
  var z2 = parseFloat(prompt("Bitte geben Sie die zweite Zahl ein"));

  // Verarbeitung und Ausgabe
  var ergebnis = z1 + z2;
  alert(z1 +  " + " + z2 + " = " + ergebnis);
</script>
</body></html>
```

Listing 2.7 Datei »zahlen_eingabe.htm«

Das Ergebnis der ersten Eingabe wird in der Variablen eingabe gespeichert. Dies ist eine Zeichenkette. Die Funktion parseFloat() dient zur Umwandlung einer Zeichenkette in eine Fließkommazahl, also eine Zahl mit Nachkommastellen. Die Variable z1 enthält nach dieser Umwandlung eine Zahl.

Dasselbe geschieht bei der zweiten Eingabe, nur in verkürzter Form. Das Ergebnis der Methode prompt() wird direkt weiterverarbeitet, mit Hilfe der Funktion parseFloat(). Anschließend werden die beiden Zahlen addiert, und die gesamte Rechnung wird ausgegeben. Ein Beispiel sehen Sie in Abbildung 2.8 bis Abbildung 2.10.

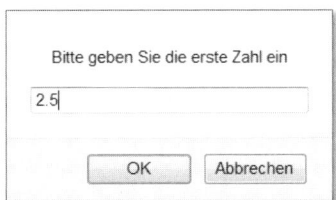

Abbildung 2.8 Eingabe der ersten Zahl

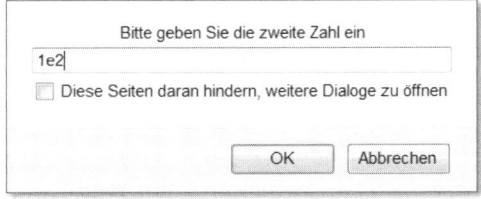

Abbildung 2.9 Eingabe der zweiten Zahl

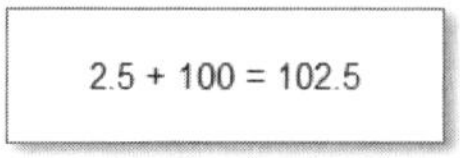

2.5 + 100 = 102.5

Abbildung 2.10 Ausgabe der gesamten Berechnung

Nachkommastellen müssen mit einem Dezimalpunkt abgetrennt werden. Es können auch Zahlen im Exponentialformat eingegeben werden. Falls eine Eingabe erfolgt, die nicht in eine Zahl umgewandelt werden kann, z. B. »abc« oder eine leere Eingabe, so liefert parseFloat() das Ergebnis NaN. Diese Abkürzung steht für *Not a Number*. In Abschnitt 2.3.4, »Eingabe von Zahlen prüfen«, werden wir ermitteln, ob der Benutzer eine Zahl eingegeben hat.

Die Funktion parseInt() ist mit parseFloat() eng verwandt. Sie schneidet zusätzlich die Nachkommastellen ab und liefert eine ganze Zahl. Aus der Zeichenkette »3.8« wird dann also die ganze Zahl 3.

2.3   Verschiedene Zweige eines Programms

Ein Programm kann abhängig von bestimmten Bedingungen unterschiedliche Teile eines Programms durchlaufen. Man sagt auch: Es verzweigt sich. Verzweigungen gehören zu den wichtigen Kontrollstrukturen. In diesem Abschnitt lernen Sie unterschiedliche Arten von Bedingungen und Verzweigungen sowie ihre Auswirkungen kennen.

2.3.1   Verzweigungen mit »if ... else«

Verzweigungen werden mit Hilfe der Anweisung if ... else erzeugt. Nach dem if steht in runden Klammern eine Bedingung, die entweder erfüllt oder nicht erfüllt ist.

▶ Falls sie erfüllt ist, wird die folgende Anweisung oder der folgende Block von Anweisungen ausgeführt. Einen Block von Anweisungen erkennen Sie an den geschweiften Klammern { ... }.

▶ Falls die Bedingung nicht erfüllt ist, wird die Anweisung oder der Block von Anweisungen nach dem else ausgeführt, falls vorhanden.

Bedingungen werden mit Hilfe von Wahrheitswerten gebildet. Vergleichsoperatoren haben Wahrheitswerte als Ergebnis. Der Operator > steht für *größer als*; der Operator < steht für *kleiner als*; >= bedeutet *größer als oder gleich*; <= bedeutet *kleiner als oder gleich*. Mit == prüfen Sie auf Gleichheit hin und mit != auf Ungleichheit hin.

Beachten Sie besonders die doppelten Gleichheitszeichen bei dem Operator ==. Ein häufiger Fehler ist die Verwechslung mit dem Operator =, der zu einer Zuweisung und nicht zu einem Vergleich führt. Bei Zahlen können alle Vergleichsoperatoren eingesetzt werden, bei Zeichenketten nur die beiden letzten, == und !=.

Die Sonderform einer Verzweigung wird mit Hilfe des ternären Operators ? : erzeugt. Sie können damit einen Wert aufgrund einer Bedingung zuweisen.

Es folgt ein Beispiel mit insgesamt sechs Verzweigungen. Diese sind im Programm und in der Ausgabe nummeriert, zum besseren Verständnis:

```
...
<body>
<script type="text/javascript">
  var a = 12, b = 7;

  // 1: Einfache Verzweigung
  if(a > b)
     document.write("<p>1: a ist größer als b<\/p>");

  // 2: Einfache Verzweigung, mit else
  if(a < b)
     document.write("<p>2: a ist kleiner als b<\/p>");
  else
     document.write("<p>2: a ist nicht kleiner als b<\/p>");

  // 3: Einfache Verzweigung, mehrere Anweisungen im Block
  if(a > b)
  {
     document.write("<p>3: a ist größer als b<br>");
     document.write("3: Eine weitere Zeile<\/p>");
  }

  // 4: Mehrfache Verzweigung
  if(a > b)
     document.write("<p>4: a ist größer als b<\/p>");
  else if(a < b)
     document.write("<p>4: a ist kleiner als b<\/p>");
  else
     document.write("<p>4: a ist gleich b<\/p>");

  // 5: Zeichenketten
  var land = "Spanien";
  if(land == "Spanien")
     document.write("<p>5: Land ist Spanien<\/p>");
  if(land != "Spanien")
```

```
    document.write("<p>5: Land ist nicht Spanien<\/p>");

    // 6: Ternärer Operator
    var groesser = (a > b) ? a : b;
    document.write("<p>6: Die größere Zahl ist " + groesser + "<\/p>");
</script>
</body></html>
```

Listing 2.8 Datei »if_else.htm«

In Verzweigung 1 wird die Bedingung a > b geprüft. Dies ergibt bei den hier genannten Zahlenwerten den Wahrheitswert true. Die Bedingung ist damit erfüllt. Daher wird die Methode document.write() aufgerufen. Falls a nicht größer als b ist, ergibt sich der Wahrheitswert false. Dann wird hier gar nichts ausgegeben, da es kein else gibt.

Bei der zweiten Verzweigung wird immer etwas ausgegeben, da es zu dem if auch ein else gibt.

In der dritten Verzweigung wird ein Block von Anweisungen ausgeführt. Falls aufgrund einer Bedingung mehrere Anweisungen ausgeführt werden sollen, müssen diese immer in Blockklammern gesetzt werden. Falls die Klammern fehlen, dann wird nur die erste Anweisung abhängig von der Verzweigung ausgeführt. Die weiteren Anweisungen werden dann in jedem Fall ausgeführt, weil nicht mehr erkannt wird, dass sie ebenfalls zur Verzweigung gehören sollen.

Bei der vierten Verzweigung werden alle Fälle der Reihe nach geprüft. Falls a nicht größer als b ist, dann wird geprüft, ob a kleiner als b ist. Falls dies auch nicht zutrifft, so sind a und b gleich. Mit einer solchen Mehrfach-Verzweigung können Sie also auch drei oder mehr Fälle voneinander unterscheiden.

In der fünften Verzweigung werden zwei Zeichenketten miteinander verglichen. Sie können Zeichenketten sinnvoll nur auf Gleichheit oder Ungleichheit hin prüfen.

Als Letztes wird der ternäre Operator für die Zuweisung eines Wertes angewendet. Falls die Bedingung in den Klammern zutrifft, dann erhält die Variable den Wert nach dem ? (Fragezeichen), ansonsten den Wert nach dem : (Doppelpunkt).

In Abbildung 2.11 sehen Sie die Ausgabe des Programms.

Was wird ausgegeben, wenn Sie im Programm den Wert von b auf 17 setzen? Ermitteln Sie das Ergebnis zunächst durch Überlegung, ohne das geänderte Programm aufzurufen. Was geschieht bei b = 12?

An dieser Stelle möchte ich noch einmal die Wichtigkeit von übersichtlichen, leicht lesbaren Programmen hervorheben. Im Falle einer Verzweigung sollten Sie mit Einrückungen hinter if und else arbeiten, so wie Sie sie in obigem Programm sehen.

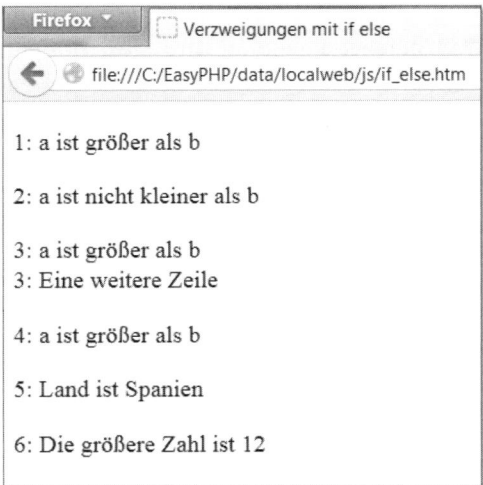

Abbildung 2.11 Sechs Verzweigungen

Achten Sie außerdem darauf, nach der Bedingung hinter einem `if` oder nach einem `else` kein Semikolon zu schreiben. Es sollte also *nicht* aussehen wie folgt: `if(a > b);` oder `else;`. Dies würde dazu führen, dass die Verzweigung unmittelbar endet und die folgenden Anweisungen immer ausgeführt würden. Es könnte auch passieren, dass gar keine Ausgabe erfolgt, weil das `else` ohne sein zugehöriges `if` erzeugt wird. Diese typischen Einsteigerfehler sind schwer zu finden.

2.3.2   Bestätigung anfordern

Die Methode `confirm()` des `window`-Objekts stellt im Zusammenhang mit einer Verzweigung eine weitere Möglichkeit zur Kommunikation mit dem Benutzer dar. Nach dem Aufruf der Methode erscheint ein Dialogfeld mit einer Frage sowie zwei Buttons mit der Aufschrift OK bzw. ABBRECHEN. Ein Beispiel:

```
...
<body>
<script type="text/javascript">
    var antwort = confirm("Wollen Sie diese Aktion wirklich durchführen?");
    if(antwort)
        alert("Diese Aktion wird durchgeführt");
    else
        alert("Diese Aktion wird nicht durchgeführt");
</script>
</body></html>
```

Listing 2.9 Datei »if_confirm.htm«

Falls der Benutzer den Button OK betätigt, wird `true` zurückgeliefert. Dies ist für die Verzweigung bereits ausreichend, da ein Wahrheitswert geliefert wird. Sie benötigen keinen Vergleichsoperator. Die Abfrage `if(antwort == true)` würde zum selben Ergebnis führen, ist aber unnötig lang. Nach Betätigung des Buttons ABBRECHEN wird `false` geliefert. Dann wird der `else`-Zweig durchlaufen.

In Abbildung 2.12 sehen Sie das Dialogfeld mit der Frage.

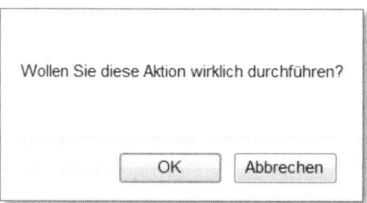

Abbildung 2.12 Bestätigung mit »confirm()«

2.3.3 Mehrere Bedingungen verknüpfen

Sollen mehrere Bedingungen miteinander verbunden werden, so können Sie die logischen Operatoren && für das *logische Und* bzw. || für das *logische Oder* nutzen. Beim *logischen Und* müssen alle einzelnen Bedingungen wahr sein, damit die gesamte Bedingung wahr ist. Beim *logischen Oder* reicht eine wahre Bedingung aus, damit die gesamte Bedingung wahr ist.

Außerdem gibt es den logischen Operator ! für das *logische Nicht*. Damit wird der Wahrheitswert einer Bedingung umgekehrt. Aus `true` wird `false`, und aus `false` wird `true`. Ein Beispiel:

```
...
<body>
<script type="text/javascript">
   var a = 12;
   if(a >= 10 && a <= 20)        // Und-Operator
   document.write("<p>1: a liegt zwischen 10 und 20<\/p>");
   if(a < 10 || a > 20)          // Oder-Operator
      document.write("<p>2: a liegt nicht zwischen 10 und 20<\/p>");
   if(!(a < 10 || a > 20))       // Nicht-Operator
      document.write("<p>3: a liegt zwischen 10 und 20<\/p>");
</script>
</body></html>
```

Listing 2.10 Datei »if_verknuepft.htm«

Im ersten Fall wird geprüft, ob die Zahl sowohl größer gleich 10 als auch kleiner gleich 20 ist, also ob sie im Zahlenbereich von 10 bis 20 liegt.

Der zweite Fall testet, ob die Zahl kleiner als 10 oder größer als 20 ist, also außerhalb des Zahlenbereichs liegt.

Mit Hilfe des Operators ! wird im dritten Fall festgestellt, ob die Zahl *nicht* außerhalb des Zahlenbereichs, also innerhalb liegt.

In Abbildung 2.13 sehen Sie die Ausgabe für den Zahlenwert 12.

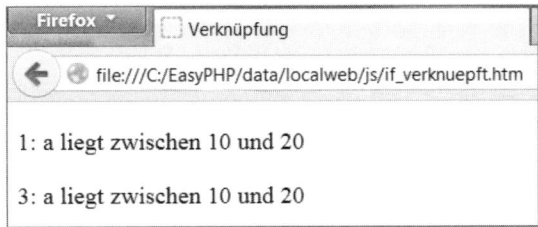

Abbildung 2.13 Verknüpfte Bedingungen

Was wird ausgegeben, wenn Sie im Programm den Wert von a auf 25 setzen? Ermitteln Sie das Ergebnis zunächst durch Überlegung, ohne das geänderte Programm aufzurufen. Was ist bei a = -15?

Ein Hinweis: Die Bedingung a>=10 || a<=20 wird von jeder Zahl erfüllt. Die Bedingung a<10 && a>20 wird von keiner Zahl erfüllt. Dies sind natürlich Verknüpfungen, die Sie vermeiden sollten.

2.3.4   Eingabe von Zahlen prüfen

In diesem Abschnitt wird eine vom Benutzer eingegebene Zahl mit Hilfe einer mehrfachen Verzweigung geprüft. Im Verlauf des Programms lernen Sie die folgenden nützlichen Funktionen und Methoden kennen:

▶ Die Funktion isNaN() stellt fest, ob eine Variable *keine* gültige Zahl enthält. Die Abkürzung NaN steht für *Not a Number*.

▶ Die Methode Math.random() erzeugt eine zufällige Zahl, die größer oder gleich 0 ist und kleiner als 1 ist.

▶ Die Methode Math.abs() berechnet den Betrag einer Zahl, also die Zahl ohne ihr Vorzeichen. Aus dem Wert −5 wird +5, der Wert 5 bleibt +5.

▶ random() und abs() sind Methoden des Math-Objekts, das Sie in Abschnitt 6.4, »Zahlen und Mathematik«, ausführlicher kennenlernen werden.

Das Beispielprogramm:

```
...
<body>
<script type="text/javascript">
```

```
// Zufallswert und Eingabe
var zufall = Math.random();
var eingabe = prompt("Geben Sie eine Zahl von 0 bis 1 ein, ohne 1");
var zahl = parseFloat(eingabe);

// Auswertung
if(eingabe == null)
    alert("Sie haben den Button Abbrechen betätigt");
else if(eingabe == "")
    alert("Sie haben nichts eingegeben");
else if(isNaN(eingabe))
    alert("Sie haben keine gültige Zahl eingegeben");
else if(zahl < 0 || zahl >= 1)
    alert("Sie haben keine Zahl im gültigen Bereich eingegeben");
else if(Math.abs(zufall - zahl) < 0.1)
    alert("Sie sind nah dran");
else
    alert("Sie sind weit weg");

// Kontrolle
alert("Zufall: " + zufall + "\nEingabe: " + eingabe
    + "\nisNaN(): " + isNaN(eingabe) + "\nDifferenz: " + (zufall-zahl)
    + "\nBetrag: " + Math.abs(zufall-zahl));
</script>
</body></html>
```

Listing 2.11 Datei »if_else_eingabe.htm«

Im ersten Teil des Programms wird eine Zufallszahl erzeugt und gespeichert. Mit Hilfe von prompt() gibt der Benutzer anschließend eine Zahl ein. Diese wird sowohl als Zeichenkette als auch als Zahl gespeichert.

Der zweite Teil des Programms enthält eine mehrfache Verzweigung. Falls die erste Bedingung nicht zutrifft, dann wird die zweite geprüft. Trifft diese auch nicht zu, dann wird die dritte geprüft usw.

Der Button ABBRECHEN führt dazu, dass der Wert null gespeichert wird. Falls der Benutzer nichts eingibt und den Button OK betätigt, so wird eine leere Zeichenkette gespeichert. Beides können Sie mit Hilfe des Operators == abfragen.

Der Name der Funktion isNaN() steht für *is Not a Number*. Die Methode liefert true, falls die Eingabe keine gültige Zahl enthält, ansonsten false. Die anschließende verknüpfte Bedingung prüft, ob die Zahl im gültigen Bereich liegt.

Nun wird die Differenz zwischen der Zufallszahl und der eingegebenen Zahl ermittelt. Von dieser Differenz wird der Betrag berechnet. Falls dieser Betrag kleiner als 0.1 ist, dann war die Eingabe schon nahe dran.

Warum muss eigentlich der Betrag berechnet werden? Nehmen wir an, die Zufallszahl ist 0.34 und die Eingabe ist 0.3. Dann beträgt die Differenz 0.04, und Sie benötigen den Betrag nicht. Falls dagegen die Eingabe 0.5 ist, dann ist die Differenz −0.16, also kleiner als 0.1. Das wäre ohne die Berechnung des Betrags zwar nahe dran, aber sachlich falsch. Die Methode `Math.abs()` berechnet +0.16, und das ist nicht mehr nahe dran. So sollte es sein.

Als Letztes bietet das Programm eine Kontrollausgabe aller wichtigen Werte mit Hilfe von `alert()`. Diese Anweisung können Sie in Kommentarzeichen setzen, falls Sie die Ausgabe nicht sehen möchten.

Abbildung 2.14 zeigt eine mögliche Kontrollausgabe.

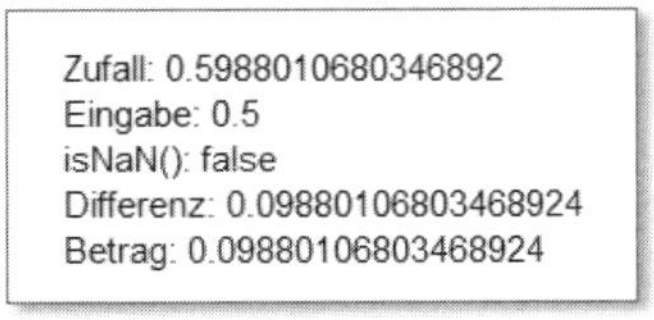

```
Zufall: 0.5988010680346892
Eingabe: 0.5
isNaN(): false
Differenz: 0.09880106803468924
Betrag: 0.09880106803468924
```

Abbildung 2.14 Kontrollausgabe

2.3.5   Wert und Typ von Variablen prüfen

Die Operatoren `===` und `!==` prüfen noch etwas genauer als die Operatoren `==` und `!=`. Bei einer Bedingung mit `===` müssen sowohl der Wert der Variablen als auch der Typ dieses Werts übereinstimmen. Es wird also auch getestet, ob es sich bei dem Wert um eine Zahl, eine Zeichenkette oder einen Wahrheitswert handelt.

In diesem Zusammenhang ist auch der Operator `typeof` interessant. Er liefert Ihnen den Typ des Werts einer Variablen. Es folgt ein Programm mit den genannten Operatoren:

```
...
<body>
<script type="text/javascript">
    var a = 4711;
    var b = "4711";
    var c = 4711;
    var d = true;

    document.write("<p>a: " + a + ", " + typeof a + "<br>");
    document.write("b: " + b + ", " + typeof b + "<br>");
```

```
    document.write("c: " + c + ", " + typeof c + "<br>");
    document.write("d: " + d + ", " + typeof d + "<\/p>");

    if(a == b)
        document.write("<p>a == b<\/p>");
    if(a !== b)
        document.write("<p>a !== b<\/p>");
    if(a === c)
        document.write("<p>a === c<\/p>");
</script>
</body></html>
```

Listing 2.12 Datei »if_genau.htm«

In Abbildung 2.15 sehen Sie jeweils den Namen, den Wert und (dank typeof) den Typ des Werts der vier Variablen, die im Programm genutzt werden. Im Falle einer Zahl liefert typeof die Bezeichnung *number*, im Falle einer Zeichenkette *string* und bei einem Wahrheitswert *boolean*.

Die Variablen a und b enthalten beide den Wert 4711, allerdings einmal als Zahl, einmal als Zeichenkette. Aufgrund der Wertgleichheit liefert der Vergleich mit Hilfe des Operators == den Wert true. Da aber die Typen nicht übereinstimmen, liefert der Vergleich mit Hilfe des Operators !== ebenfalls true.

Im Falle von a und c ist es anders. Beides sind Zahlen mit dem Wert 4711, daher liefert der Vergleich mit Hilfe des Operators === den Wert true.

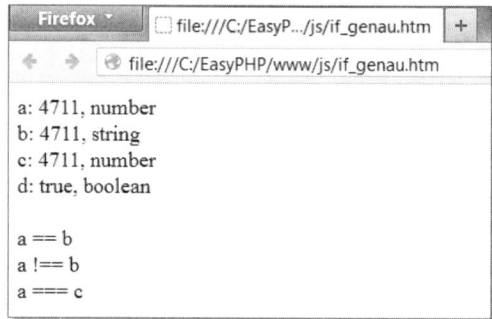

Abbildung 2.15 Die Operatoren »typeof«, »===« und »!==«

2.3.6   Priorität der Operatoren

Die Operatoren haben in JavaScript unterschiedliche Prioritäten (Rangstufen). Falls bei einer Anweisung mehrere Operatoren zum Einsatz kommen, dann werden zunächst die Teile der Anweisung ausgeführt, die die höhere Priorität haben. Bei gleicher Priorität werden die Anweisungsteile von links nach rechts ausgeführt.

Tabelle 2.1 zeigt die Prioritäten der bisher genutzten Operatoren. Sie beginnt mit den Operatoren, die die höchste Priorität haben.

Operatoren	Erläuterung
( )	Klammern
! − ++ --	logisches Nicht, negatives Vorzeichen, Inkrement, Dekrement
* / %	Multiplikation, Division, Modulo
+ -	Addition, Subtraktion
< <= > >=	kleiner, kleiner gleich, größer, größer gleich
== != === !==	gleich, ungleich, mit und ohne Typvergleich
&&	logisches Und
||	logisches Oder
= += -=	Zuweisungen

Tabelle 2.1 Priorität der Operatoren

2.3.7   Verzweigungen mit »switch ... case«

In JavaScript können Sie Verzweigungen mit Hilfe von if ... else, aber auch mit Hilfe von switch ... case notieren. Es ergeben sich zwar daraus keine zusätzlichen Möglichkeiten, denn jede switch ... case-Verzweigung kann durch eine if ... else-Verzweigung ersetzt werden. Allerdings kann ein solcher Ersatz durch if ... else sehr umständlich sein. Im Sinne eines übersichtlichen, leicht lesbaren Programms ist switch ... case daher bei bestimmten Verzweigungen zu empfehlen. Ein Beispiel:

```
...
<body>
<script type="text/javascript">
    var land = prompt("Bitte ein Land eingeben:");

    switch(land)
    {
        case "Italien":
            alert("Hauptstadt des Staates: Rom");
            break;
        case "England":
        case "Wales":
        case "Schottland":
```

```
        alert("Hauptstadt des Staates: London");
        break;
      default:
        alert("Hauptstadt des Staates nicht bekannt");
  }
</script>
</body></html>
```

Listing 2.13 Datei »switch.htm«

Der Benutzer soll den Namen eines Landes eingeben. Anschließend wird die eingegebene Zeichenkette mit Hilfe von switch … case untersucht. Nach switch steht in runden Klammern der untersuchte Wert.

Es folgt dann ein Block mit geschweiften Klammern. Innerhalb des Blocks kennzeichnen die Zeilen mit case … : die verschiedenen Fälle (englisch: *cases*). Es wird von oben
nach unten geprüft, ob der Wert mit einem dieser Fälle übereinstimmt. Trifft dies zu,
dann werden alle folgenden Anweisungen bis zur nächsten break-Anweisung ausgeführt.

Falls der Benutzer Italien eingibt, wird also als Hauptstadt Rom geliefert. Anschließend wird der switch-Block verlassen.

Falls der Benutzer England eingibt, wird als Hauptstadt London geliefert, da danach
erst die nächste break-Anweisung folgt. Dasselbe trifft für Wales und Schottland zu.
Sie haben also mit switch … case die Möglichkeit, mehrere Fälle übersichtlich zu vereinigen.

Trifft keiner der Fälle zu, dann können Sie mit default: alle restlichen Fälle abfangen.
Ähnlich wie bei einem if ohne else muss es diesen Fall allerdings nicht zwingend
geben.

Sie können mit switch … case eine Zahl oder, wie in diesem Fall, eine Zeichenkette
untersuchen. Es ist *nicht* möglich, Fälle mit Zahlenbereichen anzugeben, wie z. B.
case < 10: oder case >=10 &&<=20:.

Noch ein allgemeiner Hinweis zum Thema Verzweigungen: Sie sollten versuchen,
nur die Programmteile innerhalb einer Verzweigung anzuordnen, die sich tatsächlich unterscheiden. Anders ausgedrückt: Sollte es eine Anweisung geben, die in
jedem der Zweige steht, so hat sie nichts in der Verzweigung zu suchen. Sie sollte
davor oder danach notiert werden.

2.4   Programmteile wiederholen

Neben den Verzweigungen gehören die Schleifen zu den wichtigen Kontrollstrukturen. Viele Vorgänge, die sich auf dieselbe oder recht ähnliche Weise wiederholen, können mit Hilfe von Schleifen effizient programmiert werden. Sie nutzen die Fähigkeit eines Rechners, sehr viele Schritte in sehr kurzer Zeit durchzuführen.

2.4.1   Schleifen mit »for«

Eine Schleife mit for nutzen Sie, wenn Sie als Entwickler wissen, wie oft ein Programmteil wiederholt werden soll. Sie ist auch dann sinnvoll, wenn ein Programmteil für eine regelmäßige Abfolge von Zahlen, die von einem Startwert bis zu einem Endwert laufen, wiederholt werden soll.

Bei for-Schleifen wird zur Steuerung meist eine Variable eingesetzt. Sie wird *Schleifenvariable* genannt. Der Aufbau einer for-Schleife gliedert sich in drei Teile:

▸ eine Anweisung für den Startwert der Schleifenvariablen

▸ eine Bedingung, die während des gesamten Ablaufs der Schleife für die Schleifenvariable gelten muss

▸ eine Anweisung für die Änderung der Schleifenvariablen nach einem einzelnen Durchlauf der Schleife

Im folgenden Beispiel sehen Sie fünf verschiedene Schleifen:

```
...
<body>
<script type="text/javascript">
   var i;

   // 1: Aufwärts
   document.write("<p>1: ");
   for(i=1; i<=5; i++)
      document.write(i + " ");

   // 2: Abwärts
   document.write("<br>2: ");
   for(i=20; i>=10; i--)
      document.write(i + " ");

   // 3: Mit Dezimalzahl
   document.write("<br>3: ");
   for(i=3; i<=4; i+=0.2)
      document.write(i + " ");
```

```
    // 4: Mit Dezimalzahl, optimiert
    document.write("<br>4: ");
    for(i=3; i<=4.1; i+=0.2)
        document.write(i.toFixed(1) + " ");

    // 5: Mit break und continue
    document.write("<br>5: ");
    for(var k=10; k<=50; k++)
    {
        if(k>=16 && k<=24)
            continue;
        if(k>30)
            break;
        document.write(k + " ");
    }
    document.write("<\/p>");
</script>
</body></html>
```

Listing 2.14 Datei »for.htm«

Die Variable i soll zunächst als Schleifenvariable dienen. In der ersten Schleife erhält
i den Startwert 1. Als Bedingung für die gesamte Schleife gilt: Sie läuft, solange i kleiner als 5 oder gleich 5 ist. Nach jedem Durchlauf wird der Wert von i mit Hilfe des
Zuweisungsoperators ++ um 1 erhöht. Damit ergibt sich eine Zahlenfolge von 1 bis 5,
in Schritten von 1. Startwert, Bedingung und Änderung werden jeweils durch Semikolon voneinander getrennt.

Innerhalb der ersten Schleife steht nur eine Anweisung: Die Ausgabe der Schleifenvariablen. In Abbildung 2.16 sehen Sie also die regelmäßige Abfolge der Zahlen. Sollen
mehrere Anweisungen innerhalb einer Schleife ausgeführt werden, dann müssen Sie
in einem Block mit geschweiften Klammern stehen, wie bei einer Verzweigung.

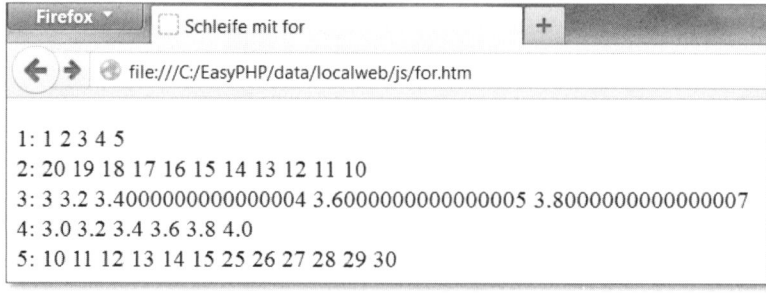

Abbildung 2.16 Fünf verschiedene »for«-Schleifen

Die zweite Schleife läuft abwärts, im Gegensatz zur ersten Schleife. Sie startet bei 20 und läuft, solange der Wert von i größer als 10 oder gleich 10 ist. Nach jedem Durchlauf wird der Wert von i um 1 vermindert. Damit ergibt sich die Zahlenfolge 20, 19, 18 ... 10.

Die verschiedenen Teile einer Schleife müssen aufeinander abgestimmt sein. Eine Schleife mit for(i=10; i>=5; i++) läuft endlos. Eine Schleife mit for(i=10; i<=5; i--) läuft nie. Solche Schleifen sollten Sie natürlich vermeiden.

Bei der dritten Schleife sehen Sie, dass eine Schleifenvariable auch eine Zahl mit Nachkommastellen sein kann. Solche Zahlen können nicht mathematisch exakt gespeichert werden, im Gegensatz zu ganzen Zahlen. Daher können sich zwei Probleme ergeben:

▶ Bei einer Ausgabe ergeben sich unschöne kleine Abweichungen, wie Sie in Abbildung 2.16 ab dem Wert 3.4 sehen.

▶ Die Schleife läuft nicht bis zum gewünschten Ende von 4. Nach der Erhöhung um 0.2 liegt der Wert von i knapp über 4. Ein Wert, der über 4 liegt, wird durch die Bedingung i<=4 nicht mehr erreicht.

Beide Probleme lassen sich lösen, wie Sie bei der vierten Schleife in Abbildung 2.16 sehen. Zunächst wird innerhalb der Bedingung ein Wert eingesetzt, der klar über dem letzten gewünschten Wert liegt. Dies kann zum Beispiel ein Wert sein, der eine halbe Schrittweite höher ist.

Außerdem wird bei der Ausgabe der Zahlen die Methode toFixed() genutzt. Dies ist eine Methode des Number-Objekts, das Sie in Abschnitt 6.4, »Zahlen und Mathematik«, kennenlernen werden. Die Methode toFixed() dient bei der Ausgabe zum Runden auf die gewünschte Anzahl an Nachkommastellen.

Die fünfte Schleife enthält mehrere Anweisungen. Diese müssen in einen Block mit geschweiften Klammern gesetzt werden. Häufig werden Schleifenvariablen erst bei ihrem Einsatz in der for-Schleife deklariert, wie dies hier für k geschehen ist. Die Variable ist ab dieser Schleife bekannt und gültig, auch außerhalb der Schleife.

Innerhalb der ersten Schleife stehen die Anweisungen continue und break. Die Anweisung continue führt dazu, dass der aktuelle Durchlauf der Schleife unmittelbar beendet wird und mit dem nächsten Durchlauf fortgefahren wird. Somit kommt es nicht zur Ausgabe der Werte von 16 bis 24, wie Sie in Abbildung 2.16 sehen. Die Anweisung break führt zu einem unmittelbaren Abbruch der gesamten Schleife, die ansonsten bis 50 laufen würde. Beide Anweisungen werden normalerweise zusammen mit einer Verzweigung genutzt, die bestimmte Sonderfälle behandeln soll.

2.4.2   Schleifen und Tabellen

Schleifen werden aufgrund ihrer Regelmäßigkeit häufig im Zusammenhang mit Tabellen und Feldern (siehe Abschnitt 6.1, »Felder für große Datenmengen«) genutzt. Nachfolgend wird eine HTML-Tabelle mit Hilfe einer geschachtelten for-Schleife erstellt:

```
...
<body>
<script type="text/javascript">
    document.write("<table border='1' width='30%'>");
    for(var zeile=1; zeile<=3; zeile++)
    {
        document.write("<tr>");
        for(var spalte=1; spalte<=5; spalte++)
            document.write("<td width='20%'>Zeile " + zeile
                + " / Spalte " + spalte + "<\/td>");
        document.write("<\/tr>");
    }
    document.write("<\/table>");
</script>
</body></html>
```

Listing 2.15 Datei »for_tabelle.htm«

Das Programm umfasst zwei ineinandergeschachtelte Schleifen. Sie müssen mit unterschiedlichen Schleifenvariablen arbeiten, da sich ansonsten die Werte gegenseitig beeinflussen.

Zunächst hat die Variable zeile der äußeren Schleife den Wert 1. Die innere Schleife wird dann mit Hilfe der Variablen spalte fünfmal durchlaufen, zur Erzeugung der fünf Zellen einer Zeile. Anschließend bekommt zeile den Wert 2, und es werden wiederum fünf Zellen erstellt usw. Die fertige Tabelle sehen Sie in Abbildung 2.17.

Die innere Schleife umfasst nur eine Anweisung, daher müssen keine Blockklammern gesetzt werden. Die Anweisung ist allerdings sehr lang und wird für den Abdruck im Buch in zwei Zeilen gesetzt. Sie können an vielen Stellen einer Anweisung einen Zeilenumbruch durchführen, allerdings nicht mitten in einem Schlüsselwort und nicht innerhalb einer Zeichenkette.

Ein Hinweis zur Breite der Tabelle und der Zellen: Die Tabelle erhält durch das Attribut width 30 % der Seitenbreite. Eine Zelle erhält 20 % der Tabellenbreite. Diese Einstellungen nehmen Sie normalerweise mit CSS (siehe Kapitel 9, »Cascading Style Sheets (CSS)«) vor und nicht mehr mit HTML. Somit erreichen Sie eine klare Trennung von Funktionalität und Design einer Seite.

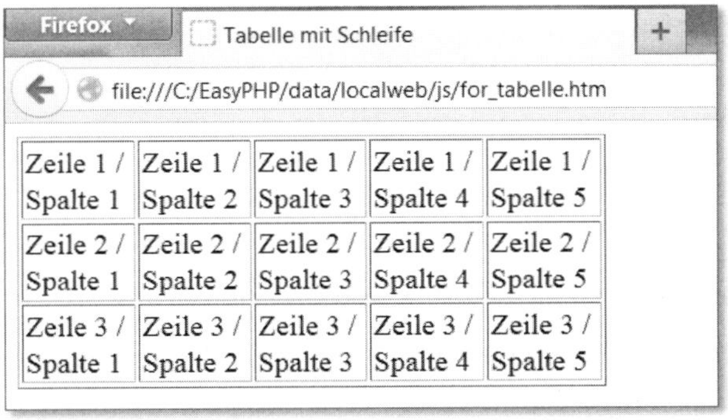

Abbildung 2.17 Zwei geschachtelte »for«-Schleifen

Im Programm sollten Sie auf die richtige Schreibweise der HTML-Markierungen und der JavaScript-Anweisungen achten. Zwei Beispiele:

▶ Der tr-Container wird nur mit Hilfe der äußeren Schleife gebildet.

▶ Der Wert des width-Attributs steht in einfachen Anführungsstrichen, da sich die td-Markierung bereits in doppelten Anführungsstrichen befindet. Sie könnten dieses Problem auch mit Hilfe des Backslashs \ lösen: `<td width=\"20%\">`.

Die Markierungen `<table>` und `</table>` hätte man auch vor bzw. nach dem script-Container notieren können, da sie keine Variablen von JavaScript enthalten. Allerdings ist dies ein Problem für die Validierung, da der script-Container innerhalb der Tabelle beginnt. Daher habe ich diese Markierungen innerhalb des script-Containers notiert.

2.4.3   Schleifen mit »while«

Eine Schleife mit while hängt von einer Bedingung ab, die zu Beginn der Schleife geprüft wird.

Im folgenden Beispiel werden zufällige Zahlen addiert. Die while-Schleife läuft, solange die Summe der Zahlen den Wert 4 noch nicht erreicht hat. Der Entwickler weiß aufgrund des zufälligen Charakters der Zahlen nicht, wie viele Zahlen addiert werden müssen. Daher wäre eine for-Schleife hier nicht geeignet. Es folgt das Programm:

```
...
<body>
<p><script type="text/javascript">
   var summe = 0;
   while(summe < 4)
   {
      summe += Math.random();
```

```
            document.write(summe + "<br>");
        }
    </script></p>
    </body></html>
```

Listing 2.16 Datei »while.htm«

Die Summe der Zahlen wird zunächst auf 0 gesetzt, aus zwei Gründen:

▶ Zu Beginn der Schleife wird die Summe mit dem Wert 4 verglichen. Ein Vergleich ist nur dann sinnvoll, wenn alle Werte bekannt sind.

▶ Innerhalb der Schleife erhält die Summe einen neuen Wert, der zum alten Wert addiert wird. Zu Beginn ist daher ein alter Wert notwendig: 0.

Solange die Summe kleiner als 4 ist, wird die Schleife durchlaufen. Da diese mehrere Anweisungen umfasst, müssen Blockklammern gesetzt werden. Innerhalb der Schleife wird die Summe um einen zufälligen Wert erhöht und ausgegeben. Eine mögliche Ausgabe sehen Sie in Abbildung 2.18.

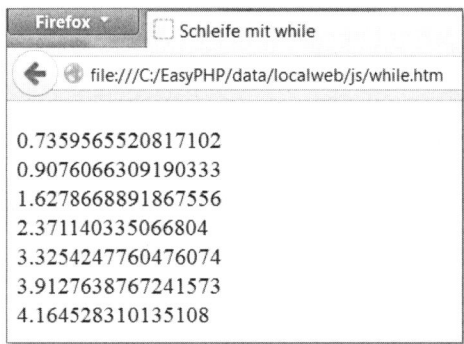

Abbildung 2.18 »while«-Schleife zur Addition von zufälligen Zahlen

2.4.4 Schleifen mit »do ... while«

Eine Schleife mit do ... while hängt von einer Bedingung ab, die am Ende der Schleife geprüft wird. Diese Schleife wird mindestens einmal durchlaufen, im Gegensatz zur while-Schleife.

Im folgenden Programm wird ein kleines Ratespiel veranstaltet. Per Zufallsgenerator wird eine Zahl zwischen 1 und 100 ermittelt, die der Benutzer möglichst schnell herausfinden soll. Nach jedem Versuch bekommt der Benutzer die Information, ob seine Eingabe zu groß oder zu klein war.

Wie bei der while-Schleife ist dem Entwickler nicht bekannt, wie oft die Schleife durchlaufen werden muss. Es wird aber mindestens ein Versuch benötigt, daher kommt die do ... while-Schleife zum Einsatz.

Es folgt das Programm:

```
...
<body>
<p><script type="text/javascript">
   var zufall = Math.random() * 100 + 1;
   var zGanz = Math.floor(zufall);
   var eingabe;
   var anzahl = 0;

   do
   {
      anzahl++;
      eingabe = parseInt(prompt("Zahl von 1 bis 100 eingeben"));
      // alert("Zufall: " + zGanz + "\nEingabe: " + eingabe);
      if(eingabe < zGanz)
         document.write(eingabe + " ist zu klein<br>");
      else if(eingabe > zGanz)
         document.write(eingabe + " ist zu groß<br>");
      else
         document.write("Sie haben " + anzahl + " Versuche benötigt");
   }
   while(eingabe != zGanz);
</script></p>
</body></html>
```

Listing 2.17 Datei »do_while.htm«

Im ersten Teil des Programms werden alle notwendigen Variablen erzeugt. Der Zufallsgenerator liefert eine Zahl zwischen 0 und 1, ohne die 1. Wird diese Zahl mit 100 multipliziert, dann ergibt sich eine Zahl von 0 bis 100, ohne die 100. Addieren wir 1, so ergibt sich eine Zahl zwischen 1 und 101, ohne die 101.

Die Methode floor() des Math-Objekts schneidet alle Nachkommastellen ab. Aus der Zahl 3.8 würde also die Zahl 3. Mehr zum Math-Objekt sehen Sie in Abschnitt 6.4, »Zahlen und Mathematik«. Damit steht uns in zGanz eine zufällige ganze Zahl von 1 bis 100 zur Verfügung, die anschließend erraten werden soll.

Die Variable eingabe speichert die Eingabe des Benutzers. Die Variable anzahl dient zum Zählen der Versuche. Ein solcher Zähler muss bereits zu Beginn einen sinnvollen Anfangswert haben, weil er innerhalb der Schleife einen neuen Wert erhält, der zum alten Wert hinzugerechnet wird.

Die do ... while-Schleife läuft, solange sich die Eingabe von der zufälligen Zahl unterscheidet. Innerhalb der Schleife wird zunächst der Zähler erhöht. Dann gibt der

Benutzer einen Wert ein, der mit Hilfe von `parseInt()` in eine ganze Zahl umgewandelt wird. Es folgt eine mehrfache Verzweigung, in der diese ganze Zahl mit der zufälligen Zahl verglichen wird. Aus diesen Vergleichen ergeben sich Hinweise für den Benutzer, die ihn zwangsläufig zur richtigen Zahl führen.

Sobald er die richtige Zahl eingegeben hat, wird die Anzahl der Versuche ausgegeben. Gleichzeitig trifft die Bedingung für den Durchlauf der Schleife nicht mehr zu: Die Schleife endet. Eine mögliche Ausgabe am Ende des Programms sehen Sie in Abbildung 2.19.

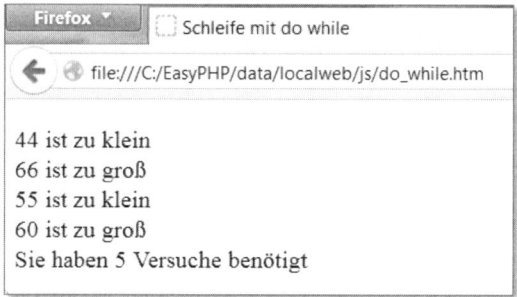

Abbildung 2.19 Zahlen raten

Ein Hinweis zu Schleifen: Zu Beginn der Programmierung stellt die Bedingung der `while`- bzw. `do … while`-Schleife sowie die Bedingung, die im zweiten Teil der `for`-Schleife steht, eine gewisse Herausforderung dar. Sie sollten sich vor Augen führen, dass es sich um eine Laufbedingung und nicht um eine Abbruchbedingung handelt. Es ist nicht so, dass die Schleife abbricht, sobald die Bedingung zutrifft. Die Schleife läuft, *solange* die Bedingung zutrifft.

Achten Sie außerdem darauf, nach dem Beginn einer `for`-Schleife oder einer `while`-Schleife kein Semikolon zu schreiben. Es sollte also *nicht* aussehen wie folgt: `for(i=1; i<=5; i++);` oder `while(a > b);`. Dies würde dazu führen, dass die Schleife unmittelbar endet und die folgenden Anweisungen nur einmal ausgeführt werden. Dieser Fehler ist schwer zu finden.

2.4.5   Ein Spiel als Gedächtnistraining

In diesem Abschnitt werden wir ein Spiel als Training für das Gedächtnis entwickeln. Es kommen keine neuen Sprachelemente hinzu, Sie können den Abschnitt also ruhig überspringen. Es ist jedoch interessant, die bisher erlernten Sprachelemente noch einmal im Zusammenspiel zu sehen.

Die Regeln des Spiels, die auch nach Aufruf der Datei im Browser erscheinen: »Merken Sie sich die Ziffernfolgen, die gleich erscheinen, und geben Sie sie anschließend ein. Es erscheinen zunächst dreimal drei Ziffern, dann dreimal vier Ziffern usw.

Sobald Sie eine Ziffernfolge falsch eingegeben haben, ist das Ende des Trainings erreicht, und es erfolgt eine Bewertung. Wenn Sie die Internetseite aktualisieren, beginnt das Training wieder von vorn.«

```
...
<body>
<p><script type="text/javascript">
   var text, eingabe, laenge = 3, zaehler = 0;

   alert("Gedächtnis-Training:\n\nMerken Sie sich die Ziffernfolgen, die"
      + " gleich erscheinen, und geben Sie sie anschließend ein. Es"
      + " erscheinen zunächst dreimal drei Ziffern, dann dreimal vier"
      + " Ziffern usw. Sobald Sie eine Ziffernfolge falsch eingegeben"
      + " haben, ist das Ende des Trainings erreicht, und es erfolgt eine"
      + " Bewertung. Wenn Sie die Internetseite aktualisieren, beginnt"
      + " das Training wieder von vorn.");

   // Ablauf des Spiels
   do
   {
      zaehler++;
      if(zaehler>3) { laenge++; zaehler = 1; }
      // alert("Länge: " + laenge + "\nZähler: " + zaehler);

      text = "";
      for(var i=1; i<=laenge; i++)
         text += Math.floor(Math.random() * 10);
      alert("Ziffernfolge: " + text);

      eingabe = prompt("Ihre Eingabe");
      document.write(text + "<br>");
   }
   while(eingabe == text);

   // Bewertung
   var ergebnis = laenge - 1;
   if(ergebnis < 3) ergebnis = 0;
   document.write("Sie konnten sich " + ergebnis + " Ziffern merken");
</script></p>
</body></html>
```

Listing 2.18 Datei »gedaechtnis.htm«

In der Variablen text werden die zufälligen Ziffernfolgen gespeichert. In laenge steht die aktuelle Länge der Ziffernfolge und in zaehler die Information, ob es sich um die erste, zweite oder dritte Ziffernfolge derselben Länge handelt.

Die do … while-Schleife läuft, solange die Eingabe und die Ziffernfolge übereinstimmen. Der Wert von zaehler wird jedes Mal erhöht. Falls der Wert 3 überschritten wird, wird der Wert wieder auf 1 gesetzt. Gleichzeitig erhöht sich dann der Wert von laenge. Auf diese Weise wird erreicht, dass dreimal eine Ziffernfolge derselben Länge erscheint. Die Verzweigung habe ich ausnahmsweise einmal in kompakter Form geschrieben, da sie nur zwei kurze Anweisungen umfasst.

Mit Hilfe der for-Schleife wird eine zufällige Ziffernfolge der aktuellen Länge zusammengestellt. Diese wird ausgegeben, anschließend erfolgt die Eingabe des Benutzers.

Nach Ende der Schleife, also nachdem eine Ziffernfolge falsch eingegeben wird, erscheint das Ergebnis. Es handelt sich dabei um diejenige Länge der Ziffernfolge, die sich der Benutzer dreimal erfolgreich merken konnte. In Abbildung 2.20 sehen Sie eine mögliche Ausgabe mit einem Ergebnis, das Sie hoffentlich übertreffen werden.

Abbildung 2.20 Gedächtnis-Training

2.5 Fehler finden, Fehler vermeiden

Während der Entwicklung eines Programms werden Sie den einen oder anderen Fehler machen. Das ist normal und gehört zum Alltag eines Entwicklers. Wichtig ist, dass Sie wissen, wie Sie Fehler schnell finden und beseitigen. Noch besser ist es, wenn Sie wissen, wie Sie Fehler möglichst vermeiden.

Es kann sich um *syntaktische Fehler* handeln, also das Notieren einer falschen oder unvollständigen JavaScript-Anweisung. Es können aber auch *logische Fehler* sein. Das heißt, Ihr Programm läuft einwandfrei, produziert aber nicht die von Ihnen erwarteten Ergebnisse.

2.5.1   Entwicklung eines Programms

Bei der Entwicklung Ihrer eigenen Programme sollten Sie Schritt für Schritt vorge-
hen. Stellen Sie zuerst einige Überlegungen an, wie das gesamte Programm aufgebaut sein sollte, und zwar auf Papier. Aus welchen Teilen sollte es nacheinander
bestehen? Versuchen Sie dann *nicht*, das gesamte Programm mit all seinen komplexen Bestandteilen auf einmal zu schreiben! Dies ist der größte Fehler, den Einsteiger
(und manchmal auch Fortgeschrittene) machen können.

Schreiben Sie zunächst eine einfache Version des ersten Programmteils. Anschließend testen Sie sie. Erst nach einem erfolgreichen Test fügen Sie den folgenden Programmteil hinzu. Nach jeder Änderung testen Sie wiederum. Sollte sich ein Fehler
zeigen, so wissen Sie, dass er aufgrund der letzten Änderung aufgetreten ist.
Nach dem letzten Hinzufügen haben Sie eine einfache Version Ihres gesamten
Programms.

Nun ändern Sie einen Teil Ihres Programms in eine komplexere Version ab. Auf diese
Weise machen Sie Ihr Programm Schritt für Schritt komplexer, bis Sie schließlich das
gesamte Programm so erstellt haben, wie es Ihren anfänglichen Überlegungen auf
Papier entspricht.

Manchmal ergibt sich während der praktischen Programmierung noch die eine oder
andere Änderung gegenüber Ihrem Entwurf. Das ist kein Problem, solange sich nicht
der gesamte Aufbau ändert. Sollte dies allerdings der Fall sein, so kehren Sie noch einmal kurz zum Papier zurück und überdenken den Aufbau. Das bedeutet nicht, dass
Sie die bisherigen Programmzeilen löschen müssen, sondern möglicherweise nur
ein wenig ändern und anders anordnen.

Schreiben Sie Ihre Programme übersichtlich. Falls Sie gerade überlegen, wie Sie drei,
vier bestimmte Schritte Ihres Programms auf einmal machen können: Machen Sie
daraus einfach einzelne Anweisungen, die der Reihe nach ausgeführt werden. Dies
vereinfacht eine eventuelle Fehlersuche. Falls Sie (oder eine andere Person) Ihr Programm später einmal ändern oder erweitern möchten, dann gelingt der Einstieg in
den Aufbau des Programms wesentlich schneller.

Einige typische Fehler im Zusammenhang mit Verzweigungen und Schleifen habe
ich bereits erwähnt. Haben Sie alle Klammern, die Sie geöffnet haben, auch wieder
geschlossen? Ein klassischer Programmierfehler, der speziell bei JavaScript häufig
dazu führt, dass überhaupt nichts angezeigt wird.

Sie haben auch bereits gesehen, wie Sie die Methode alert() zur Kontrolle von Wer-
ten und zur Suche von logischen Fehlern einsetzen. Sie können zusätzlich einzelne
Teile Ihres Programms in Kommentarklammern setzen, um festzustellen, welcher
Teil des Programms fehlerfrei läuft und welcher Teil demnach fehlerbehaftet ist.

2.5.2   Fehler finden mit »onerror«

Eine Möglichkeit, Fehler zu finden, bietet Ihnen das Ereignis `onerror`. Sobald bestimmte Fehler auftreten, wird das Ereignis ausgelöst und eine Funktion aufgerufen, die Ihnen Informationen über den Fehler liefert. Betrachten wir das folgende Programm:

```
...
<body>
<p><script type="text/javascript">
    var y = 42;
    document.write(x + "<br>");
    document.write(y + "<br>");
</script></p>
</body></html>
```

Listing 2.19 Datei »onerror.htm«, erste Version

Der Wert der beiden Variablen soll auf dem Bildschirm ausgegeben werden. Die Variable x wird aber nie deklariert. Der Versuch, x auszugeben, führt zu einem Abbruch des Programms. Auch der Wert der korrekt deklarierten Variablen y wird nicht mehr ausgegeben. Der Bildschirm bleibt leer.

Zur Fehlersuche wird das Programm erweitert:

```
...<html>
<head>...
<script type="text/javascript">
function fehlerbehandlung(fehler, datei, zeile)
{
    alert("Fehler: " + fehler + "\nDatei: " + datei + "\nZeile: " + zeile);
}
</script>
</head>
<body>
<p><script type="text/javascript">
    window.onerror = fehlerbehandlung;
    var y = 42;
    document.write(x + "<br>");
    document.write(y + "<br>");
</script></p>
</body></html>
```

Listing 2.20 Datei »onerror.htm«, zweite Version

Das Thema Ereignisse behandele ich ausführlich in Kapitel 4. In Abschnitt 2.6, »Programme zerlegen mit eigenen Funktionen«, sehen Sie, wie Sie Programme mit Hilfe von Funktionen modularisieren. An dieser Stelle nur eine kurze Erklärung:

Das Ereignis onerror tritt bei einem Fehler auf. Als Folge wird die Funktion aufgerufen, die dem Ereignis zugewiesen wurde. Hier ist dies die Funktion fehlerbehandlung, die im head des Dokuments definiert wird. Dieser Funktion werden Informationen zu dem aufgetretenen Fehler übermittelt, die Sie mit Hilfe von alert() ausgeben können. Die Meldung für den vorliegenden Fall sehen Sie in Abbildung 2.21.

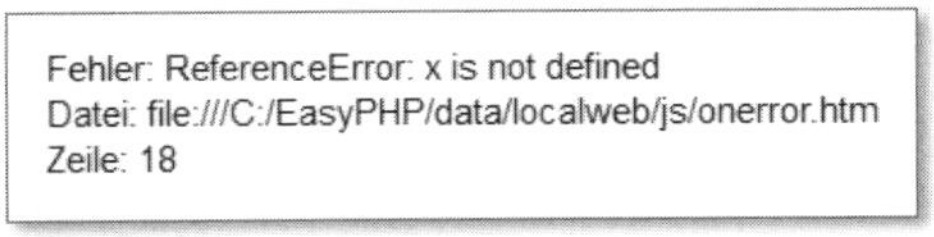

```
Fehler: ReferenceError: x is not defined
Datei: file:///C:/EasyPHP/data/localweb/js/onerror.htm
Zeile: 18
```

Abbildung 2.21 Ausgabe bei einem Fehler

Sie sehen, dass x nicht definiert ist und der Fehler in der Datei *onerror.htm* in Zeile 18 aufgetreten ist.

2.5.3   Ausnahmebehandlung mit »try ... catch«

Die Ausnahmebehandlung (englisch: *exception handling*) mit try ... catch ermöglicht es Ihnen, Ihr Programm vor einem Abbruch zu bewahren. Falls Sie wissen, dass in bestimmten Programmteilen aufgrund von Benutzereingaben oder aufgrund anderer Ursachen Fehler auftreten können, so setzen Sie die betreffenden Programmteile in einen try-Block.

Sollte tatsächlich ein Fehler auftreten, dann verzweigt das Programm in einen catch-Block, in dem der Fehler *gefangen* wird. Dort kann eine Fehlermeldung ausgegeben werden, oder es können alternative Anweisungen durchlaufen werden, die die Folgen des Fehlers umgehen.

Falls kein Fehler auftritt, so werden die Anweisungen im try-Block normal abgearbeitet. Der catch-Block wird in diesem Fall übergangen. Es kann außerdem einen finally-Block geben, der in jedem Fall bearbeitet wird. Dies gilt unabhängig davon, ob ein Fehler aufgetreten ist oder nicht. Alle Blöcke müssen in Blockklammern notiert werden, auch wenn sie nur eine einzelne Anweisung umfassen. Ein Beispiel:

```
...
<body>
<p><script type="text/javascript">
   var y = 42;

   try
   {
```

```
      document.write(x + "<br>");
      document.write(y + "<br>");
   }
   catch(e)
   {
      alert(e);
   }
   finally
   {
      document.write("Das wird auf jeden Fall gemacht<br>");
   }
</script></p>
</body></html>
```

Listing 2.21 Datei »try_catch.htm«

Im try-Block sollen die Werte der beiden Variablen ausgegeben werden. Die Variable
x wird aber nie deklariert. Der Fehler wird bemerkt, und das Programm verzweigt in
den catch-Block. In diesem Falle werden Informationen zu dem aufgetretenen Fehler
in einem Fehlerobjekt übermittelt. Es hat sich eingebürgert, ein solches Fehlerobjekt
mit e (für englisch: *error*) zu bezeichnen. Sie können es mit alert() ausgeben.

Die Ausgabe sehen Sie in Abbildung 2.22.

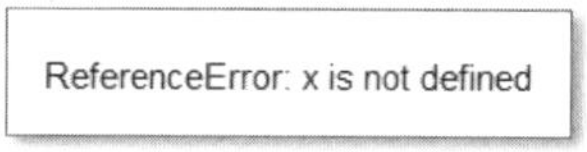

ReferenceError: x is not defined

Abbildung 2.22 Fehler abfangen mit »try … catch«

2.5.4   Ausnahmen werfen mit »throw«

Sie können auch eigene Fehlersituationen erzeugen. Bei Eintritt eines solchen Falles
kann mit throw eine Ausnahme geworfen werden. Sie profitieren dabei von dem
Ablauf der Ausnahmebehandlung, der dafür sorgt, dass das Programm in den catch-
Block verzweigt.

In folgendem Beispiel soll der Benutzer eine Zahl eingeben, die größer als 0 ist. Es soll
zwei Situationen geben, die als Fehler gelten:

▸   Die Eingabe stellt keine gültige Zahl dar.

▸   Es wird eine Zahl eingegeben, die zu klein ist.

In beiden Fällen soll eine passende Fehlermeldung ausgegeben werden. Es folgt das
Programm:

```
...
<body>
<p><script type="text/javascript">
    var wert = parseFloat(prompt("Bitte eine Zahl > 0 eingeben"));

    try
    {
        if(isNaN(wert))
            throw "Keine gültige Zahl";
        if(wert <= 0)
            throw "Zahl zu klein";
        document.write(wert);
    }
    catch(fehlerobjekt)
    {
        alert(fehlerobjekt);
    }
</script></p>
</body></html>
```

Listing 2.22 Datei »throw.htm«

Falls eine der beiden Situationen eintritt, wird dies jeweils dank der Verzweigung erkannt. Die throw-Anweisung sorgt dafür, dass das Programm unmittelbar in den catch-Block verzweigt. Gleichzeitig wird eine passende Fehlermeldung an den catch-Block übermittelt. Diese Meldung wird ausgegeben. In Abbildung 2.23 sehen Sie die Meldung, die angezeigt wird, falls der Benutzer den Wert –5 eingibt.

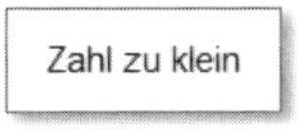

Zahl zu klein

Abbildung 2.23 Eigene Ausnahme geworfen

2.5.5 Firebug, Programm debuggen

Bei *Firebug* handelt es sich um eine Erweiterung für den Browser Mozilla Firefox. Diese Erweiterung bietet zahlreiche Hilfen bei der Entwicklung von Internetseiten, u. a. für JavaScript. Sie können zum Beispiel Ihre Programme debuggen, um logische Fehler zu finden. Dazu können Sie die Programme schrittweise ablaufen lassen und sich die Werte aller Variablen zu jedem Zeitpunkt ansehen.

Zurzeit (im Oktober 2013) gibt es die Version 1.12.2. Auf dem Datenträger zum Buch finden Sie die Datei *firebug-1.12.2-fx.xpi*. Aktuelle Versionen können Sie über *https://getfirebug.com* herunterladen.

Eine *XPI*-Datei mit einer Erweiterung muss im Mozilla Firefox wie eine HTML-Datei geöffnet werden: Gehen Sie über das Menü NEUER TAB, warten Sie kurz, bis das Menü aufklappt, und wählen Sie dann DATEI ÖFFNEN. Anschließend öffnet sich das Dialogfeld SOFTWARE-INSTALLATION mit dem Button JETZT INSTALLIEREN. Nach der Installation finden Sie alle installierten Erweiterungen über das Menü ADD-ONS.

Zur Erläuterung wird in der Datei *firebug_ablauf.htm* ein kleines Programm notiert, in dem zwei Zahlen addiert werden, siehe Abbildung 2.24.

Öffnen Sie die Datei *firebug_ablauf.htm* im Mozilla Firefox. Sie können nun die installierte Erweiterung Firebug über die Tasten F12 und ⇧ + F12 aktivieren bzw. deaktivieren. Ebenso geht dies über das Menü WEB-ENTWICKLER • FIREBUG • FIREBUG ÖFFNEN bzw. WEB-ENTWICKLER • FIREBUG • FIREBUG DEAKTIVIEREN. Wechseln Sie auf den Reiter SKRIPT, siehe auch Abbildung 2.24.

Vor den einzelnen Zeilen werden Zeilennummern angezeigt. Nach einem Klick auf eine der Zeilennummern wird ein Haltepunkt für diese Zeile erzeugt. Ein weiterer Klick entfernt den Haltepunkt wieder. In Abbildung 2.24 sehen Sie, dass Haltepunkte für die Zeilen 11 und 13 erzeugt wurden.

Abbildung 2.24 Nach dem Start, erster Haltepunkt

Nach dem erneuten Laden des Dokuments läuft das Programm nicht vollständig durch, sondern hält in Zeile 11 an. Die Variable a hat zu diesem Zeitpunkt bereits einen Wert erhalten, die anderen Variablen noch nicht, siehe Abbildung 2.25. Sie können den weiteren Ablauf über die Symbol-Buttons oben rechts in Abbildung 2.24 steuern:

▶ Der zweite Symbol-Button dient zum FORTSETZEN des Programms, bis zum nächsten Haltepunkt (falls vorhanden) oder bis zum Ende des Programms.

▶ Der dritte Symbol-Button dient zum HINEINSPRINGEN in eine Funktion Ihres Programms. Anschließend können Sie die Auswirkung einzelner Anweisungen innerhalb der Funktion beobachten.

▶ Der vierte Symbol-Button wird zum ÜBERSPRINGEN einer Funktion eingesetzt, so dass Sie die Auswirkungen nach dem Durchlauf der gesamten Funktion beobachten können.

▶ Sollten Sie sich innerhalb einer Funktion befinden, dann können Sie mit dem fünften Symbol-Button HERAUSSPRINGEN, ohne die Auswirkung der restlichen, einzelnen Anweisungen in der Funktion zu beobachten.

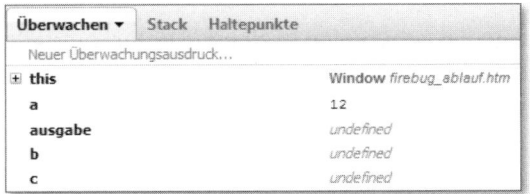

Abbildung 2.25 Werte der Variablen, erster Haltepunkt

Nach Betätigung des Symbol-Buttons FORTSETZEN hält das Programm in Zeile 13 an, siehe Abbildung 2.26. Mittlerweile haben auch die Variablen b und c Werte erhalten, vergleiche Abbildung 2.27. Nach dem nächsten Fortsetzen läuft das Programm bis zum Ende, und die Ausgabe erscheint.

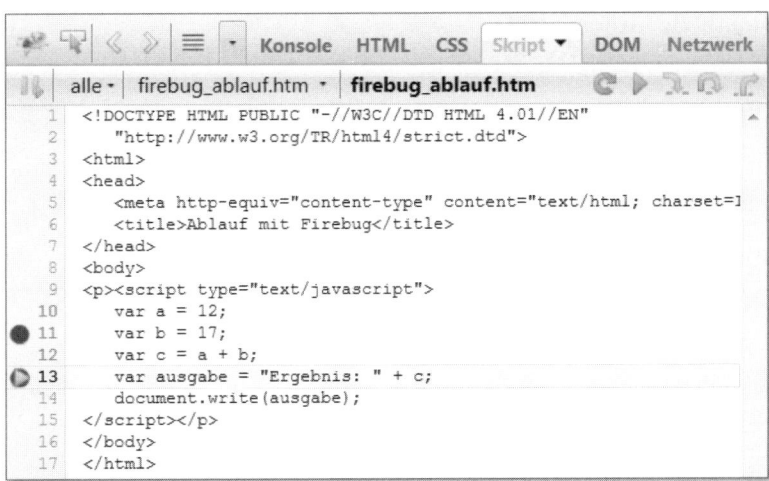

Abbildung 2.26 Nach dem Fortsetzen, zweiter Haltepunkt

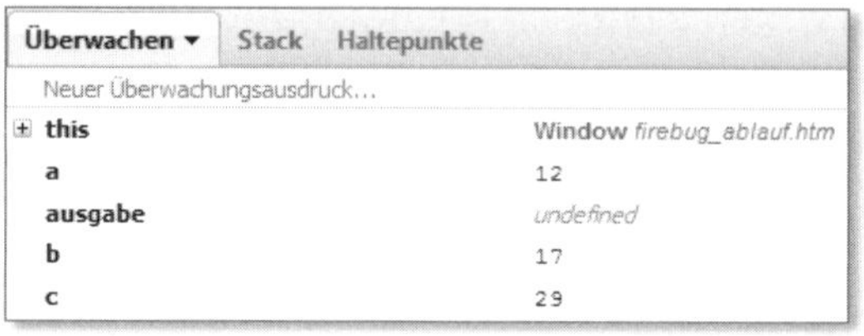

Abbildung 2.27 Werte der Variablen, zweiter Haltepunkt

2.6 Programme zerlegen mit eigenen Funktionen

Programme können Sie mit Hilfe von eigenen Funktionen in kleinere Programmteile zerlegen. Diesen Vorgang nennt man *Modularisierung*. Die einzelnen Module, sprich Funktionen, sind übersichtlicher und einfacher zu entwickeln und zu ändern als ein einziges großes Programm.

Außerdem können Sie bestimmte Vorgänge, die Sie immer wieder benötigen, in Funktionen auslagern. Sie müssen sie nur einmal definieren und können sie beliebig oft aufrufen, sprich benutzen.

Methoden sind Funktionen, die nur im Zusammenhang mit bestimmten Objekten ausgeführt werden können; dazu mehr in Kapitel 3, »Eigene Objekte«. Die Vorteile der Modularisierung konnten Sie bereits genießen, denn Sie haben schon einige vordefinierte Funktionen und Methoden benutzt, wie zum Beispiel die Funktion parse-Float() oder die Methode Math.random().

2.6.1 Einfache Funktionen

Beginnen wir mit den einfachen Funktionen. In diesem Abschnitt sehen Sie eine Funktion, die bei jedem Aufruf genau dasselbe Ergebnis erzeugt.

Das Beispielprogramm:

```
...<html>
<head>...
<script type="text/javascript">
   function hallo()
   {
      document.write("<p>Hallo Welt<\/p>");
   }
</script>
</head>
<body>
<script type="text/javascript">
```

```
    hallo();
    hallo();
</script>
</body></html>
```

Listing 2.23 Datei »funktion_einfach.htm«

Bei Funktionen muss zwischen Definition und Aufruf unterschieden werden. Der Browser liest die Definition einer Funktion und weiß dann, wie sie arbeiten soll. Sie wird allerdings erst ausgeführt, wenn sie aufgerufen wird.

Definiert wird eine Funktion meist im head des Dokuments. Die Definition beginnt mit dem Schlüsselwort function. Anschließend folgt der Name der Funktion, für den dieselben Regeln gelten wie für die Namen von Variablen (siehe Abschnitt 2.1.1, »Speicherung von Zeichenketten«). Danach stehen runde Klammern, hier noch ohne Inhalt. Es folgt ein Block von Anweisungen, immer mit Blockklammern.

Der Aufruf der Funktion findet im vorliegenden Beispiel zweimal statt. Er besteht aus dem Namen der Funktion, gefolgt von den runden Klammern, hier noch ohne Inhalt. Sie können die Funktion hallo() innerhalb Ihres Programms beliebig oft aufrufen. Bei jedem Aufruf *springt* das Programm zur Funktion und führt ihren Inhalt aus.

Die Ausgabe sehen Sie in Abbildung 2.28.

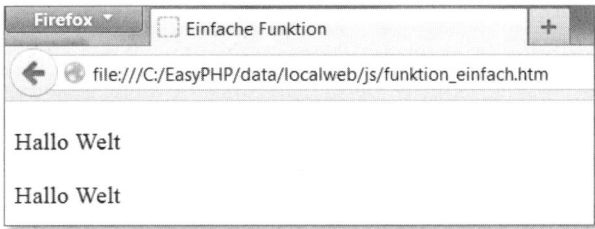

Abbildung 2.28 Zweifacher Aufruf der Funktion

2.6.2   Funktionen auslagern

Die Definition von Funktionen, die Sie häufig und in verschiedenen Programmen benötigen, können Sie in externe Dateien auslagern. So können Sie eigene Funktionsbibliotheken erzeugen. Große Bibliotheken mit vielen nützlichen Funktionen, wie zum Beispiel die Bibliothek jQuery, wurden auf diese Weise erschaffen. Das Einbinden externer Dateien habe ich bereits in Abschnitt 1.8, »JavaScript aus externer Datei«, gezeigt.

Es folgt das Beispiel aus dem vorherigen Abschnitt, allerdings mit ausgelagerter Funktion. Zunächst die externe Datei:

```
function hallo()
{
   document.write("<p>Hallo Welt<\/p>");
}
```

Listing 2.24 Datei »externe_funktion.js«

Die Funktion wird in der externen Datei ohne script-Container definiert. Es kann sich die Definition weiterer Funktionen anschließen.

Nachfolgend das Programm, das die externe Funktion nutzt:

```
...<html>
<head>...
<script src="externe_funktion.js" type="text/javascript"></script>
</head>
<body>
<script type="text/javascript">
   hallo();
   hallo();
</script>
</body></html>
```

Listing 2.25 Datei »funktion_extern.htm«

Der script-Container zur Einbindung der externen Datei steht im head des Dokuments. Das Attribut src verweist auf die externe Datei. Die Ausgabe sieht genauso aus wie im vorherigen Abschnitt.

2.6.3 Funktionen mit Parametern

Nach den einfachen Funktionen, die jedes Mal dasselbe Ergebnis erzeugen, folgen in diesem Abschnitt die Funktionen mit Parameter. Bei den Parametern handelt es sich um Informationen, die beim Aufruf an die Funktion übermittelt werden. Die Funktion verarbeitet diese Informationen und erzeugt bei jedem Aufruf ein anderes Ergebnis.

Bei der Methode alert() des window-Objekts und bei der Methode write() des document-Objekts handelt es sich um Funktionen bzw. Methoden mit Parametern, wie ich sie in diesem Abschnitt behandeln werde. Sie geben jeweils die Zeichenkette aus, die ihnen als Parameter übermittelt wird.

Nachfolgend sehen Sie eine eigene Funktion, an die zwei Zeichenketten übergeben werden. Die Funktion erstellt daraus einen Satz und gibt ihn aus. Es folgt das Programm:

```
...<html>
<head>...
<script type="text/javascript">
   function verbinden(land, stadt)
   {
      var satz = "Die Hauptstadt von " + land + " ist " + stadt + "<br>";
      document.write(satz);
   }
</script>
</head>
<body>
<p><script type="text/javascript">
   var a = "Frankreich", b = "Paris";
   verbinden(a, b);
   verbinden("Spanien", "Madrid");
</script></p>
</body></html>
```

Listing 2.26 Datei »funktion_parameter.htm«

Es wird eine Funktion mit dem Namen verbinden() definiert. Sie besitzt zwei Parameter, mit den Bezeichnungen land und stadt, durch Komma voneinander getrennt. Die jeweils aktuellen Werte der beiden Parameter werden genutzt, um einen Satz zusammenzustellen und auszugeben.

Die Funktion verbinden() wird zweimal aufgerufen: beim ersten Mal mit den Werten der beiden Variablen a und b, beim zweiten Mal mit zwei Zeichenketten, jeweils wiederum durch Komma voneinander getrennt. Es können also sowohl Variablen als auch Werte übermittelt werden. Bei jedem Aufruf springt das Programm zur Funktion, übergibt die beiden Parameter in der gegebenen Reihenfolge an die Variablen land und stadt und führt den Inhalt der Funktion aus.

Die Ausgabe sehen Sie in Abbildung 2.29.

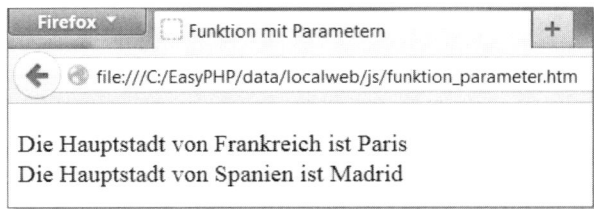

Abbildung 2.29 Funktion mit Parametern

Einige Hinweise zu den Parametern: Dabei kann es sich um Zeichenketten, Zahlen oder Wahrheitswerte handeln. Später werden Sie auch Objekte oder Felder als Parameter kennenlernen.

Die Anzahl der Parameter einer Funktion sollte beim Aufruf mit der Anzahl der in der Definition erwarteten Parameter übereinstimmen. JavaScript bietet aber auch die Möglichkeit, eine beliebige Anzahl von Parametern zu übermitteln, siehe Abschnitt 2.6.5.

2.6.4   Funktionen mit Rückgabewert

Sie können nicht nur Parameter an eine Funktion senden, sondern auch ein Ergebnis von einer Funktion zurückerhalten. Dieses Ergebnis nennt man den *Rückgabewert* einer Funktion. Dabei kann es sich um eine Zeichenkette, eine Zahl, einen Wahrheitswert oder ein beliebiges anderes Objekt handeln. Sie können den Rückgabewert unmittelbar ausgeben. Sie können ihn aber auch speichern, um ihn im weiteren Verlauf des Programms zu nutzen.

Sie haben schon mehrmals Rückgabewerte von Funktionen genutzt. Die Methode isNaN() liefert als Rückgabewert einen Wahrheitswert, die Methode Math.random() liefert als Rückgabewert eine zufällige Zahl.

Es folgt ein Programm mit einer Funktion, die zwei Zahlen als Parameter benötigt. Sie liefert als Rückgabewert die Summe der beiden Zahlen:

```
...<html>
<head>...
<script type="text/javascript">
   function summe(a, b)
   {
      var ergebnis = a + b;
      return ergebnis;
   }
</script>
</head>
<body>
<p><script type="text/javascript">
   var x = 3, y = 5;
   z = summe(x, y);
   document.write("Summe: " + z + "<br>");

   document.write("Summe: " + summe(14, 20/4));
</script></p>
</body></html>
```

Listing 2.27 Datei »funktion_rueckgabe.htm«

Die Funktion `summe()` erwartet zwei Parameter. Diese beiden Parameter werden innerhalb der Funktion addiert. In der nächsten Anweisung steht das Schlüsselwort `return`. Es hat zwei Aufgaben:

▶ Rückkehr aus der Funktion, von einer beliebigen Stelle aus

▶ Rückgabe des Ergebnisses der Funktion an die Stelle, an der sie aufgerufen wird

Beim ersten Aufruf der Funktion `summe()` werden die aktuellen Werte von x und y an die Funktion übergeben. Die Summe wird zurückgeliefert und in der Variablen z gespeichert. Diese wird anschließend ausgegeben.

Zur Berechnung und Ausgabe der zweiten Summe wird die Methode `document. write()` aufgerufen. Innerhalb des Aufrufs wird wiederum die Funktion `summe()` aufgerufen. Es werden zwei Zahlenwerte übergeben. Der Rückgabewert wird direkt in die Ausgabe eingebaut, siehe Abbildung 2.30.

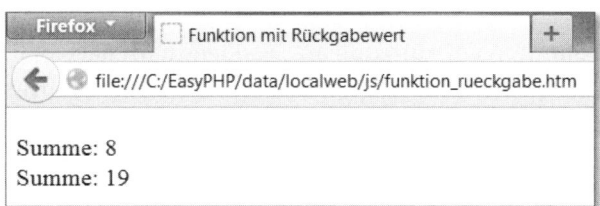

Abbildung 2.30 Ausgabe der Rückgabewerte

Falls die Funktion in diesem Programm ohne `return` endet oder ein `return` ohne Wert erfolgt, so hat die Rückgabe den Wert `undefined`.

2.6.5   Beliebige Anzahl von Parametern

In Abschnitt 2.6.3, »Funktionen mit Parametern«, habe ich darauf hingewiesen, dass die Anzahl der Parameter beim Aufruf mit der Anzahl der in der Definition erwarteten Parameter übereinstimmen sollte. JavaScript bietet aber auch die Möglichkeit, eine beliebige Anzahl von Parametern zu übermitteln.

Im folgenden Programm sehen Sie eine Funktion, die beliebig viele Parameter erwartet und die Summe aller Parameter zurückliefert:

```
...<html>
<head>...
<script type="text/javascript">
   function summe()
   {
      var ergebnis = 0;
      for(var i=0; i<arguments.length; i++)
```

```
        ergebnis += arguments[i];
        return ergebnis;
    }
</script>
</head>
<body>
<p><script type="text/javascript">
    var x = 12;
    document.write("Summe: " + summe(3*x, 3.5) + "<br>");
    document.write("Summe: " + summe(-9, 3, x, 5.5) + "<br>");
    document.write("Summe: " + summe());
</script></p>
</body></html>
```

Listing 2.28 Datei »funktion_argumente.htm«

Schauen wir uns zunächst die Definition der Funktion an. Die Klammern nach dem Namen der Funktion sind leer. Alle übermittelten Parameter eines Funktionsaufrufs können aber nicht nur innerhalb dieser Klammern stehen, sondern auch in einem Feld mit dem Namen arguments (deutsch: Argumente = Parameter).

Dieses Feld mit dem Namen arguments ist eine Eigenschaft des Function-Objekts. Felder dienen allgemein zur Speicherung von mehreren Werten unter einem einheitlichen Namen. Ein Feld besteht aus einzelnen Elementen. Das Thema Felder erläutere ich ausführlich in Abschnitt 6.1, »Felder für große Datenmengen«.

Das erste Element eines Feldes hat die laufende Nummer 0, das zweite Element die laufende Nummer 1 usw. Die Eigenschaft length enthält die Anzahl der Elemente des Feldes. Bei einem Feld mit sechs Elementen gibt es die laufenden Nummern 0, 1, 2, 3, 4 und 5. Auf ein einzelnes Element eines Feldes greifen Sie mit Hilfe der eckigen Klammern [und] zu.

Zur Berechnung der Summe wird auf alle Elemente des Feldes mit Hilfe einer for-Schleife zugegriffen. Die Summe wird zuvor auf 0 gesetzt. Sie wird anschließend als Rückgabewert der Funktion zurückgeliefert.

Im Programm sehen Sie drei verschiedene Aufrufe der Funktion, einmal mit zwei Parametern, einmal mit vier Parametern und einmal ohne Parameter. Es wird jeweils die Summe der Parameter ermittelt und ausgegeben. Der Aufruf der Funktion ohne Parameter ist natürlich nicht besonders sinnvoll. Er soll nur zeigen, dass die Anzahl der Parameter wirklich beliebig ist.

In Abbildung 2.31 sehen Sie die Ausgabe des Programms:

Abbildung 2.31 Beliebige Anzahl von Parametern

2.6.6   Gültigkeitsbereich von Variablen

Die Variablen, die außerhalb von Funktionen deklariert werden, sind im gesamten Programm gültig und bekannt, auch innerhalb von Funktionen. Sie haben einen globalen Gültigkeitsbereich. Man nennt sie auch *globale Variable*.

Die Variablen, die innerhalb einer Funktion deklariert werden, sind nur innerhalb dieser Funktion gültig und bekannt. Man nennt sie auch *lokale Variable*. Sie können mehrere Variable mit demselben Namen in verschiedenen Funktionen deklarieren, da jede dieser Variablen ihren eigenen lokalen Gültigkeitsbereich hat.

Ebenso verhält es sich mit den Parametern einer Funktion. Sie stellen lokale Kopien der übermittelten Variablen dar. Dies gilt allerdings nur für Zahlen, Zeichenketten und Wahrheitswerte. Bei Objekten und Feldern sieht das anders aus, wie Sie später noch sehen werden.

Eine lokale Variable blendet eine globale Variable mit demselben Namen innerhalb der Funktion aus, in der sie deklariert wird.

In folgendem Programm sehen Sie alle genannten Zusammenhänge:

```
...<html>
<head>...
<script type="text/javascript">
   function oskar(p)
   {
      var x = 10;
      p = "Guten Morgen";
      document.write("In der Funktion: " + x + " " + y + "<br>");
   }
</script>
</head>
<body>
<p><script type="text/javascript">
```

```
    var x = 42, y = "Hallo";
    document.write("Vor der Funktion: " + x + " " + y + "<br>");
    oskar(y);
    document.write("Nach der Funktion: " + x + " " + y + "<br>");
</script></p>
</body></html>
```

Listing 2.29 Datei »funktion_gueltigkeit.htm«

Im body des Dokuments werden die Variablen x und y erzeugt. Sie haben globale Gültigkeit. Beim Aufruf der Funktion oskar() wird die Variable y an die Funktion übergeben. Die Variable p stellt innerhalb der Funktion eine lokale Kopie von y dar. Die Variable y ist global und daher auch innerhalb der Funktion bekannt. Die Veränderung der Kopie p hat keine Wirkung auf die Originalvariable y.

In der Funktion oskar() wird eine weitere lokale Variable mit dem Namen x erzeugt. Sie blendet die globale Variable x innerhalb der Funktion aus. In Abbildung 2.32 sehen Sie die Werte der Variablen x und y zu den verschiedenen Zeitpunkten.

Abbildung 2.32 Globale und lokale Variablen

2.6.7 Anonyme Funktionen

Funktionen sind Variable. Sie können eine Funktion einer Variablen zuweisen oder als Parameter übergeben, wie sie dies bereits bei *einfachen* Variablen kennengelernt haben. Dies klingt erst einmal ungewöhnlich, erweist sich aber als sehr nützlich.

Anonyme Funktionen sind Funktionen ohne Namen. In JavaScript werden häufig anonyme Funktionen genutzt, zum Beispiel bei der Verarbeitung von Ereignissen (siehe Kapitel 4) oder bei der Nutzung der mächtigen jQuery-Bibliothek (siehe Kapitel 10).

Im folgenden Beispielprogramm sehen Sie einige Einsatzmöglichkeiten für die genannten Zusammenhänge:

```
...<html>
<head>...
<script type="text/javascript">
    var gruss = function() { document.write("Hallo Welt<br>"); }
```

```
    var summe = function(a,b)
    {
       var s = a + b;
       return s;
    };

    function oskar(begruessung)
    {
       begruessung();
    }
</script>
</head>
<body>
<p><script type="text/javascript">
    gruss();
    oskar(gruss);

    var ergebnis = summe(35, 7);
    document.write(ergebnis + "<br>");
    var addieren = summe;
    document.write(addieren(45, 17));
</script></p>
</body></html>
```

Listing 2.30 Datei »funktion_anonym.htm«

Als Erstes wird eine anonyme Funktion ohne Parameter definiert. Sie wird der Variablen gruss zugewiesen. Es folgt die Definition einer anonymen Funktion mit Parameter und Rückgabewert. Sie wird der Variablen summe zugewiesen.

Wie bei den bisher bekannten Funktionen kann die Funktionsdefinition sowohl in kompakter Form innerhalb einer Zeile als auch in übersichtlicher Form mit Einrückungen erfolgen. Der Aufruf der beiden Funktionen sieht ebenfalls aus wie bisher: gruss() bzw. summe(35, 7).

Sie können den Verweis auf eine Funktion auch an eine Funktion übergeben. Dies ist hier beim Aufruf der Funktion oskar() geschehen. Innerhalb der Funktion oskar() verweist der Name begruessung auf die Funktion gruss(). Der Aufruf begruessung() führt zum selben Ergebnis.

Variablen, die auf eine Funktion verweisen, können Sie natürlich auch anderen Variablen zuweisen. Dies sehen Sie bei der Variablen addieren. Anschließend können Sie die Funktion summe() auch durch Aufruf von addieren() ablaufen lassen.

Man kann auch sagen: Sowohl summe als auch addieren stellen einen Verweis auf eine anonyme Funktion dar, die die Summe von zwei übergebenen Parameter zurückliefert.

In Abbildung 2.33 sehen Sie die Ergebnisse des Programms:

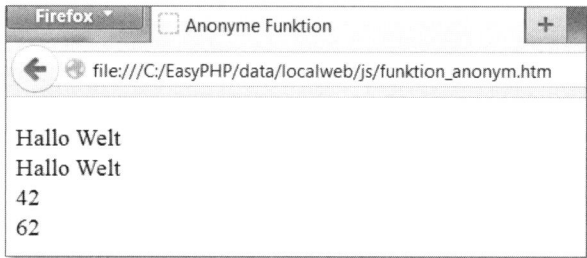

Abbildung 2.33 Anonyme Funktionen

Noch einmal zur Verdeutlichung: Bei summe() handelt es sich um den Aufruf der entsprechenden Funktion. Bei summe (ohne Klammern) handelt es sich um den Verweis auf die entsprechende Funktion, der auch an eine Variable übergeben werden kann.

2.7   Objektunabhängige Funktionen nutzen

Neben den eigenen Funktionen gibt es zwei Gruppen von vordefinierten Funktionen:

▶ Die Funktionen, die nur für ein bestimmtes Objekt aufgerufen werden können, zum Beispiel document.write() oder Math.random(). Sie werden Methoden genannt.

▶ Die objektunabhängigen Funktionen. Darunter sind zum Beispiel isNaN(), parseInt(), parseFloat() und isFinite().

Erläuterungen zur Funktion isFinite() finden Sie in Abschnitt 6.4.1, »Objekt ›Number‹«. Nachfolgend erkläre ich noch die Arbeitsweise der objektunabhängigen Funktion eval().

2.7.1   Die Funktion »eval()«

Zunächst ein Hinweis: Der Einsatz der Funktion eval() ist nicht an jeder Stelle zu empfehlen, da auf diese Weise auch schädlicher Code in Ihre Anwendungen eingeschleust werden könnte.

Sie können die einzelnen Teile einer Anweisung oder eines Rechenausdrucks wie eine Zeichenkette mit dem Operator + zusammensetzen. Die Funktion eval() ist in der Lage, den Inhalt einer solchen Zeichenkette als Anweisung auszuführen oder den Wert eines solchen Rechenausdrucks zu ermitteln. Dies nennt man *evaluieren*.

Im folgenden Programm sehen Sie zwei Beispiele:

```
...
<body><p>
<script type="text/javascript">
    var vorname = "Peter";
    var anweisung = "document.write('Hallo " + vorname + "<br>');";
    vorname = "Hans";
    eval(anweisung);

    var berechnung = prompt("Eine Berechnung:", "(2 + 5) * 6");
    var ergebnis = eval(berechnung);
    document.write(ergebnis);
</script></p>
</body></html>
```

Listing 2.31 Datei »eval.htm«

In der Variablen anweisung wird eine Anweisung aus einzelnen Teilen erstellt. Bei diesen Teilen handelt es sich sowohl um Zeichenketten als auch um den Wert einer Variablen. Diese zusammengesetzte Anweisung wird anschließend mit Hilfe von eval() ausgeführt.

Beachten Sie, dass innerhalb der doppelten Anführungsstriche einfache Anführungsstriche genutzt werden müssen. Die zusammengesetzte Anweisung wird mit einem Semikolon beendet, wie jede andere Anweisung.

Anschließend kann der Benutzer einen Rechenausdruck eingeben. Dieser Ausdruck wird in einer Variablen gespeichert. Der Inhalt dieser Variablen wird anschließend evaluiert. Falls es sich um einen richtigen, berechenbaren Ausdruck handelt, dann ergibt sich ein Rechenergebnis.

In Abbildung 2.34 sehen Sie die Ausgabe des Programms, falls die Vorgabe für die Funktion prompt() nicht vom Benutzer verändert wird.

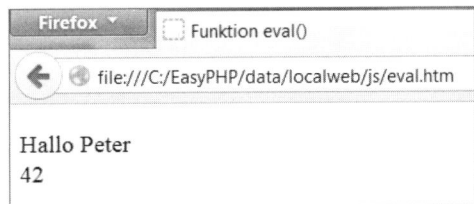

Abbildung 2.34 Die Funktion »eval()«

Kapitel 3
Eigene Objekte

Sie erschaffen eigene Objekte und verstehen ganz nebenbei
besser den Aufbau der vorhandenen Objekte.

Es gibt in JavaScript eine ganze Reihe vordefinierter Objekte. Sie haben bereits das Objekt document und das Objekt Math kennengelernt. In Kapitel 6, »Standardobjekte nutzen«, und Kapitel 7, »Browserobjekte nutzen«, werde ich die vordefinierten Objekte ausführlich erläutern.

In diesem Kapitel sehen Sie, wie Sie eigene Objekte mit Hilfe von Prototypen und Konstruktorfunktionen erschaffen. Damit haben Sie die Möglichkeit, auf thematisch zusammengehörige Daten über einen gemeinsamen Namen zuzugreifen.

Das Wissen über die Erzeugung und Bearbeitung eigener Objekte erleichtert Ihnen das Verständnis und den Umgang mit den zahlreichen vordefinierten Objekten. Vordefinierte Objekte können Sie außerdem mit Hilfe der Vererbung erweitern, falls Sie spezielle Möglichkeiten in Ihren Anwendungen benötigen. Ein Beispiel dazu sehen Sie in Abschnitt 3.4, »Vererbung«.

Die kompakte *JavaScript Object Notation* (JSON) vereinfacht den Transport von Daten zwischen verschiedenen Anwendungen.

3.1 Objekte und Eigenschaften

In diesem Abschnitt sehen Sie, wie Sie einen Objekt-Prototyp mit mehreren Eigenschaften definieren und Objekte zu diesem Prototyp erzeugen. Verschiedene Objekte, die denselben Prototyp haben, sind miteinander verwandt. Sie haben dieselben Eigenschaften, allerdings mit unterschiedlichen Werten.

Im folgenden Beispiel wird ein Prototyp mit dem Namen Fahrzeug erschaffen. Ein Objekt zu diesem Prototyp soll über die Eigenschaften farbe und geschwindigkeit gekennzeichnet sein. Anschließend werden zwei Objekte zu diesem Prototyp erzeugt und ausgegeben.

Es folgt das Programm:

```
...<html>
<head>...
<script type="text/javascript">
   function Fahrzeug(f, g)
   {
      this.farbe = f;
      this.geschwindigkeit = g;
   }
</script>
</head>
<body><p>
<script type="text/javascript">
   var dacia = new Fahrzeug("rot", 50);
   document.write("Farbe: " + dacia.farbe
      + ", Geschwindigkeit: " + dacia.geschwindigkeit + "<br>");

   dacia.geschwindigkeit = 75;
   document.write("Farbe: " + dacia.farbe
      + ", Geschwindigkeit: " + dacia.geschwindigkeit + "<br>");

   var renault = new Fahrzeug("gelb", 65);
   document.write("Farbe: " + renault.farbe
      + ", Geschwindigkeit: " + renault.geschwindigkeit);
</script></p>
</body></html>
```

Listing 3.1 Datei »obj_eigenschaft.htm«

Es wird eine Funktion mit dem Namen Fahrzeug() definiert. Innerhalb der Funktion werden zwei Eigenschaften festgelegt, jeweils mit dem Schlüsselwort this, dem Operator . (Punkt) und einem Namen. Den beiden Eigenschaften werden die Werte zugewiesen, die der Funktion Fahrzeug() als Parameter übergeben werden.

Als Nächstes wird die Variable dacia deklariert. Mit Hilfe des Schlüsselworts new wird auf die Funktion Fahrzeug() zugegriffen und damit ein Objekt zum Prototyp Fahrzeug erschaffen. Es werden zwei Werte an die Funktion übergeben. Diese stellen die Anfangswerte der beiden Eigenschaften dar. Auf diese Weise wird die Variable dacia zu einem Verweis auf das neu erschaffene Objekt Fahrzeug.

Die Funktion Fahrzeug() dient somit nicht nur als Definition des Prototyps, sondern auch als Konstruktorfunktion zur Erschaffung von Objekten, deren Eigenschaften festgelegte Anfangswerte haben. Konstruktorfunktionen werden gemäß Konvention mit großem Anfangsbuchstaben notiert.

Sie können anschließend mit Hilfe der Punktschreibweise auf die Eigenschaften des Objekts zugreifen. Die Werte können ausgegeben oder verändert werden.

Als Letztes wird ein zweites Objekt zum Prototyp Fahrzeug erschaffen. Es verfügt ebenfalls über die Eigenschaften farbe und geschwindigkeit. Die Eigenschaftswerte der beiden Objekte unterscheiden sich allerdings.

In Abbildung 3.1 sehen Sie die Ausgabe des Programms.

Abbildung 3.1 Objekte und Eigenschaften

Das Schlüsselwort this bezeichnet *dieses Objekt*, also das aktuelle Objekt, für das die Eigenschaft abgerufen oder die Methode ausgeführt wird.

3.2   Methoden

Eine Konstruktorfunktion (und damit ein Prototyp) kann auch Methoden enthalten. Dabei handelt es sich um Funktionen, die nur für Objekte aufgerufen werden können, die denselben Prototyp haben. Ähnlich verhält es sich mit der Methode write(), die nur für das document-Objekt aufgerufen werden kann.

Häufig dienen Methoden zum Verändern der Eigenschaften eines Objekts. Zur Erzeugung einer Methode können Sie sowohl eine klassische Funktion (mit Namen) als auch eine anonyme Funktion nutzen. Eigenschaften und Methoden zusammen werden auch als *Member* bezeichnet.

Im folgenden Beispiel wird die Konstruktorfunktion zum Prototyp Fahrzeug aus dem vorherigen Abschnitt erweitert. Es werden die beiden Methoden lackieren() und beschleunigen() definiert. Diese dienen zur Änderung der Eigenschaften farbe und geschwindigkeit.

Außerdem wird eine besondere Methode mit dem festgelegten Namen toString() definiert. Sie ermöglicht die einfache Ausgabe eines Objekts, ähnlich der Ausgabe einer Variablen.

Das Programm:

```
...<html>
<head>...
<script type="text/javascript">
   function Fahrzeug(f, g)
   {
      this.farbe = f;
      this.geschwindigkeit = g;
      this.beschleunigen = fahrzeugBeschleunigen;
      this.lackieren = function(f) { this.farbe = f; };
      this.toString = fahrzeugAusgeben;

      function fahrzeugBeschleunigen(wert)
      {
         this.geschwindigkeit += wert;
      }

      function fahrzeugAusgeben()
      {
         return "Farbe: " + this.farbe
              + ", Geschwindigkeit: " + this.geschwindigkeit;
      }
   }
</script>
</head>
<body><p>
<script type="text/javascript">
   var dacia = new Fahrzeug("rot", 50);
   document.write("Farbe: " + dacia.farbe
      + ", Geschwindigkeit: " + dacia.geschwindigkeit + "<br>");

   dacia.beschleunigen(35);
   dacia.lackieren("blau");
   document.write(dacia);
</script></p>
</body></html>
```

Listing 3.2 Datei »obj_methode.htm«

Der Eigenschaft beschleunigen wird der Name der Funktion fahrzeugBeschleunigen() zugewiesen. Diese Funktion wird innerhalb der Konstruktorfunktion definiert. Auf diese Weise wird die Eigenschaft zur Methode beschleunigen(). Sie erwartet einen Zahlenwert. Dieser dient zum Ändern des Wertes der Eigenschaft geschwindigkeit.

Der Eigenschaft lackieren wird eine anonyme Funktion zugewiesen. Auf diese Weise wird die Eigenschaft zur Methode lackieren(). Sie erwartet eine Zeichenkette. Diese dient als neuer Wert der Eigenschaft farbe.

Der Name der Funktion fahrzeugAusgeben() wird der Eigenschaft toString zugewiesen. So wird toString() zur Methode. Sie liefert eine Zeichenkette, die die Werte aller Eigenschaften des Objekts enthält, und dient zur Ausgabe eines Objekts, wie Sie in Abbildung 3.2 sehen.

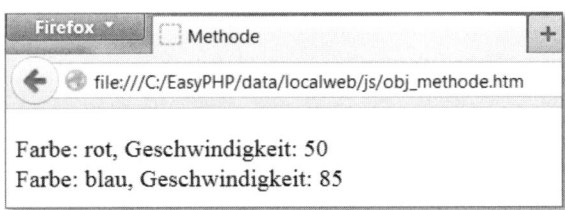

Abbildung 3.2 Nutzung von Methoden

Ein Hinweis: Die Eigenschaften beschleunigen und toString verweisen auf Funktionen, die es insgesamt nur einmal gibt. Die anonyme Funktion für die Eigenschaft lackieren wird für jedes erzeugte Objekt definiert. Dies ist speichertechnisch ungünstiger.

3.3   Objekt in Objekt

Die Eigenschaft eines Objekts kann wiederum ein Objekt mit Eigenschaften und Methoden sein. Dieser Zusammenhang wird Ihnen bei den vordefinierten Objekten in JavaScript noch häufig begegnen. Zum besseren Verständnis wird die Konstruktorfunktion zum Prototyp Fahrzeug um die Eigenschaft antrieb erweitert. Dabei handelt es sich um ein Objekt zum Prototyp motor.

Das Beispielprogramm:

```
...<html>
<head>...
<script type="text/javascript">
   function Motor(l, z, k)
   {
      this.leistung = l;
      this.zylinder = z;
      this.kraftstoff = k;
      this.tunen = motorTunen;
      this.toString = motorAusgeben;
```

```
        function motorTunen(x)
        {
            this.leistung += x;
        }

        function motorAusgeben()
        {
            return "Leistung: " + this.leistung + ", Zylinder: "
                + this.zylinder + ", Kraftstoff: " + this.kraftstoff;
        }
    }

    function Fahrzeug(f, g, a)
    {
        this.farbe = f;
        this.geschwindigkeit = g;
        this.antrieb = a;
        this.toString = fahrzeugAusgeben;

        function fahrzeugAusgeben()
        {
            return "Farbe: " + this.farbe + ", Geschwindigkeit: "
                + this.geschwindigkeit + ", Antrieb: " + this.antrieb;
        }
    }
</script>
</head>
<body><p>
<script type="text/javascript">
    var dacia = new Fahrzeug("rot", 50, new Motor(60, 4, "Diesel"));
    dacia.antrieb.tunen(10);
    document.write(dacia + "<br>");

    dacia.antrieb.leistung = 80;
    dacia.antrieb.zylinder = 6;
    dacia.antrieb.kraftstoff = "Benzin";
    document.write(dacia);
</script></p>
</body></html>
```

Listing 3.3 Datei »obj_in_objekt.htm«

Ein Objekt zum Prototyp Motor hat die Eigenschaften leistung, zylinder und kraft-stoff. Außerdem gibt es die Methoden tunen() zur Veränderung der Leistung und toString() zur Ausgabe der drei Eigenschaftswerte.

In der Konstruktorfunktion zum Prototyp Fahrzeug ist die Eigenschaft antrieb hinzu-gekommen. Mit Hilfe der Methode toString() wird auch der Wert dieser Eigenschaft ausgegeben. Es ist noch nicht zu erkennen, welchen Typ diese Eigenschaft hat.

Im Programm wird ein Objekt zum Prototyp Fahrzeug mit Hilfe von new erzeugt. Der dritte Parameter ist ein Objekt zum Prototyp Motor, das ebenfalls mit new erzeugt wird.

Mit dem ersten Punkt nach dem Namen des Objekts dacia wird die Eigenschaft antrieb des Fahrzeug-Objekts angesprochen, der zweite Punkt führt zur Untereigen-schaft des Motor-Objekts.

Zur Ausgabe eines Fahrzeug-Objekts wird die Methode toString() aus der Konstruk-torfunktion zum Prototyp Fahrzeug aufgerufen. Diese ruft intern, mit Hilfe von this. antrieb, die gleichnamige Methode aus der Konstruktorfunktion zum Prototyp Motor auf. Auf diese Weise wird die Zeichenkette zusammengesetzt, siehe Abbildung 3.3.

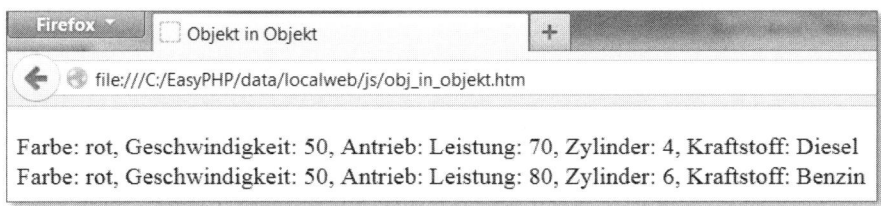

Abbildung 3.3 »Motor«-Objekt in »Fahrzeug«-Objekt

3.4   Vererbung

Falls Sie einen Prototyp benötigen, der einige Eigenschaften und Methoden hat, die bereits in einem anderen Prototyp definiert werden, so können Sie das Prinzip der Vererbung benutzen. Sie erschaffen einen neuen Prototyp auf der Grundlage eines vorhandenen Prototyps und fügen weitere Eigenschaften und Methoden hinzu.

Im folgenden Beispiel wird ein Prototyp Lastwagen erschaffen, auf der Grundlage des Prototyps Fahrzeug. Ein Objekt zum Prototyp Lastwagen soll die zusätzliche Eigen-schaft nutzlast haben und die zusätzliche Methode beladen() nutzen können. Außerdem verfügen beide Prototypen über eine eigene Definition der Methode toString().

Es folgt das Programm:

```
...<html>
<head>...
<script type="text/javascript">
    function Fahrzeug(f, g)
    {
        this.farbe = f;
        this.geschwindigkeit = g;
        this.beschleunigen = fahrzeugBeschleunigen;
        this.toString = fahrzeugAusgeben;

        function fahrzeugBeschleunigen(wert)
        {
            this.geschwindigkeit += wert;
        }

        function fahrzeugAusgeben()
        {
            return "Farbe: " + this.farbe
                + ", Geschwindigkeit: " + this.geschwindigkeit;
        }
    }

    function Lastwagen(f, g, n)
    {
        this.constructor(f, g);
        this.nutzlast = n;
        this.beladen = lastwagenBeladen;
        this.toString = lastwagenAusgeben;

        function lastwagenBeladen(wert)
        {
            this.nutzlast += wert;
        }

        function lastwagenAusgeben()
        {
            return "Farbe: " + this.farbe + ", Geschwindigkeit: "
                + this.geschwindigkeit + ", Nutzlast: " + this.nutzlast;
        }
    }
```

```
   Lastwagen.prototype = new Fahrzeug();
</script>
</head>
<body><p>
<script type="text/javascript">
   var iveco = new Lastwagen("orange", 30, 15);
   document.write(iveco + "<br>");

   iveco.beschleunigen(50);
   iveco.beladen(25);
   document.write(iveco);
</script></p>
</body></html>
```

Listing 3.4 Datei »obj_vererbung.htm«

Die Konstruktorfunktion zum Prototyp Fahrzeug enthält die Methoden beschleunigen() und toString().

Die Konstruktorfunktion zum Prototyp Lastwagen benötigt insgesamt drei Parameter. Dabei handelt es sich um die Anfangswerte für die Eigenschaften farbe und geschwindigkeit zum Prototyp Fahrzeug und für die Eigenschaft nutzlast zum Prototyp Lastwagen.

Die ersten beiden Parameter werden mit Hilfe der vordefinierten Methode constructor() an den Prototyp weitergereicht, auf dessen Grundlage dieser Prototyp erzeugt wurde. Der dritte Parameter wird der Eigenschaft nutzlast zugewiesen. Auf diese Weise erhalten alle Eigenschaften des Objekts zum Prototyp Lastwagen einen Anfangswert.

Die Konstruktorfunktion zum Prototyp Lastwagen enthält außerdem eine zusätzliche Methode beladen().

Mit der Anweisung Lastwagen.prototype = new Fahrzeug(); legen Sie fest, dass der Prototyp Fahrzeug als Grundlage für den Prototyp Lastwagen dient. Die Eigenschaft prototype ist vordefiniert. Sie stammt, wie auch die Methode constructor(), vom Prototyp Object. Dieser dient in JavaScript als Grundlage für alle Objekte, ob eigene oder vordefinierte.

Im Programm wird ein Objekt zum Prototyp Lastwagen mit drei Anfangswerten erzeugt und ausgegeben. Anschließend wird es verändert und erneut ausgegeben, siehe Abbildung 3.4.

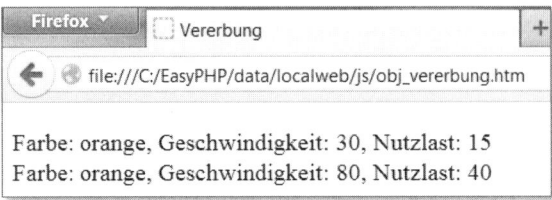

Farbe: orange, Geschwindigkeit: 30, Nutzlast: 15
Farbe: orange, Geschwindigkeit: 80, Nutzlast: 40

Abbildung 3.4 Vererbung

3.5 Operationen mit Objekten

In diesem Abschnitt sehen Sie ein Beispielprogramm, in dem eine Reihe von nützlichen Operationen und Prüfungen bezüglich eines Objekts und seiner Eigenschaften und Methoden durchgeführt wird. Der Prototyp des Objekts wird im head des Dokuments definiert, und zwar wie folgt:

```
...<html>
<head>...
<script type="text/javascript">
   function Fahrzeug(f, g)
   {
      this.farbe = f;
      this.geschwindigkeit = g;
      this.lackieren = fahrzeugLackieren;
      this.beschleunigen = fahrzeugBeschleunigen;
      this.toString = fahrzeugAusgeben;

      function fahrzeugLackieren(f)
      {
         this.farbe = f;
      }

      function fahrzeugBeschleunigen(wert)
      {
         this.geschwindigkeit += wert;
      }

      function fahrzeugAusgeben()
      {
         return "Farbe: " + this.farbe
            + ", Geschwindigkeit: " + this.geschwindigkeit;
      }
   }
```

86

```
</script>
</head>
. . .
```

Listing 3.5 Datei »obj_operation.htm«, Teil 1 von 9

3.5.1   Zugriffsoperatoren

Sie haben zwei Möglichkeiten, auf die Member eines Objekts zuzugreifen: Zum einen mit dem Operator . (Punkt), zum anderen mit Hilfe des Operators [ ], also der eckigen Klammern. Dies sehen Sie in folgendem Programmteil:

```
. . .
<body><p>
<script type="text/javascript">
   var dacia = new Fahrzeug("rot", 50);
   document.write("mit Punkt: " + dacia.farbe + " "
      + dacia.geschwindigkeit + "<br>");
   document.write("mit [ und ]: " + dacia["farbe"] + " "
      + dacia["geschwindigkeit"] + "<br>");
   document.write("mit toString(): " + dacia + "<br>");
. . .
```

Listing 3.6 Datei »obj_operation.htm«, Teil 2 von 9

Nach Erzeugung eines Objekts werden seine Eigenschaften zweimal ausgegeben. Innerhalb der eckigen Klammern wird der Name der Eigenschaft wie eine Zeichenkette innerhalb von Anführungsstrichen notiert. Sie können diese Zeichenkette aus einzelnen Teilen zusammensetzen, auch mit Hilfe von Variablen. Diese Schreibweise macht die Erstellung von Programmen noch ein Stück flexibler.

Die Ausgabe sehen Sie, neben anderen, in Abbildung 3.5.

3.5.2   Verweise auf Objekte

Die Variable, über die Sie auf ein Objekt zugreifen, stellt nur einen Verweis auf das Objekt dar, das Sie mit Hilfe von new erschaffen. Falls Sie diese Variable einer anderen Variablen zuweisen, so erschaffen Sie kein neues Objekt und auch keine Kopie des ursprünglichen Objekts, sondern nur einen zweiten Verweis auf dasselbe Objekt. Sie können anschließend über beide Variablen auf dasselbe Objekt zugreifen.

Sie können das Objekt an eine Funktion übergeben. Eine solche Übergabe wird *Übergabe per Referenz* genannt. Auch in diesem Fall wird keine Kopie angelegt. Eine Veränderung des Objekts innerhalb der Funktion wirkt direkt auf das Originalobjekt.

Dies stellt einen Unterschied zur Übergabe von einfachen Variablen dar, in denen Zeichenketten oder Zahlen gespeichert werden, siehe auch Abbildung 3.5.

Im folgenden Programmteil wird ein zweiter Verweis auf ein vorhandenes Objekt erzeugt. Anschließend werden die Eigenschaften des Originalobjekts mit Hilfe von toString() ausgegeben:

```
...
    var renault = dacia;
    document.write("Zweiter Verweis renault: "
        + renault + "<br><br>");
...
```

Listing 3.7 Datei »obj_operation.htm«, Teil 3 von 9

Diese Ausgabe sehen Sie ebenfalls in Abbildung 3.5.

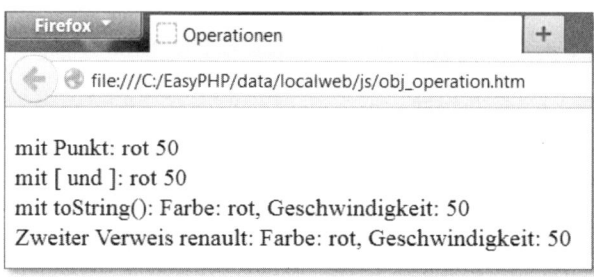

Abbildung 3.5 Zugriff mit »[« und »]«, zweiter Verweis

3.5.3   Instanzen prüfen

Objekte werden auch als *Instanzen* zu einem Prototyp bezeichnet. Der Vorgang des Erschaffens eines Objekts wird auch *Instantiieren* genannt. Der Operator instanceof prüft, ob ein bestimmtes Objekt die Instanz zu einem bestimmten Prototyp (oder wiederum dessen Prototyp) darstellt und liefert einen Wahrheitswert. Nachfolgend eine Prüfung:

```
...
    if(dacia instanceof Fahrzeug)
        document.write("'instanceof': Objekt dacia hat den "
            + " Prototyp Fahrzeug<br><br>");
...
```

Listing 3.8 Datei »obj_operation.htm«, Teil 4 von 9

Die Ausgabe sehen Sie in Abbildung 3.6.

3.5.4   Typ ermitteln

Den Operator typeof haben Sie bereits in Abschnitt 2.3.5, »Wert und Typ von Variablen prüfen«, kennengelernt. Er liefert den Typ einer Variablen, also *string*, *number* oder *boolean*. Im Zusammenhang mit Objekten können sich noch die Typen *function* und *object* ergeben:

```
...
   document.write("'typeof': "
      + typeof Fahrzeug + " "
      + typeof dacia + " "
      + typeof dacia.farbe + " "
      + typeof dacia.geschwindigkeit + " "
      + typeof dacia.beschleunigen + " "
      + typeof dacia.lackieren + "<br><br>");
...
```

Listing 3.9 Datei »obj_operation.htm«, Teil 5 von 9

In Abbildung 3.6 sehen Sie, dass die Konstruktorfunktion zum Prototyp Fahrzeug und die beiden Methoden beschleunigen und lackieren vom Typ *function* sind. Das Objekt dacia ist vom Typ *object*. Die beiden Eigenschaften sind einfache Variablen vom Typ *string* bzw. *number*.

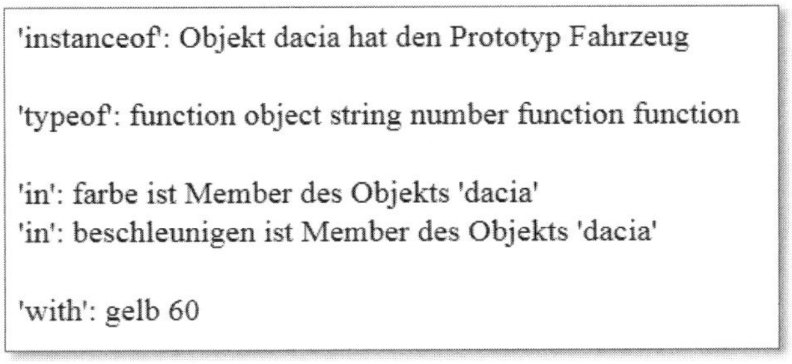

```
'instanceof': Objekt dacia hat den Prototyp Fahrzeug

'typeof': function object string number function function

'in': farbe ist Member des Objekts 'dacia'
'in': beschleunigen ist Member des Objekts 'dacia'

'with': gelb 60
```

Abbildung 3.6 »instanceof«, »typeof«, »in«, »with«

3.5.5   Member prüfen

Der Operator in ermöglicht Ihnen, zu prüfen, ob eine bestimmte Eigenschaft oder Methode das Member eines Objekts ist:

```
...
   if("farbe" in dacia)
      document.write("'in': farbe ist "
         + " Member des Objekts 'dacia'<br>");
```

```
    if("beschleunigen" in dacia)
        document.write("'in': beschleunigen ist "
            + " Member des Objekts 'dacia'<br><br>");
...
```

Listing 3.10 Datei »obj_operation.htm«, Teil 6 von 9

Die Prüfung ergibt, dass sowohl die Eigenschaft farbe als auch die Methode beschleunigen() ein Member des Objekts dacia ist, siehe Abbildung 3.6.

3.5.6   Kompakter Zugriff auf Member

Das Schlüsselwort with ermöglicht Ihnen eine kompaktere Schreibweise, falls Sie auf mehrere Member desselben Objekts zugreifen möchten:

```
...
    with(dacia)
    {
        farbe = "gelb";
        beschleunigen(10);
        document.write("'with': " + farbe + " "
            + geschwindigkeit + "<br>");
    }
...
```

Listing 3.11 Datei »obj_operation.htm«, Teil 7 von 9

Mit with(dacia) sorgen Sie dafür, dass in dem folgenden Block auf die Member des Objekts dacia zugegriffen wird. Die Ausgabe sehen Sie in Abbildung 3.6.

3.5.7   Zugriff auf alle Member

Die for ... in-Schleife ermöglicht es Ihnen, in einem Zug auf alle Member eines Objekts zuzugreifen, sowohl lesend als auch schreibend. Im folgenden Programmteil werden alle Member des Objekts dacia und ihre aktuellen Werte ausgegeben:

```
...
    document.write("<br>'for-in', Member mit Werten:<br>");
    for(var m in dacia)
        document.write(m + ": " + dacia[m] + "<br>");
    document.write("<br>");
...
```

Listing 3.12 Datei »obj_operation.htm«, Teil 8 von 9

Im Kopf der `for ... in`-Schleife wird eine Variable m erzeugt. Diese steht bei jedem Durchlauf der Schleife für eine einzelne Eigenschaft. Es wird jeweils zunächst der Name der Eigenschaft ausgegeben, anschließend der Wert. Der Zugriff auf die Werte erfolgt mit Hilfe der eckigen Klammern [ ].

In Abschnitt 3.2, »Methoden«, haben Sie gesehen, dass die Methoden eines Objekts nichts anderes als Eigenschaften sind, denen als *Wert* eine Funktion zugewiesen wird. In der Ausgabe sehen Sie folgerichtig auch die Methoden und ihre *Werte*, also den Programmcode der jeweiligen Funktion.

Den linken Ausschnitt der Ausgabe zeigt Abbildung 3.7.

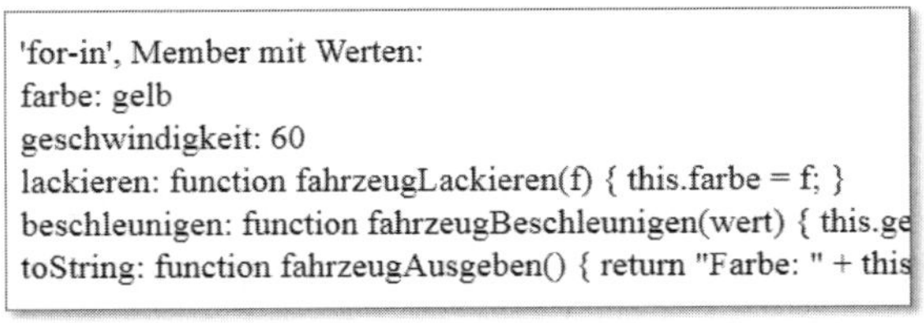

```
'for-in', Member mit Werten:
farbe: gelb
geschwindigkeit: 60
lackieren: function fahrzeugLackieren(f) { this.farbe = f; }
beschleunigen: function fahrzeugBeschleunigen(wert) { this.ge
toString: function fahrzeugAusgeben() { return "Farbe: " + this
```

Abbildung 3.7 »for ... in«-Schleife

Die `for ... in`-Schleife können Sie sowohl auf eigene als auch auf vordefinierte Objekte anwenden. Die Liste der Eigenschaften eines vordefinierten Objekts ist meist recht lang, kann Ihnen aber wertvolle Hinweise über die Möglichkeiten des betreffenden Objekts liefern.

3.5.8   Member löschen

Sie können einzelne Member einzelner Objekte mit dem Operator `delete` löschen. Der Wert einer gelöschten Eigenschaft ist anschließend `undefined`. Der Aufruf einer gelöschten Methode führt zu einem Fehler. Andere Objekte zum selben Prototyp werden von diesem Löschvorgang nicht beeinflusst, sie verfügen nach wie vor über alle definierten Member. Es folgt der letzte Teil des Programms, mit einem Beispiel zu `delete`:

```
...
   delete dacia.geschwindigkeit;
   delete dacia.lackieren;
   if(dacia.lackieren)
      dacia.lackieren("blau");
   document.write("Eigenschaftswerte: " + dacia.farbe + " "
      + dacia.geschwindigkeit + " " + dacia.leistung + "<br>");
</script></p>
</body></html>
```

Listing 3.13 Datei »obj_operation.htm«, Teil 9 von 9

Die Eigenschaft geschwindigkeit und die Methode lackieren() werden gelöscht. Anschließend wird geprüft, ob die Methode lackieren() existiert. Falls ja, würde sie aufgerufen. Als Letztes werden die Werte der Eigenschaften farbe, geschwindigkeit und leistung ausgegeben. Die Eigenschaft geschwindigkeit existiert nicht mehr, die Eigenschaft leistung hat es nie gegeben. Die resultierende Ausgabe sehen Sie in Abbildung 3.8.

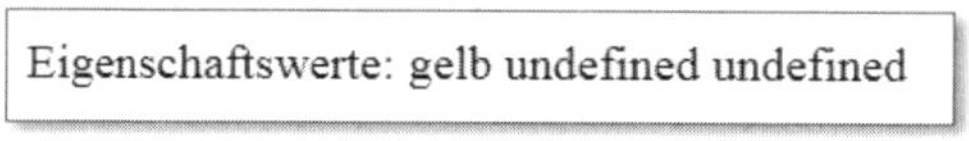

Eigenschaftswerte: gelb undefined undefined

Abbildung 3.8 Eigenschaftswerte nach Löschvorgang

3.6   Objekte in JSON

JSON steht für *JavaScript Object Notation*. Dies ist der Name für eine kompakte Schreibweise, die auf Objekte und auf Felder angewendet werden kann. Die JSON-Schreibweise ermöglicht Ihnen die Speicherung der Eigenschaften eines Objekts mitsamt deren Werten innerhalb einer einzigen Zeichenkette. Auf diese Weise wird der Transport von Daten zwischen verschiedenen Anwendungen vereinfacht.

Die meisten Browser kennen außerdem ein JSON-Objekt. Es besitzt Methoden, mit dessen Hilfe Sie ein Objekt in eine transportable Zeichenkette umwandeln können. Dies gilt unabhängig davon, ob das Objekt mit Hilfe von JSON oder mit Hilfe einer Konstruktorfunktion erzeugt wurde. Umgekehrt können Objekte aus einer solchen Zeichenkette erschaffen werden.

Für den Fall, dass ein Browser das JSON-Objekt nicht kennt, können Sie ersatzweise mit der Funktion eval() arbeiten. Eine weitere Möglichkeit bietet die Bibliothek *json2*, siehe *https://github.com/douglascrockford/JSON-js*.

Im folgenden Beispiel wird ein Objekt im JSON-Format angelegt. Anschließend wird es mit Hilfe des JSON-Objekts umgewandelt.

```
...
<body><p>
<script type="text/javascript">
   var dacia = { "farbe":"rot", "geschwindigkeit":"50" };
   document.write("1: " + dacia.farbe + " "
      + dacia.geschwindigkeit + "<br>");

   var zkette;
   if(window.JSON)
      zkette = JSON.stringify(dacia);
   else
      zkette = '{ "farbe":"rot", "geschwindigkeit":"50" }';
   document.write("2: " + zkette + "<br>");
```

```
    var renault;
    if(window.JSON)
        renault = JSON.parse(zkette);
    else
        renault = eval("(" + zkette + ")");
    document.write("3: " + renault.farbe + " "
        + renault.geschwindigkeit);
</script></p>
</body></html>
```

Listing 3.14 Datei »obj_json.htm«

Bei Erzeugung eines Objekts in der kompakten Schreibweise steht das gesamte Objekt in geschweiften Klammern. Die Eigenschaft-Wert-Paare sind durch ein Komma voneinander getrennt. Die Eigenschaften und die Werte werden jeweils in doppelte Anführungsstriche gesetzt und durch einen Doppelpunkt voneinander getrennt. Einfache Anführungsstriche würden zwar für JavaScript genügen, aber nicht für die Weiterverarbeitung in JSON.

Falls der Browser das JSON-Objekt kennt, dann wird ein Objekt mit Hilfe der Methode stringify() in eine Zeichenkette umgewandelt. Falls nicht, dann wird die Zeichenkette mit Hilfe des Codes *von Hand* erzeugt. Die Zeichenkette sieht dabei genauso aus wie bei der Erzeugung des Objekts in der kompakten Schreibweise. Zusätzlich wird der gesamte Ausdruck im Code in einfache Anführungsstriche gesetzt.

Es folgt der umgekehrte Vorgang. Falls der Browser das JSON-Objekt kennt, dann wird die Zeichenkette mit Hilfe der Methode parse() in ein Objekt umgewandelt. Falls nicht, dann wird das Objekt im Code mit Hilfe der Funktion eval() erzeugt, siehe Abschnitt 2.7.1, »Die Funktion ›eval()‹«. Die Zeichenkette muss dabei im Code von zusätzlichen runden Klammern umrahmt werden.

Die Ausgabe des Programms sehen Sie in Abbildung 3.9.

Abbildung 3.9 JSON-Format und JSON-Objekt

In Abschnitt 6.1.6, »Felder und Objekte in JSON«, zeige ich Ihnen die Anwendung von JSON auf Felder und Objekte.

Kapitel 4
Ereignisse

Sie lernen Elemente zur Behandlung von Ereignissen in mehreren Formen kennen, bis hin zum Event Listener.

JavaScript ermöglicht Ihnen als Entwickler, auf Ereignisse (englisch: *events*) im Browser zu reagieren. Auf diese Weise kann der Benutzer mit Ihrer Anwendung interagieren, über die einfachen Rückgabewerte der Funktionen `prompt()` und `confirm()` hinaus.

Bei diesen Ereignissen kann es sich um den Klick auf einen Button, die Auswahl eines Eintrags aus einer Liste, eine bestimmte Bewegung der Maus, das Absenden eines Formulars und vieles mehr handeln.

Falls Ihr Programm auf ein Ereignis reagieren soll, dann entwickeln Sie eine Java-Script-Funktion. Diese enthält die Anweisungen, die im Falle des Ereignisses ausgeführt werden sollen.

Ein Eventhandler ist ein Element zur Ereignisbehandlung. Sie stellen damit eine Verbindung zwischen dem HTML-Element, bei dem das Ereignis ausgelöst wird, dem Ereignis selbst und der JavaScript-Funktion her.

4.1 Techniken der Ereignisbehandlung

Zunächst möchte ich Ihnen einen Überblick über drei verschiedene Techniken der Ereignisbehandlung geben:

▶ **Klassische Ereignisbehandlung**: Sie können Eventhandler innerhalb von HTML-Elementen anordnen. Dies ist die älteste Technik; sie funktioniert nach wie vor in den vielen unterschiedlichen Browsern und ist Bestandteil vieler bewährter Programme. Die Kenntnis dieser Technik erleichtert Ihnen die Pflege älterer Programme, ohne die gesamte Anwendung neu entwickeln zu müssen. Sie ist zudem Voraussetzung für das Verständnis der neueren Techniken.

▶ **Ereignisse als Eigenschaften**: Sie können einen Eventhandler einem Objekt als Eigenschaft zuweisen. Jedes HTML-Element eines Dokuments ist ein Objekt, auf das mit Hilfe des DOM zugegriffen werden kann. Der Begriff DOM steht für *Docu-*

ment Object Model. Sie werden einzelne Aspekte des DOM bereits in diesem Kapitel kennenlernen. In Kapitel 5 werde ich es in aller Ausführlichkeit erläutern.

▶ **Event Listener**: Bei der Neuentwicklung eines Programms sollten Sie mit Event Listenern arbeiten (englisch: *to listen* = zuhören, horchen). Diese Listener *horchen* in Ihrer Anwendung auf Ereignisse und sorgen für die Funktionsaufrufe. Dabei wird die Hierarchie des DOM durchlaufen. Die Definition der Listener unterscheidet sich bei älteren Versionen des Internet Explorers von der Definition in anderen Browsern.

Alle drei Techniken der Ereignisbehandlung werde ich Ihnen in den folgenden Abschnitten erläutern.

4.2   Klassische Ereignisbehandlung

Wie bereits erläutert, ist die klassische Ereignisbehandlung Bestandteil vieler bewährter Programme. In diesem Abschnitt sehen Sie einige Beispiele mit vielen häufig genutzten Eventhandlern.

4.2.1   Erste Eventhandler

Es folgt ein erstes Beispielprogramm mit drei Buttons und einem Hyperlink (siehe Abbildung 4.1) sowie den Eventhandlern `onclick` und `onload` und dem Protokoll `javascript:`, das ähnliche Aufgaben erfüllen kann.

Abbildung 4.1 Erste Ereignisse bei Button, Hyperlink und Dokument

Zunächst der zweite Teil des Programms, mit den HTML-Elementen und den Eventhandlern:

```
...
<body onload="geladen();">
<p><input type="button" value="Button 1"
   onclick="geclickt('Button 1');">
<input type="button" value="Button 2"
   onclick="geclickt(this.value);">
```

```
<input type="button" value="Neues Dokument"
  onclick="neu();"></p>
<p><a href="javascript:geclickt('Hyperlink');">Hier steht
  ein Hyperlink</a></p>
</body></html>
```

Listing 4.1 Datei »event_click.htm«, HTML und Eventhandler

Das Dokument enthält drei Buttons. Dabei handelt es sich eigentlich um Formular-elemente. Falls diese nicht zum Absenden von Formularinhalten, sondern nur zum Auslösen von Aktionen innerhalb des Dokuments führen sollen, so wie in diesem Dokument, dann müssen sie nicht innerhalb eines form-Containers stehen. Unterhalb der Buttons steht ein Hyperlink. Es werden drei Eventhandler genutzt:

▶ Der Eventhandler onload reagiert auf das Ereignis: Das Dokument wurde in den Browser geladen.

▶ Der Eventhandler onclick reagiert auf das Klick-Ereignis, hier bei den drei Buttons.

▶ Der Name aller klassischen Eventhandler beginnt mit on. Außerdem gibt es das Protokoll javascript:. Es kann bei Verweisen eingesetzt werden, wie zum Beispiel bei dem Hyperlink. Es ist allerdings veraltet und wird im Allgemeinen nicht mehr verwendet. Der Hyperlink führt nicht zu einem anderen Dokument, sondern zum Aufruf einer Funktion.

Nach dem Eventhandler steht jeweils der Aufruf einer Funktion, innerhalb einer Zeichenkette. Diese Funktion kann Parameter haben. Damit können Sie mit einer einzigen Funktion auf unterschiedliche Events reagieren.

Bei der Schreibweise unterscheidet sich das Protokoll javascript: wiederum: Er steht mit dem Funktionsaufruf innerhalb der Zeichenkette.

Bei Aufruf der Funktion geclickt() wird jeweils eine Zeichenkette als Parameter übergeben, zur Demonstration auf unterschiedliche Weise:

▶ Bei Betätigung von BUTTON 1 bzw. bei Betätigung des Hyperlinks wird ein Zeichenkettenwert übergeben. Er muss innerhalb von einfachen Anführungsstrichen notiert werden, weil die gesamte Zeichenkette bereits in doppelten Anführungsstrichen steht.

▶ Der Wert vieler Formularelemente ist eine Zeichenkette. Sie wird in HTML mit Hilfe des Attributs value und in JavaScript mit Hilfe der Objekteigenschaft value notiert. Bei BUTTON 2 wird der Wert dieser Eigenschaft über den Verweis this übergeben. Sie haben this bereits in Abschnitt 3.1, »Objekte und Eigenschaften«, kennengelernt. Es verweist auf *dieses Objekt*, also auf das aktuelle Objekt, zu dem der Eventhandler notiert wird. Dies ist hier BUTTON 2.

Es folgt der erste Teil des Programms, mit den JavaScript-Funktionen, die mit Hilfe der Eventhandler aufgerufen werden:

```
...<html>
<head>...
<script type="text/javascript">
   function geladen()
   { alert("Dokument wurde geladen"); }

   function geclickt(bezeichnung)
   { alert("Geclickt: " + bezeichnung); }

   function neu()
   {
      document.open();
      document.write("<html><body>Hallo Welt<\/body><\/html>");
      document.close();
   }
</script>
</head>
...
```

Listing 4.2 Datei »event_click.htm«, JavaScript-Funktionen

Es gibt drei Funktionen, die aufgrund von Ereignissen aufgerufen werden:

▶ Die Funktion geladen() wird nach dem Laden des Dokuments aufgerufen. Es erscheint eine Meldung wie in Abbildung 4.2.

▶ Die Funktion geclickt() wird nach dem Klick auf BUTTON 1, auf BUTTON 2 oder auf den Hyperlink aufgerufen. Nach einem Klick auf BUTTON 2 erscheint eine Meldung wie in Abbildung 4.3.

▶ Die Funktion neu() wird nach dem Klick auf den Button NEUES DOKUMENT aufgerufen. Sie erzeugt ein neues HTML-Dokument, mit Hilfe der Methoden open(), write() und close() des document-Objekts, siehe Abbildung 4.4. Ein Hinweis: Das neue Dokument ist hier nur als Beispiel gedacht und nicht valide.

Falls Sie in einem bereits geladenen Dokument die Methode document.write() aufrufen, wird das Dokument mit einem neuen Dokument überschrieben. Dies kann ein gewünschter Effekt zur Erzeugung von dynamischen Inhalten sein … oder eine unliebsame Überraschung.

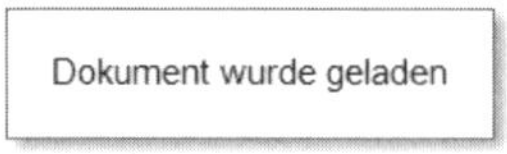

Abbildung 4.2 Ereignisbehandlung zu »onload«

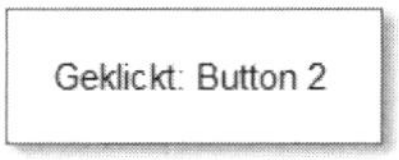

Geklickt: Button 2

Abbildung 4.3 Ereignisbehandlung zu »onclick«, bei »Button 2«

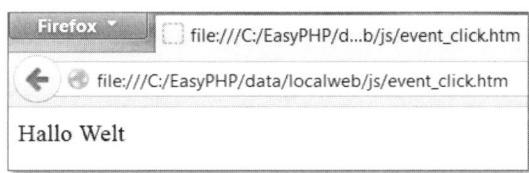

Abbildung 4.4 Neues Dokument

4.2.2   Formulare und Ajax

Ab dem nächsten Abschnitt werden wir uns auch mit Formularen beschäftigen. Diese dienen bekanntlich dem Senden von Daten an einen Webserver. Ein wichtiges Einsatzgebiet von JavaScript ist die Prüfung (Validierung) der Inhalte eines Formulars.

Nach dem Senden der Daten an den Webserver werden sie dort mit Hilfe eines zweiten Programms verarbeitet und gespeichert. Außerdem wird eine Antwort zurückgesendet. Ein solches Programm kann zum Beispiel in der Programmiersprache PHP geschrieben werden.

Den meisten Beispielen in diesem Buch, die Formulare enthalten, habe ich ein kurzes Antwortprogramm in PHP beigefügt, mit dessen Hilfe der Empfang der Daten bestätigt wird. Keine Angst, Sie müssen jetzt nicht auch noch PHP erlernen. Es geht nur um die Vorführung eines realistischen Ablaufs nach dem Senden eines Formulars. Die PHP-Dateien finden Sie, zusammen mit den anderen Beispieldateien, auf dem Datenträger zum Buch (bei elektronischen Buch-Ausgaben: im Download-Paket).

Später – in Kapitel 8, »Ajax« – werden Sie etwas über die Ajax-Technologie erfahren. Hier werden einzelne Teile einer Seite geändert, indem ebenfalls Daten von einem Webserver abgerufen werden.

Für die Beispielprogramme mit Formularen beziehungsweise Ajax haben Sie nun drei Möglichkeiten:

▶ Sie rufen die JavaScript-Programme von der Festplatte auf, dann genügen Ihnen Notepad++ und ein Browser. Sie bekommen allerdings keine korrekte Antwort von einem Webserver zurück.

▶ Sie rufen die JavaScript-Programme auf meiner persönlichen Website *http://www.theisweb.de* auf, im Verzeichnis *js*. Nach dem Absenden bekommen Sie die richtige Antwort vom Webserver meines Providers zurück.

▶ Sie installieren das Paket EasyPHP, das Sie auf dem Datenträger zum Buch finden. Es enthält unter anderem einen lokalen Webserver und PHP. Die Installation von EasyPHP beschreibe ich im Anhang. Sie rufen die JavaScript-Programme über diesen lokalen Webserver auf. Nach dem Absenden bekommen Sie die richtige Antwort von diesem lokalen Webserver zurück. So könnten Sie auch Ihre eigenen Übungsprogramme inklusive Antwort testen.

4.2.3   Ereignisse im Formular

Es folgt ein Beispielprogramm mit Formularelementen und Eventhandlern. Diese ermöglichen Ihnen eine Reaktion auf die typischen Ereignisse, die auftreten, während ein Benutzer ein Formular ausfüllt.

Es handelt sich um ein Formular ohne die zusätzlichen Elemente, die HTML 5 bietet. Die aktuellen Browser setzen HTML 5 noch in unterschiedlichem Maße um. Bei älteren Browsern wird der Anteil an umgesetzten HTML-5-Elementen geringer. Auf HTML 5 gehe ich in Kapitel 15 ein.

In Abbildung 4.5 sehen Sie am unteren Ende ein zusätzliches einzeiliges Textfeld, in dem Informationen angezeigt werden, sobald die einzelnen Ereignisse ausgelöst werden. Es wurden bereits einige Eintragungen vorgenommen. Als Letztes erfolgte ein Eintrag im Bemerkungsfeld.

Abbildung 4.5 Formular mit Elementen

Nach dem Absenden erfolgt zunächst eine Rückfrage, siehe Abbildung 4.6.

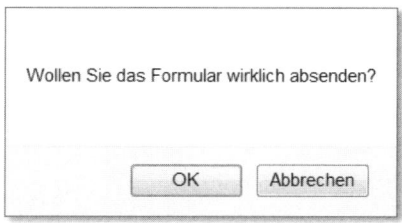

Abbildung 4.6 Rückfrage nach dem Absenden

Sie haben drei verschiedene Möglichkeiten, die Datei mit dem Formular aufzurufen, siehe auch Abschnitt 4.2.2, »Formulare und Ajax«:

▶ Wie bisher von Ihrer Festplatte. Dann erscheint im Browser die Adresse des Verzeichnisses, in dem Sie die Dateien gespeichert haben. Sie arbeiten mit JavaScript und greifen auf das gesamte Formular und seine Elemente zu.

▶ Über den Webserver meines Providers. Geben Sie dazu die folgende Adresse im Browser ein: *http://www.theisweb.de/js/event_form.htm*. Sie erhalten dann zusätzlich die richtige Antwort des zugehörigen PHP-Programms.

▶ Über den lokalen Webserver des Pakets EasyPHP, das Sie zuvor auf Ihrem PC installiert haben, siehe Abschnitt 4.2.2. Geben Sie dann die folgende Adresse im Browser ein: *http://localhost/js/event_form.htm*. Sie erhalten dann ebenfalls zusätzlich die richtige Antwort des zugehörigen PHP-Programms. Es wird davon ausgegangen, dass Sie die Programme, die sich auf dem Datenträger zu diesem Buch befinden, im Verzeichnis *C:/EasyPHP/data/localweb/js* gespeichert haben.

Die richtige Antwort des PHP-Programms vom lokalen Webserver sehen Sie in Abbildung 4.7.

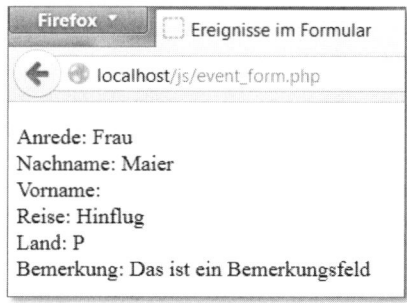

Abbildung 4.7 Antwort vom Webserver

An dieser Stelle aber noch einmal der Hinweis: Sie müssen jetzt nicht auch noch PHP erlernen. Es geht nur darum, durch die Ausgabe der Antwort des Webservers einen realistischen Ablauf zu zeigen. Einige Begriffe in diesem Zusammenhang werde ich in Abschnitt 8.1.1, »Ein wenig Theorie«, erläutern.

Ein Hinweis: Auch die Antwort des Webservers lässt sich validieren. Das PHP-Programm erzeugt HTML-Code. Diesen Code sehen Sie, falls Sie sich den Quelltext der Antwort in Abbildung 4.7 anschauen.

Zunächst der zweite Teil des Programms, mit den HTML-Elementen und den Eventhandlern:

```
...
<body>
<form name="f" method="post" action="event_form.php"
    onsubmit="return senden();" onreset="return ruecksetzen();">
<p><input name="anrede" type="radio" value="Herr"
    onclick="wechsel(this);" checked="checked"> Herr
<input name="anrede" type="radio" value="Frau"
    onclick="wechsel(this);"> Frau</p>
<p><input name="nachname" size="20"
    onchange="wechsel(this);"> Nachname</p>
<p><input name="vorname" size="20"
    onkeyup="aenderung(this);"> Vorname</p>
<p><input name="reise" type="checkbox" value="Hinflug"
    onclick="markiert(this);"> nur Hinflug</p>
<p><select name="land" onchange="wechsel(this);">
    <option value="I" selected="selected">Italien</option>
    <option value="S">Spanien</option>
    <option value="P">Portugal</option></select> Land</p>
<p><textarea name="bemerkung" rows="3" cols="20"
    onchange="wechsel(this);"></textarea> Bemerkung</p>
<p><input type="submit"><input type="reset"></p>
<p><input name="kontrolle" size="50"
    readonly="readonly"> Kontrolle</p>
</form>
</body></html>
```

Listing 4.3 Datei »event_form.htm«, HTML und Eventhandler

Das Formular verfügt über das Attribut name. Dies ermöglicht Ihnen, mit JavaScript auf das Formular und seine Elemente zuzugreifen und zum Beispiel die Ausgaben in dem Kontrollfeld am Ende des Formulars zu vorzunehmen. Die Attribute method und action benötigen Sie für die Übermittlung zum Webserver, an das PHP-Programm.

Die beiden Eventhandler onsubmit und onreset reagieren auf das Absenden bzw. Zurücksetzen des Formulars. Die beiden zugehörigen Funktionen senden() und ruecksetzen() liefern jeweils einen Wahrheitswert zurück, der die betreffende Aktion auslöst oder nicht auslöst.

Alle Formularelemente, deren Inhalt gesendet wird, verfügen über die Attribute name und value. Diese Attribute ermöglichen Ihnen, auf den Namen und den aktuellen Wert des betreffenden Elements mit JavaScript (und mit PHP) zuzugreifen. Mit den Attributen checked und selected legen Sie fest, welche CheckBox, welcher RadioButton oder welche Option eines Auswahlmenüs zu Beginn bereits markiert oder ausgewählt ist.

Bei den Formularelementen werden weitere Eventhandler genutzt:

▶ Der Eventhandler onclick reagiert auf die Auswahl eines RadioButtons und auf das Markieren oder Zurücksetzen der CheckBox.

▶ Der Eventhandler onchange reagiert unmittelbar auf eine Änderung im Auswahlmenü und mittelbar auf eine Änderung des Inhalts des einzeiligen oder des mehrzeiligen Textfelds. Mittelbar bedeutet, dass der Benutzer erst ein anderes Element bedienen muss.

▶ Der Eventhandler onkeyup bemerkt unmittelbar eine Änderung in einem Textfeld. Auf das Herunterdrücken der Taste zur Eingabe eines Zeichens reagiert der Eventhandler onkeydown, auf das Halten einer gedrückten Taste der Eventhandler onkeypress und auf das Loslassen der Taste der hier eingesetzte Eventhandler onkeyup.

An die Funktion wird als Parameter jeweils this übergeben, also der Verweis auf das aktuelle Objekt, zu dem das Ereignis ausgelöst wird. Damit haben Sie die Möglichkeit, innerhalb der Funktion auf Eigenschaften des Objekts zuzugreifen.

Es folgt der erste Teil des Programms, mit den JavaScript-Funktionen, die mit Hilfe der Eventhandler aufgerufen werden:

```
...<html>
<head>...
<script type="text/javascript">
  function wechsel(objekt)
  {
     document.f.kontrolle.value =
        objekt.name + ", " + objekt.value + ", Inhalt neu";
  }

  function aenderung(objekt)
  {
     document.f.kontrolle.value =
        objekt.name + ", " + objekt.value + ", Zeichen neu";
  }

  function markiert(objekt)
  {
```

```
        var ausgabe = objekt.name + ", " + objekt.value;
        if(objekt.checked)
            document.f.kontrolle.value = ausgabe + ", markiert";
        else
            document.f.kontrolle.value = ausgabe + ", nicht markiert";
    }

    function senden()
    {
        return confirm("Wollen Sie das Formular wirklich absenden?");
    }

    function ruecksetzen()
    {
        return confirm("Wollen Sie das Formular wirklich zurücksetzen?");
    }
</script>
</head>
...
```

Listing 4.4 Datei »event_form.htm«, JavaScript-Funktionen

Auf das Element mit dem Namen kontrolle innerhalb des Formulars mit dem Namen f wird über document.f.kontrolle zugegriffen. Die Eigenschaft value enthält den Wert des Formularelements. Falls diese Eigenschaft einen neuen Wert erhält, dann erscheint dieser Wert im Formularfeld.

In den Funktion wechsel() und aenderung() werden die Eigenschaften name und value des HTML-Elements ausgegeben, zu dem das Ereignis ausgelöst wird. Sie haben die Möglichkeit, den Wert zu kontrollieren und zum Beispiel den Benutzer über einen falschen Wert zu informieren.

Die Funktion markiert() wird nur für die CheckBox genutzt. Die Eigenschaft checked des Objekts liefert über einen Wahrheitswert die Information, ob der Klick die Check-Box markiert oder entmarkiert hat.

Die Funktionen senden() und ruecksetzen() liefern jeweils einen Wahrheitswert zurück, der die betreffende Aktion auslöst oder nicht auslöst. Dieser Wahrheitswert wird mit Hilfe der Methode confirm() erzeugt.

4.2.4   Maus-Ereignisse

Es gibt verschiedene Ereignisse, die aufgrund von Aktionen mit der Maus ausgelöst werden. Dies sind zum Beispiel:

- onclick: Die Maus wird betätigt.
- onmouseover: Die Maus bewegt sich in ein Element hinein.
- onmouseout: Die Maus bewegt sich aus einem Element heraus.
- onmousemove: Die Maus bewegt sich innerhalb eines Elements
- onmousedown: Die Maustaste ist heruntergedrückt.
- onmouseup: Die Maustaste wird nach dem Herunterdrücken wieder losgelassen.

Im folgenden Beispiel sehen Sie vier verschiedene Bilder, zu denen die genannten Ereignisse ausgelöst werden. Darüber werden Informationen zu dem Ereignis und zu dem Objekt angezeigt, siehe Abbildung 4.8.

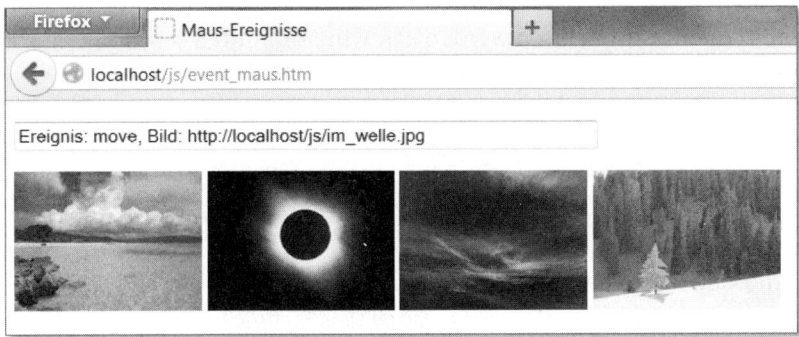

Abbildung 4.8 Maus-Ereignisse

Das Programm:

```
...<html>
<head>...
<script type="text/javascript">
    function maus(objekt, ereignis)
    {
        document.f.kontrolle.value = "Ereignis: " + ereignis
            + ", Bild: " + objekt.src;
    }
</script>
</head>
<body>
<form name="f" action="#">
<p><input size="70" name="kontrolle"></p>
</form>
<p><img src="im_paradies.jpg" alt="Paradies"
    onclick="maus(this, 'click');"></p>
<img src="im_sofi.jpg" alt="Sofi" onmouseover="maus(this, 'over');"
    onmouseout="maus(this, 'out');">
```

```
<img src="im_welle.jpg" alt="Welle" onmousemove="maus(this, 'move');">
<img src="im_winter.jpg" alt="Winter" onmousedown="maus(this, 'down');"
    onmouseup="maus(this, 'up');"></p>
</body></html>
```

Listing 4.5 Datei »event_maus.htm«

Bei jedem Ereignis wird die Funktion maus() aufgerufen. Als Parameter werden der Verweis this und eine Information zum Ereignis gesendet. Da es sich bei dem Objekt um ein Bild handelt, kann innerhalb der Funktion maus() die Eigenschaft src ausgewertet werden. Sie können einem HTML-Element mehrere Ereignisse zuordnen.

Der form-Container wird benötigt, damit das Formular einen Namen erhält, mit dessen Hilfe auf die Elemente zugegriffen werden kann. In Abschnitt 4.4, »Das Ereignisobjekt«, werde ich erläutern, wie Sie weitere Informationen zum Maus-Ereignis erhalten.

4.3   Ereignisse als Eigenschaften

Ähnlich wie Methoden werden auch Ereignisse als Eigenschaften eines Objekts angesehen. Sie können einen Eventhandler einem Objekt als Eigenschaft zuweisen. Jedes HTML-Element eines Dokuments ist ein Objekt, auf das mit Hilfe des Document Object Models (DOM) zugegriffen werden kann. Sie werden das DOM hier bereits kennenlernen. In Kapitel 5 werde ich es in aller Ausführlichkeit beschreiben.

Das folgende Beispielprogramm enthält einzelne Elemente aus den Beispielen des vorherigen Abschnitts, siehe Abbildung 4.9.

Abbildung 4.9 Eventhandler als Eigenschaften

Zunächst der zweite Teil des Programms, mit den HTML-Elementen und den Eventhandlern:

```
...
<body>
<form id="idForm" method="post" action="event_eigenschaft.php">
<p><input id="idButton" type="button" value="Button 1"></p>
<p><input id="idNachname" name="nachname" size="20"> Nachname</p>
<p><input id="idStadt" name="stadt" size="20"> Stadt</p>
<p><input type="submit"><input type="reset"></p>
</form>
<p><a id="idLink" href="#">Hier steht ein Hyperlink</a></p>
<p><img id="idBild" src="im_paradies.jpg" alt="Paradies"></p>

<script type="text/javascript">
   document.body.onload = geladen;
   document.getElementById("idForm").onsubmit =
      function() { return senden(); };
   document.getElementById("idButton").onclick =
      function() { geclickt("idButton"); };
   document.getElementById("idNachname").onchange =
      function() { wechsel("idNachname"); };
   document.getElementById("idStadt").onkeydown =
      function() { taste("idStadt"); };
   document.getElementById("idLink").onclick =
      function() { geclickt("idLink"); };
   document.getElementById("idBild").onmouseover =
      function() { maus("idBild"); };
</script>
</body></html>
```

Listing 4.6 Datei »event_eigenschaft.htm«, HTML und Eventhandler

Die HTML-Elemente beanspruchen wesentlich weniger Platz, da sie keine Eventhandler mehr enthalten. Allerdings verfügt nun jedes Element, dem ein Eventhandler zugeordnet werden soll, über das Attribut id. Mit Hilfe dieser ID kann es innerhalb des Dokuments eindeutig identifiziert werden.

Das Attribut name wird nur noch für die Übermittlung der Daten an das PHP-Programm auf dem Webserver benötigt. Der Hyperlink soll nicht zu einem anderen Dokument führen, sondern zum Aufruf einer Funktion. Daher ist hier als Verweisziel # angegeben.

Es folgt die Zuweisung der Funktionen zu den Eventhandler-Eigenschaften der HTML-Elemente. Der Zugriff auf die HTML-Elemente erfolgt mit Hilfe der DOM-

Methode getElementById() des document-Objekts. Eine Ausnahme bildet der body des Dokuments: Der Zugriff auf dieses HTML-Element erfolgt mit Hilfe von document.body. In beiden Fällen wird ein Objektverweis zur Verfügung gestellt.

Es gibt zwei Möglichkeiten, eine Funktion zuzuweisen:

▶ Falls es sich um eine Funktion ohne zusätzlichen Parameter handelt, dann ist es ausreichend, den Namen der Funktion zuzuweisen, wie dies bei der Funktion geladen() gemacht wird.

▶ Falls die Funktion Parameter hat und/oder einen Rückgabewert liefert, dann wird der Aufruf in eine anonyme Funktion *verpackt*. Diese Funktion wird anschließend zugewiesen.

Bei vielen Funktionen wird die ID als Parameter übergeben. So haben Sie innerhalb der Funktion Zugriff auf das Objekt und seine Eigenschaften.

Die Zuweisung der Funktionen muss entweder im Eventhandler für das Lade-Ereignis (onload) oder am Ende des Dokuments erfolgen, denn: Sie können mit der Methode getElementById() nur auf Elemente zugreifen, die zu diesem Zeitpunkt bereits existieren. Ansonsten tritt ein Fehler auf.

Es folgt der erste Teil des Programms, mit den JavaScript-Funktionen, die mit Hilfe der Eventhandler aufgerufen werden:

```
...<html>
<head>...
<script type="text/javascript">
   function geladen()
   { alert("Dokument wurde geladen"); }

   function senden()
   {
      return confirm("Wollen Sie das Formular wirklich absenden?");
   }

   function geclickt(id)
   {
      alert("Element geclickt mit ID: " + id);
      // document.getElementById(id).onclick = null;
   }

   function wechsel(id)
   {
      alert("Element geändert mit ID: " + id
         + "\nName: " + document.getElementById(id).name
```

```
                 + "\nWert: " + document.getElementById(id).value);
      }

      function taste(id)
      {
         alert("Taste heruntergedrückt in Element mit ID: " + id);
      }

      function maus(id)
      {
         alert("Maus hineinbewegt in Element mit ID: " + id
            + "\nBilddatei: " + document.getElementById(id).src);
      }
</script>
</head>
...
```

Listing 4.7 Datei »event_eigenschaft.htm«

Falls Sie die Kommentarzeichen von der letzten Zeile in der Funktion `geclickt()` entfernen, dann wird dem Eventhandler der Wert `null` zugewiesen. Dies hat zur Folge, dass das Ereignis auf diesem Element anschließend nicht mehr zu einem Funktionsaufruf führt. Dies kann ein gewünschtes Verhalten sein.

In den Funktionen `wechsel()` und `maus()` wird mit Hilfe der übermittelten ID auf weitere Eigenschaften des Objekts zugegriffen, zum Beispiel auf `name`, `value` oder `src`.

4.4   Das Ereignisobjekt

Über das Ereignisobjekt haben Sie Zugriff auf weitere Informationen zum Ereignis. Sie können sich zum Beispiel den Ort eines Mausklicks oder die Bezeichnung einer gedrückten Taste ausgeben lassen. Der Zugriff auf das Ereignisobjekt unterscheidet sich beim Internet Explorer vom Zugriff bei anderen Browsern.

Es folgt ein Beispielprogramm mit einem Bild und einem Eingabefeld, siehe Abbildung 4.10.

Nach einem Mausklick auf dem Bild erscheint eine Meldung mit ausgewählten Informationen zu dem Ereignis, wie in Abbildung 4.11. Anschließend erscheint eine Meldung mit allen Informationen zum Ereignis.

Nach dem Herunterdrücken einer Taste im Eingabefeld wird dieselbe Funktion durchlaufen wie oben. Es wird die Taste a betätigt; diese hat den Tastencode 65, siehe Abbildung 4.12.

Abbildung 4.10 Ereignisobjekt

```
Quelle: [object HTMLImageElement]
ID: idBild
Ereignis: click
Taste: undefined
Strg: false, Shift: false, Alt: false
Bildschirm, X: 39, Y: 103
```

Abbildung 4.11 Informationen zu Maus-Ereignis

```
Quelle: [object HTMLInputElement]
ID: idEingabe
Ereignis: keydown
Taste: 65
Strg: false, Shift: false, Alt: false
Bildschirm, X: undefined, Y: undefined
```

Abbildung 4.12 Informationen zu Tastatur-Ereignis

Das Programm:

```
...<html>
<head>...
<script type="text/javascript">
   function gedrueckt(e)
   {
      var quelle;

      if(window.event)                 // Ereignisobjekt im IE
      {
         e = window.event;
         quelle = window.event.srcElement;
      }
      else           // Ereignisobjekt in anderen Browsern
```

```
        quelle = e.target;

     // Ausgewählte Member
     var ausgabe = "Quelle: " + quelle + "\n";
     ausgabe += "ID: " + quelle.id + "\n";
     ausgabe += "Ereignis: " + e.type + "\n";
     ausgabe += "Taste: " + e.keyCode + "\n";
     ausgabe += "Strg: " + e.ctrlKey + ", Shift: " + e.shiftKey
        + ", Alt: " + e.altKey + "\n";
     ausgabe += "Bildschirm, X: " + e.screenX
        + ", Y: " + e.screenY + "\n\n";
     alert(ausgabe);

     // Alle Member
     ausgabe = "";
     for(var m in e)
        ausgabe += m + ": " + e[m] + "\n";
     alert(ausgabe);
   }
</script>
</head>
<body>
<p><img id="idBild" src="im_paradies.jpg" alt="Paradies"></p>
<p><input id="idEingabe"> Eingabe</p>
<script type="text/javascript">
   document.getElementById("idBild").onclick = gedrueckt;
   document.getElementById("idEingabe").onkeydown = gedrueckt;
</script>
</body></html>
```

Listing 4.8 Datei »event_objekt.htm«

Sowohl das Ereignis onclick als auch das Ereignis onkeydown führen zur Funktion
gedrueckt(). Diese hat keine sichtbaren Parameter. Dennoch wird ein Ereignisobjekt
mit Informationen übermittelt und steht zur Verfügung.

Im Internet Explorer handelt es sich bei dem Ereignisobjekt um die Eigenschaft event
des window-Objekts. In den anderen Browsern wird das Ereignisobjekt als Parameter
an die Funktion übermittelt. Der Parameter hat im vorliegenden Programm den
Namen e.

Auch das Objekt, in dem das Ereignis ausgelöst wird, also die Quelle des Ereignisses,
wird unterschiedlich bezeichnet. Im Internet Explorer handelt es sich um die Eigenschaft srcElement, in anderen Browsern heißt die Eigenschaft target.

Es wird also eine Browserweiche benötigt. In einem solchen Fall empfiehlt es sich, die Existenz des betreffenden Objekts abzufragen und nicht den Namen eines bestimmten Browsers. Daher wird hier eine Verzweigung mit Hilfe von `if(window.event)` notiert. Browser, die die Eigenschaft `event` nicht kennen, liefern dann einen Wert, der als `false` ausgewertet wird.

In der Ausgabe erscheinen nacheinander:

- die Bezeichnung und die ID des Quell-Objekts (Eigenschaft `id`)
- der Name (Eigenschaft `type`) des Ereignisses
- bei einer Tastatureingabe der Tastencode (Eigenschaft `keyCode`) und die Sondertasten (Eigenschaften `ctrlKey`, `shiftKey`, `altKey`)
- bei einem Mausklick die Position auf dem Bildschirm (Eigenschaften `screenX`, `screenY`)

Schauen Sie sich auch die ausführliche Meldung mit allen Membern an. Sie liefert gute Tipps für den Zugriff auf weitere Eigenschaften und Objekte.

4.5   Event Listener

Sie sollten bei neuen Programmen mit *Event Listenern* arbeiten. Diese *horchen* in Ihrer Anwendung auf Ereignisse. Anschließend durchlaufen diese Ereignisse die Hierarchie des DOM. Dabei gibt es zwei Richtungen, gemäß dem *Bubbling-Verfahren* bzw. dem *Capturing-Verfahren*. Ältere Versionen des Internet Explorers nutzen außerdem andere Methoden zum Einsatz von Event Listenern als andere Browser.

Beim Bubbling-Verfahren wird das Ereignis zuerst beim auslösenden Element registriert, zum Beispiel einem Button. Anschließend wird es bei dem Element registriert, das in der Hierarchie des DOM darüber liegt, zum Beispiel einem Formular. Beim Capturing-Verfahren läuft die Registrierung umgekehrt, also von oben nach unten. Ältere Versionen des Internet Explorers nutzen nur das Bubbling-Verfahren.

Die Registrierung von Ereignissen kann rückgängig gemacht werden. Dies haben Sie bereits in Abschnitt 4.3, »Ereignisse als Eigenschaften«, gesehen.

Es werden die folgenden Methoden genutzt:

- `attachEvent()` sowie `detachEvent()` für den Internet Explorer
- `addEventListener()`, `removeEventListener()` für andere Browser

4.5.1   Bubbling und Capturing

Im folgenden Programm kommen alle oben genannten Methoden und Verfahren zum Einsatz. Das Programm enthält zwei Formulare mit jeweils einem Button. Innerhalb der beiden Formulare werden die Ereignisse gemäß den beiden unterschiedlichen Verfahren registriert, siehe Abbildung 4.13.

Abbildung 4.13 Event Listener

Zunächst der zweite Teil des Programms, mit den HTML-Elementen und den Event Listenern:

```
...
<body>
<form id="idFormBubble" action="#">
<p><input id="idButtonBubble" type="button"
    value="Click mit Bubble"></p>
</form>
<hr>
<form id="idFormCapture" action="#">
<p><input id="idButtonCapture" type="button"
    value="Click mit Capture"></p>
</form>
<script type="text/javascript">
    if(window.addEventListener)
    {
        document.getElementById("idFormBubble")
            .addEventListener("click", fClick, false);
        document.getElementById("idButtonBubble")
            .addEventListener("click", bClick, false);
        document.getElementById("idFormCapture")
            .addEventListener("click", fClick, true);
        document.getElementById("idButtonCapture")
            .addEventListener("click", bClick, true);
    }
    else if(window.attachEvent)
    {
        document.getElementById("idFormBubble")
            .attachEvent("onclick", fClick);
```

```
      document.getElementById("idButtonBubble")
         .attachEvent("onclick", bClick);
      document.getElementById("idFormCapture")
         .attachEvent("onclick", fClick);
      document.getElementById("idButtonCapture")
         .attachEvent("onclick", bClick);
   }
</script>
</body></html>
```

Listing 4.9 Datei »event_listener.htm«, HTML und Event Listener

Sowohl den beiden Buttons als auch den beiden Formularen werden IDs und Event Listener zugeordnet, damit die Reihenfolge der Bearbeitung der Ereignisse verdeutlicht werden kann. Es wird geprüft, ob der Browser die jeweilige Methode kennt.

Falls der Browser die Methode addEventListener() kennt, so wird den beiden Formularen die Funktion fClick() und den beiden Buttons die Funktion bClick() zugeordnet. Die Methode hat drei Parameter:

▶ Der erste Parameter beschreibt das Ereignis, allerdings ohne on zu Beginn des Ereignisnamens.

▶ Der zweite Parameter verweist auf die auszuführende Funktion.

▶ Falls beim dritten Parameter der Wahrheitswert false steht, dann wird das Bubbling-Verfahren angewandt, bei true das Capturing-Verfahren.

Sollte es sich bei dem Browser um eine ältere Version des Internet Explorers handeln, so kennt er die Methode attachEvent(). Sie hat nur zwei Parameter, da immer das Bubbling-Verfahren angewandt wird. Beachten Sie, dass der Name des Ereignisses hier wiederum mit on beginnt.

Es folgt der erste Teil des Programms, mit den JavaScript-Funktionen, die mit Hilfe der Event Listener aufgerufen werden:

```
...<html>
<head>...
<script type="text/javascript">
   function fClick()
   {
      alert("Click im Formular");
   }

   function bClick()
   {
      alert("Click im Button");
```

```
       /* if(window.addEventListener)
          document.getElementById("idButtonBubble")
              .removeEventListener("click", bClick, false);
       if(window.attachEvent) document.getElementById("idButtonBubble")
          .detachEvent("onclick", bClick); */
    }
</script>
</head>
...
```

Listing 4.10 Datei »event_listener.htm«, JavaScript-Funktionen

Betätigt der Benutzer den Button CLICK MIT BUBBLE, so erscheint zuerst die Meldung *Click im Button*, dann die Meldung *Click im Formular*. Das Ereignis steigt gemäß dem Bubbling-Verfahren wie eine Blase in der DOM-Hierarchie nach oben. Innerhalb des DOM steht ein Formular in der Hierarchie oberhalb seiner Elemente.

Beim Button CLICK MIT CAPTURE ist die Reihenfolge der Meldungen umgekehrt. Ein Klick knapp rechts neben einen der Buttons führt wie erwartet nur zu der Meldung *Click im Formular*.

Sie können die Kommentierung der letzten Zeilen in der Funktion bClick() entfernen. Dann wird die Registrierung des Klick-Ereignisses zum Button CLICK MIT BUBBLING gelöscht. Dies geschieht, je nach Browser, mit removeEventListener() oder detachEvent().

4.5.2   Externer Event Listener

In den restlichen Programmen dieses Buchs werden Event Listener zur Ereignisbehandlung genutzt. Die Browserweiche wird in die externe JavaScript-Datei *eh.js* ausgelagert, so dass ein Funktionsaufruf genügt.

Nachfolgend sehen Sie an einem Beispiel, wie Sie auf die externe JavaScript-Datei *eh.js* im aktuellen Verzeichnis zugreifen können:

```
...<html>
<head>...
<script type="text/javascript">
   function geclickt()
   {
     alert("Click auf Button");
   }
</script>
</head>
<body>
```

```
<p><input id="idButton" type="button" value="Click"></p>
<script type="text/javascript" src="eh.js"></script>
<script type="text/javascript">
   meinHandler("idButton", "click", geclickt);
</script>
</body></html>
```

Listing 4.11 Datei »event_extern.htm«

Die externe Datei *eh.js* wird mit Hilfe eines script-Containers eingebunden. Die dortige Funktion meinHandler() hat drei Parameter:

- ▶ die ID des Elements, dem das Ereignis zugeordnet wird
- ▶ den Namen des Ereignisses, ohne on
- ▶ den Namen der Funktion, die aufgrund des Ereignisses ausgeführt wird

Es folgt der Inhalt der externen Datei *eh.js*:

```
function meinHandler(id, ereignis, funktion)
{
   if(window.addEventListener)
      document.getElementById(id)
         .addEventListener(ereignis, funktion, false);
   else if(window.attachEvent)
      document.getElementById(id)
         .attachEvent("on" + ereignis, funktion);
}
```

Listing 4.12 Datei »eh.js«

Es wird stets das Bubbling-Verfahren genutzt, wie auch bei älteren Versionen des Internet Explorers.

Kapitel 5
Das Document Object Model (DOM)

Das DOM ermöglicht den lesenden und schreibenden Zugriff auf alle Elemente eines HTML-Dokuments.

Das *Document Object Model* (DOM) stellt ein Modell für den Zugriff auf verschiedene Dokumentarten dar, u. a. auf XML- und HTML-Dokumente.

Das Modell ist aufgebaut wie ein Baum, ähnlich einem Verzeichnisbaum. Es besteht aus einzelnen Knoten (englisch: *nodes*). Es gibt einen Wurzelknoten, der Kindknoten besitzt. Die Kindknoten können wiederum Kindknoten haben und so weiter. Jeder Knoten kann außerdem Attributknoten besitzen.

In JavaScript wird jeder Knoten durch ein node-Objekt repräsentiert. Es kann sich dabei um einen HTML-Elementknoten, einen HTML-Attributknoten oder einen Textknoten handeln. Sie können gelesen, verändert, hinzugefügt und gelöscht werden. Diese zunächst etwas theoretischen Begriffe erläutere ich Ihnen in diesem Kapitel an vielen Beispielen.

Der Inhalt des Browserfensters ist in JavaScript über das document-Objekt erreichbar. Es stellt Methoden zur Verfügung, mit denen Sie Objekte des Dokuments neu erzeugen und auf sie zugreifen.

In diesem Kapitel sehen Sie, wie Sie ein HTML-Dokument mit Hilfe des document-Objekts und des node-Objekts betrachten und verändern. Dies ist Voraussetzung für viele Techniken, die in den folgenden Kapiteln behandelt werden.

5.1 Baum und Knoten

In diesem Abschnitt soll der DOM-Baum eines einfachen HTML-Dokuments gezeigt werden. Zunächst der HTML-Code:

```
<!DOCTYPE HTML PUBLIC "-//W3C//DTD HTML 4.01//EN"
   "http://www.w3.org/TR/html4/strict.dtd">
<html>
<head>
<meta http-equiv="content-type" content="text/html; charset=ISO-8859-1">
<title>DOM, erstes Beispiel</title>
```

```
</head>
<body>
<p>Erster Absatz</p>
<p>Zweiter <b>Absatz</b></p>
<p>Dritter Absatz mit <a href="einbetten.htm">einem Link</a></p>
</body></html>
```

Listing 5.1 Datei »dom_beispiel.htm«

Das Dokument besteht aus drei p-Containern, die teilweise weitere Container enthalten. Im Browser sieht es aus wie in Abbildung 5.1.

Abbildung 5.1 Einfaches Beispiel für DOM-Baum

Moderne Browser bieten Ihnen die Möglichkeit, sich den Aufbau des Dokuments gemäß DOM zu verdeutlichen. Im Mozilla Firefox geht dies über das Menü WEB-ENT-WICKLER • INSPEKTOR. Wie bei einem Verzeichnisbaum im Windows-Explorer können Sie hier die einzelnen Ebenen ein- oder ausblenden. In Abbildung 5.2 sehen Sie auf der ersten Ebene die drei Kindknoten des body-Elements. Es sind jeweils HTML-Elementknoten für die Absätze.

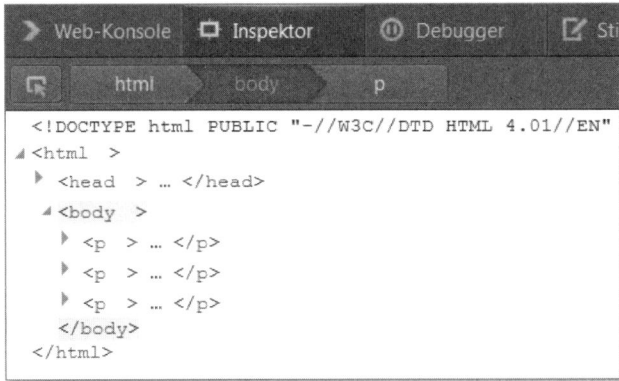

Abbildung 5.2 Erste Ebene

In Abbildung 5.3 sehen Sie die ersten beiden Ebenen, also die Kindknoten der ersten Ebene und ihre jeweiligen Kindknoten in der zweiten Ebene.

Im ersten Absatz gibt es nur einen Textknoten. Der zweite Absatz besteht aus einem Textknoten und einem HTML-Elementknoten für den Fettdruck. Im dritten Absatz stehen ein Textknoten und ein HTML-Elementknoten für den Hyperlink mit einem Attributknoten für das Ziel des Hyperlinks.

Abbildung 5.3 Erste und zweite Ebene

In Abbildung 5.4 sehen Sie alle Ebenen, also auch die beiden Kindknoten in der dritten Ebene. Dies sind die Textknoten innerhalb des Fettdrucks und innerhalb des Hyperlinks.

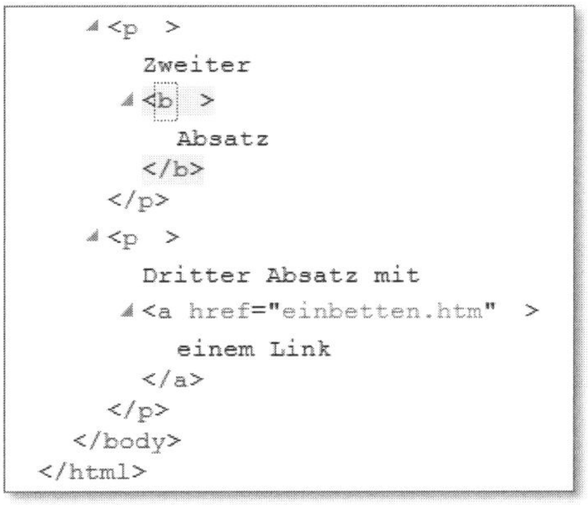

Abbildung 5.4 Alle Ebenen, Ausschnitt

In den folgenden Beispielen betrachten oder verändern wir einzelne Knoten auf verschiedenen Ebenen. Zum besseren Verständnis sollten Sie sich stets den Dokumentaufbau gemäß DOM vor Augen halten.

5.2   Knoten abrufen

Das document-Objekt stellt zwei verschiedene Methoden zum Zugriff auf ein HTML-Element bereit, die jeweils einen Verweis auf ein Objekt liefern. Über diesen Verweis kann auf das Objekt und seine Member zugegriffen werden. Es handelt sich um folgende Methoden:

- getElementById(): Diese Methode kann genutzt werden, falls das HTML-Element einen Wert für das Attribut id besitzt. Parameter der Methode ist eine Zeichenkette, die den Wert der id enthält.

- getElementsByTagName(): Diese Methode liefert zunächst ein Feld mit Verweisen auf alle HTML-Elemente mit der gewünschten Markierung (englisch: *tag*). Parameter der Methode ist eine Zeichenkette, die den Namen der Markierung enthält. Die Elemente des Feldes sind nummeriert, beginnend bei 0. Ein einzelnes Feldelement erreichen Sie über seine Nummer, die Sie in eckigen Klammern notieren. Mehr zu Feldern sehen Sie in Abschnitt 6.1, »Felder für große Datenmengen«.

Die Attributknoten eines HTML-Elements erhalten Sie über die Methode getAttribute() des betreffenden node-Objekts. Parameter der Funktion ist eine Zeichenkette, die den Namen des gesuchten Attributs enthält.

Es folgt ein Beispielprogramm:

```
...
<body>
<p id="a1">Erster Absatz</p>
<p id="a2">Zweiter Absatz</p>
<p id="a3" style="text-align:left">Dritter Absatz</p>
<script type="text/javascript">
   var absatz3 = document.getElementById("a3");
   document.write("Über ID: Inhalt: " + absatz3.firstChild.nodeValue
      + ", Style: " + absatz3.getAttribute("style") + "<br>");

   var absatz1 = document.getElementsByTagName("p")[0];
   document.write("Über Tag: Inhalt: " + absatz1.firstChild.nodeValue
      + ", Style: " + absatz1.getAttribute("style"));
</script>
</body></html>
```

Listing 5.2 Datei »dom_abrufen.htm«

Das Dokument enthält im HTML-Teil drei p-Container. Falls Sie auf einen bestimmten Knoten mehrfach zugreifen möchten, dann speichern Sie einen Verweis auf diesen Knoten in einer Variablen, wie ich dies für den dritten Absatz mit Hilfe von absatz3 gemacht habe. Dies führt zu einer schnelleren Ausführung des Programms. Der Verweis wird (einmalig) von der Methode getElementById() geliefert.

Auf den ersten Kindknoten eines Knotens können Sie über die Eigenschaft first-Child eines node-Objekts zugreifen. Der dritte Absatz besitzt nur einen Kindknoten. Dabei handelt es sich um den Textknoten.

Die Eigenschaft nodeValue eines node-Objekts liefert zu einem Textknoten den zugehörigen Text als Wert. Hier ist dies der Text Dritter Absatz. Der Aufruf der Methode getAttribute("style") gibt den Wert des Attributs style des HTML-Elementknotens zurück. Hier ist dies text-align:left.

Der Aufruf der Methode getElementsByTagName("p") liefert ein Feld mit drei Verweisen. Das Element 0 dieses Felds verweist auf den ersten Absatz. Da das Attribut style dieses HTML-Elementknotens nicht gesetzt ist, wird der Wert null zurückgeliefert.

Die Ausgabe des Programms sehen Sie in Abbildung 5.5.

Abbildung 5.5 Abrufen von Knoten und Knotenwerten

5.3   Kindknoten

Sowohl ein Absatz als auch seine Kindknoten werden mit Hilfe eines node-Objekts repräsentiert. In diesem Zusammenhang erläutere ich in diesem Abschnitt weitere Member für ein node-Objekt:

▶ Die Methode hasChildNodes() liefert die Information, ob ein Knoten Kindknoten hat oder nicht.

▶ Die Eigenschaft childNodes eines Knotens enthält ein Feld mit den Kindknoten eines Knotens. Die Elemente des Feldes sind nummeriert, beginnend bei 0.

- ▶ Die Eigenschaft `length` eines Feldes stellt die Anzahl der Elemente eines Felds bereit. Dies gilt auch für das Feld `childNodes`.

- ▶ Die Eigenschaft `nodeType` enthält den Typ des Knotens. Der Wert 1 steht für Elementknoten, hier also für HTML-Elementknoten. Der Wert 3 bedeutet: Textknoten.

- ▶ Die Eigenschaft `nodeValue` liefert bei einem Textknoten den Textinhalt.

- ▶ Die Eigenschaft `nodeName` stellt bei einem HTML-Elementknoten den Namen der HTML-Markierung bereit.

- ▶ Auf die einzelnen Kindknoten kann mit den Eigenschaften `firstChild`, `lastChild` und `childNodes[Nummer]` zugegriffen werden.

Ein Beispielprogramm:

```
...
<body>
<p id="a1">Das <i>ist</i> ein Absatz <b>mit</b> Markierungen.</p>
<script type="text/javascript">
   var absatz = document.getElementById("a1");
   document.write("Hat Kinder: " + absatz.hasChildNodes() + "<br>");
   document.write("Anzahl Kinder: "
      + absatz.childNodes.length + "<br><br>");

   for(var i=0; i<absatz.childNodes.length; i++)
   {
      if(absatz.childNodes[i].nodeType == 3)
         document.write("Kind " + i + ": Typ=Text, Wert: "
            + absatz.childNodes[i].nodeValue + "<br>");
      else if(absatz.childNodes[i].nodeType == 1)
         document.write("Kind " + i + ": Typ=Element, Name: "
            + absatz.childNodes[i].nodeName + "<br>");
   }

   document.write("<br>Erstes Kind: "
      + absatz.firstChild.nodeValue + "<br>");
   document.write("Letztes Kind: "
      + absatz.lastChild.nodeValue + "<br>");
   document.write("Kind 1, Erstes Kind: "
      + absatz.childNodes[1].firstChild.nodeValue);
</script>
</body></html>
```

Listing 5.3 Datei »dom_kinder.htm«

Es werden die insgesamt fünf Kindknoten eines Absatzes betrachtet. Es handelt sich bei ihnen um drei Textknoten und zwei HTML-Elementknoten. Die beiden letzteren haben jeweils einen Textknoten als Kindknoten.

Mit Hilfe der Feld-Eigenschaft `length` wird eine `for`-Schleife durchlaufen. Die Nummern, Typen und Werte der Kindknoten werden ausgegeben. Bei den Werten handelt es sich um den Namen der HTML-Markierung oder den Textinhalt, je nach Typ des Knotens, siehe Abbildung 5.6.

Als Nächstes werden die Textinhalte des ersten und des letzten Kindknotens ausgegeben. Die letzte Ausgabe liefert den Wert des Textknotens, der den ersten Kindknoten eines HTML-Elementknotens bildet. Sie sehen, wie Sie sich durch die Hierarchie bewegen können.

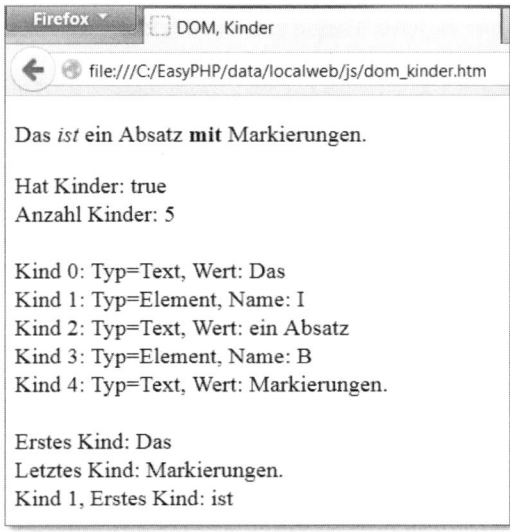

Abbildung 5.6 Kindknoten des ersten Absatzes

Zur Verdeutlichung wird in Abbildung 5.7 die Knoten-Hierarchie des Absatzes im DOM-Inspektor des Mozilla Firefox dargestellt.

```
◢ <body  >
   ◢ <p id="a1"  >
      Das
      ◢ <i  >
         ist
      </i>
      ein Absatz
      ◢ <b  >
         mit
      </b>
      Markierungen.
   </p>
```

Abbildung 5.7 Knoten-Hierarchie

Beachten Sie folgende Besonderheit: Falls Sie sich am Ende des Programms *dom_beispiel.htm* (siehe Listing 5.1) mit Hilfe der Anweisung `alert(document.body.childNodes.length)`; die Anzahl der Kindknoten des `body`-Elements ausgeben lassen, so liefert der Internet Explorer einen anderen Wert als die meisten anderen Browser. Woran liegt das?

Der Internet Explorer zählt die Zeilenumbrüche, die im Editor zur Erstellung der einzelnen HTML-Codezeilen erfolgen, nicht als Kindknoten. Daher zählen für ihn nur die drei Absätze und der `script`-Container mit dem Aufruf der `alert()`-Methode als Kindknoten. Bei den meisten anderen Browsern gelten die Zeilenumbrüche als Textknoten und werden mitgezählt.

Dies hat natürlich auch zur Folge, dass die Nummern der Kindknoten anders zugeordnet sind. Falls Sie einmal alle Zeilenumbrüche entfernen, dann ist das HTML-Dokument anschließend schwerer lesbar, es wird aber in allen Browsern dieselbe Anzahl von Kindknoten festgestellt.

5.4   Knoten hinzufügen

In diesem Abschnitt werden Textknoten, HTML-Elementknoten und Attributknoten erzeugt und einem Dokument hinzugefügt. Folgende Methoden des `document`-Objekts werden genutzt:

▶ Die Methode `createTextNode()` erzeugt einen Textknoten. Parameter der Methode ist eine Zeichenkette, die den Text enthält.

▶ Die Methode `createElement()` erzeugt einen HTML-Elementknoten. Parameter der Methode ist eine Zeichenkette mit der Markierung.

Außerdem werden drei Methoden für ein `node`-Objekt eingesetzt:

▶ `appendChild()` fügt einen Kindknoten zu einem Knoten hinzu, am Ende des Felds der Kindknoten. Parameter der Methode ist ein Verweis auf den Knoten, der hinzugefügt wird.

▶ `setAttribute()` setzt den Wert eines Attributknotens. Falls der Attributknoten noch nicht existiert, wird er zuvor erzeugt. Parameter der Methode sind zwei Zeichenketten, die den Namen und den neuen Wert des Attributs enthalten.

▶ `insertBefore()` fügt einen Kindknoten zu einem Knoten hinzu, vor einem anderen Kindknoten. Parameter der Methode sind zwei Verweise: ein Verweis auf den Knoten, der hinzugefügt wird, und ein Verweis auf den Knoten, vor dem eingefügt wird.

Es folgt das Programm:

```
...<html>
<head>...
<script type="text/javascript">
    function anhaengen()
    {
        var text = document.createTextNode("angehängter Absatz");
        var absatz = document.createElement("p");
        absatz.appendChild(text);
        absatz.setAttribute("style", "text-align:left");
        document.body.appendChild(absatz);
    }

    function einschieben()
    {
        var text = document.createTextNode("eingeschobener Absatz");
        var absatz = document.createElement("p");
        absatz.appendChild(text);
        absatz.setAttribute("style", "text-align:left");
        document.body.insertBefore(absatz, document.getElementById("a3"));
    }
</script>
</head>
<body>
<p id="a1" style="text-align:left">Erster Absatz</p>
<p id="a2" style="text-align:left">Zweiter Absatz</p>
<p id="a3" style="text-align:left">Dritter Absatz</p>
<p><input id="anh" type="button" value="Anhängen">
<input id="ein" type="button" value="Einschieben"></p>

<script type="text/javascript" src="eh.js"></script>
<script type="text/javascript">
    meinHandler("anh", "click", anhaengen);
    meinHandler("ein", "click", einschieben);
</script>
</body></html>
```

Listing 5.4 Datei »dom_hinzufuegen.htm«

In Abbildung 5.8 sehen Sie das ursprüngliche Dokument.

Die beiden Buttons ANHÄNGEN und EINSCHIEBEN dienen zum Anhängen bzw. zum Einschieben eines neuen HTML-Elementknotens.

Abbildung 5.8 Vor dem Hinzufügen

In der JavaScript-Funktion anhaengen() wird ein neuer Textknoten mit dem Text angehängter Absatz erzeugt. Anschließend wird ein HTML-Elementknoten für einen Absatz erzeugt. Dem HTML-Elementknoten werden ein Textknoten und ein Attribut-knoten hinzugefügt, anschließend wird er dem body-Knoten des Dokuments am Ende angehängt.

In der Funktion einschieben() passiert fast dasselbe. Der Text ist etwas anders. Der neu erzeugte HTML-Elementknoten wird diesmal vor dem angegebenen Kindknoten des body-Knotens eingeschoben.

In Abbildung 5.9 sehen Sie das Dokument, nachdem beide Buttons jeweils zweimal betätigt wurden.

Abbildung 5.9 Nach dem Hinzufügen

5.5   Knoten ändern

In diesem Abschnitt zeige ich Ihnen, wie Sie Textknoten und HTML-Elementknoten ändern können. Es werden zwei weitere Methoden für ein node-Objekt eingeführt:

▶ cloneNode() erzeugt die Kopie eines Knotens, wahlweise mit oder ohne alle Kindknoten, deren Kindknoten und so weiter. Parameter der Methode ist ein Wahrheitswert. Falls dieser den Wert true hat, wird der Knoten mitsamt seiner gesamten Kindknotenstruktur kopiert.

▶ replaceChild() ersetzt den Kindknoten eines Knotens durch einen anderen Kindknoten. Parameter der Methode sind zwei Verweise: auf den Knoten, der hinzugefügt wird, und auf den Knoten, der ersetzt wird.

Recht nützlich erweist sich auch die Eigenschaft innerHTML des all-Objekts. Das Objekt gehört nicht zum JavaScript-Standard. Die genannte Eigenschaft wird aber von den meisten Browsern umgesetzt. Sie dient zum Zuweisen von Text inklusive HTML-Markierungen.

Es folgt das Programm:

```
...<html>
<head>...
<script type="text/javascript">
   function textAendern(id)
   {
      var absatz = document.getElementById(id);
      if(absatz.hasChildNodes())
         absatz.firstChild.nodeValue = "Geänderter Inhalt in " + id;
      else
      {
         var text = document.createTextNode("Erzeugter Inhalt in " + id);
         absatz.appendChild(text);
      }
   }

   function htmlAendern()
   {
      var absatz = document.getElementById("a4");
      absatz.innerHTML = "Geänderter <i>Inhalt<\/i> in a4";
   }

   function umgeben()
   {
      var absatz = document.getElementById("a3");
```

```
      var kursiv = document.createElement("i");
      var ersetzt = absatz.replaceChild(kursiv, absatz.firstChild);
      kursiv.appendChild(ersetzt);
   }

   function klonen()
   {
      var absatz = document.getElementById("a3");
      var kopie = absatz.cloneNode(true);
      document.body.appendChild(kopie);
   }
</script>
</head>
<body>
<p id="a1">Erster Absatz</p>
<p id="a2"></p>
<p id="a3"><b>Dritter</b> Absatz</p>
<p id="a4">Vierter Absatz</p>
<p><input id="idText1" type="button" value="Text ändern">
   <input id="idText2" type="button" value="Text erzeugen">
   <input id="idHtml" type="button" value="Text und HTML ändern"></p>
<p><input id="idUmgeben" type="button"
      value="Knoten mit HTML umgeben">
   <input id="idKlonen" type="button"
      value="Knoten klonen"></p>

<script type="text/javascript" src="eh.js"></script>
<script type="text/javascript">
   meinHandler("idText1", "click", function() { textAendern("a1"); });
   meinHandler("idText2", "click", function() { textAendern("a2"); });
   meinHandler("idHtml", "click", htmlAendern);
   meinHandler("idUmgeben", "click", umgeben);
   meinHandler("idKlonen", "click", klonen);
</script>
</body></html>
```

Listing 5.5 Datei »dom_aendern.htm«

In Abbildung 5.10 sehen Sie das ursprüngliche Dokument.

Der zweite Absatz ist nicht zu sehen. Er wird zwar mit einem p-Container erzeugt, besitzt aber keinen Inhalt, also keinen Kindknoten. Die beiden Buttons TEXT ÄNDERN und TEXT ERZEUGEN dienen zum Ändern eines Textknotens. Falls er noch nicht existiert, wird er zunächst erzeugt.

Abbildung 5.10 Vor dem Ändern

Der Button TEXT UND HTML ÄNDERN ändert den Inhalt eines Absatzes. Der Button
KNOTEN MIT HTML UMGEBEN dient zum Umgeben eines Knotens, der gegebenenfalls Kindknoten hat, mit einem HTML-Knoten. Als Letztes folgt der Button KNOTEN
KLONEN. Er dient zum Kopieren des dritten Absatzes inklusive aller Kindknoten an
das Ende des Dokuments.

Die JavaScript-Funktion textAendern() wird zweimal aufgerufen, jeweils mit der id
eines Absatzes als Parameter:

▶ Beim ersten Aufruf geht es um den ersten Absatz. Dieser hat einen Textknoten als
  Inhalt. Die Methode hasChildNodes() liefert daher true. Der Inhalt des vorhandenen Textknotens wird einfach durch anderen Inhalt ersetzt. Dies passiert auch
  beim zweiten Betätigen des Buttons TEXT ERZEUGEN, da der betreffende Knoten
  mittlerweile einen Kindknoten besitzt.

▶ Beim zweiten Aufruf geht es um den zweiten Absatz. Dieser hat keinen Inhalt. Die
  Methode hasChildNodes() liefert daher false. Es wird ein neuer Textknoten
  erzeugt und dem Absatz als neuer Kindknoten hinzugefügt.

In der Funktion htmlAendern() wird mit Hilfe der Eigenschaft innerHTML der Inhalt des
vierten Absatzes neu gesetzt, inklusive HTML-Markierung.

In der Funktion umgeben() wird ein neuer HTML-Elementknoten erzeugt. Er ersetzt
den ersten Kindknoten des dritten Absatzes. Anschließend wird dieser (frühere) erste
Kindknoten unter den neuen Knoten gesetzt. Damit wurde dieser Kindknoten mit
HTML-Code umgeben.

In der Funktion klonen() wird ein neuer Knoten erzeugt, als Kopie des dritten Absatzes, inklusive aller Kindknoten. Diese Kopie wird an das Ende des Dokuments angehängt.

In Abbildung 5.11 sehen Sie das Dokument, nachdem jeder Button einmal geklickt wurde.

Abbildung 5.11 Nach dem Ändern

5.6   Knoten löschen

Sie können auch Knoten aus dem DOM-Baum löschen. Dazu dienen die folgenden Methoden für ein node-Objekt:

▶ removeChild() löscht den Kindknoten eines Knotens. Parameter der Methode ist ein Verweis auf den Knoten, der gelöscht wird.

▶ removeAttribute() löscht den Attributknoten eines Knotens. Parameter der Methode ist eine Zeichenkette mit dem Namen des Attributs, das gelöscht wird.

Es folgt das Programm:

```
...<html>
<head>...
<script type="text/javascript">
   function knotenLoeschen()
   {
      var absatz = document.getElementById("a2");
      document.body.removeChild(absatz);
   }

   function attributLoeschen()
   {
      var absatz = document.getElementById("a3");
```

```
        absatz.removeAttribute("style");
    }
</script>
</head>
<body>
<p id="a1">Erster Absatz</p>
<p id="a2">Zweiter Absatz</p>
<p id="a3" style="text-align:left;">Dritter Absatz</p>
<p><input id="idKnoten" type="button" value="Knoten löschen">
    <input id="idAttribut" type="button" value="Attribut löschen"></p>

<script type="text/javascript" src="eh.js"></script>
<script type="text/javascript">
    meinHandler("idKnoten", "click", knotenLoeschen);
    meinHandler("idAttribut", "click", attributLoeschen);
</script>
</body></html>
```

Listing 5.6 Datei »dom_loeschen.htm«

In Abbildung 5.12 sehen Sie das ursprüngliche Dokument.

Abbildung 5.12 Vor dem Löschen

Der Button KNOTEN LÖSCHEN dient zum Löschen des zweiten Absatzes. Der Button ATTRIBUT LÖSCHEN löscht das Attribut style des dritten Absatzes.

In Abbildung 5.13 sehen Sie das Dokument nach dem Löschen.

Abbildung 5.13 Nach dem Löschen

5.7   Eine Tabelle erzeugen

In einem letzten, größeren Beispiel wird eine Tabelle vollständig neu erzeugt und im Dokument eingebettet. Dabei kommen die Methoden `createTextNode()` und `create-Element()` des `document`-Objekts sowie die Methode `appendChild()` für ein `node`-Objekt zum Einsatz.

Die Tabelle wird von *innen nach außen* erzeugt:

- ► Zuerst werden Textknoten für den Zelleninhalt angelegt.
- ► Dann werden HTML-Elementknoten für die Zellen erzeugt, in die die Textknoten eingebettet werden.
- ► Es folgt die Einbettung der Zellen in die HTML-Elementknoten für die Zeilen.
- ► Als Nächstes werden die Zeilen in den HTML-Elementknoten für den Tabellenrumpf (Markierung `tbody`) eingebettet. Ohne diese Zwischenstufe klappt es nicht im Internet Explorer.
- ► Dann wird der HTML-Elementknoten für die Tabelle erstellt, in die der Tabellenrumpf eingebettet wird.
- ► Als Letztes wird der HTML-Elementknoten für die Tabelle in das Dokument eingebettet.

Der Programmcode:

```
...<html>
<head>...
<script type="text/javascript">
   function tabelleErzeugen()
   {
      var tabellenrumpf = document.createElement("tbody");

      for(var z=1; z<=3; z++)
      {
         var zeile = document.createElement("tr");
         for(var s=1; s<=5; s++)
         {
            var text = document.createTextNode("Zelle " + z + "/" + s);
            var zelle = document.createElement("td");
            zelle.appendChild(text);
            zeile.appendChild(zelle);
         }
         tabellenrumpf.appendChild(zeile);
      }
```

```
        var tabelle = document.createElement("table");
        tabelle.border = 1;
        tabelle.appendChild(tabellenrumpf);
        document.body.appendChild(tabelle);
    }
</script>
</head>
<body>
<p><input id="idTabelle" type="button" value="Tabelle"></p>
<script type="text/javascript" src="eh.js"></script>
<script type="text/javascript">
    meinHandler("idTabelle", "click", tabelleErzeugen);
</script>
</body></html>
```

Listing 5.7 Datei »dom_tabelle.htm«

Nach der einmaligen Betätigung des Buttons TABELLE sieht das Dokument aus wie in Abbildung 5.14.

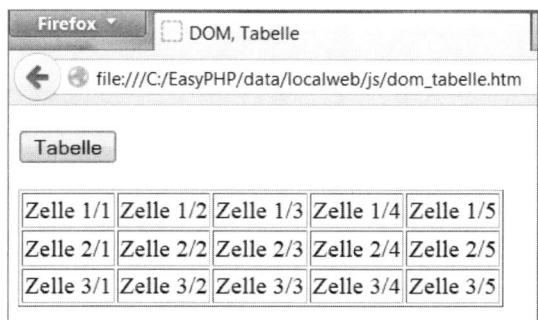

Abbildung 5.14 Nach Erzeugung der Tabelle

Kapitel 6
Standardobjekte nutzen

Sie erlernen den Umgang mit klassischen Elementen, die es auch in vielen anderen Programmiersprachen gibt, für die Arbeit mit Feldern, Texten, Zahlen und Zeitangaben.

Mit den Kenntnissen aus Kapitel 3, »Eigene Objekte«, können Sie eigene Objekte erschaffen. Sehr häufig wird in JavaScript aber auch mit den vielen vordefinierten Objekten und ihren zahlreichen Eigenschaften und Methoden gearbeitet. Die vordefinierten Objekte unterteilen sich in zwei große Gruppen:

▶ Browserobjekte, die sich speziell auf die Darstellung und Bearbeitung von Internetseiten im Browser beziehen. Diese Objekte behandele ich in Kapitel 7, »Browserobjekte nutzen«.

▶ Standardobjekte, die zur Programmierung allgemein benötigt werden. Es gibt vergleichbare Objekte bzw. Bibliotheken in vielen Programmiersprachen, zur Bearbeitung von Datenfeldern, Zeichenketten, Zahlen und mathematischen Problemen sowie Datumsangaben.

In JavaScript gibt es die Standardobjekte `Array`, `String`, `Math`, `Number` und `Date`. Um sie geht es in diesem Kapitel.

6.1   Felder für große Datenmengen

Ein Feld (englisch: *array*) dient dazu, eine Aufzählung von Daten mit gleicher Bedeutung unter einem gemeinsamen Namen zu speichern. Felder bestehen aus einzelnen Elementen. Die Feldelemente sind nummeriert, beginnend bei 0. Die Nummer eines Elements wird auch *Index* genannt.

Normalerweise haben die Werte in einem Feld den gleichen Typ, also zum Beispiel mehrere Zeichenketten als Städtenamen oder mehrere Zahlen als Temperaturwerte. Sie können aber auch Werte unterschiedlichen Typs in ein und demselben Feld speichern. Meist werden in diesem Fall aber Objekte verwendet, siehe Kapitel 3, »Eigene Objekte«.

Felder haben Sie im Zusammenhang mit vordefinierten Objekten bereits kennengelernt: Der Aufruf `document.getElementsByTagName("p")` liefert zum Beispiel ein Feld mit Verweisen auf alle Absätze eines Dokuments, siehe Abschnitt 5.2, »Knoten abrufen«.

In JavaScript wird zur Erzeugung eines Feldes das Array-Objekt genutzt. Es besitzt Eigenschaften und Methoden, mit denen Sie auf eigene und vordefinierte Felder zugreifen können.

6.1.1   Felder erzeugen

In diesem Abschnitt erzeugen wir einige Felder auf unterschiedliche Art und Weise. Sie können:

▶ Felder gemeinsam mit den Elementen erzeugen und sie später verändern

▶ leere Felder erschaffen und sie später füllen und verändern

▶ Felder bestimmter Länge erzeugen

▶ Felder erzeugen, die wiederum Felder enthalten, um Felder mit mehreren Dimensionen zu erschaffen, zum Beispiel für die Daten einer Tabelle

Sie können die jeweils passende Technik abhängig vom Aufbau Ihres Programms auswählen. Es folgt ein Beispielprogramm, zunächst Teil 1:

```
...
<body><p>
<script type="text/javascript">
   var personArray = ["Peter", "Monika", "Hans"];

   document.write("for-Schleife: ");
   for(var i=0; i<personArray.length; i++)
      document.write(i + ":" + personArray[i] + " ");
   document.write("<br>");
   ...
```

Listing 6.1 Datei »array_erzeugen.htm«, Teil 1 von 5

Das Feld personArray besteht aus einer Gruppe von Namen von Personen. Zur Erschaffung des Array-Objekts werden hier die einzelnen Elemente notiert, durch Komma getrennt, insgesamt in eckigen Klammern.

Auf die einzelnen Elemente greifen Sie mit Hilfe des Feldnamens und ihres jeweiligen Index, in eckigen Klammern, zu. Das erste Element heißt personArray[0], das zweite Element personArray[1] und so weiter. Die Eigenschaft length eines Feldes enthält die Anzahl der Elemente. Sie dient hier als Steuerung für eine for-Schleife. Diese sind besonders für den Zugriff auf die Elemente eines Feldes geeignet. In Abbildung 6.1 sehen Sie die Ausgabe aller Elemente.

Beachten Sie, dass das Feld drei Elemente enthält, mit den Bezeichnungen person-
Array[0], personArray[1] und personArray[2]. Daher lautet die Bedingung für die
for-Schleife i < personArray.length und nicht i <= personArray.length.

Es folgt Teil 2:

```
...
var auchPersonArray = personArray;
document.write("Zweiter Verweis, toString(): "
    + auchPersonArray + "<br><br>");
...
```

Listing 6.2 Datei »array_erzeugen.htm«, Teil 2 von 5

Der Name eines Feldes ist ein Verweis auf ein Objekt. Daher können Sie auch weitere
Verweise auf ein Feld erzeugen, wie hier mit auchPersonArray. Die Methode
toString() ist für Array-Objekte bereits vordefiniert. Sie gibt die Feldelemente nacheinander aus, durch Komma getrennt, siehe Abbildung 6.1.

Abbildung 6.1 Felder erzeugen, eindimensional

Es folgt Teil 3:

```
...
var landArray = new Array();
landArray[0] = "Frankreich";
landArray[1] = "Spanien";
landArray[4] = "Italien";
document.write("Mit Lücken: " + landArray + "<br><br>");
...
```

Listing 6.3 Datei »array_erzeugen.htm«, Teil 3 von 5

Das Feld landArray wird als leeres Feld erzeugt. Mit Hilfe von new wird ein neues
Array-Objekt erschaffen. Einige Elemente werden anschließend einzeln zugewiesen.

Dabei dürfen auch Lücken auftreten. Die Ausgabe in Abbildung 6.1 zeigt, dass den Feldelementen 2 und 3 keine Werte zugewiesen wurden. Es werden nur die Kommas als Trenner ausgegeben.

Es folgt Teil 4:

```
...
   var obstArray = new Array(6);
   obstArray[0] = "Apfel";
   obstArray[1] = "Birne";
   document.write("Geplant: " + obstArray + "<br>");
   obstArray[8] = "Blaubeere";
   document.write("Aktuell: " + obstArray + "<br>");
   document.write("Element 2: " + obstArray[2] + "<br>");
   document.write("Element 9: " + obstArray[9] + "<br><br>");
...
```

Listing 6.4 Datei »array_erzeugen.htm«, Teil 4 von 5

Das Feld obstArray wird als ein Feld mit einer bestimmten Länge erschaffen. Dazu wird in den Klammern die gewünschte Größe angegeben. Es müssen anschließend nicht alle Elemente zugewiesen werden. Die Größe kann auch im Nachhinein verändert werden. In Abbildung 6.1 sehen Sie das ursprüngliche und das veränderte Feld.

Ein häufiger Fehler im Zusammenhang mit Feldern ist der Zugriff auf ein Element, dem bisher kein Wert zugewiesen wurde. Dies ist hier für Element 2 und Element 9 geschehen. Es ergibt sich der Wert undefined.

Es folgt der letzte Teil:

```
...
   var tempArray = [[22.3, 18.5],[21.6, 19.7], [24.6, 20.1]];
   document.write("Mehrdim. Array:<br>");
   document.write("Ausgabe mit Schleife:<br>");
   for(var i=0; i<tempArray.length; i++)
   {
      for(var k=0; k<tempArray[i].length; k++)
         document.write(i + "/" + k + ":" + tempArray[i][k] + " ");
      document.write("<br>");
   }

   document.write("Ausgabe gesamt:<br>" + tempArray);
</script></p>
</body></html>
```

Listing 6.5 Datei »array_erzeugen.htm«, Teil 5 von 5

Das Feld `tempArray` ist ein Feld, das wiederum aus Unterfeldern besteht. Jedes Unterfeld steht in eckigen Klammern. Alle Unterfelder werden wiederum in ein Feld mit eckigen Klammern eingebettet. Damit wird ein zweidimensionales Feld erzeugt. Es werden die Daten einer kleinen Tabelle gespeichert. Darin stehen zum Beispiel die Temperaturwerte an drei verschiedenen Tagen, jeweils vormittags und nachmittags gemessen.

Die Eigenschaft `length` des gesamten Feldes enthält die Anzahl der Unterfelder. Die Eigenschaft `length` eines Unterfeldes speichert die Anzahl der Elemente des Unterfeldes. Zur Ausgabe können Sie eine doppelte `for`-Schleife oder auch die Methode `toString()` nutzen, siehe Abbildung 6.2.

Ein Feld kann mehr als zwei Dimensionen haben. Es muss nicht rechteckig sein, das heißt die Unterfelder müssen nicht dieselbe Länge haben.

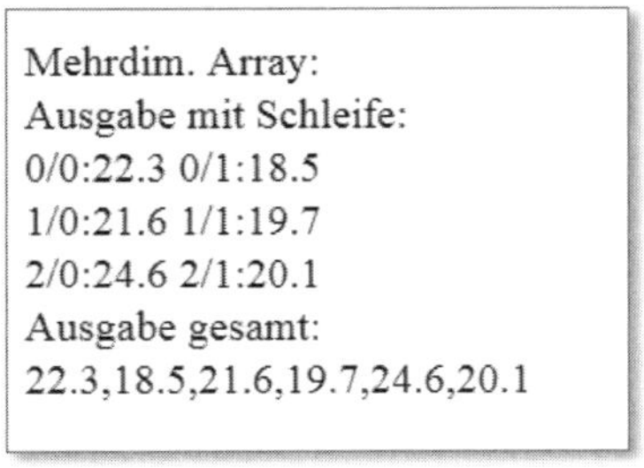

```
Mehrdim. Array:
Ausgabe mit Schleife:
0/0:22.3 0/1:18.5
1/0:21.6 1/1:19.7
2/0:24.6 2/1:20.1
Ausgabe gesamt:
22.3,18.5,21.6,19.7,24.6,20.1
```

Abbildung 6.2 Mehrdimensionales Feld

6.1.2   Elemente hinzufügen und entfernen

Es gibt eine Reihe von Methoden, mit denen Sie Elemente zu einem Feld hinzufügen oder Elemente aus einem Feld entfernen können. Dabei handelt es sich um:

▶ `push()`, zum Hinzufügen am Ende des Feldes

▶ `pop()`, zum Entfernen am Ende des Feldes

▶ `unshift()`, zum Hinzufügen am Anfang des Feldes

▶ `shift()`, zum Entfernen am Anfang des Feldes

▶ `splice()`, zum Hinzufügen oder Entfernen mitten im Feld

Neben den genannten Methoden wird in folgendem Beispielprogramm der Operator `delete` eingesetzt, um den Inhalt eines Elements zu löschen:

```
...
<body><p>
<script type="text/javascript">
   var stadtArray = new Array("Berlin", "Rom");
   document.write("Array: " + stadtArray + "<br><br>");
```

```
    stadtArray.push("Bern", "Brüssel");
    document.write("push: " + stadtArray + "<br>");

    var stadt = stadtArray.pop();
    document.write("pop: " + stadtArray + "<br>");
    document.write("Entfernt: " + stadt + "<br><br>");

    stadtArray.unshift("Madrid", "London");
    document.write("unshift: " + stadtArray + "<br>");

    stadt = stadtArray.shift();
    document.write("shift: " + stadtArray + "<br>");
    document.write("Entfernt: " + stadt + "<br><br>");

    stadtArray.splice(2, 1, "Prag", "Sofia");
    document.write("splice zum Hinzufügen: " + stadtArray + "<br>");

    stadtArray.splice(1, 2);
    document.write("splice zum Löschen: " + stadtArray + "<br><br>");

    delete stadtArray[1];
    document.write("delete: " + stadtArray);
</script></p>
</body></html>
```

Listing 6.6 Datei »array_elemente.htm«

Es wird ein Feld mit Städtenamen erzeugt und mehrmals verändert. Das Feld wird nach jeder Veränderung ausgegeben, siehe Abbildung 6.3.

Mit Hilfe der Methode push() können ein oder mehrere Elemente am Ende angehängt werden. Dies geschieht in der Reihenfolge, wie sie als Parameter beim Aufruf angegeben werden. Die Methode pop() entfernt ein Element am Ende des Feldes und liefert dieses Element als Rückgabewert.

Die Methoden unshift() und shift() machen das Gleiche, bezogen auf den Anfang des Feldes. Die Methode shift() liefert das entfernte Element als Rückgabewert.

Die Methode splice() verändert das Feld an einer beliebigen Stelle. Der erste Parameter gibt an, an welcher Position das Entfernen bzw. Hinzufügen der Elemente beginnt. Der zweite Parameter legt fest, wie viele Elemente entfernt werden. Ab dem dritten Parameter können Sie ein oder mehrere neue Elemente angeben, die hinzugefügt werden. Falls Sie kein neues Element angeben, dann werden nur vorhandene Elemente entfernt.

Der Operator delete löscht nur den Inhalt eines Elements, nicht das Element selbst. Es entsteht dann eine Lücke. Zur Vermeidung einer solchen Lücke können Sie splice() statt delete verwenden.

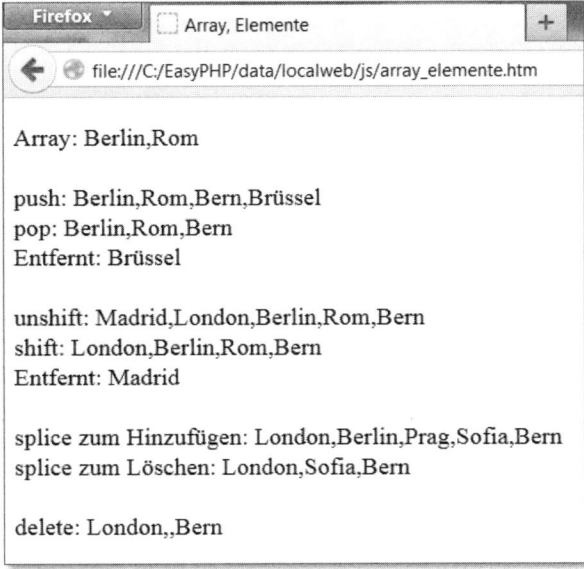

Abbildung 6.3 Elemente hinzufügen und entfernen

6.1.3   Weitere Methoden

In diesem Abschnitt folgen einige weitere Methoden, die Sie im Zusammenhang mit Feldern einsetzen können. Dabei handelt es sich um:

▶ concat(), zum Verbinden von zwei Feldern

▶ sort(), zum Sortieren eines Feldes

▶ reverse(), zum Umdrehen der Reihenfolge der Elemente

▶ join(), zum Erzeugen einer Zeichenkette aus allen Elementen eines vorhandenen Feldes

▶ slice(), zum Erzeugen eines neuen Feldes aus bestimmten Elementen eines vorhandenen Felds

Das Programm:

```
...
<body><p>
<script type="text/javascript">
   var stadtArray = new Array("Berlin", "Rom", "Bern");
   document.write("Array: " + stadtArray + "<br>");
```

```
    var nochEinArray = new Array("Brüssel", "Madrid", "London");
    stadtArray = stadtArray.concat(nochEinArray);
    document.write("concat: " + stadtArray + "<br>");

    stadtArray.sort();
    document.write("sort: " + stadtArray + "<br>");

    stadtArray.reverse();
    document.write("reverse: " + stadtArray + "<br>");

    var einText = stadtArray.join(" # ");
    document.write("join: " + einText + "<br><br>");

    var neuerArray = stadtArray.slice(2);
    document.write("slice, bis Ende: " + neuerArray + "<br>");
    neuerArray = stadtArray.slice(-2);
    document.write("slice, ab Ende gerechnet: "
        + neuerArray + "<br>");
    neuerArray = stadtArray.slice(2, 5);
    document.write("slice, bis Element: " + neuerArray + "<br>");
    neuerArray = stadtArray.slice(2, -2);
    document.write("slice, bis Element, ab Ende gerechnet: " + neuerArray);
</script></p>
</body></html>
```

Listing 6.7 Datei »array_methoden.htm«

Es wird ein Feld mit Städtenamen erzeugt. Auf dieses Feld werden mehrere Methoden angewandt. Die Ergebnisse sehen Sie in Abbildung 6.4.

Die Methode concat() wird für das soeben erzeugte Feld aufgerufen. An dieses Feld werden die Elemente eines weiteren Feldes in der angegebenen Reihenfolge angehängt.

Sie können ein Feld mit Hilfe der Methode sort() alphabetisch sortieren. Dabei gilt die Reihenfolge nach ASCII-Code, also zum Beispiel Großbuchstaben vor Kleinbuchstaben. Die Zeichenkette bern mit kleinem b stünde also anschließend am Ende. Das Sortieren eines Feldes von Zahlen behandele ich in einem eigenen Abschnitt, nämlich Abschnitt 6.1.4.

Die Methode reverse() dreht einfach die Reihenfolge der Elemente um.

Die Methode join() dient zur Umwandlung eines Feldes in eine Zeichenkette. Die Zeichenkette enthält alle Elemente des Feldes, jeweils getrennt durch diejenige Zeichenkette, die beim Aufruf von join() als Parameter angegeben wird. Für die umgekehrte Operation, also die Umwandlung einer Zeichenkette in ein Feld, gibt es die Methode split(), siehe Abschnitt 6.2.1.

Die Methode slice() dient zum Erzeugen eines neuen Feldes, das einen Teil eines vorhandenen Feldes in Kopie enthält. Die Methode kann mit einem oder mit zwei Parametern aufgerufen werden, die jeweils als Positionsangabe dienen.

Die Kopie enthält die Elemente von Position 1 bis *vor* Position 2. Falls Position 2 weggelassen wird, dann wird bis zum Ende kopiert. Falls die Positionsangabe positiv ist, wird die Position vom Anfang des Feldes aus berechnet. Falls sie negativ ist, wird sie vom Ende des Feldes aus berechnet. Beachten Sie, dass die Nummerierung eines Feldes immer bei 0 beginnt.

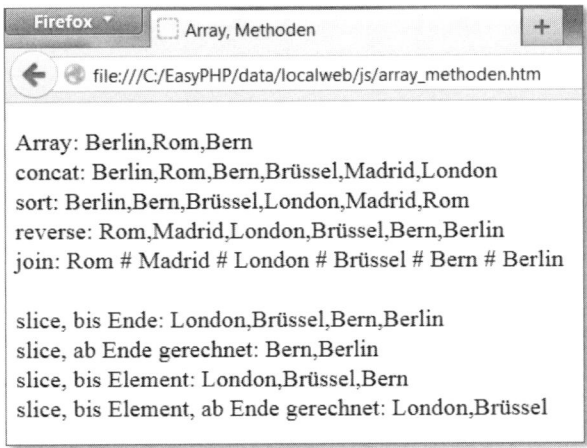

Abbildung 6.4 Methoden auf Feld anwenden

6.1.4 Sortieren von Zahlenfeldern

Die Methode sort() können Sie auch auf Felder von Zahlen anwenden. Dabei ist eine Besonderheit zu beachten; im folgenden Beispielprogramm werde ich darauf eingehen. Außerdem werden das Maximum und das Minimum eines Zahlenfeldes bestimmt.

Es folgt das Programm:

```
...<html>
<head>...
<script type="text/javascript">
   function aufwaerts(x, y)
   {
      if(x > y) return 1;
      else      return -1;
   }
```

```
    function abwaerts(x, y)
    {
       if(y > x) return 1;
       else      return -1;
    }

    function maxi(feld)
    {
       var maximum = feld[0];
       for(var i=1; i<feld.length; i++)
          if(feld[i] > maximum)
             maximum = feld[i];
       return maximum;
    }

    function mini(feld)
    {
       var minimum = feld[0];
       for(var i=1; i<feld.length; i++)
          if(feld[i] < minimum)
             minimum = feld[i];
       return minimum;
    }
</script>
</head>
<body><p>
<script type="text/javascript">
    var zahlenArray = new Array(3, 28, 2, 14);
    document.write("Unsortiert: " + zahlenArray + "<br>");
    document.write("Maximum: " + maxi(zahlenArray) + "<br>");
    document.write("Minimum: " + mini(zahlenArray) + "<br>");

    zahlenArray.sort();
    document.write("Nach Zeichen sortiert: " + zahlenArray + "<br>");
    zahlenArray.sort(aufwaerts);
    document.write("Nach Zahlen aufwärts sortiert: " + zahlenArray + "<br>");
    zahlenArray.sort(abwaerts);
    document.write("Nach Zahlen abwärts sortiert: " + zahlenArray);
</script></p>
</body></html>
```

Listing 6.8 Datei »array_zahlen.htm«

Es wird ein unsortiertes Feld von Zahlen mit dem Namen `zahlenArray` angelegt. Anschließend werden die beiden Funktionen `maxi()` und `mini()` aufgerufen, um das Maximum bzw. das Minimum des Feldes zu ermitteln. Beim Aufruf wird jeweils der Verweis `zahlenArray` an den lokalen Verweis `feld` übergeben. Damit ist das gesamte Feld innerhalb der Funktion über den Namen `feld` erreichbar.

In der Funktion `maxi()` wird zunächst die Annahme getroffen, dass das erste Element das größte Element ist. Anschließend werden die restlichen Elemente des Feldes untersucht. Falls eines davon größer ist als das bisherige Maximum, dann wird es zum neuen Maximum. Am Ende wird das Maximum als Rückgabewert zurückgeliefert. Die Funktion `mini()` arbeitet nach dem gleichen Prinzip, nur bezogen auf das Minimum.

Falls die Methode `sort()` ohne Parameter aufgerufen wird, dann wird das Feld alphabetisch sortiert. Das bedeutet, dass zum Beispiel die Zahl 14 vor der Zahl 2 steht. Die Ziffern werden jeweils einzeln betrachtet, und die Ziffer 1 steht vor der Ziffer 2. Das ist natürlich nicht sinnvoll für ein Zahlenfeld.

Daher gibt es eine weitere Möglichkeit. Sie können der Methode `sort()` beim Aufruf den Verweis auf eine Funktion (siehe Abschnitt 2.6.7, »Anonyme Funktionen«) übergeben, mit deren Hilfe sortiert werden soll. Im ersten Fall soll aufwärts sortiert werden. Dazu wird ein Verweis auf die Funktion `aufwaerts()` an die Methode übergeben. Diese Funktion wird von der Methode `sort()` intern genutzt, zum Vergleich von jeweils zwei Elementen. Intern bedeutet: Der Ablauf des Sortiervorgangs ist für uns nicht im Code erkennbar.

Falls bei diesem Vergleich das erste Element größer ist als das zweite Element, dann wird ein positiver Wert zurückgeliefert, ansonsten ein negativer Wert. Dies führt dazu, dass die beiden verglichenen Elemente in aufsteigender Reihenfolge sortiert werden. Dies wird bei dem internen Sortiervorgang der Methode `sort()` immer wieder für zwei Elemente durchgeführt. Am Ende sind daher alle Elemente des Feldes in aufsteigender Reihenfolge sortiert.

In Abbildung 6.5 sehen Sie das Ergebnis:

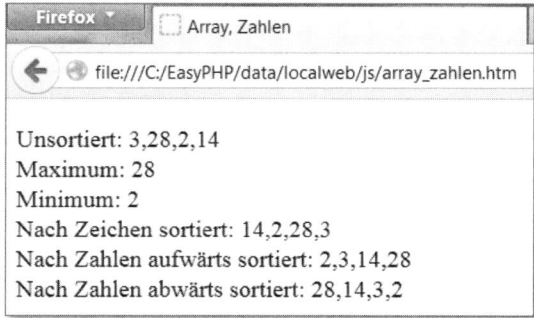

Abbildung 6.5 Operationen mit einem Zahlenfeld

6.1.5   Felder von Objekten

Auch Objekte können innerhalb eines Feldes zusammengefasst werden. Dank der Methode toString() ist die Ausgabe eines Feldes von Objekten sehr einfach möglich. Mit Hilfe eines geeigneten Sortierkriteriums können solche Felder auch auf einfache Weise sortiert werden.

Es folgt ein Beispielprogramm:

```
...<html>
<head>...
<script type="text/javascript">
   function Fahrzeug(f, g)
   {
      this.farbe = f;
      this.geschwindigkeit = g;
      this.toString = fahrzeugAusgeben;

      function fahrzeugAusgeben()
      { return this.farbe + " " + this.geschwindigkeit; }
   }

   function abwaerts(x, y)
   {
      if(y.geschwindigkeit > x.geschwindigkeit) return 1;
      else                                      return -1;
   }
</script>
</head>
<body><p>
<script type="text/javascript">
   var fahrzeugArray = [new Fahrzeug("rot", 50),
      new Fahrzeug("blau", 85), new Fahrzeug("gelb", 65)];
   document.write("unsortiert: " + fahrzeugArray + "<br>");
   fahrzeugArray.sort(abwaerts);
   document.write("nach Geschwindigkeit sortiert: " + fahrzeugArray);
</script></p>
</body></html>
```

Listing 6.9 Datei »array_objekt.htm«

Es wird ein Feld von Fahrzeug-Objekten angelegt, mit dem Namen fahrzeugArray. Es gibt die Methode toString() sowohl für Array-Objekte als auch für Fahrzeug, daher kann das gesamte Feld einfach mit document.write(fahrzeugArray) ausgegeben werden.

Das Feld wird absteigend nach Geschwindigkeit sortiert. Beim Aufruf der Methode sort() wird der Name einer Funktion übergeben, die dies ermöglicht. Die beiden Elemente des Feldes, die intern jeweils verglichen werden, sind Objekte zum Prototyp Fahrzeug. Sie haben jeweils die Eigenschaft geschwindigkeit. Durch den Vergleich der beiden Eigenschaftswerte kann ein positiver bzw. negativer Wert zurückgeliefert werden. Dies sorgt für die richtige Sortierung des Fahrzeug-Feldes.

Das Ergebnis sehen Sie in Abbildung 6.6.

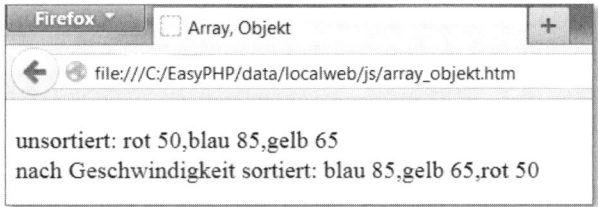

Abbildung 6.6 Felder von Objekten, mit Sortierung

6.1.6   Felder und Objekte in JSON

Sie haben in Abschnitt 3.6, »Objekte in JSON«, die JavaScript Object Notation (JSON) als kompakte Schreibweise kennengelernt, die auf Objekte und Felder angewendet werden kann. In diesem Abschnitt erzeugen wir ein Feld von Zeichenketten und ein Feld von Objekten mit Hilfe von JSON.

Anschließend wandeln wir beide Felder jeweils mit Hilfe des JSON-Objekts in eine transportable Zeichenkette um und wieder zurück. Falls der Browser das JSON-Objekt nicht kennt, dann wird ersatzweise die Funktion eval() eingesetzt, siehe Abschnitt 2.7.1, »Die Funktion »eval()‹«.

Das Beispielprogramm:

```
...
<body><p>
<script type="text/javascript">
   // Feld von Zeichenketten
   var stadtArray = ["Berlin", "Hamburg", "München"];
   document.write(stadtArray + "<br>");

   var zKette;
   if(window.JSON) zKette = JSON.stringify(stadtArray);
   else            zKette = '["Berlin", "Hamburg", "München"]';

   var ortArray;
   if(window.JSON) ortArray = JSON.parse(zKette);
```

```
else           ortArray = eval("(" + zKette + ")");
document.write(ortArray + "<br><br>");

// Feld von Objekten
var objArray = [{"farbe":"rot", "geschwindigkeit":"50"},
   {"farbe":"blau", "geschwindigkeit":"85"},
   {"farbe":"gelb", "geschwindigkeit":"65"}];
for(var i=0; i<objArray.length; i++)
   document.write(objArray[i].farbe + " "
      + objArray[i].geschwindigkeit + " # ");
document.write("<br>");

if(window.JSON)
   zKette = JSON.stringify(objArray);
else
   zKette = '[{"farbe":"rot", "geschwindigkeit":"50"},'
      + '{"farbe":"blau", "geschwindigkeit":"85"},'
      + '{"farbe":"gelb", "geschwindigkeit":"65"}]';

var objFeld;
if(window.JSON) objFeld = JSON.parse(zKette);
else           objFeld = eval("(" + zKette + ")");
for(var i=0; i<objFeld.length; i++)
   document.write(objFeld[i].farbe + " "
      + objFeld[i].geschwindigkeit + " # ");
</script></p>
</body></html>
```

Listing 6.10 Datei »array_json.htm«

Bei Erzeugung eines Feldes in der kompakten Schreibweise steht das gesamte Feld in eckigen Klammern. Es wird entweder mit Hilfe der Methode JSON.stringify() in eine Zeichenkette umgewandelt oder fest codiert als JSON-Repräsentation angegeben. Der umgekehrte Vorgang wird mit Hilfe der Methode JSON.parse() oder mit der Funktion eval() und zusätzlichen runden Klammern durchgeführt.

Bei Erzeugung eines Feldes von Objekten in der kompakten Schreibweise steht das gesamte Feld wiederum in eckigen Klammern. Die einzelnen Objekte stehen jeweils in geschweiften Klammern. Es werden wiederum Umwandlungen durchgeführt, entweder mit Hilfe des JSON-Objekts oder mit der Funktion eval().

Das Ergebnis sehen Sie in Abbildung 6.7.

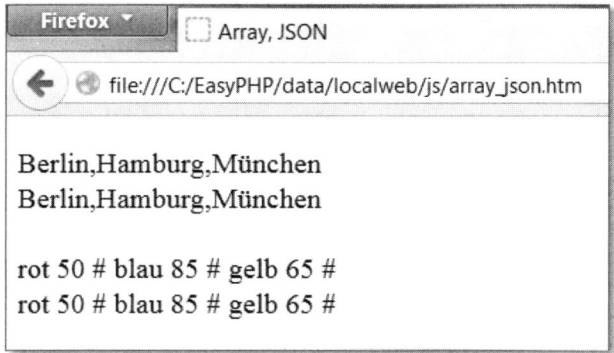

Abbildung 6.7 Felder und Objekte in JSON

6.2   Zeichenketten verarbeiten

Zeichenketten (englisch: *strings*) haben Sie bereits kennengelernt. Sie dienen zur Speicherung von Texten, die zum Beispiel von Eingaben des Benutzers stammen. Zeichenketten weisen Ähnlichkeiten mit Feldern auf. Die einzelnen Zeichen einer Zeichenkette sind nummeriert, beginnend bei 0. Die Nummer oder Position eines Zeichens wird auch *Index* genannt.

Zum Lesen und zum Verändern von Zeichenketten kann das String-Objekt mit seinen Eigenschaften und Methoden genutzt werden.

6.2.1   Operationen mit Zeichenketten

Es gibt eine Eigenschaft und eine Reihe von Methoden, mit denen Sie Zeichenketten analysieren können. Dabei handelt es sich um:

▶ length: Diese Eigenschaft gibt die Anzahl der Zeichen an.

▶ charAt(): Ermittelt ein Zeichen an einer Position.

▶ indexOf() und lastIndexOf(): Ermitteln die erste bzw. letzte Position eines Zeichens.

▶ substring(): Kopiert einen Teil der Zeichenkette ab einer Position bis zu einer anderen Position.

▶ substr(): Kopiert eine Anzahl von Zeichen ab einer Position.

▶ split(): Wandelt eine Zeichenkette in ein Feld um.

▶ toUppercase() und toLowerCase(): Wandeln alle Zeichen einer Zeichenkette in Großbuchstaben bzw. Kleinbuchstaben.

▶ charCodeAt(): Ermittelt die Nummer innerhalb des Zeichencodes eines Zeichens.

▶ fromCharCode(): Ermittelt das Zeichen zu einer Nummer im Zeichencode.

149

Die hier genannten Member des String-Objekts werden im folgenden Programm anhand einer Beispielzeichenkette erläutert.

Es folgt der erste Teil des Programms:

```
...
<body><p>
<script type="text/javascript">
   var tx = "info@lehre.rz.uni-bonn.de";
   document.write("Text: " + tx + "<br>");
   document.write("Länge: " + tx.length + "<br>");
   document.write("Länge: " + "uni-bonn".length + "<br>");

   document.write("Zeichen: ");
   for(var i=0; i<5; i++)
      document.write(i + ":" + tx.charAt(i) + " ");
   document.write("...<br><br>");
...
```

Listing 6.11 Datei »string_operationen.htm«, Teil 1 von 4

Der Variablen tx wird eine Zeichenkette mit einer E-Mail-Adresse zugewiesen. Es wird die Eigenschaft length dieser Variablen ermittelt. Sie können die Member auch direkt für eine Zeichenkette nutzen, die Sie wie üblich in doppelten Anführungsstrichen angeben, wie Sie in der Anweisung danach sehen. Eine Variable ist also nicht unbedingt notwendig.

Eine for-Schleife und die Methode charAt() dienen zur Ausgabe der ersten fünf Zeichen, zusammen mit dem jeweiligen Index. Das Ergebnis sehen Sie in Abbildung 6.8. Laut Standard könnten Sie hier auch tx[i] zur Ausgabe eines Elements nutzen, allerdings funktioniert dies nicht in allen Browsern.

Abbildung 6.8 Länge und einzelne Zeichen

Es folgt der zweite Teil des Programms:

```
...
document.write("Erster Punkt: " + tx.indexOf(".") + "<br>");
document.write("Letzter Punkt: " + tx.lastIndexOf(".") + "<br>");
document.write("Alle Punkte: ");
var pos = tx.indexOf(".");
while(pos != -1)
{
    document.write(pos + " ");
    pos = tx.indexOf(".", pos+1);
}
document.write("<br><br>");
...
```

Listing 6.12 Datei »string_operationen.htm«, Teil 2 von 4

Es wird festgestellt, an welcher Stelle sich der erste und der letzte Punkt innerhalb der Zeichenkette befinden. Sie können bei der Methode indexOf() einen zweiten Parameter angeben. Dieser bezeichnet die Stelle, ab der gesucht werden soll, falls die Suche nicht am Anfang beginnen soll. Diese Möglichkeit nutzen wir hier, um die Positionen aller Punkte zu finden. Falls die Methode indexOf() nichts findet, wird der Wert -1 zurückgeliefert. Die Suche nach dem nächsten Punkt beginnt in der while-Schleife immer an der Position hinter dem letzten Punkt, der vorher gefunden wurde. Das Ergebnis sehen Sie in Abbildung 6.9.

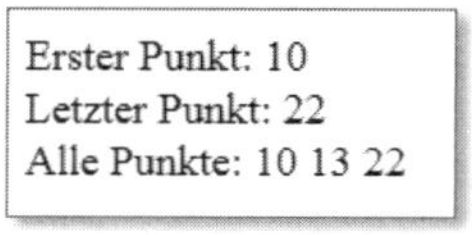

```
Erster Punkt: 10
Letzter Punkt: 22
Alle Punkte: 10 13 22
```

Abbildung 6.9 Zeichen finden mit »indexOf()« und »lastIndexOf()«

Der dritte Teil des Programms:

```
...
document.write("Von 4 bis Ende: " + tx.substring(4) + "<br>");
document.write("Von 4 bis vor 7: " + tx.substring(4,7) + "<br>");
document.write("Von 4, Länge 5: " + tx.substr(4,5) + "<br><br>");
...
```

Listing 6.13 Datei »string_operationen.htm«, Teil 3 von 4

Falls Sie bei den Methoden substring() und substr() nur einen Parameter angeben, dann wird die Kopie eines Teils der Zeichenkette geliefert, beginnend an der genannten Position, bis zum Ende der Zeichenkette.

Der zweite Parameter gibt bei der Methode substring() an, welches Zeichen als Erstes nicht mehr kopiert wird. Bei der Methode substr() wird damit die Anzahl der Zeichen festgelegt, die kopiert werden sollen.

Die Ausgabe sehen Sie in Abbildung 6.10.

```
Von 4 bis Ende: @lehre.rz.uni-bonn.de
Von 4 bis vor 7: @le
Von 4, Länge 5: @lehr
```

Abbildung 6.10 Teilzeichenketten

Es folgt der vierte und letzte Teil des Programms:

```
...
    document.write("Feld: ");
    var feld = tx.split(".");
    for(var i=0; i<feld.length; i++)
        document.write(i + ":" + feld[i] + " ");
    document.write("<br><br>");

    var tg = tx.toUpperCase();
    document.write("Alles groß: " + tg + "<br>");
    document.write("Alles klein: " + tg.toLowerCase() + "<br><br>");

    document.write("Unicode-Nummern: ");
    for(var i=0; i<5; i++)
        document.write(i + ":" + tx.charCodeAt(i) + " ");
    document.write("...<br>");

    document.write("Text aus Unicode-Zeichen: ");
    document.write(String.fromCharCode(105, 110, 102, 111, 64));
</script></p>
</body></html>
```

Listing 6.14 Datei »string_operationen.htm«, Teil 4 von 4

Die Methode split() zerlegt eine Zeichenkette anhand eines Trennzeichens, zum Beispiel des Punkts. Sie liefert den Verweis auf ein Feld zurück. Das Feld enthält die einzelnen Teile der Zeichenkette, jeweils ohne das Trennzeichen. Im vorliegenden Beispiel werden dann alle Elemente des Felds mit Hilfe einer for-Schleife ausgegeben.

Als Nächstes folgen Ausgaben der umgewandelten Zeichenketten, die die beiden Methoden toUpperCase() und toLowerCase() liefern. Zum einen wird in Großbuchstaben umgewandelt, zum anderen in Kleinbuchstaben.

Die Zeichenkette selbst bleibt unverändert. Falls Sie sie dauerhaft ändern möchten, müssen Sie die Anweisung wie folgt notieren:

```
tx = tx.toUpperCase();
```

Innerhalb einer `for`-Schleife werden anschließend mit Hilfe der Methode `charCodeAt()` die Codenummern der ersten fünf Zeichen ausgegeben.

Die Methode `fromCharCode()` liefert umgekehrt die Zeichen zu bestimmten Codenummern, die Sie als Parameter übergeben. Diese Methode wird nicht für eine Zeichenkette aufgerufen, sondern für das Objekt `String`.

Die Ergebnisse des letzten Programmteils sehen Sie in Abbildung 6.11.

Feld: 0:info@lehre 1:rz 2:uni-bonn 3:de

Alles groß: INFO@LEHRE.RZ.UNI-BONN.DE
Alles klein: info@lehre.rz.uni-bonn.de

Unicode-Nummern: 0:105 1:110 2:102 3:111 4:64 ...
Text aus Unicode-Zeichen: info@

Abbildung 6.11 Weitere Methoden

6.2.2   Erweiterung des »String«-Objekts

Sie haben in Kapitel 3 bereits eigene Objekte mit Eigenschaften und Methoden erschaffen. Sie können auch vordefinierte Objekte erweitern.

Dies werde ich anhand der Methode `trim()` zeigen. Diese neu erzeugte Methode des `String`-Objekts soll dazu dienen, unnötige Leerzeichen zu löschen, die sich am Anfang oder Ende einer Zeichenkette befinden. Wie die vordefinierten Methoden rufen Sie `trim()` für eine Zeichenkette auf.

Die Definition der Methode erfolgt in einer externen Datei mit dem Namen *string.js*. Sie können diese Datei mit weiteren nützlichen Methoden für Zeichenketten füllen und bei Bedarf in Ihre Programme einbinden.

Es folgt das Programm, das die Methode aus der externen Datei nutzt:

```
...<html>
<head>...
<script type="text/javascript" src="string.js"></script>
</head>
<body><p>
<script type="text/javascript">
    var tx = "   webmaster@uni-bonn.de     ";
    document.write("|" + tx + "|, Länge: " + tx.length + "<br>");
```

```
    tx = tx.trim();
    document.write("|" + tx + "|, Länge: " + tx.length);
</script></p>
</body></html>
```

Listing 6.15 Datei »string_erweitern.htm«

Es wird eine Zeichenkette zugewiesen, die eine E-Mail-Adresse und unnötige Leerzeichen enthält. Die Zeichenkette wird vor und nach der Veränderung durch die Methode `trim()` ausgegeben. Zur Verdeutlichung wird sie innerhalb von zwei senkrechten Strichen dargestellt. Außerdem wird die Länge angegeben. Die Ausgabe sehen Sie in Abbildung 6.12.

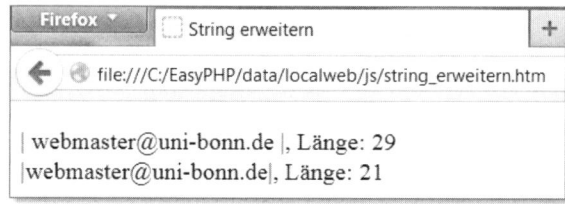

Abbildung 6.12 Methode »trim()«

Es folgt die externe Datei, die die Methode `trim()` ermöglicht:

```
if(!String.prototype.trim)
    String.prototype.trim = function()
    {
        while(this.charAt(0) == " ")
            this = this.substring(1);
        while(this.charAt(this.length - 1) == " ")
            this = this.substring(0, this.length - 1);
        return this;
    }
```

Listing 6.16 Datei »string.js«

Neuere Browser kennen bereits eine Methode `trim()`. Daher wird zunächst geprüft, ob sie dem Objekt `String.prototype` bekannt ist. Falls nicht, dann wird der Eigenschaft `trim` eine anonyme Methode zugewiesen.

Wie bei jeder Methode, die für ein Objekt aufgerufen wird, kann auf das aktuelle Objekt mit Hilfe von `this` zugegriffen werden, hier also auf die Zeichenkette, die getrimmt werden soll.

Nun wird geprüft, ob das erste Zeichen ein Leerzeichen ist. Falls ja, dann wird die Zeichenkette mit einer Kopie überschrieben, die das erste Zeichen nicht mehr enthält. Dies wird so lange durchgeführt, bis das erste Zeichen kein Leerzeichen mehr ist.

Dasselbe geschieht für das Ende der Zeichenkette. Die Kopie enthält in diesem Fall alle Zeichen außer dem letzten Zeichen. Die geänderte Zeichenkette wird zurückgeliefert, wie dies auch bei vielen anderen Methoden des String-Objekts der Fall ist.

6.2.3 Zeichenketten formatieren

Das String-Objekt bietet eine Reihe von Methoden, die auf einfache Weise formatierte Zeichenketten zurückliefern. Dabei wird jeweils eine bestimmte HTML-Markierung ersetzt.

Diese Methoden verlieren allerdings stark an Bedeutung, da Dokumente normalerweise durch CSS (siehe Kapitel 9, »Cascading Style Sheets (CSS)«) formatiert werden. Das Programm sieht wie folgt aus:

```
...
<body><p>
<script type="text/javascript">
    var tx = "info@lehre.rz.uni-bonn.de";
    document.write("Text: " + tx + "<br>");
    document.write("Fett: " + tx.bold() + "<br>");
    document.write("Kursiv: " + tx.italics() + "<br>");
    document.write("Beides: " + tx.bold().italics() + "<br>");
    document.write("Nicht-proportional: " + tx.fixed() + "<br>");
    document.write("Durchgestrichen: " + tx.strike() + "<br>");
    document.write("Große Schrift: " + tx.big() + "<br>");
    document.write("Kleine Schrift: " + tx.small() + "<br>");
    document.write("Farbe: <span style='background-color:#000000'>"
        + tx.fontcolor("#ffffff") + "<\/span><br>");
    document.write("Größe: " + tx.fontsize(4) + "<br>");
    document.write("Hochgestellt: " + tx.sup() + "<br>");
    document.write("Tiefgestellt: " + tx.sub());
</script></p>
</body></html>
```

Listing 6.17 Datei »string_formatieren.htm«

Die Methoden und ihre Entsprechungen in HTML:

bold() für b, italics() für i, fixed() für tt, strike() für strike, big() für big, small() für small, fontcolor() für font mit dem Attribut color, fontsize() für font mit dem Attribut size, sup() für sup und sub() für sub.

Da der Rückgabewert jeweils wiederum eine Zeichenkette ist, können Methodenaufrufe verkettet werden, wie dies hier für bold() und italics() geschehen ist. Zur Verdeutlichung der weißen Schriftfarbe wird mit Hilfe von CSS ein schwarzer Hintergrund gesetzt. Mehr zu CSS lesen Sie in Kapitel 9, »Cascading Style Sheets (CSS)«.

Das Ergebnis sehen Sie in Abbildung 6.13.

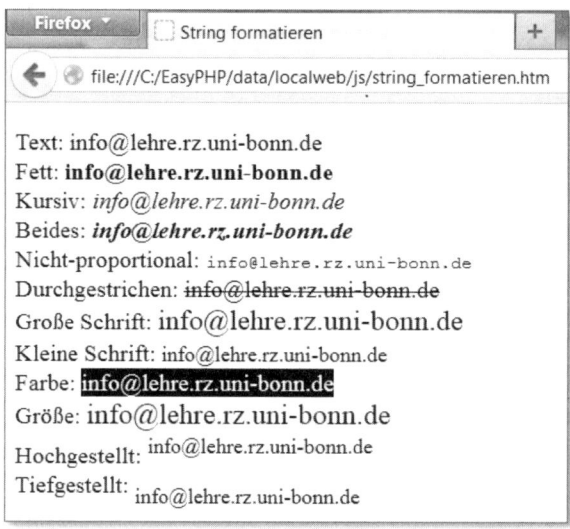

Abbildung 6.13 Formatierungen

6.2.4   Hyperlinks und Anker

Die beiden Methoden link() und anchor() ermöglichen Ihnen, auch Hyperlinks und Anker auf einfache Weise zu erzeugen. Dies kann bei größeren Mengen von Vorteil sein.

Beide Methoden werden jeweils für eine Zeichenkette aufgerufen, die als sichtbarer Hyperlinktext bzw. sichtbarer Ankertext dient. Als Parameter geben Sie das Ziel des Hyperlinks bzw. die Bezeichnung des Ankers an, der als Hyperlinkziel dienen kann.

Es folgt ein Beispielprogramm:

```
...
<body>
<script type="text/javascript">
    var linktext = "Zu anderer Datei";
    var linkziel = "string_operationen.htm";
    var link = linktext.link(linkziel);
    document.write("<p>" + link + "<\/p>");
```

```
    document.write("<p>Zur Zeile 20".link("#z20") + "<\/p>");
    for(var i=1; i<=20; i++)
        document.write("<p>" + ("Zeile "+i).anchor("z"+i) + "<\/p>");
</script>
</body></html>
```

Listing 6.18 Datei »string_link_anker.htm«

Für den ersten Hyperlink werden der sichtbare Text und das Hyperlinkziel einzeln erzeugt, mit der Methode link() zu einem Hyperlink zusammengesetzt und ausgegeben.

Beim zweiten Hyperlink werden die Schritte alle auf einmal durchgeführt. Er führt zu einem Hyperlinkziel innerhalb des Dokuments: zu dem Anker mit der Bezeichnung z20.

Anschließend werden innerhalb einer for-Schleife mit Hilfe der Methode anchor() insgesamt 20 Anker auf kompakte Art und Weise erzeugt und jeweils innerhalb eines Absatzes ausgegeben. Die Anker haben den sichtbaren Text Zeile 1 bis Zeile 20 und die Bezeichnungen z1 bis z20.

Einen Ausschnitt des Ergebnisses sehen Sie in Abbildung 6.14.

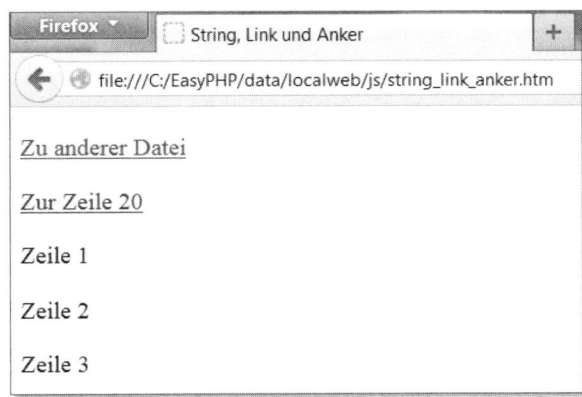

Abbildung 6.14 Hyperlinks und Anker

6.3   Reguläre Ausdrücke

Das String-Objekt bietet weitere Möglichkeiten, Zeichenketten zu durchsuchen und gegebenenfalls zu verändern. Dabei wird mit regulären Ausdrücken (englisch: *regular expressions*) gearbeitet. Sie dienen zur Beschreibung von Suchmustern und werden in vielen Programmiersprachen eingesetzt. Die hier vorgestellten Regeln sind also universell verwendbar.

In JavaScript werden sie häufig zur Kontrolle von Benutzereingaben in Formularen benötigt. HTML 5 (siehe Kapitel 15) bietet bei einer Reihe von Formularelementen das Attribut `pattern`. Dabei werden ebenfalls reguläre Ausdrücke, die nach den hier vorgestellten Regeln aufgebaut werden, zur Kontrolle verwendet. In diesem Abschnitt arbeiten wir zunächst mit einfachen Suchmustern, später auch mit komplexeren Suchmustern.

Das `RegExp`-Objekt von JavaScript bietet noch weitgehendere Möglichkeiten, die ich allerdings nicht im Rahmen dieses Einsteigerbuchs erläutere.

6.3.1   Die Methoden

In diesem Abschnitt werde ich die folgenden Methoden des `String`-Objekts erläutern, die sich zur Nutzung von regulären Ausdrücken eignen:

▶ `search()`, liefert die Position einer Zeichenfolge im untersuchten Text, die zum Suchmuster passt

▶ `match()`, liefert eine oder alle Zeichenfolgen des untersuchten Texts, die zum Suchmuster passen

▶ `replace()`, ersetzt alle Zeichenfolgen im untersuchten Text, die zum Suchmuster passen, durch anderen Text

Der erste Teil des Beispielprogramms:

```
...
<body><p>
<script type="text/javascript">
   var tx1 = "Das ist mein Wagen oder sein Wagen.";
   var tx2 = "Dieser Text sieht anders aus.";
   document.write("Text 1: " + tx1 + "<br>");
   document.write("Text 2: " + tx2 + "<br>");
   document.write("<br>");

   document.write("Position in 1: " + tx1.search(/.ein/) + "<br>");
   document.write("Position in 2: " + tx2.search(/.ein/) + "<br>");
   document.write("<br>");
...
```

Listing 6.19 Datei »regexp_methoden.htm«, Teil 1 von 3

Zunächst werden zwei Texte erzeugt und ausgegeben.

Als Nächstes wird die Methode `search()` mit einem einfachen Suchmuster für beide Texte aufgerufen. Die Methode erwartet einen regulären Ausdruck als Parameter. Ein solcher Ausdruck wird innerhalb von zwei /Slashes/ notiert. Der Punkt innerhalb des

Ausdrucks steht für ein beliebiges Zeichen. Es wird also nach einer Zeichenfolge gesucht, die aus einem beliebigen Zeichen besteht, gefolgt von ein.

Der erste Text enthält zwei solcher Zeichenfolgen. Die Position der ersten Zeichenfolge wird ausgegeben. Dabei handelt es sich um die Position 8, also die Stelle, an der das Wort mein beginnt.

Der zweite Text enthält keine Zeichenfolge, die zum Suchmuster passt. Die Methode search() liefert dann den Wert –1, siehe Abbildung 6.15.

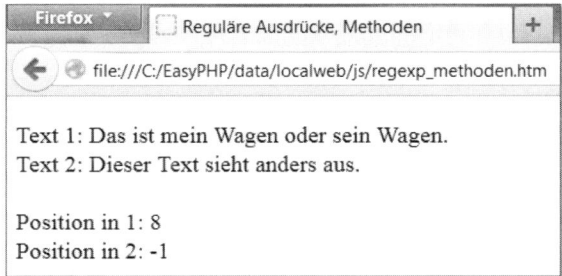

Abbildung 6.15 Methode »search()«

Es folgt der zweite Teil des Beispielprogramms:

```
...
   var passend;
   passend = tx1.match(/.ein/);
   if(passend)
      document.write("Ergebnis in 1: " + passend + "<br>");
   passend = tx2.match(/.ein/);
   if(passend)
      document.write("Ergebnis in 2: " + passend + "<br>");
   document.write("<br>");

   var feld;
   feld = tx1.match(/.ein/g);
   if(feld)
      for(var i=0; i<feld.length; i++)
         document.write("Alle in 1: " + feld[i] + "<br>");
   feld = tx2.match(/.ein/g);
   if(feld)
      for(var i=0; i<feld.length; i++)
   document.write("Alle in 2: " + feld[i] + "<br>");
   document.write("<br>");
...
```

Listing 6.20 Datei »regexp_methoden.htm«, Teil 2 von 3

Es wird die Methode match() für beide Texte aufgerufen, mit demselben Suchmuster wie oben. Diese Methode liefert die erste Zeichenfolge, auf die das Suchmuster passt, zurück. Falls es keine passende Zeichenfolge gibt, dann wird null zurückgeliefert.

Falls Sie alle Zeichenfolgen ermitteln möchten, auf die das Suchmuster passt, müssen Sie am Ende des regulären Ausdrucks ein g notieren. Dies führt zu einer globalen Suche im gesamten Text. Dann wird ein Feld zurückgeliefert, in dem alle passenden Zeichenfolgen stehen. Falls es keine passende Zeichenfolge gibt, dann wird null zurückgeliefert.

Das Ergebnis für die einfache Suche und für die globale Suche mit match() sehen Sie in Abbildung 6.16.

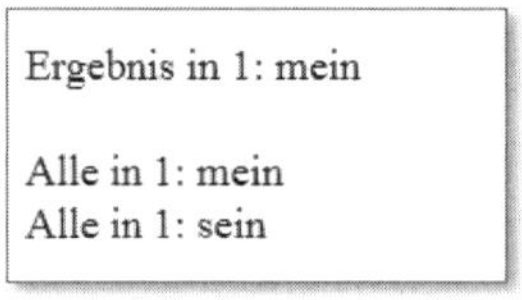

```
Ergebnis in 1: mein

Alle in 1: mein
Alle in 1: sein
```

Abbildung 6.16 Methode »match()«

Der dritte und letzte Teil des Beispielprogramms:

```
...
    document.write(tx1.replace(/Wagen/g, "Auto") + "<br>");
    document.write(tx2.replace(/Wagen/g, "Auto"));
</script></p>
</body></html>
```

Listing 6.21 Datei »regexp_methoden.htm«, Teil 3 von 3

Es wird die Methode replace() für beide Texte aufgerufen. Das Suchmuster enthält den Text Wagen. Dieser Ausdruck wird, falls vorhanden, in beiden Texten durch die Zeichenfolge Auto ersetzt. Das kleine g sorgt wiederum für eine globale Suche. Es wird also nicht nur das erste Vorkommen ersetzt, sondern es werden alle Vorkommen ersetzt. Das Ergebnis sehen Sie in Abbildung 6.17.

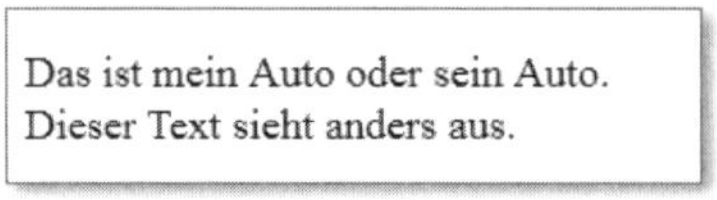

```
Das ist mein Auto oder sein Auto.
Dieser Text sieht anders aus.
```

Abbildung 6.17 Methode »replace()«

In den folgenden Abschnitten wenden wir die verschiedenen regulären Ausdrücke nur bei der Methode match() an. Sie können sie natürlich auch bei den anderen beiden Methoden einsetzen.

6.3.2   Suche nach Position

Im folgenden Programm wird untersucht, ob die gesuchte Zeichenfolge:

- ▶ irgendwo im Text vorkommt, wie in den bisherigen Beispielen
- ▶ am Anfang des Textes vorkommt, mit Hilfe des Zeichens ^
- ▶ am Ende des Textes vorkommt, mit Hilfe des Zeichens $
- ▶ genau dem Text entspricht, also sowohl am Anfang als auch am Ende des Textes vorkommt, mit Hilfe der Zeichen ^ und $

Es folgt ein Beispielprogramm:

```
...
<body><p>
<script type="text/javascript">
   var aus = "";
   if("keiner".match(/ein/)) aus += "1: keiner<br>";
   if("beide".match(/ein/)) aus += "1: beide<br>";

   if("eine".match(/^ein/)) aus += "2: eine<br>";
   if("kein".match(/^ein/)) aus += "2: kein<br>";

   if("kein".match(/ein$/)) aus += "3: kein<br>";
   if("eine".match(/ein$/)) aus += "3: eine<br>";

   if("ein".match(/^ein$/)) aus += "4: ein<br>";
   if("kein".match(/^ein$/)) aus += "4: kein<br>";
   if("eine".match(/^ein$/)) aus += "4: eine<br>";
   document.write(aus);
</script></p>
</body></html>
```

Listing 6.22 Datei »regexp_position.htm«

Die regulären Ausdrücke werden direkt auf die untersuchten Zeichenketten angewendet. Das Ergebnis der Methode `match()` wird mit Hilfe einer Verzweigung abgefragt. Es gibt nur dann eine Ausgabe des untersuchten Texts, falls das Suchmuster gefunden wird. Die Erläuterung der Ausgaben:

1. Die Zeichenfolge ein wird nur im Text keiner gefunden.
2. Die Zeichenfolge ein steht im Text kein nicht am Anfang.
3. Die Zeichenfolge ein steht im Text eine nicht am Ende.
4. Die Zeichenfolge ein steht nur im Text ein sowohl am Anfang als auch am Ende, entspricht also genau dem Text.

Das Ergebnis sehen Sie in Abbildung 6.18.

Abbildung 6.18 Position des Suchmusters

6.3.3 Suche nach Anzahl

Im folgenden Programm wird untersucht, wie oft die Zeichenfolge *direkt hintereinander* innerhalb des untersuchten Textes vorkommt:

▸ beliebig oft, also auch keinmal, mit Hilfe des Zeichens *

▸ mindestens einmal, mit Hilfe des Zeichens +

▸ keinmal oder einmal, mit Hilfe des Zeichens ?

▸ so oft vorkommt, wie gewünscht, also zum Beispiel die Zeichenkette xyz drei- bis fünfmal, mit Hilfe des Ausdrucks(?:xyz){3,5}.

Das Programm:

```
...
<body><p>
<script type="text/javascript">
   var aus = "";
   if("ist an der".match(/ist a*/)) aus += "1: ist an der<br>";
   if("ist in der".match(/ist a*/)) aus += "1: ist in der<br>";
   if("in der".match(/ist a*/)) aus += "1: in der\n";

   if("ist an der".match(/ist a+/)) aus += "2: ist an der<br>";
   if("ist in der".match(/ist a+/)) aus += "2: ist in der<br>";

   if("im Tor".match(/im To?r/)) aus += "3: im Tor<br>";
   if("im Toor".match(/im To?r/)) aus += "3: im Toor<br>";

   if("im Tor".match(/im T(?:o){0,1}r/)) aus += "4: im Tor<br>";
   if("im Toor".match(/im T(?:o){0,1}r/)) aus += "4: im Toor<br>";

   if("die Banane".match(/B(?:an){2,3}/)) aus += "5: die Banane<br>";
   if("das Band".match(/B(?:an){2,3}/)) aus += "5: das Band<br>";
```

```
   document.write(aus);
</script></p>
</body></html>
```

Listing 6.23 Datei »regexp_anzahl.htm«

Das erste Suchmuster enthält das Wort ist, gefolgt von einem Leerzeichen, eventuell gefolgt von einem oder mehreren a. Dieses Suchmuster passt hier nur auf die Texte ist an der und ist in der.

Beim zweiten Suchmuster ist mindestens ein a nach dem Leerzeichen Pflicht, eventuell mehrere direkt hintereinander. Dies trifft hier nur auf den Text ist an der zu.

Beim dritten und beim vierten Suchmuster darf im Tor ohne o oder mit einem o geschrieben werden, aber nicht mit zwei oder mehr o. Beim vierten (und fünften) Suchmuster wird dabei die gewünschte Häufigkeit mit Hilfe von Zahlen ausgedrückt. Die erste Zahl stellt das Minimum, die zweite Zahl das Maximum dar. Das fünfte Suchmuster ist erfolgreich, falls nach einem B die Zeichenfolge an zwei- oder dreimal direkt hintereinander vorkommt, wie im Text Banane.

Das Ergebnis sehen Sie in Abbildung 6.19.

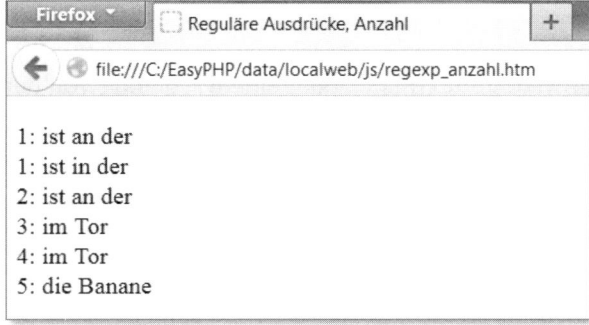

Abbildung 6.19 Anzahl, direkt hintereinander

6.3.4 Logisches Oder

Eine Suche kann auch erfolgreich sein, wenn nach einer Schreibweise *oder* einer anderen Schreibweise gesucht wird. Dabei kann Folgendes untersucht werden:

▶ Alternativen für einzelne Zeichen, mit Hilfe der eckigen Klammern

▶ mehrere Möglichkeiten für Zeichenfolgen, in runden Klammern, getrennt durch das Zeichen |

▶ die Unabhängigkeit von der Groß- und Kleinschreibung, mit Hilfe von i

Ein Beispielprogramm:

```
...
<body><p>
<script type="text/javascript">
   var aus = "";
   if("ist keiner".match(/[km]eine/)) aus += "1: ist keiner<br>";
   if("ist meiner".match(/[km]eine/)) aus += "1: ist meiner<br>";
   if("ist seiner".match(/[km]eine/)) aus += "1: ist seiner<br>";

   if("ist an".match(/(an|aus)/)) aus += "2: ist an<br>";
   if("ist aus".match(/(an|aus)/)) aus += "2: ist aus<br>";
   if("ist nicht".match(/(an|aus)/)) aus += "2: ist nicht<br>";

   if("ist An".match(/ist an/i)) aus += "3: ist An<br>";
   if("Ist an".match(/ist an/i)) aus += "3: Ist an<br>";
   if("ist Aus".match(/ist an/i)) aus += "3: ist Aus<br>";
   document.write(aus);
</script></p>
</body></html>
```

Listing 6.24 Datei »regexp_oder.htm«

Das erste Suchmuster beginnt entweder mit einem k oder einem m, gefolgt von der Zeichenfolge eine. Dieses Suchmuster passt nicht auf den Text ist seiner.

Beim zweiten Suchmuster darf entweder die Zeichenfolge an oder die Zeichenfolge aus vorkommen. Dies trifft nicht auf den Text ist nicht zu.

Das dritte Suchmuster lautet ist an, unabhängig von der Groß- und Kleinschreibung. Dies passt hier nur auf die Texte ist An und Ist an.

Das Ergebnis sehen Sie in Abbildung 6.20.

Abbildung 6.20 Logisches Oder

6.3.5   Gruppen von Zeichen

Bestimmte Zeichen lassen sich zu Gruppen zusammenfassen. Auf diese Weise erzeugen Sie ein Suchmuster, mit dessen Hilfe nach einem Zeichen aus der betreffenden Gruppe gesucht wird.

Es gibt unter anderem die folgenden Gruppen:

▶ Die Gruppe aller Zeichen; es kann also ein beliebiges Zeichen vorkommen. Dies wird mit einem Punkt gekennzeichnet.

▶ Eine Gruppe von kleinen Buchstaben, ohne deutsche Umlaute oder das ß. Eine solche Gruppe wird zum Beispiel mit [a-z] oder [f-p] dargestellt.

▶ Eine Gruppe von großen Buchstaben, ebenfalls ohne deutsche Umlaute. Eine solche Gruppe geben Sie zum Beispiel mit [A-Z]oder [F-P] an.

▶ Eine Gruppe von Ziffern. Eine solche Gruppe ist zum Beispiel mit [0-9]oder [3-7] dargestellt.

Es folgt ein Beispielprogramm:

```
...
<body><p>
<script type="text/javascript">
    var aus = "";
    if("ist mein".match(/ist .ein/)) aus += "1: ist mein<br>";
    if("ist sein".match(/ist .ein/)) aus += "1: ist sein<br>";
    if("ist ein".match(/ist .ein/)) aus += "1: ist ein<br>";

    if("kleiner".match(/[a-z]eine/)) aus += "2: kleiner<br>";
    if("Leinen".match(/[a-z]eine/)) aus += "2: Leinen<br>";

    if("Leinen".match(/[A-Z]eine/)) aus += "3: Leinen<br>";
    if("kleiner".match(/[A-Z]eine/)) aus += "3: kleiner<br>";

    if("Hauptstr. 7a".match(/[0-9]/)) aus += "4: Hauptstr. 7a<br>";
    if("Hauptstr. 7a".match(/[0-27-9]/)) aus += "4: Hauptstr. 7a<br>";
    if("Hauptstr.".match(/[0-9]/)) aus += "4: Hauptstr.<br>";
    document.write(aus);
</script></p>
</body></html>
```

Listing 6.25 Datei »regexp_gruppe.htm«

Das erste Suchmuster besteht aus dem Text ist, gefolgt von einem Leerzeichen, gefolgt von einem beliebigen Zeichen, gefolgt vom Text ein. Das passt nicht auf den Text ist ein, weil das beliebige Zeichen fehlt.

Beim zweiten Suchmuster wird erwartet, dass ein kleiner Buchstabe vor dem Text eine steht. Dies ist bei dem Text Leinen nicht der Fall.

Beim dritten Suchmuster wird erwartet, dass ein großer Buchstabe vor dem Text eine steht. Dies ist bei dem Text kleiner nicht der Fall.

Bei einem Text für das vierte Suchmuster muss im ersten und dritten Fall mindestens eine beliebige Ziffer enthalten sein, im zweiten Fall mindestens eine Ziffer aus dem Bereich von 0 bis 2 oder aus dem Bereich 7 bis 9.

Das Ergebnis sehen Sie in Abbildung 6.21.

Abbildung 6.21 Gruppen von Zeichen

6.3.6   Suche nach Sonderzeichen

Ich habe bereits zahlreiche Sonderzeichen mit ihrer Funktion innerhalb eines regulären Ausdrucks vorgestellt. Was machen Sie, wenn Sie nach einem dieser Sonderzeichen suchen müssen? Auch das geht, entweder nach einem Backslash \ oder innerhalb der eckigen Klammern [und].

Ein Beispielprogramm:

```
...
<body><p>
<script type="text/javascript">
   var aus = "";
   if("27. Juli".match(/27\. Juli/)) aus += "1: 27. Juli<br>";
   if("27 Juli".match(/27\. Juli/)) aus += "1: 27 Juli<br>";

   if("kann. Das".match(/kann[.?] Das/)) aus += "2: kann. Das<br>";
   if("kann? Das".match(/kann[.?] Das/)) aus += "2: kann? Das<br>";
   if("kann! Das".match(/kann[.?] Das/)) aus += "2: kann! Das<br>";
   document.write(aus);
</script></p>
</body></html>
```

Listing 6.26 Datei »regexp_sonderzeichen.htm«

Das erste Suchmuster enthält einen Punkt, nach dem Tag des Monats. Dies wird von 27 Juli nicht erfüllt.

Beim zweiten Suchmuster darf am Ende des Satzes ein Punkt oder ein Fragezeichen stehen. Innerhalb von eckigen Klammern verlieren diese Sonderzeichen ihre Bedeutung. Der Satz, der mit einem Ausrufezeichen endet, passt hier nicht zum Suchmuster.

Das Ergebnis sehen Sie in Abbildung 6.22.

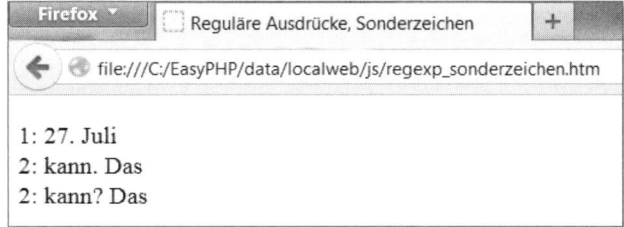

Abbildung 6.22 Suche nach Sonderzeichen

6.3.7   Logische Negation

Besonders bei der Suche nach Zeichen aus einem bestimmten Bereich (Buchstaben oder Ziffern) kann die logische Negation eingesetzt werden. Eine Suche ist genau dann erfolgreich, wenn ein Zeichen gefunden wird, das nicht aus dem angegebenen Bereich stammt.

Ein Beispielprogramm:

```
...
<body><p>
<script type="text/javascript">
    var aus = "";
    if("xy".match(/[^x]/)) aus += "1: xy<br>";
    if("xxx".match(/[^x]/)) aus += "1: xxx<br>";

    if("15a".match(/[^0-9]/)) aus += "2: 15a<br>";
    if("78B".match(/[^0-9]/)) aus += "2: 78B<br>";
    if("64".match(/[^0-9]/)) aus += "2: 64<br>";
    document.write(aus);
</script></p>
</body></html>
```

Listing 6.27 Datei »regexp_negation.htm«

Das erste Suchmuster trifft zu, falls mindestens ein Zeichen kein x ist. Dies ist hier nur für xy der Fall.

Beim zweiten Suchmuster muss mindestens ein Zeichen keine Ziffer von 0 bis 9 sein. Der Text 64 erfüllt diese Bedingung nicht.

Das Ergebnis sehen Sie in Abbildung 6.23.

Abbildung 6.23 Logische Negation

6.3.8   Beispiele

Es folgen drei Beispiele mit komplexeren Suchmustern, wie sie für Eingabefelder in einem Formular vorkommen können:

▸ Es soll eine deutsche Postleitzahl eingegeben werden. Diese besteht aus genau fünf Ziffern, jeweils von 0 bis 9.

▸ Es soll ein deutsches Datum eingetragen werden. Dieses soll aus zwei Ziffern für den Tag, einem Punkt, zwei Ziffern für den Monat, wiederum einem Punkt und vier Ziffern für das Jahr bestehen. Die erste Ziffer für das Jahr darf keine 0 sein.

▸ Es soll ein deutsches Kfz-Kennzeichen eingetragen werden. Dieses besteht aus ein bis drei großen Buchstaben, einem Bindestrich, ein bis zwei weiteren großen Buchstaben, einem Leerzeichen und einer bis vier Ziffern. Die erste Ziffer darf keine 0 sein.

Das Beispielprogramm:

```
...
<body><p>
<script type="text/javascript">
   var aus = "";
   var rePlz = /^[0-9]{5}$/;
   if("01644".match(rePlz)) aus += "01644<br>";
   if( "5400".match(rePlz)) aus += "5400<br>";

   var reDatum = /^([0-9]{2}\.){2}[1-9][0-9]{3}$/;
   if("30.09.2013".match(reDatum)) aus += "30.09.2013<br>";
```

```
if( "5.11.2013".match(reDatum)) aus += "5.11.2013<br>";
if("30.09 2013".match(reDatum)) aus += "30.09 2013<br>";
if(  "30.09.13".match(reDatum)) aus += "30.09.13<br>";

var reKfz = /^[A-Z]{1,3}-[A-Z]{1,2} [1-9][0-9]{0,3}$/;
if("HST-PU 4215".match(reKfz)) aus += "HST-PU 4215<br>";
if(     "M-KP 5".match(reKfz)) aus += "M-KP 5<br>";
if(    "NU KT 15".match(reKfz)) aus += "NU KT 15<br>";
if(     "NU-KT15".match(reKfz)) aus += "NU-KT15<br>";
document.write(aus);
</script></p>
</body></html>
```

Listing 6.28 Datei »regexp_beispiel.htm«

Die Postleitzahl 5400 besteht nur aus vier Ziffern.

Bei der zweiten Datumsangabe fehlt eine Ziffer beim Tag. Bei der dritten Datumsangabe steht kein Punkt nach dem Monat. Die vierte Datumsangabe hat nur zwei Stellen für das Jahr.

Das dritte Kfz-Kennzeichen enthält keinen Bindestrich, das vierte Kfz-Kennzeichen kein Leerzeichen.

Das Ergebnis sehen Sie in Abbildung 6.24.

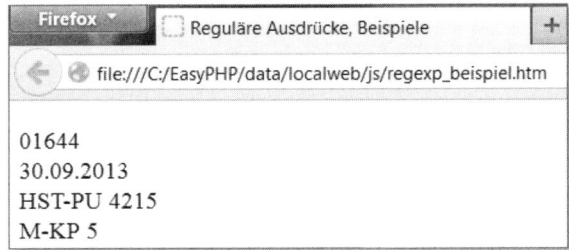

Abbildung 6.24 Beispiele PLZ, Datum, Kfz-Kennzeichen

6.4   Zahlen und Mathematik

Die vordefinierten Objekte Number und Math erleichtern Ihnen den Umgang mit Zahlen und mathematischen Berechnungen und bieten Ihnen viele Funktionen, die Sie zum Beispiel vom Taschenrechner kennen.

6.4.1   Objekt »Number«

Das Number-Objekt stellt einige Eigenschaften und Methoden im Zusammenhang mit dem Zahlenbereich von JavaScript zur Verfügung. In diesem Abschnitt sehen Sie folgende Member:

▶ Eigenschaft Number.MIN_VALUE: Dies ist die Zahl mit dem kleinsten Betrag, die von JavaScript verarbeitet werden kann.

▶ Eigenschaft Number.MAX_VALUE: Dies ist die größte Zahl, die von JavaScript verarbeitet werden kann.

▶ Methode Number.toFixed(): zur Darstellung einer Zahl mit einer bestimmten Anzahl von Nachkommastellen. Die Zahl selbst wird dabei nicht verändert.

▶ Methode Number.toExponential(): Dient zur Darstellung einer Zahl in Exponentialschreibweise.

Außerdem wird die objektunabhängige Funktion isFinite() genutzt. Sie prüft, ob eine Zahl für JavaScript als gültige Zahl gilt.

Es folgt das Beispielprogramm:

```
...
<body><p>
<script type="text/javascript">
   var zahl = Number.MIN_VALUE;
   document.write("Zahl mit dem kleinsten Betrag: " + zahl + "<br>");
   document.write(zahl + " finit: " + isFinite(zahl) + "<br>");
   zahl = zahl * 0.5;
   document.write(zahl + " finit: " + isFinite(zahl) + "<br>");
   zahl = zahl + 1;
   document.write(zahl + " finit: " + isFinite(zahl) + "<br>");
   document.write("<br>");

   zahl = Number.MAX_VALUE;
   document.write("Zahl mit dem größten Betrag: " + zahl + "<br>");
   document.write(zahl + " finit: " + isFinite(zahl) + "<br>");
   zahl = zahl * 1.1;
   document.write(zahl + " finit: " + isFinite(zahl) + "<br>");
   zahl = zahl / 1.1;
   document.write(zahl + " finit: " + isFinite(zahl) + "<br>");
   document.write("<br>");

   zahl = 1000 / 7;
   document.write("Zahl: " + zahl + "<br>");
   document.write("Als ganze Zahl: " + zahl.toFixed(0) + "<br>");
   document.write("Auf zwei Stellen: " + zahl.toFixed(2) + "<br>");
```

```
    document.write("Als Exponentialzahl: " + zahl.toExponential());
</script></p>
</body></html>
```

Listing 6.29 Datei »number.htm«

Es wird die Zahl mit dem kleinsten Betrag gespeichert und ausgegeben. Die Funktion isFinite() stellt fest, dass diese Zahl noch gültig ist. Die Zahl wird halbiert. Der Betrag der daraus resultierenden Zahl ist zu klein für JavaScript und wird daher nur noch als die Zahl 0 erkannt. Es ist aber nach wie vor eine gültige Zahl. Dies zeigt die Addition von 1, siehe Abbildung 6.25.

Es wird die größte Zahl gespeichert und ausgegeben. Die Funktion isFinite() stellt fest, dass diese Zahl noch gültig ist. Die Zahl wird vergrößert. Die resultierende Zahl ist zu groß für JavaScript und wird daher nur noch als Infinity (deutsch: Unendlichkeit) erkannt. Es ist keine gültige Zahl mehr. Dies zeigt der Versuch, mit ihr weiterzurechnen, siehe ebenfalls Abbildung 6.25.

Es wird der Wert von 1000 / 7 berechnet. Dies ist mathematisch der Wert 142.85714285714285714142..., also 142 mit der Periode 857142. JavaScript macht daraus den Wert 142.85714285714286, da es Zahlen nur auf 14–15 Stellen genau berechnet.

Die Darstellung mit toFixed(0) ergibt die Rundung auf eine ganze Zahl. Mit Hilfe von toFixed(2) wird zur Darstellung auf zwei Nachkommastellen gerundet. Manche Browser nehmen auch negative Werte als Parameter an, zur Rundung auf eine bestimmte Anzahl an Stellen vor dem Komma. Die Methode toExponential() führt zur Darstellung mit Exponent. Beide Methoden werden direkt auf die Variablen angewendet, ohne die Nennung des Number-Objekts.

Das Ergebnis sehen Sie in Abbildung 6.25.

Abbildung 6.25 »Number«-Objekt

6.4.2   Erweiterung des »Number«-Objekts

In diesem Abschnitt erweitern wir die Möglichkeiten des Number-Objekts mit Hilfe der Methode format(). Dies geschieht auf ähnliche Weise, wie dies in Abschnitt 6.2.2, »Erweiterung des ›String‹-Objekts«, für das String-Objekt durchgeführt wurde.

Die neu erzeugte Methode format() des Number-Objekts soll dazu dienen, eine Zahl zur Ausgabe mit führenden Zeichen aufzufüllen. Die Methode kann mit einem oder zwei Parametern aufgerufen werden. Der erste Parameter steht für die gewünschte Gesamtstellenzahl der Ausgabe. Als zweiten Parameter können Sie eine Zeichenkette übergeben. Diese dient als Auffüllzeichen. Falls es keinen zweiten Parameter gibt, dann wird mit Nullen aufgefüllt.

Die Definition der Methode erfolgt in einer externen Datei mit dem Namen *number.js*. Sie können diese Datei mit weiteren nützlichen Methoden für Zahlen füllen. Nach dem Einbinden der Datei können Sie diese Methoden nutzen.

Es folgt das Programm, das die Methode aus der externen Datei nutzt:

```
...<html>
<head>...
<script type="text/javascript" src="number.js"></script>
</head>
<body>
<script type="text/javascript">
   var x = 15;
   document.write(x.format(5) + "<br>");
   document.write(x.format(5, "#"));
</script>
</body></html>
```

Listing 6.30 Datei »number_erweitern.htm«

Es wird eine Zahl zugewiesen, hier mit zwei Stellen. In der Ausgabe erscheint sie auf fünf Stellen aufgefüllt, zum einen mit führenden Nullen, zum anderen mit einem führenden Hash-Zeichen #. Die Ausgabe sehen Sie in Abbildung 6.26.

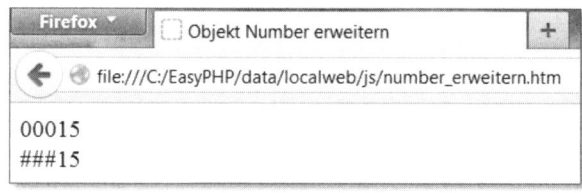

Abbildung 6.26 Methode »format()«

Es folgt die externe Datei, die die Methode `format()` ermöglicht:

```
Number.prototype.format = function(stellenzahl, zeichen)
{
   if(!zeichen)
      zeichen = "0";
   var formatiert = "" + this;
   while(formatiert.length < stellenzahl)
      formatiert = zeichen + formatiert;
   return formatiert;
}
```

Listing 6.31 Datei »number.js«

Der Eigenschaft `format` des Objekts `Number.prototype` wird eine anonyme Methode zugewiesen. Damit wird `format()` zu einer Methode.

Sie können einen oder zwei Parameter übergeben. Der erste Parameter gibt die gewünschte Stellenzahl an. Als Auffüllzeichen wird zunächst das Zeichen 0 verwendet. Falls es einen zweiten Parameter gibt, dann wird dessen Wert als Auffüllzeichen übernommen.

Auf das `Number`-Objekt, für das die Methode aufgerufen wird, greifen Sie über `this` zu. Der Inhalt des Objekts, also die umzuwandelnde Zahl, wird in eine Zeichenkette umgewandelt.

Solange die Länge dieser Zeichenkette kleiner als die gewünschte Stellenzahl ist, wird das Auffüllzeichen hinzugefügt. Die aufgefüllte Zeichenkette wird zurückgeliefert.

6.4.3 Objekt »Math«

Das `Math`-Objekt bietet Ihnen die Möglichkeit, eine Reihe von nützlichen mathematischen Methoden zu verwenden. Außerdem stellt es einige mathematische Konstanten und häufig genutzte Zahlenwerte als Eigenschaften zur Verfügung.

Im Beispielprogramm dieses Abschnitts sind dies:

▶ Methode `Math.ceil()`: Sie rundet eine Zahl auf die nächstgrößere ganze Zahl.

▶ Methode `Math.floor()`: Sie rundet eine Zahl auf die nächstkleinere ganze Zahl.

▶ Methode `Math.round()`: Sie rundet eine Zahl kaufmännisch auf eine ganze Zahl. Bei positiven Zahlen bedeutet dies: von .0 bis .499 auf die nächstkleinere ganze Zahl, von .5 bis .999 auf die nächstgrößere ganze Zahl. Bei negativen Zahlen sieht es umgekehrt aus: von .0 bis .499 auf die nächstgrößere ganze Zahl, von .5 bis .999 auf die nächstkleinere ganze Zahl.

- ▶ Methode `Math.sqrt()`: Sie berechnet die Wurzel einer Zahl.

- ▶ Methoden `Math.max()` und `Math.min()`: Sie berechnet die größte bzw. kleinste Zahl von beliebig vielen gegebenen Zahlen.

- ▶ Methode `Math.abs()`: Sie berechnet den Betrag einer Zahl, also die Zahl ohne ihr Vorzeichen.

- ▶ Eigenschaft `Math.PI`: Sie enthält den Wert der Kreiszahl *Pi*.

- ▶ Eigenschaft `Math.E`: Sie enthält den Wert der Eulerschen Zahl *e*, die Basis der Exponentialfunktion.

- ▶ Methode `Math.exp()`: Sie berechnet *e hoch Zahl*, also die Exponentialfunktion.

- ▶ Methode `Math.log()`: Sie berechnet den natürlichen Logarithmus einer Zahl, also den Logarithmus einer Zahl zur Basis *e*. Dies entspricht der Umkehrung der Methode `Math.exp()`.

- ▶ Methode `Math.pow()`: Sie berechnet *x hoch y*.

- ▶ Eigenschaft `Math.LN10`: Sie enthält den Wert des natürlichen Logarithmus von 10. Zusammen mit der Methode `Math.log()` können Sie damit den Logarithmus einer Zahl zur Basis 10 berechnen.

- ▶ Methode `Math.random()`: Sie liefert eine zufällige Zahl zwischen 0 und 1, ohne die Obergrenze 1.

Im nächsten Abschnitt werden wir noch einige Methoden zur Berechnung von Winkelfunktionen nutzen.

Es folgt ein Beispiel zu den oben genannten Eigenschaften und Methoden:

```
...
<body><p>
<script type="text/javascript">
    var a = 4.75, b = -4.75, c = 6.25;
    var aus = "";
    aus += "Zahlen: " + a + " " + b + "<br>";
    aus += "ceil: " + Math.ceil(a) + " " + Math.ceil(b) + "<br>";
    aus += "floor: " + Math.floor(a) + " " + Math.floor(b) + "<br>";
    aus += "round: " + Math.round(a) + " " + Math.round(b) + "<br><br>";

    aus += "sqrt: " + Math.sqrt(c) + "<br>";
    aus += "max: " + Math.max(a,b,c) + "<br>";
    aus += "min: " + Math.min(a,b,c,-7.75) + "<br>";
    aus += "abs: " + Math.abs(a) + " " + Math.abs(b) + "<br><br>";

    aus += "&pi; = " + Math.PI + "<br>";
    aus += "e = " + Math.E + "<br>";
    aus += "e hoch 4.6 = " + Math.exp(4.6) + "<br>";
```

```
aus += "ln(100) = " + Math.log(100) + "<br>";
aus += "10 hoch 2 = " + Math.pow(10,2) + "<br>";
aus += "log(100) = " + Math.log(100) / Math.LN10 + "<br><br>";

for(var i=1; i<=10; i++)
   aus += Math.floor(Math.random() * 6 + 1) + " ";
document.write(aus);
</script></p>
</body></html>
```

Listing 6.32 Datei »math.htm«

In Abbildung 6.27 sehen Sie die unterschiedlichen Ergebnisse der drei Rundungsfunktionen `Math.ceil()`, `Math.floor()` und `Math.round()`.

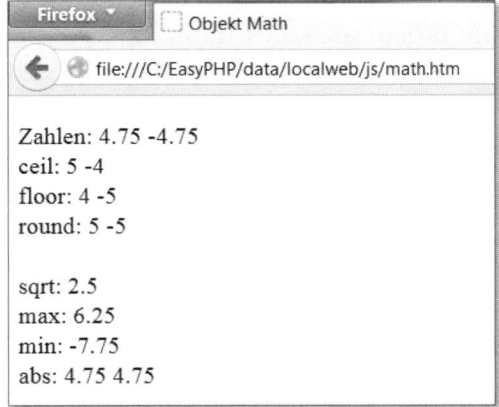

Abbildung 6.27 »Math«-Objekt, Teil 1 von 2

Im dritten Teil des Programms werden zunächst die beiden mathematischen Konstanten kommentiert ausgegeben. Dabei wird für *Pi* eine Entity genutzt. Es folgen Berechnungen mit dem Logarithmus zur Basis *e* und mit dem Logarithmus zur Basis 10 sowie mit den jeweiligen Umkehrfunktionen.

Im letzten Teil des Programms wird die Methode `Math.random()` genutzt, um zehnmal zu würfeln. Die Methode liefert einen Wert zwischen 0 und 1, ohne 1. Die Multiplikation mit 6 ergibt einen Wert zwischen 0 und 6, ohne 6. Die Addition von 1 ergibt einen Wert von 1 bis 7, ohne 7. Die Methode `Math.floor()` rundet abschließend auf die nächstkleinere ganze Zahl, also auf einen Wert von 1 bis 6.

Die Ergebnisse sehen Sie in Abbildung 6.28.

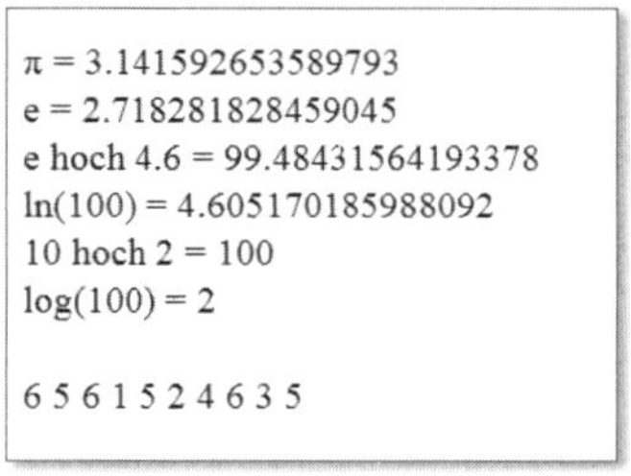

```
π = 3.141592653589793
e = 2.718281828459045
e hoch 4.6 = 99.48431564193378
ln(100) = 4.605170185988092
10 hoch 2 = 100
log(100) = 2

6 5 6 1 5 2 4 6 3 5
```

Abbildung 6.28 »Math«-Objekt, Teil 2 von 2

6.4.4   Winkelfunktionen

In diesem Abschnitt stellen wir eine Tabelle mit den Werten der Winkelfunktionen Sinus, Kosinus und Tangens für die Winkel von 0 bis 90 Grad dar, in Schritten von 15 Grad. Die Methoden Math.sin(), Math.cos() und Math.tan() berechnen die Werte, allerdings basierend auf einem Winkel im Bogenmaß. Daher muss der Winkel in Grad zunächst durch 180 geteilt und mit dem Wert der Kreiszahl *Pi* multipliziert werden.

Es folgt das Beispielprogramm:

```
...
<body>
<script type="text/javascript">
    document.write("<table border='1'>");
    document.write("<tr><td>Winkel<\/td>");
    document.write("<td>Bogenmass<\/td>");
    document.write("<td>Math.sin()<\/td>");
    document.write("<td>Math.cos()<\/td>");
    document.write("<td>Math.tan()<\/td><\/tr>");

    for(var i=0; i<=90; i+=15)
    {
        var bm = i / 180 * Math.PI;
        document.write("<tr><td>" + i + "<\/td><td>"
            + bm.toFixed(3) + "<\/td><td>"
            + Math.sin(bm).toFixed(3) + "<\/td><td>"
            + Math.cos(bm).toFixed(3) + "<\/td><td>"
            + Math.tan(bm).toFixed(3) + "<\/td><\/tr>");
    }
    document.write("<\/table>");
</script>
</body></html>
```

Listing 6.33 Datei »math_winkel.htm«

Jeder Winkel in Grad wird zunächst ins Bogenmaß umgerechnet. Die Ergebnisse werden auf drei Nachkommastellen gerundet. Leider ist die Umrechnung von 90 Grad (= Pi / 2) ins Bogenmaß hier nicht mathematisch exakt, daher ergibt sich für den Tangens von 90 Grad nicht der Wert *unendlich*.

Die Ausrichtung der Zellen wird mit Hilfe von CSS einheitlich auf rechtsbündig gesetzt. Das Ergebnis sehen Sie in Abbildung 6.29.

Winkel	Bogenmass	Math.sin()	Math.cos()	Math.tan()
0	0.000	0.000	1.000	0.000
15	0.262	0.259	0.966	0.268
30	0.524	0.500	0.866	0.577
45	0.785	0.707	0.707	1.000
60	1.047	0.866	0.500	1.732
75	1.309	0.966	0.259	3.732
90	1.571	1.000	0.000	16331239353195370.000

Abbildung 6.29 Tabelle mit den Winkelfunktionen

6.5   Datum und Uhrzeit nutzen

Das Date-Objekt bietet Ihnen zahlreiche Möglichkeiten zur Berechnung und Ausgabe von Datums- und Uhrzeitangaben. Der Nullpunkt für das Date-Objekt liegt am 1. Januar 1970 um 0:00 Uhr GMT (= *Greenwich Mean Time*, heute UTC = *Universal Time Coordinated*, für die koordinierte Weltzeit). Ab diesem Zeitpunkt wird mit positiven Werten gerechnet, davor mit negativen Werten. Die Zeitangaben basieren auf Millisekunden.

6.5.1   Zeitangaben erzeugen

In diesem Abschnitt sehen Sie verschiedene Möglichkeiten, ein Date-Objekt mit Hilfe von new zu erzeugen:

▶ Ohne Parameter: Es wird ein Date-Objekt mit der Systemzeit des PCs erzeugt, also mit dem aktuellen Datum und der aktuellen Uhrzeit.

▶ Mit einem Parameter: Der Wert wird für die Millisekunden seit dem Nullpunkt (1. Januar 1970 um 0:00 Uhr) übernommen.

▶ Mit drei Parametern: Dies sind Werte für Jahr, Monat und Tag.

▶ Mit sechs Parametern: Dies sind Werte für Jahr, Monat, Tag, Stunde, Minute und Sekunde.

Die Nummerierung der Monate beginnt bei 0. Es gibt also die Werte von 0 (Januar) bis 11 (Dezember). Falls Sie einen Parameter mit einem zu großen oder zu kleinen Wert übergeben, dann wird dieser automatisch umgerechnet. Ein Beispiel: Aus dem 32. Januar wird der 1. Februar.

```
...
<body><p>
<script type="text/javascript">
    var zeitA = new Date();
    document.write("Aktuelles Datum: " + zeitA + "<br>");

    var zeitB = new Date(2013, 2, 10);
    document.write("Mit drei Werten: " + zeitB + "<br>");

    var zeitC = new Date(2013, 2, 10, 17, 8, 3);
    document.write("Mit sechs Werten: " + zeitC + "<br>");

    var zeitD = new Date(2013, 1, 30, 17, 68, -3);
    document.write("Mit Werten zum Umrechnen: " + zeitD + "<br>");

    var zeitE = new Date(90000);
    document.write("Mit einem Wert: " + zeitE + "<br>");
    var zeitF = new Date(-90000);
    document.write("Mit negativem Wert: " + zeitF);
</script></p>
</body></html>
```

Listing 6.34 Datei »zeit_erzeugen.htm«

Das Ergebnis sehen Sie in Abbildung 6.30.

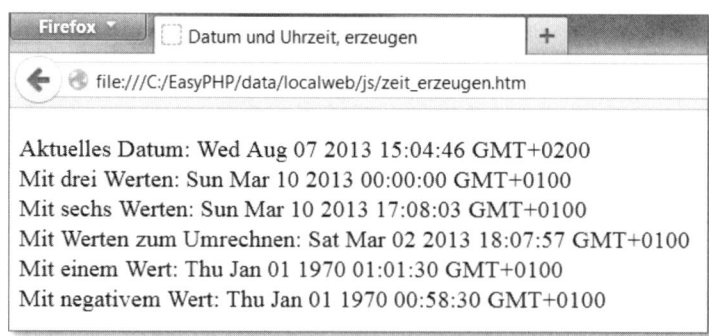

Abbildung 6.30 Zeitangaben erzeugen

Die erzeugten `Date`-Objekte werden im Standardformat ausgegeben. Weitere Ausgabemöglichkeiten für `Date`-Objekte sehen Sie im nächsten Abschnitt. Das Standardformat enthält den abgekürzten englischen Namen des Wochentages und des Monats, außerdem Tag des Monats, Jahr und Uhrzeit. Manche Browser geben das Jahr erst am Ende aus.

Die Angabe GMT+0200 bedeutet, dass die lokale Uhrzeit aktuell zwei Stunden vor GMT liegt: eine Stunde Zeitverschiebung gegenüber London-Greenwich und eine Stunde aufgrund der Sommerzeit.

Die restlichen Zeitangaben werden mit Hilfe von übergebenen Werten erzeugt. Dabei bleibt die Sommerzeitverschiebung unberücksichtigt. Aus den drei Angaben 2013, 2, 10 wird der 10. März 2013, die Uhrzeit wird mit 0:00 Uhr besetzt.

Es folgen einige Werte zum Umrechnen: Aus dem 30. Februar 2013 wird der 2. März 2013. Aus 17:68 Uhr wird 18:08 Uhr. Addieren wir −3 Sekunden, dann wird daraus 18:07:57 Uhr.

90000 Millisekunden entsprechen 90 Sekunden, also ergibt sich die Uhrzeit 00:01:30 Uhr. Aufgrund der Zeitverschiebung ist dann bei uns bereits 01:01:30 Uhr. Ziehen wir die 90000 Millisekunden von 01:00:00 Uhr ab, dann erhalten wir bei uns 00:58:30 Uhr.

6.5.2   Zeitangaben ausgeben

In diesem Abschnitt sehen Sie verschiedene Möglichkeiten, ein `Date`-Objekt auszugeben. Dies erläutere ich am Beispiel der aktuellen Zeit:

▶ Die Ausgabe des Objekts ohne Methode kennen Sie bereits.

▶ Die Methode `toLocaleString()` erzeugt landesspezifische Angaben, die aus den Informationen zum aktuellen Browser gewonnen werden.

▶ Die Methode `toUTCString()` erzeugt die koordinierte Weltzeit.

▶ Die Methode `getTimezoneOffset()` liefert die Zeitverschiebung der lokalen Zeit gegenüber UTC in Minuten. Der Bundesstaat South Australia hat zum Beispiel eine Zeitverschiebung von 9.5 Stunden.

▶ Bei der Methode `dateFormat()` handelt es sich um eine selbstgeschriebene Erweiterung des `Date`-Objekts zur formatierten Ausgabe einer Zeitangabe. Intern wird eine Reihe von vordefinierten Methoden genutzt, siehe Abschnitt 6.5.3, »Erweiterung des ›Date‹-Objekts«.

Beim Aufruf der Methode `dateFormat()` können Sie eine Zeichenkette mit Formatangaben übergeben. Diese liefern die folgenden Angaben:

- ▶ w: Wochentag, ausgeschrieben, in Deutsch

- ▶ d: Tag des Monats, zweistellig, mit führender Null

- ▶ M: Nummer des Monats, zweistellig, mit führender Null

- ▶ y: Jahr, vierstellig

- ▶ h: Stunde, zweistellig, mit führender Null

- ▶ m: Minute, zweistellig, mit führender Null

- ▶ s: Sekunde, zweistellig, mit führender Null

- ▶ i: Millisekunden

Andere Zeichen, wie zum Beispiel : (Doppelpunkt) oder . (Punkt), werden nicht umgewandelt, sondern einfach an der betreffenden Stelle ausgegeben.

Es folgt das Programm:

```
...<html>
<head>...
<script type="text/javascript" src="number.js"></script>
<script type="text/javascript" src="date.js"></script>
</head>
<body><p>
<script type="text/javascript">
   var zeit = new Date();
   var aus = "";
   aus += "Objekt: " + zeit + "<br>";
   aus += "Lokal: " + zeit.toLocaleString() + "<br>";
   aus += "UTC: " + zeit.toUTCString() + "<br>";
   aus += "Offset: " + (zeit.getTimezoneOffset()/60) + " Std.<br>";

   aus += "Format, Standard: " + zeit.dateFormat("d.M.y h:m:s") + "<br>";
   aus += "Mit Wochentag: " + zeit.dateFormat("w, d.M.y") + "<br>";
   aus += "Mit msec.: " + zeit.dateFormat("h:m:s,i") + "<br>";
   document.write(aus);
</script></p>
</body></html>
```

Listing 6.35 Datei »zeit_ausgeben.htm«

Es werden die beiden Erweiterungen des Number-Objekts (Datei *number.js*) und des Date-Objekts (Datei *date.js*) eingebunden. Intern nutzt die Methode dateFormat() die selbstgeschriebene Methode format() des Number-Objekts, zur Ausgabe der führenden Nullen.

Bei der Nutzung der Methoden `toLocaleString()` und `toUTCString()` werden auch der Name des Wochentags und der Name des Monats aufgeführt. Bei der Methode `toUTCString()` wird die Uhrzeit in der koordinierten Weltzeit angegeben.

Die Methode `getTimezoneOffset()` liefert eine Angabe in Minuten, die hier in Stunden umgerechnet werden. Es folgen noch drei verschiedene Ausgaben als Beispiele für `dateFormat()`.

Das Ergebnis sehen Sie in Abbildung 6.31.

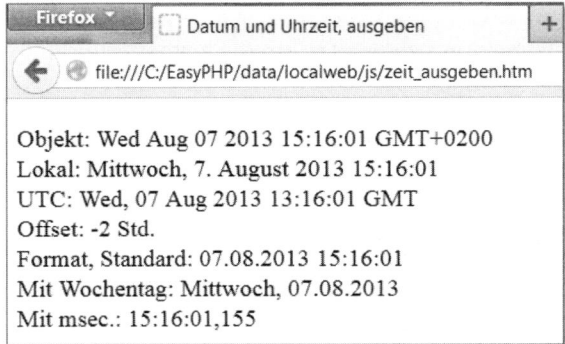

Abbildung 6.31 Zeitangaben ausgeben

6.5.3   Erweiterung des »Date«-Objekts

Die Methode `dateFormat()` bietet Ihnen eine komfortable Möglichkeit zur Ausgabe von unterschiedlichen Zeitangaben. Zunächst der Code:

```
Date.prototype.dateFormat = function(formatzeichen)
{
   var wtag = new Array("Sonntag", "Montag", "Dienstag",
      "Mittwoch", "Donnerstag", "Freitag", "Samstag");
   var aus = "";

   for(var i=0; i<formatzeichen.length; i++)
      switch(formatzeichen.charAt(i))
      {
         case "w": aus += wtag[this.getDay()];         break;
         case "d": aus += this.getDate().format(2);    break;
         case "M": aus += (this.getMonth()+1).format(2); break;
         case "y": aus += this.getFullYear();          break;
         case "h": aus += this.getHours().format(2);   break;
         case "m": aus += this.getMinutes().format(2); break;
         case "s": aus += this.getSeconds().format(2); break;
         case "i": aus += this.getMilliseconds();      break;
```

```
            default:  aus += formatzeichen.charAt(i);
      }
   return aus;
}
```

Listing 6.36 Datei »date.js«

Der Eigenschaft `dateFormat` des Objekts `Date.prototype` wird eine anonyme Methode zugewiesen. Damit wird `dateFormat()` zu einer Methode. Als Parameter übergeben Sie eine Zeichenkette mit den gewünschten Formatangaben. Diese Zeichenkette wird in einer `for`-Schleife Zeichen für Zeichen durchgegangen, um die formatierte Zeitangabe zusammenzusetzen und zurückzuliefern.

Als Vorbereitung wird ein Feld mit den ausgeschriebenen deutschen Wochentagen erzeugt. Die Methode `getDay()`des `Date`-Objekts liefert die Nummer des Wochentags zurück. Dabei entspricht der Wert 0 dem Sonntag, der Wert 1 entspricht dem Montag und so weiter bis zum Wert 6, der dem Samstag entspricht. Diese Werte werden als Index für das Feld genutzt.

Auf das `Date`-Objekt, für das die Methode aufgerufen wird, greifen Sie über `this` zu. Innerhalb der `for`-Schleife wird jedes Zeichen mit Hilfe einer `switch`-Verzweigung untersucht. Die verschiedenen Formatzeichen führen dabei zu Aufrufen verschiedener Methoden des `Date`-Objekts: `getDay()`, `getDate()`, `getMonth()`, `getFullYear()`, `getHours()`, `getMinutes()`, `getSeconds()` und `getMilliseconds()`. Es sind einige Besonderheiten zu beachten:

▶ Die Methode `getMonth()` liefert für den Januar den Wert 0, für den Februar den Wert 1 und so weiter. Für eine Ausgabe in der üblichen Form müssen Sie daher noch den Wert 1 addieren.

▶ Die Methode `getYear()` liefert nur die beiden letzten Ziffern einer Jahreszahl, bei einigen Browsern sogar einen falschen Wert. Daher sollten Sie immer `getFullYear()` nutzen, wie auch hier geschehen.

▶ Für einige Werte wird die Methode `format()` des `Number`-Objekts aufgerufen, zur Ausgabe einer führenden Null.

Falls ein Zeichen keinem der Formatzeichen entspricht, dann wird es ohne weitere Umsetzung direkt zur formatierten Zeitangabe hinzugefügt. Dies trifft zum Beispiel für Doppelpunkte, Punkte oder Leerzeichen zu.

6.5.4   Mit Zeitangaben rechnen

Sie können mit Hilfe des `Date`-Objekts auch Zeitangaben miteinander verrechnen. Das folgende Programm enthält dazu vier Beispiele:

▶ Berechnen der Zeitdifferenz zwischen zwei Zeitangaben

▶ Berechnen der zeitlichen Dauer eines Programmteils

▶ Berechnen des Alters einer Person

▶ Addieren einer Zeitdifferenz zu einer Zeitangabe mit Hilfe der selbstdefinierten
  Methode dateAdd() des Date-Objekts

Die letztgenannte Methode ist wie die Methode dateFormat() in der externen Datei
date.js definiert.

Es folgt der erste Teil des Programms:

```
...<html>
<head>...
<script type="text/javascript" src="number.js"></script>
<script type="text/javascript" src="date.js"></script>
</head>
<body><p>
<script type="text/javascript">
   var zeitA = new Date(2013, 0, 15, 23, 59, 20);
   var zeitB = new Date(2013, 0, 16, 0, 1, 50);
   document.write("1: " + zeitA.dateFormat("d.M.y h:m:s") + "<br>");
   document.write("2: " + zeitB.dateFormat("d.M.y h:m:s") + "<br>");
   var diff = zeitB - zeitA;
   document.write("Diff. in min.: " + (diff/60000) + "<br><br>");
...
```

Listing 6.37 Datei »zeit_rechnen.htm«, Teil 1 von 4

Es werden zwei Zeitangaben erzeugt, jeweils mit vorgegebenen Daten für Datum und
Uhrzeit. Zur Berechnung der Differenz können Sie sie einfach voneinander abziehen.
Eine Zeitangabe ist intern als reiner Zahlenwert gespeichert, der die Anzahl der Milli-
sekunden seit dem Nullpunkt repräsentiert, also seit dem 1. Januar 1970 0:00 Uhr.
Die Differenz ist daher ebenfalls ein Zahlenwert in Millisekunden. Zur Darstellung in
Minuten wird er durch 60000 geteilt.

Das Ergebnis sehen Sie in Abbildung 6.32.

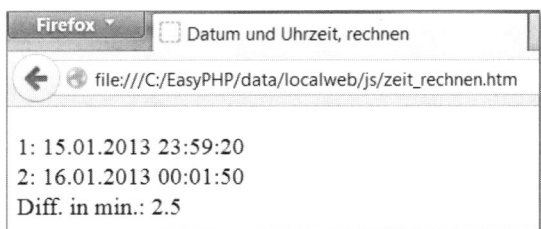

Abbildung 6.32 Berechnen der Zeitdifferenz

Es folgt der zweite Teil des Programms:

```
...
  zeitA = new Date();
  var a = 1;
  for(var i=0; i<5e7; i++) a = a * -1;   // Warteschleife
  zeitB = new Date();
  document.write("1: " + zeitA.dateFormat("h:m:s,i") + "<br>");
  document.write("2: " + zeitB.dateFormat("h:m:s,i") + "<br>");
  diff = zeitB - zeitA;
  document.write("Diff. in msec.: " + diff + "<br><br>");
...
```

Listing 6.38 Datei »zeit_rechnen.htm«, Teil 2 von 4

Auch hier werden zwei Zeitangaben erzeugt, diesmal jeweils mit der aktuellen Systemzeit. Einmal geschieht dies vor einem Programmteil, einmal danach. Es wird also die Zeitdauer berechnet, die der Rechner für die Bearbeitung dieses Programmteils benötigt. Auf meinem Rechner werden bei diesem Aufruf 125 Millisekunden benötigt. Dieser Wert ist abhängig von der Leistung und der Auslastung des Rechners sowie anderen Faktoren.

Das Ergebnis sehen Sie in Abbildung 6.33.

```
1: 15:55:44,439
2: 15:55:44,564
Diff. in msec.: 125
```

Abbildung 6.33 Berechnen der Zeitdauer eines Programmteils

Es folgt der dritte Teil des Programms:

```
...
  zeitA = new Date(1979, 7, 16);
  zeitB = new Date();
  var diff = zeitB.getFullYear() - zeitA.getFullYear();
  // Innere Klammern eigentlich unnötig, aber zum besseren Verständnis
  if(( zeitB.getMonth() < zeitA.getMonth() ) ||
     ( zeitB.getMonth() == zeitA.getMonth()
     && zeitB.getDate() < zeitA.getDate() ) )
  diff = diff - 1;
  document.write("1: " + zeitA.dateFormat("d.M.y") + "<br>");
  document.write("2: " + zeitB.dateFormat("d.M.y") + "<br>");
  document.write("Alter: " + diff + "<br><br>");
...
```

Listing 6.39 Datei »zeit_rechnen.htm«, Teil 3 von 4

Es werden wiederum zwei Zeitangaben erzeugt, einmal mit einem Geburtsdatum, einmal mit der aktuellen Systemzeit. Das Alter wird wie folgt berechnet:

Das Alter einer Person entspricht zunächst der Differenz der Jahre aus den beiden Zeitangaben. Als Nächstes werden die Monate aus den beiden Zeitangaben verglichen. Falls der Geburtsmonat aktuell noch nicht erreicht wird oder falls es sich aktuell um den Geburtsmonat handelt und der Geburtstag noch nicht erreicht wird, dann wird der Wert 1 abgezogen.

Das Ergebnis sehen Sie in Abbildung 6.34.

```
1: 16.08.1979
2: 07.08.2013
Alter: 33
```

Abbildung 6.34 Berechnen des Alters einer Person

Es folgt der vierte Teil des Programms:

```
...
    zeitA = new Date(2013, 0, 31, 17, 55, 30);
    zeitB = zeitA.dateAdd(0, 0, 3, 6, 10, 0);
    document.write("1: " + zeitA.dateFormat("d.M.y h:m:s") + "<br>");
    document.write("3 Tage, 6 Stunden und 10 Minuten später:<br>");
    document.write("2: " + zeitB.dateFormat("d.M.y h:m:s"));
</script></p>
</body></html>
```

Listing 6.40 Datei »zeit_rechnen.htm«, Teil 4 von 4

Es wird zunächst eine einzelne Zeitangabe erzeugt. Das zweite Date-Objekt wird mit Hilfe der Methode dateAdd() erzeugt. Es handelt sich um eine weitere selbstgeschriebene Erweiterung des Date-Objekts. Intern wird eine Reihe von vordefinierten Methoden genutzt, siehe Abschnitt 6.5.5, »Zweite Erweiterung des ›Date‹-Objekts«.

Beim Aufruf können Sie einen Zeitwert mit insgesamt sechs Teilwerten übergeben, der addiert bzw. subtrahiert wird. Die sechs Teilwerte stehen der Reihe nach für Jahr, Monat, Tag, Stunde, Minute und Sekunde.

Das Ergebnis sehen Sie in Abbildung 6.35.

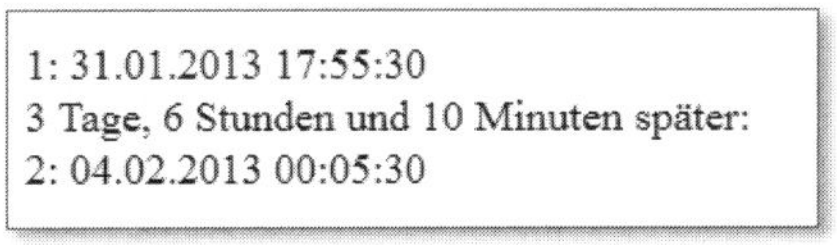

```
1: 31.01.2013 17:55:30
3 Tage, 6 Stunden und 10 Minuten später:
2: 04.02.2013 00:05:30
```

Abbildung 6.35 Addieren bzw. Subtrahieren eines Zeitwerts

6.5.5 Zweite Erweiterung des »Date«-Objekts

Die Methode dateAdd() bietet Ihnen die Möglichkeit, einen Zeitwert zu einer vorhandenen Zeitangabe zu addieren oder davon zu subtrahieren.

Zunächst der Code:

```
Date.prototype.dateAdd =
   function(jahr, monat, tag, stunde, minute, sekunde)
   {
      var zeit = new Date();
      zeit.setFullYear(this.getFullYear() + jahr);
      zeit.setMonth(this.getMonth() + monat);
      zeit.setDate(this.getDate() + tag);
      zeit.setHours(this.getHours() + stunde);
      zeit.setMinutes(this.getMinutes() + minute);
      zeit.setSeconds(this.getSeconds() + sekunde);
      return zeit;
   }
```

Listing 6.41 Datei »date.js«

Der Eigenschaft dateAdd des Objekts Date.prototype wird eine anonyme Methode zugewiesen. Damit wird dateAdd() zu einer Methode. Als Parameter werden sechs Teilwerte eines Zeitwerts übergeben. Auf das Date-Objekt, für das die Methode aufgerufen wird, greifen Sie über this zu. Es wird ein zweites Date-Objekt (zeit) erzeugt, das am Ende als Ergebnis der Berechnung zurückgeliefert wird.

Das zweite Date-Objekt wird zunächst mit der aktuellen Systemzeit vorbelegt. Anschließend werden insgesamt sechs der vordefinierten set-Methoden aufgerufen, um die einzelnen Teilwerte für das zweite Objekt zu berechnen. Zur Berechnung jedes Teilwerts wird zum zugehörigen Teilwert des aktuellen Objekts der passende Parameter addiert. Falls die Teilwerte zu groß oder zu klein sind, wird passend umgerechnet. Dies träfe zum Beispiel für eine Angabe wie –10 Minuten oder +50 Tage zu.

6.5.6 Abläufe zeitlich steuern

Sie haben bereits die Methoden alert(), prompt() und confirm() des window-Objekts kennengelernt. Vier weitere Methoden des window-Objekts passen thematisch gut zu diesem Abschnitt über Zeitangaben:

▶ Die Methode setTimeout() sorgt für den automatischen *einmaligen* Aufruf von Anweisungen nach einer bestimmten Zeit. Die Methode clearTimeout() sorgt bei Bedarf dafür, dass der betreffende Aufruf nicht erfolgen kann.

▶ Die Methode setInterval() sorgt für den automatischen *wiederholten* Aufruf von Anweisungen nach einer bestimmten Zeit. Die Methode clearInterval() sorgt ebenfalls bei Bedarf dafür, dass der betreffende Aufruf nicht mehr erfolgen kann.

Diese Methoden ermöglichen Ihnen, Abläufe zeitlich zu steuern, wie sie zum Beispiel bei Spielen oder Simulationen erforderlich sind. Im vorliegenden Programm werden die Methoden setInterval() und clearInterval() genutzt, um eine permanent aktuelle Digitaluhr und einen Countdown über 10 Sekunden anzuzeigen.

Abbildung 6.36 zeigt eine Momentaufnahme.

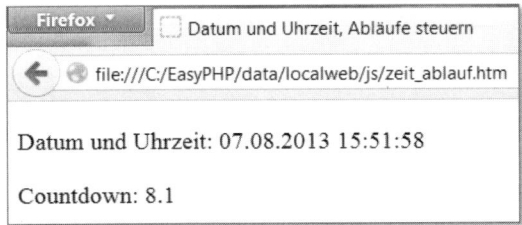

Abbildung 6.36 Digitaluhr und Countdown

Es folgt der Code:

```
...<html>
<head>...
<script type="text/javascript" src="number.js"></script>
<script type="text/javascript" src="date.js"></script>
<script type="text/javascript">
   function datumUhrzeit()
   {
      var d = new Date();
      document.getElementById("idZeit").firstChild.nodeValue =
         "Datum und Uhrzeit: " + d.dateFormat("d.M.y h:m:s");
   }

   function countdown()
   {
      var zeitB = new Date();
      var diff = (zeitB - zeitA) / 1000;
      diff = 10 - diff;
      document.getElementById("idCount").firstChild.nodeValue =
         "Countdown: " + diff.toFixed(1);
      if(diff < 0.06)
         window.clearInterval(intervallVerweis);
   }
```

```
</script>
</head>
<body>
<p id="idZeit">Datum und Uhrzeit:</p>
<p id="idCount">Countdown:</p>
<script type="text/javascript">
   window.setInterval(datumUhrzeit, 100);
   var zeitA = new Date();        // Startzeit, für Zeitdifferenz
   var intervallVerweis = window.setInterval(countdown, 100);
</script>
</body></html>
```

Listing 6.42 Datei »zeit_ablauf.htm«

Im body des Dokuments stehen die beiden Absätze für die Ausgaben von Datum und Uhrzeit bzw. Countdown.

Darunter wird zunächst die Methode setInterval() aufgerufen. Im ersten Parameter wird ein Verweis auf eine Funktion notiert, die automatisiert aufgerufen werden soll. Dabei kann es sich auch um eine anonyme Funktion handeln. Der zweite Parameter enthält die Zeit in Millisekunden, nach der die Anweisungen *wiederholt* aufgerufen werden. Hier wird damit die Funktion datumUhrzeit() aufgerufen.

Innerhalb dieser Funktion wird ein Date-Objekt mit der aktuellen Systemzeit erzeugt und formatiert im ersten Absatz ausgegeben.

Zur Vorbereitung des Countdowns wird ein erstes Date-Objekt (zeitA) mit der aktuellen Systemzeit erschaffen. Dann wird die Methode setInterval() aufgerufen, die für einen Aufruf der Funktion countdown() sorgt.

Innerhalb der Funktion countdown() wird ein zweites Date-Objekt mit der aktuellen Systemzeit erzeugt. Es wird die Zeitdifferenz zum ersten Date-Objekt ermittelt und in Sekunden ungerechnet. Diese Differenz wird immer größer. Der Wert wird nun von 10 abgezogen, damit der ausgegebene Wert für den Countdown immer kleiner wird, von 10 bis 0. Falls der Wert kleiner als 60 Millisekunden ist, dann wird der automatische Aufruf der Funktion countdown() abgebrochen. Die Ausgabe bleibt dann bei 0.

6.5.7   Können Sie Zeiten schätzen?

Ein kleines Spielchen? Versuchen Sie einmal, einen Zeitraum möglichst genau zu schätzen, zum Beispiel: 5 Sekunden. Das können Sie mit Hilfe des folgenden Programms trainieren. In Abbildung 6.37 sehen Sie die Regeln und ein mögliches Ergebnis.

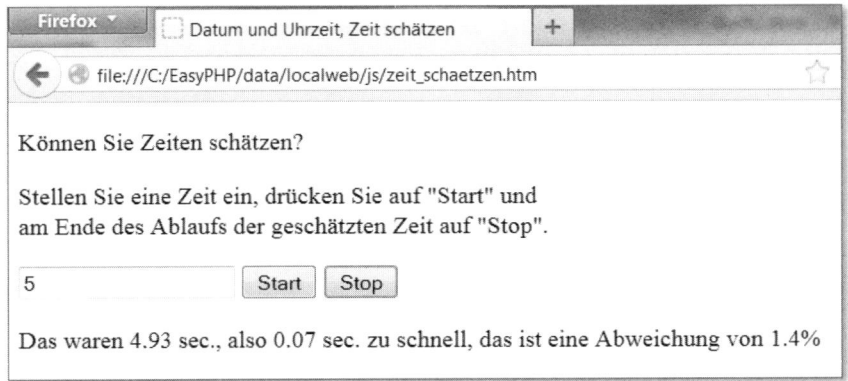

Abbildung 6.37 Zeit schätzen

Zunächst der zweite Teil des Codes, mit dem Aufbau der Seite:

```
...
<body>
<p>Können Sie Zeiten schätzen?</p>
<p>Stellen Sie eine Zeit ein, drücken Sie auf "Start" und<br>
   am Ende des Ablaufs der geschätzten Zeit auf "Stop".</p>
<p><input id="idSollZeit" value="5">
   <input id="idStart" type="button" value="Start">
   <input id="idStop" type="button" value="Stop"></p>
<p id="idErgebnis"> </p>

<script type="text/javascript" src="eh.js"></script>
<script type="text/javascript">
   meinHandler("idStart", "click", starten);
   meinHandler("idStop", "click", stoppen);
</script>
</body></html>
```

Listing 6.43 Datei »zeit_schaetzen.htm«, zweiter Teil

Das Formular umfasst das Eingabefeld und die beiden Buttons START und STOP. Darunter sehen Sie den Absatz für die Ausgabe des Ergebnisses und die Eventhandler für die beiden Buttons.

Es folgt der erste Teil des Codes, mit den JavaScript-Funktionen:

```
...<html>
<head>...
<script type="text/javascript">
   var zeitA;
```

189

```
function starten()
{
   document.getElementById("idErgebnis").firstChild.nodeValue = "";
   zeitA = new Date();
}

function stoppen()
{
   var zeitB = new Date();
   var istZeit = (zeitB - zeitA) / 1000;
   var sollZeit = document.getElementById("idSollZeit").value;
   var differenz = sollZeit - istZeit;
   var betrag = Math.abs(differenz);
   var tx = "Das waren " + istZeit.toFixed(2)
      + " sec., also " + betrag.toFixed(2) + " sec. zu ";
   if(differenz > 0) tx += "schnell";
   else              tx += "langsam";
   var rel = betrag / sollZeit * 100;
   document.getElementById("idErgebnis").firstChild.nodeValue =
      tx + ", das ist eine Abweichung von " + rel.toFixed(1) + "%";
}
</script>
</head>
...
```

Listing 6.44 Datei »zeit_schaetzen.htm«, erster Teil

Nach Betätigung des Buttons START wird dem ersten Date-Objekt die aktuelle Systemzeit zugewiesen. Außerdem wird die Anzeige geleert, in der eventuell noch das Ergebnis des letzten Versuchs steht.

Nach Betätigung des Buttons STOP wird dem zweiten Date-Objekt die aktuelle Systemzeit zugewiesen. Daraus wird die zeitliche Differenz zwischen den beiden Klicks ermittelt, der Istwert. Dieser Wert liegt in Millisekunden vor. Der Sollwert für die Zeit stammt aus dem Eingabefeld und liegt in Sekunden vor. Es wird die Differenz zwischen Sollwert und Istwert berechnet.

Nun kann ermittelt werden, ob Sie zu schnell oder zu langsam waren. Dies wird Ihnen mitgeteilt, zusammen mit der absoluten Zeitdifferenz.

Als Letztes wird die relative Abweichung berechnet. Nehmen wir an, Sie machen zwei Versuche. Beim ersten Versuch sollen Sie 10 Sekunden schätzen und klicken bereits nach 9.5 Sekunden. Beim zweiten Versuch sollen Sie 5 Sekunden schätzen und klicken bereits nach 4.5 Sekunden. In beiden Fällen beträgt die absolute Abweichung

0.5 Sekunden. Bei der Berechnung der relativen Abweichung wird die absolute Abweichung aber auf unterschiedliche Sollwerte bezogen. Dies ergibt beim ersten Versuch 5 %, beim zweiten Versuch 10 %. Beim ersten Versuch ist die relative Abweichung geringer; die Schätzung ist also besser.

6.5.8   Feiertage in NRW

Auf dem Datenträger zum Buch (bei elektronischen Buch-Ausgaben: im Download-Paket) finden Sie als Bonus das Programm *zeit_feiertag.htm*, mit vielen erläuternden Kommentaren. Es liefert eine Liste der Feiertage im Bundesland Nordrhein-Westfalen für ein bestimmtes Jahr. Eine solche Liste wird häufig im Zusammenhang mit der Ermittlung von Arbeitstagen und der Betriebsdatenerfassung benötigt.

Die Feiertage sind je nach Bundesland unterschiedlich. Sie teilen sich in feste und bewegliche Feiertage auf. Die beweglichen Feiertage hängen mit dem Termin des Ostersonntags zusammen.

Ostern ist stets am ersten Sonntag nach dem ersten Vollmond des Frühlings. So hat es das erste Kirchenkonzil im Jahr 325 n. Chr. festgelegt, und dies gilt bis heute. Im Jahr 1800 entwickelte der deutsche Mathematiker Carl Friedrich Gauß (1777–1855) eine Formel zur Berechnung des Ostersonntags. Sie ist so genau, dass erst für das Jahr 8202 ein Fehler auftritt.

Der Benutzer wird zu Beginn aufgefordert, das gewünschte Jahr einzugeben. Falls er zum Beispiel das Jahr 2013 eingibt, dann erscheint eine Ausgabe wie in Abbildung 6.38.

Feiertage NRW im Jahr 2013:

Feiertag	Datum
Neujahr	01.01.2013
Karfreitag	29.03.2013
Ostersonntag	31.03.2013
Ostermontag	01.04.2013
Tag der Arbeit	01.05.2013
Christi Himmelfahrt	09.05.2013
Pfingstsonntag	19.05.2013
Pfingstmontag	20.05.2013
Fronleichnam	30.05.2013
Tag der deutschen Einheit	03.10.2013
Allerheiligen	01.11.2013
1. Weihnachtsfeiertag	25.12.2013
2. Weihnachtsfeiertag	26.12.2013

Abbildung 6.38 Liste der Feiertage in NRW im Jahr 2013

Kapitel 7
Browserobjekte nutzen

Sie können auf das Browserfenster, auf den Inhalt der Adresszeile,
auf die Inhalte, Bilder und Hyperlinks des dargestellten Dokuments,
auf die Inhalte von Formularen und vieles mehr zugreifen.

In diesem Kapitel behandele ich die Objekte, die sich speziell auf die Darstellung und Bearbeitung von Internetseiten im Browser beziehen. Die meisten dieser Browserobjekte stehen innerhalb einer Hierarchie, mit dem Objekt window an der Spitze der Hierarchie. Darunter liegen die Objekte document, event, location und history. Das Objekt document hat wiederum Unterobjekte.

7.1   Das Browserfenster, Objekt »window«

Das Objekt window ermöglicht Ihnen den Zugriff auf das Browserfenster, in dem die Internetseiten angezeigt werden. Die Methoden alert(), prompt(), confirm() haben Sie bereits kennengelernt. Bei den Membern des window-Objekts müssen Sie den Objektnamen nicht nennen. Sie können also sowohl alert() als auch window.alert() schreiben.

Falls Sie allerdings nicht wissen, ob es eine bestimmte Eigenschaft, eine bestimmte Variable oder ein bestimmtes Objekt im aktuellen Programm bzw. aktuellen Browser gibt, dann sollten Sie dies besser mit if(window.x) als mit if(x) prüfen. Der Wert undefined kann besser ausgewertet werden als eine Fehlermeldung.

7.1.1   Größe und Position

Bei vielen aktuellen Browsern informieren Sie einige Eigenschaften des window-Objekts über die Bildschirmposition und die Größe des Browserfensters.

Die Eigenschaften outerHeight und outerWidth sowie innerHeight und innerWidth geben die äußere und die innere Größe in Pixeln wieder. Die innere Größe entspricht der äußeren Größe, vermindert um den Rand für einen Rahmen und die Bedienelemente. Die Eigenschaft screenX gibt den Abstand der oberen linken Ecke vom linken Rand an, die Eigenschaft screenY den Abstand vom oberen Rand.

Die Methoden zur Änderung der Bildschirmposition und Größe eines vorhandenen Fensters bewirken in den meisten aktuellen Browsern nichts mehr, da mit ihnen zu viel Missbrauch betrieben wurde.

Ein kurzes Anzeigeprogramm:

```
...<body><p>
<script type="text/javascript">
   document.write("outerHeight / outerWidth: "
      + window.outerHeight + " " + window.outerWidth + "<br>");
   document.write("innerHeight / innerWidth: "
      + window.innerHeight + " " + window.innerWidth + "<br>");
   document.write("screenX / screenY: "
      + window.screenX + " " + window.screenY);
</script></p>
</body></html>
```

Listing 7.1 Datei »window_info.htm«

In Abbildung 7.1 sehen Sie ein verkleinertes und verschobenes Fenster mit den zugehörigen Werten.

Abbildung 7.1 Informationen zum Browserfenster

7.1.2   Fenster öffnen und schließen

Die Methoden open() und close() können Sie nutzen, um ein zusätzliches Fenster zu öffnen bzw. ein Fenster zu schließen. Im folgenden Beispiel sehen Sie, wie Sie:

▶ ein neues Fenster in einer bestimmten Größe an einem bestimmten Ort erzeugen ,

▶ ein selbsterzeugtes Fenster mit einem neuen Dokument per HTML-Code füllen ,

▶ den Status eines selbsterzeugten Fensters abfragen,

▶ ein selbsterzeugtes Fenster mit neuen Inhalten per JavaScript-Code füllen und

▶ ein selbsterzeugtes Fenster schließen .

Es folgt zunächst der zweite Teil, mit dem Aufbau der Seite:

```
...
<body>
<p><input id="idErzeugen" type="button" value="Erzeugen"></p>
<p><a href="window_2.htm" target="neu">Neue Datei</a>
   <input id="idAbfragen" type="button" value="Abfragen">
   <input id="idFuellen" type="button" value="Per Code füllen">
   <input id="idSchliessen" type="button" value="Schließen"></p>
<script type="text/javascript" src="eh.js"></script>
<script type="text/javascript">
   meinHandler("idErzeugen", "click", neuErzeugen);
   meinHandler("idAbfragen", "click", neuAbfragen);
   meinHandler("idFuellen", "click", neuFuellen);
   meinHandler("idSchliessen", "click", neuSchliessen);
</script>
</body></html>
```

Listing 7.2 Datei »window_oeffnen.htm«, HTML und Eventhandler

Das Ergebnis, mit einem neuen Fenster, sehen Sie in Abbildung 7.2.

Abbildung 7.2 Arbeiten mit Fenstern

Es gibt vier Buttons und einen Hyperlink. Die Betätigung der Buttons führt über die Eventhandler zum Aufruf der zugehörigen JavaScript-Funktion.

Beim Klick auf den Hyperlink wird die Datei *window_2.htm* in das Fenster mit dem Namen neu geladen. Falls dieser Name unbekannt ist, also das Fenster nicht existiert, dann wird die Datei in ein gänzlich neues Fenster oder in einen neuen Tab geladen.

Dazu wird das Attribut target in der Markierung a benötigt. Mit diesem Attribut kann die Seite nicht mehr gemäß der DTD für *HTML 4.01 Strict* validiert werden. Daher wurde die DTD für *HTML 4.01 Transitional* genutzt.

Es folgt der erste Teil des Codes, mit den JavaScript-Funktionen:

```
<!DOCTYPE HTML PUBLIC "-//W3C//DTD HTML 4.01 Transitional//EN"
    "http://www.w3.org/TR/html4/loose.dtd">
<html>
<head>...
<script type="text/javascript">
var neuesFenster = -1;

function neuErzeugen()
{
    neuesFenster = window.open("window_1.htm", "neu",
        "width=300, height=200, left=200, top=200");
}

function neuAbfragen()
{
    if(neuesFenster == -1)
        alert("Neues Fenster noch nicht geöffnet");
    else if(neuesFenster.closed)
        alert("Neues Fenster geschlossen");
    else
        alert("Neues Fenster offen");
}

function neuFuellen()
{
    if(neuesFenster == -1 || neuesFenster.closed)
        neuesFenster = window.open("", "neu",
            "width=300, height=200, left=200, top=200");
    neuesFenster.document.open();
    neuesFenster.document.write("<html><body>Neuer Inhalt<\/body><\/html>");
    neuesFenster.document.close();
}

function neuSchliessen()
{
    neuesFenster.close();
}
```

```
</script>
</head>
```
. . .

Listing 7.3 Datei »window_oeffnen.htm«, JavaScript-Funktionen

Die globale Variable `neuesFenster` enthält die Information, ob bereits ein neues Fenster existiert. Der Wert `-1` bedeutet: das Fenster wurde noch nicht geöffnet. Nach dem Öffnen des neuen Fensters stellt diese Variable einen Verweis auf das `window`-Objekt des neuen Fensters dar.

In der Funktion `neuErzeugen()` wird die Methode `open()` aufgerufen, hier mit drei Parametern. Der erste Parameter gibt an, welche Datei in das neue Fenster geladen wird. Als zweiter Parameter wird ein Name für das neue Fenster festgelegt. Dieser Name kann als Target-Angabe für einen Hyperlink dienen. Der dritte Parameter ist optional. Innerhalb einer Zeichenkette können Sie einige Werte für die Gestaltung des neuen Fensters angeben, zum Beispiel die Breite (`width`), die Höhe (`height`) und die Position, jeweils in Pixel. Die Werte für `left` und `top` werden ab der oberen linken Ecke des Bildschirms gerechnet. Rückgabewert der Methode `open()` ist ein Verweis auf das `window`-Objekt des neuen Fensters.

In der Funktion `neuAbfragen()` wird der Status des neuen Fensters mit Hilfe der Variablen `neuesFenster` geprüft. Die Eigenschaft `closed` informiert darüber, ob es aktuell offen oder geschlossen ist. Anschließend wird dieser Status ausgegeben.

In der Funktion `neuFuellen()` wird ebenfalls der Status des neuen Fensters geprüft. Falls es nicht offen ist, dann wird es neu erzeugt, allerdings ohne den Inhalt einer Datei. Anschließend wird mit Hilfe des `window`-Objekts und der Methoden `open()`, `write()` und `close()` des zugehörigen `document`-Objekts ein neues Dokument dynamisch erzeugt und im Fenster angezeigt.

In der Funktion `neuSchliessen()` wird das neue Fenster mit Hilfe der Methode `close()` geschlossen.

Es folgt der Code der Datei *window_1.htm*, die mit Hilfe der Funktion `neuErzeugen()` in das neue Fenster geladen wird:

. . .
```
<body>
<p>Das ist die Datei window_1.htm</p>
<p><input id="idSchliessen" type="button" value="Schließen"></p>
<script type="text/javascript" src="eh.js"></script>
<script type="text/javascript">
```

7

197

```
    meinHandler("idSchliessen", "click", function() { window.close(); } );
</script>
</body></html>
```

Listing 7.4 Datei »window_1.htm«

Beim Klick auf den Button SCHLIESSEN wird auch hier die Methode close() zum Schließen des Fensters aufgerufen. Da wir uns innerhalb des Fensters befinden, handelt es sich um das aktuelle window-Objekt, das ohne weitere Bezeichnung davor erreichbar ist.

7.1.3   Zeitliche Abläufe starten und stoppen

Sie haben bereits in Abschnitt 6.5.6, »Abläufe zeitlich steuern«, Beispiele zu den Methoden setInterval(), clearInterval(), setTimeout() und clearTimeout() des window-Objekts gesehen. Diese Methoden dienen zum Starten und Beenden von zeitlichen gesteuerten Abläufen. Im Falle von setInterval() wird eine Reihe von Anweisungen wiederholt ausgeführt, im Falle von setTimeout() einmalig.

Häufig wird ein solcher Ablauf durch ein Ereignis gestartet, zum Beispiel durch den Klick auf einen Start-Button. Meist ist es nicht erwünscht, dass ein Ablauf mehrfach gestartet wird. Er soll erst dann wieder gestartet werden können, wenn der vorherige Ablauf beendet wurde.

In folgendem Beispielprogramm werden alle genannten Methoden und Einschränkungen berücksichtigt. Es folgt zunächst der zweite Teil, mit dem Aufbau der Seite:

```
...
<body>
<p><input id="idIntStarten" type="button" value="Intervall starten">
    <input id="idIntStoppen" type="button" value="Intervall stoppen">
    <span id="idIntAusgabe">Ausgabe: </span></p>
<p><input id="idTimStarten" type="button" value="Timeout starten">
    <input id="idTimStoppen" type="button" value="Timeout stoppen">
    <span id="idTimAusgabe">Ausgabe: </span></p>
<script type="text/javascript" src="eh.js"></script>
<script type="text/javascript">
    meinHandler("idIntStarten", "click", intervallStarten);
    meinHandler("idIntStoppen", "click", intervallStoppen);
    meinHandler("idTimStarten", "click", timeoutStarten);
    meinHandler("idTimStoppen", "click", timeoutStoppen);
</script>
</body></html>
```

Listing 7.5 Datei »window_ablauf.htm«, HTML und Eventhandler

In jedem der beiden Absätze werden zwei Buttons angezeigt, zum Starten und Stoppen des Ablaufs. Nach dem Betätigen des Buttons INTERVALL STARTEN oder TIMEOUT STARTEN wird in der zugehörigen Zeile alle 0.5 Sekunden ein x hinzugefügt. Eine weitere Betätigung des Buttons bewirkt nichts, der Ablauf kann also nicht versehentlich mehrmals aktiviert werden.

Nach dem Betätigen des Buttons INTERVALL STOPPEN bzw. TIMEOUT STOPPEN endet der Ablauf. Es kommt kein weiteres x hinzu. Nun kann wieder der jeweilige Button zum Starten betätigt werden.

In Abbildung 7.3 sehen Sie das Ergebnis, nachdem in beiden Absätzen der Button ... STARTEN betätigt wurde.

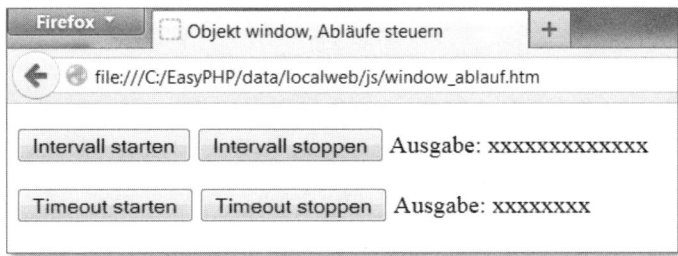

Abbildung 7.3 Zeitlich gesteuerte Abläufe

Es folgt der erste Teil des Codes, mit den JavaScript-Funktionen:

```
...<html>
<head>...
<script type="text/javascript">
var intervallVerweis, timeoutVerweis;
var intervallAktiv = false, timeoutAktiv = false;

function intervallFuellen()
{
    document.getElementById("idIntAusgabe").firstChild.nodeValue += "x";
}

function intervallStarten()
{
    if(intervallAktiv)
        return;
    intervallAktiv = true;
    intervallVerweis = window.setInterval(intervallFuellen, 500);
}

function intervallStoppen()
```

```
{
    intervallAktiv = false;
    window.clearInterval(intervallVerweis);
}

function timeoutFuellen()
{
    document.getElementById("idTimAusgabe").firstChild.nodeValue += "x";
    timeoutVerweis = window.setTimeout(timeoutFuellen, 500);
}

function timeoutStarten()
{
    if(timeoutAktiv)
        return;
    timeoutAktiv = true;
    timeoutVerweis = window.setTimeout(timeoutFuellen, 500);
}

function timeoutStoppen()
{
    timeoutAktiv = false;
    window.clearTimeout(timeoutVerweis);
}
</script>
</head>
...
```

Listing 7.6 Datei »window_ablauf.htm«, JavaScript-Funktionen

Der Verweis `intervallVerweis` wird nach dem Start eines Ablaufs gesetzt und zum Beenden des Ablaufs benötigt. Die Variable `intervallAktiv` wird nach dem Start eines Ablaufs auf `true` gesetzt, damit der Ablauf nicht versehentlich zweimal gestartet werden kann.

Nach Betätigung des Buttons INTERVALL STARTEN wird die Funktion `intervallStarten()` aufgerufen. Falls der Ablauf bereits gestartet wurde, dann wird die Funktion abgebrochen. Ansonsten wird mit Hilfe der Methode `setInterval()` automatisch alle 0.5 Sekunden die Funktion `intervallFuellen()` aufgerufen. Nach Betätigung des Buttons INTERVALL STOPPEN wird die Variable `intervallAktiv` auf `false` gesetzt, damit ein erneuter Start wieder möglich wird. Die Methode `clearInterval()` dient zum Beenden des Ablaufs.

Nach Betätigung der Buttons TIMEOUT STARTEN und TIMEOUT STOPPEN passieren im Prinzip dieselben Dinge, gesteuert durch den Verweis timeoutVerweis und die Variable timeoutAktiv. Der einzige Unterschied: In der Funktion timeoutFuellen() wird die Methode setTimeout() erneut aufgerufen, da die Anweisungen ansonsten nur einmalig ausgeführt werden.

7.2   Die Historie, Objekt »history«

Das Objekt history liegt in der Objekthierarchie unterhalb des Objekts window. Es arbeitet mit der Historie des Browsers. Sie können:

▶ mit der Methode back() die vorherige Seite anzeigen lassen,

▶ mit der Methode forward() die nächste Seite anzeigen lassen, falls Sie sich schon in der Historie bewegt haben, und

▶ mit der Methode go() zu einer beliebigen Seite in der Historie springen, dabei mit einem negativen Wert als Parameter zu einer der vorherigen Seiten und mit einem positiven Wert zu einer der nächsten Seiten.

Die Eigenschaft length zeigt Ihnen die aktuelle Länge der Historie an.

Ein kleines Beispielprogramm:

```
...
<body>
<p><input id="idVorwaerts" type="button" value="Eine Seite vor">
   <input id="idZurueck" type="button" value="Eine Seite zurück">
   <input id="idGo" type="button" value="Drei Seiten zurück"></p>
<p><input id="idLaenge" type="button" value="Länge der Historie"></p>
<script type="text/javascript" src="eh.js"></script>
<script type="text/javascript">
   meinHandler("idVorwaerts", "click", function() { history.forward(); } );
   meinHandler("idZurueck", "click", function() { history.back(); } );
   meinHandler("idGo", "click", function() { history.go(-3); } );
   meinHandler("idLaenge", "click", function() { alert(history.length); } );
</script>
</body></html>
```

Listing 7.7 Datei »history.htm«

In Abbildung 7.4 sehen Sie das Programm, mit vier Buttons.

Abbildung 7.4 Zugriff auf die Historie

Es werden die oben genannten Methoden aufgerufen und die Werte der Eigenschaft abgerufen. Der Aufruf von go(-3) führt in der Historie drei Seiten zurück.

7.3 Die Adresse, Objekt »location«

Das Objekt location liegt in der Objekthierarchie unterhalb des Objekts window. Es greift auf die Adresse bzw. auf die Teile der Adresse des URI (= *Uniform Resource Identifier*) des aktuellen Dokuments zu. Meist wird das Objekt genutzt, um die Eigenschaft href zu ändern. Dies wirkt wie der Wechsel zu einer anderen Seite mit Hilfe eines Hyperlinks. Es gibt aber weitere Möglichkeiten, wie Sie in diesem Abschnitt sehen werden.

7.3.1 Eigenschaften und Methoden

Das location-Objekt besitzt unter anderem die folgenden Member:

▶ Die Eigenschaft href enthält die vollständige Adresse des URI.

▶ Die Eigenschaft protocol speichert nur das Protokoll der Adresse; bei Zugriff auf einen HTTP-Server (ob lokal oder im Internet) den Wert http:, beim Zugriff auf eine lokale Festplattendatei den Wert file:.

▶ Die Eigenschaften host und hostname enthalten nur den Namen des HTTP-Servers der Adresse. Dabei umfasst host auch die Portnummer. Bei einem lokalen Zugriff haben host und hostname keinen Wert.

▶ Die Eigenschaft pathname speichert nur den Verzeichnispfad der Adresse. Bei Zugriff über einen HTTP-Server ist dies der Pfad hinter der Domainangabe. Bei lokalem Zugriff ist dies der Pfad auf der Festplatte.

▶ Die Eigenschaft hash enthält den Namen eines Ankers inklusive des Hash-Zeichens #. Dies gilt nur, falls der Anker zur Adresse gehört, also falls zu einem Ziel innerhalb der Datei gesprungen wird.

▶ Die Methode `reload()` dient zum erneuten Laden der aktuellen Seite, entweder aus dem Browser-Cache oder gänzlich neu vom Server.

▶ Die Methode `replace()` löscht die aktuelle Seite aus der History und ersetzt sie gleichzeitig durch eine andere Seite.

Nachfolgend ein Programm, das mit den genannten Membern arbeitet.

```
...<html>
<head>...
<script type="text/javascript">
function ausgabe()
{
   var tx = "";
   tx += "hash: " + location.hash + "\n";
   tx += "host: " + location.host + "\n";
   tx += "hostname: " + location.hostname + "\n";
   tx += "href: " + location.href + "\n";
   tx += "pathname: " + location.pathname + "\n";
   tx += "protocol: " + location.protocol + "\n";
   tx += "search: " + location.search + "\n";
   alert(tx);
}
</script>
</head>
<body>
<p>Member: <input id="idAusgeben" type="button" value="ausgeben">
   <input id="idAendern" type="button" value="ändern"></p>
<p>Andere Seite: <input id="idLaden" type="button" value="laden">
   <input id="idLoeschen" type="button"
      value="... und location.htm aus History löschen"></p>
<p>Diese Seite neu laden:
   <input id="idCache" type="button" value="vom Cache">
   <input id="idServer" type="button" value="vom Server"></p>
<p><a name="ende">Anker Ende</a></p>
<script type="text/javascript" src="eh.js"></script>
<script type="text/javascript">
   meinHandler("idAusgeben", "click", ausgabe);
   meinHandler("idAendern", "click", function()
      { location.hash = "#ende"; } );
   meinHandler("idLaden", "click", function()
      { location.href = "history.htm"; } );
```

7

```
    meinHandler("idLoeschen", "click", function()
        { location.replace("history.htm"); } );
    meinHandler("idCache", "click", function() { location.reload(); } );
    meinHandler("idServer", "click", function() { location.reload(true); } );
</script>
</body></html>
```

Listing 7.8 Datei »location.htm«

Das Programm wird nun zur Verdeutlichung im Verzeichnis *js* meiner Domain *theisweb.de* aufgerufen. Der Benutzer kann insgesamt sechs Buttons betätigen, siehe Abbildung 7.5.

Abbildung 7.5 »location«-Objekt

Ein Klick auf den Button AUSGEBEN ruft die Funktion ausgabe() auf. In Abbildung 7.6 sehen Sie die Werte der location-Eigenschaften.

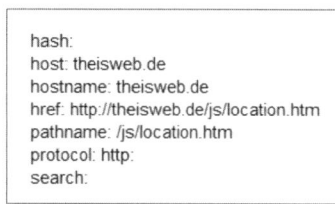

Abbildung 7.6 Ausgabe der Eigenschaften

Die Betätigung des Buttons ÄNDERN führt dazu, dass der Wert der Eigenschaft hash geändert wird. Dies verursacht unmittelbar einen Sprung innerhalb des Programms zum genannten Anker. Die Auswirkungen sieht man natürlich nur in einer längeren Datei.

Ein Klick auf den Button LADEN ändert den Wert der Eigenschaft href. Dies verursacht unmittelbar einen Sprung zu einer anderen Seite.

Die Betätigung des Buttons AUS HISTORY LÖSCHEN verursacht ebenfalls einen Sprung zu einer anderen Seite. Anschließend ist die Seite *location.htm* nicht mehr über die History zu erreichen.

Die beiden Buttons VOM CACHE und VOM SERVER laden *location.htm* neu. Falls Sie als Parameter `true` angeben, dann wird dabei der Inhalt des Browser-Caches ignoriert und die Seite gänzlich neu geladen.

7.3.2   Senden von Datei zu Datei

Neben den oben genannten Eigenschaften besitzt das `location`-Objekt die Eigenschaft `search`. Diese enthält eine Suchzeichenkette, die inklusive des Zeichens ? an die eigentliche Adresse angehängt werden kann.

Einzelne Teilinformationen innerhalb der Suchzeichenkette werden durch das Zeichen & voneinander getrennt. Sie können aus einem Formular stammen und wie Parameter einer Funktion dienen. Damit ist eine Übermittlung von Informationen von einer Seite zur nächsten möglich, ohne ein Programm in einer Webserversprache wie PHP.

Ein Beispiel für eine Suchzeichenkette: Sie können *Google Maps* wie folgt aufrufen: *http://maps.google.de/maps?q=Bonn&z=18*. Anschließend wird unmittelbar eine Karte von Bonn mit einem Zoomfaktor von 18 angezeigt, unter Umgehung der *Google Maps*-Startseite.

Ein Nachteil dieser Methode soll nicht unerwähnt bleiben: Die übermittelten Informationen werden in die Adresszeile des Browsers geschrieben. Dabei könnten auch schädliche Daten zur Zieldatei übermittelt werden.

In folgendem Programm kann der Benutzer zwei Informationen in einem Formular eintragen, siehe Abbildung 7.7. Diese werden zu einer Suchzeichenkette zusammengefasst, damit an eine zweite Datei übermittelt und dort wieder als einzelne Informationen weiterverarbeitet, siehe Abbildung 7.8.

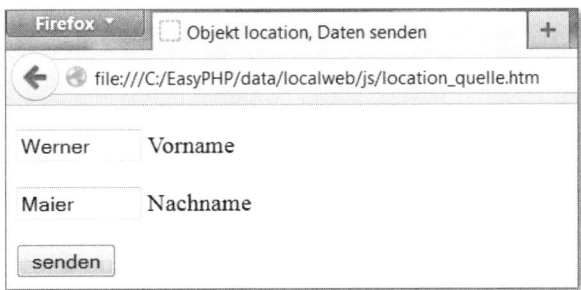

Abbildung 7.7 Informationen senden

Abbildung 7.8 Gesendete Informationen verarbeiten

Das Programm zum Senden sieht wie folgt aus:

```
...<html>
<head>...
<script type="text/javascript">
    function senden()
    {
        location.href = "location_ziel.htm?v="
            + document.getElementById("idVorname").value + "&n="
            + document.getElementById("idNachname").value + "#ende";
    }
</script>
</head>
<body>
<p><input id="idVorname" size="10"> Vorname</p>
<p><input id="idNachname" size="10"> Nachname</p>
<p><input id="idSenden" type="button" value="senden"></p>
<script type="text/javascript" src="eh.js"></script>
<script type="text/javascript">
    meinHandler("idSenden", "click", senden);
</script>
</body></html>
```

Listing 7.9 Datei »location_quelle.htm«

Nach dem Eintragen und dem Betätigen des Buttons SENDEN wird die Funktion senden() aufgerufen. Darin bekommt die Eigenschaft href einen neuen Wert. Mit Hilfe der Zeichen ? und & sowie der Inhalte der Formularfelder wird die Suchzeichen-kette zusammengesetzt. Falls innerhalb der Zieldatei ein Anker als Ziel dient, gehört er ganz ans Ende der Adresse.

Der Code in der Zieldatei sieht wie folgt aus:

```
...
<body><p>
<script type="text/javascript">
   document.write("href: " + location.href + "<br>");
   document.write("search: " + location.search + "<br>");
   var suchfeld = location.search.split("&");
   for(var i=0; i<suchfeld.length; i++)
   {
       if(i==0) suchfeld[0] = suchfeld[0].substr(1);
       var teile = suchfeld[i].split("=");
       document.write(teile[0] + ": " + teile[1] + "<br>");
   }
</script></p>
<p><a name="ende">Anker Ende</a></p>
</body></html>
```

Listing 7.10 Datei »location_ziel.htm«

Die vollständige Adresse sehen Sie im Adressfeld in Abbildung 7.8. Zur Kontrolle wird sie noch einmal im Dokument ausgegeben, mit Hilfe der Eigenschaft href. Die Eigenschaft search enthält den für uns interessanten Teil. Die Suchzeichenkette wird mit der String-Methode split() zu einem Feld von Einzelinformationen zerlegt.

Im ersten Feldelement steckt noch das Fragezeichen. Sie können es mit der String-Methode substr() eliminieren. Anschließend wird jede Einzelinformation in zwei Teile zerlegt, wiederum mit Hilfe von split(). Nun stehen uns die Eigenschaft-Wert-Paare zur Verfügung.

7.4   Das Dokument, Objekt »document«

Das Objekt document liegt in der Objekthierarchie unterhalb des Objekts window. Es greift auf das Dokument zu, das im Browser angezeigt wird, und bietet zahlreiche Möglichkeiten:

▶ Es erlaubt mit Hilfe einiger Methoden den Zugriff auf den DOM-Baum, wie ich es in Kapitel 5, »Das Document Object Model (DOM)«, ausführlich beschrieben habe.

▶ Die Methoden open() und close() haben Sie ebenfalls schon kennengelernt, siehe Abschnitt 4.2.1, »Erste Eventhandler«, und Abschnitt 7.1.2, »Fenster öffnen und schließen«.

▶ Die Methode write() muss nicht mehr erwähnt werden.

▶ Mit Hilfe der Eigenschaft cookie können Sie kleinere Datenmengen beim Benutzer speichern. Dies erläutere ich ausführlich in Kapitel 13, »Cookies«.

▶ Der Zugriff auf verschiedene Farben des Dokuments über die Eigenschaften alinkColor, bgColor, fgColor, linkColor und vlinkColor gelingt nur, falls diese auf veraltete Art und Weise als Attribute des body-Tags gesetzt werden. Sie sollten aber besser per CSS definiert werden, siehe Kapitel 9, »Cascading Style Sheets (CSS)«.

▶ Die Methode getSelection() liefert den aktuell markierten Text des Dokuments, allerdings gelingt dies nicht für alle Browser.

▶ Die Eigenschaft referrer enthielt in älteren Browerversionen die Adresse der Seite, von der aus die momentane Seite aufgerufen wurde. Dies ist in aktuellen Browsern meist nicht mehr möglich.

Das document-Objekt besitzt unter anderem die folgenden Eigenschaften als Unterobjekte; dabei handelt es sich jeweils um ein Feld, das alle betreffenden Objekte im Dokument enthält:

▶ Das Objekt anchors umfasst alle Anker, siehe Abschnitt 7.5, »Alle Anker, Objekt ›anchors‹«.

▶ Das Objekt links enthält alle Hyperlinks, siehe Abschnitt 7.6, »Alle Hyperlinks, Objekt ›links‹«.

▶ Das Objekt images umfasst alle Bilder, siehe Abschnitt 7.7, »Alle Bilder, Objekte ›images‹ und ›Image‹«.

▶ Das Objekt forms steht für alle Formulare, siehe Abschnitt 7.8, »Alle Formulare, Objekt ›forms‹«.

Es verbleiben nur noch wenige Member, die ich an dieser Stelle besprechen werde. Im folgenden Programm wird der Titel des Dokuments mit Hilfe der Eigenschaft title geändert, und Datum und Uhrzeit der letzten Dokumentänderung werden mit Hilfe der Eigenschaft lastModified ausgegeben. Dabei wird das Datumsformat MM-DD-YYYY verwendet.

```
...<html>
<head>...<title>Das ist der Titel</title></head>
<body>
<p><input id="idTitel" type="button" value="Titel ändern"></p>
<script type="text/javascript" src="eh.js"></script>
<script type="text/javascript">
   document.write("Datum: " + document.lastModified);
   meinHandler("idTitel", "click",
      function() { document.title = "Neuer Titel"; } );
</script>
</body></html>
```

Listing 7.11 Datei »document.htm«

7.5   Alle Anker, Objekt »anchors«

Das Objekt anchors liegt in der Objekthierarchie unterhalb des Objekts document. Es stellt ein Feld dar, in dem Verweise auf alle Anker im Dokument stehen. Wie bei Feldern üblich, gelingt der Zugriff auf die Elemente am besten über den Index. Die Eigenschaft length des Feldes liefert die Anzahl der Anker. Die Eigenschaft name eines einzelnen Feldelements stellt den Namen des Ankers zur Verfügung.

In diesem Abschnitt erstellen wir ein Dokument mit drei Ankern. Die Namen und sichtbaren Texte werden für alle ausgegeben. Für den sichtbaren Text gibt es zwar die Eigenschaft text, allerdings nicht in allen Browsern. Daher wird hier die Tatsache genutzt, dass jedes Feldelement einen Knoten darstellt, auf dessen ersten Kindknoten zugegriffen werden kann.

Bei einem der Anker werden sowohl Name als auch sichtbarer Text geändert. Nach dieser Änderung sieht das Dokument aus wie in Abbildung 7.9, und die Ausgabefunktion liefert ein Ergebnis wie in Abbildung 7.10.

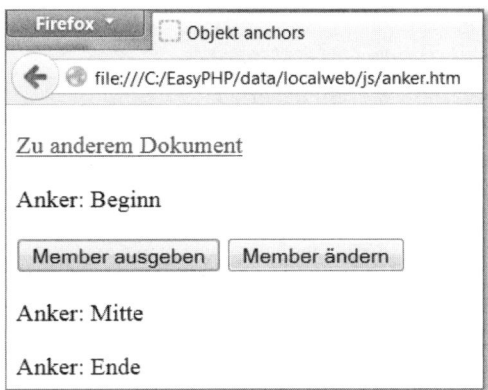

Abbildung 7.9 Dokument mit Ankern

```
0: Name: beginn, Text: Beginn
1: Name: mitte, Text: Mitte
2: Name: ende, Text: Ende
```

Abbildung 7.10 Liste der Anker, mit Name und sichtbarem Text

Es folgt das Programm:

```
...<html>
<head>...
<script type="text/javascript">
function ausgabe()
```

```
{
   var tx = "";
   for(var i=0; i<document.anchors.length; i++)
      tx += i + ": Name: " + document.anchors[i].name + ", Text: "
         + document.anchors[i].firstChild.nodeValue + "\n";
   alert(tx);
}

function aendern()
{
   document.anchors[0].name = "beginn";
   document.anchors[0].firstChild.nodeValue = "Beginn";
}
</script>
</head>
<body>
<p><a href="document.htm">Zu anderem Dokument</a></p>
<p>Anker: <a name="anfang">Anfang</a></p>
<p><input id="idAusgeben" type="button" value="Member ausgeben">
   <input id="idAendern" type="button" value="Member ändern"></p>
<p>Anker: <a name="mitte">Mitte</a></p>
<p>Anker: <a name="ende">Ende</a></p>
<script type="text/javascript" src="eh.js"></script>
<script type="text/javascript">
   meinHandler("idAusgeben", "click", ausgabe);
   meinHandler("idAendern", "click", aendern);
</script>
</body></html>
```

Listing 7.12 Datei »anker.htm«

In der Funktion `ausgabe()` wird die `for`-Schleife mit Hilfe der Anzahl der Anker gesteuert. Der Zugriff auf einen einzelnen Anker gelingt über den Index. Dies gilt auch für die Funktion `aendern()`.

7.6   Alle Hyperlinks, Objekt »links«

Das Objekt `links` liegt in der Objekthierarchie unterhalb des Objekts `document`. Es stellt ein Feld dar, in dem alle Hyperlinks im Dokument stehen. Auch auf die Elemente dieses Feldes lässt sich am besten über den Index zugreifen. Die Eigenschaft `length` repräsentiert die Anzahl der Hyperlinks.

Der Wert der Eigenschaft href eines einzelnen Elements entspricht dem Wert des Attributs href der HTML-Markierung a, also dem Verweisziel. Die Eigenschaft target enthält das Zielfenster für den Hyperlink, falls angegeben. Die weiteren Eigenschaften (hash, host, hostname, href, pathname, port, protocol und search) entsprechen den aus Abschnitt 7.3, »Die Adresse, Objekt ›location‹«, bekannten Eigenschaften des location-Objekts.

In diesem Abschnitt wird ein Dokument mit drei Hyperlinks erstellt. Die vier Eigenschaften *Verweisziel, sichtbarer Text, Zielfenster* und *Suchzeichenkette* werden für alle Hyperlinks ausgegeben. Die Suchzeichenkette steht beispielhaft für die Eigenschaften des location-Objekts.

Wie beim Objekt anchors gibt es zwar für den sichtbaren Text die Eigenschaft text, allerdings nicht in allen Browsern. Daher nutzen wir auch hier die Tatsache, dass jedes Feldelement einen Knoten darstellt, auf dessen ersten Kindknoten zugegriffen werden kann. Bei einem der Hyperlinks werden alle vier oben genannten Eigenschaften geändert. Nach dieser Änderung sieht das Dokument aus wie in Abbildung 7.11, und die Ausgabefunktion liefert ein Ergebnis wie in Abbildung 7.12.

Abbildung 7.11 Dokument mit Hyperlinks

Abbildung 7.12 Liste der Hyperlinks, mit Eigenschaften

Es folgt das Programm:

```
<!DOCTYPE HTML PUBLIC "-//W3C//DTD HTML 4.01 Transitional//EN"
   "http://www.w3.org/TR/html4/loose.dtd">
<html>
<head>...
<script type="text/javascript">
function ausgabe()
{
   var tx = "";
   for(var i=0; i<document.links.length; i++)
   {
      tx += i + ": Verweisziel: " + document.links[i].href + "\n";
      tx += "Text: " + document.links[i].firstChild.nodeValue + "\n";
      tx += "Zielfenster: " + document.links[i].target + "\n";
      tx += "Suche: " + document.links[i].search + "\n\n";
   }
   alert(tx);
}

function aendern()
{
   document.links[2].href = "http://www.spiegel.de";
   document.links[2].firstChild.nodeValue = "Spiegel";
   document.links[2].target = "zehn";
   document.links[2].search = "?q=Berlin";
}
</script>
</head>
<body>
<p><input id="idAusgeben" type="button" value="Member ausgeben">
   <input id="idAendern" type="button" value="Member ändern"></p>
<p><a href="#ende">Zum Ende</a></p>
<p><a href="http://www.yahoo.de" target="acht">Yahoo</a></p>
<p><a href="http://www.google.de?q=Bonn">Google</a></p>
<p><a name="ende">Ende</a></p>
<script type="text/javascript" src="eh.js"></script>
<script type="text/javascript">
   meinHandler("idAusgeben", "click", ausgabe );
```

```
    meinHandler("idAendern", "click", aendern );
</script>
</body></html>
```

Listing 7.13 Datei »links.htm«

In der Funktion `ausgabe()` wird die `for`-Schleife mit Hilfe der Anzahl der Hyperlinks gesteuert. Der Zugriff auf einen einzelnen Hyperlink gelingt über den Index. Dies gilt auch für die Funktion `aendern()`.

Innerhalb der Hyperlinks wird teilweise das Attribut `target` eingesetzt. Zur erfolgreichen Validierung muss daher die DTD für *HTML 4.01 Transitional* genutzt werden, wie zum Beispiel auch in Abschnitt 7.1.2, »Fenster öffnen und schließen«.

7.7   Alle Bilder, Objekte »images« und »Image«

Das Objekt `images` liegt in der Objekthierarchie unterhalb des Objekts `document`. Es stellt ein Feld dar, in dem auf alle Bilder im Dokument verwiesen wird. Auch die Elemente dieses Feldes lassen sich am besten über den Index ausgeben. Die Eigenschaft `length` steht für die Anzahl der Bilder.

Ein `Image`-Objekt kann zum Vorladen eines Bildes dienen, damit Zeit beim Seitenaufbau oder bei einem Bildwechsel eingespart wird.

7.7.1   Eigenschaften

Die wichtigste Eigenschaft eines Feldelements ist `src`, zur Angabe der Bilddatei. Die Eigenschaften `height` und `width` entsprechen den gleichnamigen Attributen der HTML-Markierung. Sie geben die dargestellte Höhe und Breite des Bildes an. Die Eigenschaft `complete` gibt an, ob das Bild vollständig geladen wurde.

Während der Benutzer das fertige Dokument betrachtet, können Sie weitere Bilder vorladen. Dies spart Zeit bei einem Bildwechsel. Dazu benötigen Sie einzelne `Image`-Objekte.

In diesem Abschnitt erstellen wir ein Dokument mit vier Bildern. Die oben genannten Eigenschaften werden für alle Bilder ausgegeben. Beim Laden des Dokuments werden zwei weitere Bilder vorgeladen, jeweils in ein `Image`-Objekt.

Bei einem Bild ändern wir Eigenschaften. Das Originaldokument, vor der Änderung, sieht aus wie in Abbildung 7.13. Die Ausgabefunktion liefert ein Ergebnis wie in Abbildung 7.14.

Firefox
Objekt images
file:///C:/EasyPHP/data/localweb/js/bilder.htm
Member ausgeben
Member ändern

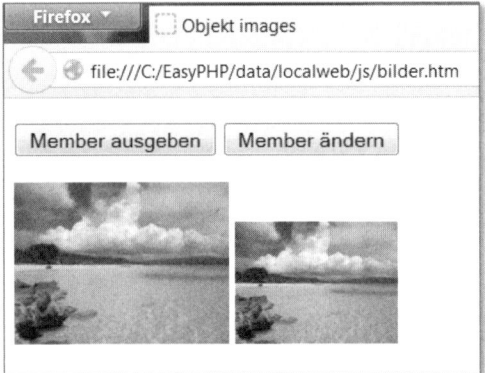

Abbildung 7.13 Dokument mit Bildern

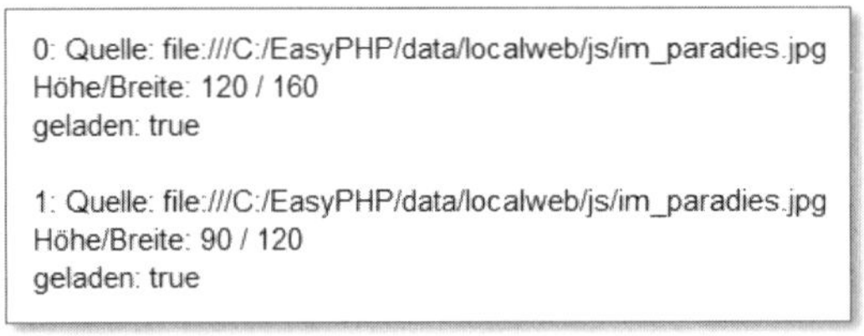

0: Quelle: file:///C:/EasyPHP/data/localweb/js/im_paradies.jpg
Höhe/Breite: 120 / 160
geladen: true
1: Quelle: file:///C:/EasyPHP/data/localweb/js/im_paradies.jpg
Höhe/Breite: 90 / 120
geladen: true

Abbildung 7.14 Liste der Bilder mit Eigenschaften

Es folgt das Programm:

```
...<html>
<head>...
<script type="text/javascript">
function ausgabe()
{
   var tx = "";
   for(var i=0; i<document.images.length; i++)
   {
      var bild = document.images[i];
      tx += i + ": Quelle: " + bild.src + "\n";
      tx += "Höhe/Breite: " + bild.height + " / " + bild.width + "\n";
      tx += "geladen: " + bild.complete + "\n\n";
   }
   alert(tx);
}

function aendern()
{
   var bild = document.getElementsByTagName("img")[1];
```

```
        bild.height = 120;
        bild.width = 160;
    }
</script>
</head>
<body>
<p><input id="idAusgeben" type="button" value="Member ausgeben">
    <input id="idAendern" type="button" value="Member ändern"></p>
<p><img id="idBild0" src="im_paradies.jpg" alt="Bild">
    <img id="idBild1" src="im_paradies.jpg" alt="Bild1"
        height="90" width="120"></p>
<script type="text/javascript" src="eh.js"></script>
<script type="text/javascript">
    var welle = new Image(), winter = new Image();
    welle.src = "im_welle.jpg";
    winter.src = "im_winter.jpg";

    var bilder = document.images;
    meinHandler("idAusgeben", "click", ausgabe);
    meinHandler("idAendern", "click", aendern);
    meinHandler("idBild0", "mouseover", function()
        {bilder[0].src = "im_sofi.jpg";} );
    meinHandler("idBild0", "mouseout", function()
        {bilder[0].src = "im_paradies.jpg";} );
    meinHandler("idBild1", "mouseover", function()
        {bilder[1].src = welle.src;} );
    meinHandler("idBild1", "mouseout", function()
        {bilder[1].src = winter.src;} );
</script>
</body></html>
```

Listing 7.14 Datei »bilder.htm«

Bei den HTML-Markierungen für die Bilder werden unterschiedliche Attribute verwendet. Darunter werden zwei Image-Objekte erzeugt. Die Eigenschaft src wird jeweils mit einem Wert besetzt. Dies führt zum Vorladen der Bilder.

Der Variablen bilder wird ein Verweis auf das images-Objekt übergeben. Die Ereignisse mouseover und mouseout führen jeweils zu einem Bildwechsel, indem die Eigenschaft src des Feldelements einen neuen Wert erhält. Beim ersten Bild wird auf die Bilddateien zugegriffen. Falls sie bisher noch nicht im Dokument genutzt werden, werden sie jetzt erst geladen. Beim zweiten Bild wird mit den bereits vorgeladenen Image-Objekten gearbeitet.

In der Funktion `ausgabe()` wird die `for`-Schleife mit Hilfe der Anzahl der Bilder gesteuert. Der Variablen `bild` wird jeweils ein Verweis auf ein Element des `images`-Feldes zugewiesen. In der Funktion `aendern()` wird der Variablen `bild` ebenfalls ein Verweis auf ein Feldelement übergeben.

7.7.2 Diashow und Einzelbild

Im Beispielprogramm dieses Abschnitts kann der Benutzer eine Reihe von Bildern betrachten, wie bei einer Diashow, siehe Abbildung 7.15.

Abbildung 7.15 Diashow und Einzelbild

Der Benutzer kann die Diashow mit Hilfe der Buttons SHOW STARTEN und SHOW STOPPEN und der Methoden `setTimeout()` und `clearTimeout()` des `window`-Objekts beginnen bzw. beenden.

Außerdem kann er vier verschiedene Buttons betätigen, um das nächste Bild, das vorherige Bild, das erste Bild oder das letzte Bild direkt einzublenden. Die Nummer des aktuellen Bilds und die Gesamtzahl der Bilder werden ihm jeweils angezeigt. Alle Bilder werden in `Image`-Objekte vorgeladen.

Es folgt zunächst der zweite Teil des Programms:

```
...
<body>
<p><img src="im_paradies.jpg" alt="Paradies"></p>
<p><input id="idAnfang" type="button" value="<<">
   <input id="idRueckwaerts" type="button" value="<">
   <input id="idVorwaerts" type="button" value=">">
   <input id="idEnde" type="button" value=">>">
   <span id="idAusgabe"> </span></p>
```

```
<p><input id="idStarten" type="button" value="Show starten">
   <input id="idStoppen" type="button" value="Show stoppen"></p>

<script type="text/javascript" src="eh.js"></script>
<script type="text/javascript">
   meinHandler("idAnfang", "click", function() { move(0); } );
   meinHandler("idRueckwaerts", "click", function() { move(bIndex - 1); } );
   meinHandler("idVorwaerts", "click", function() { move(bIndex + 1); } );
   meinHandler("idEnde", "click", function() { move(bObjekt.length-1); } );
   meinHandler("idStarten", "click", showStarten );
   meinHandler("idStoppen", "click", showStoppen );

   var bObjekt = new Array(), bIndex;
   var bName = new Array("paradies", "sofi", "welle", "winter");
   for(var i=0; i<bName.length; i++)
   {
      bObjekt[i] = new Image();
      bObjekt[i].src = "im_" + bName[i] + ".jpg";
   }
   bIndex = 0;
   var aus = document.getElementById("idAusgabe");
   aus.firstChild.nodeValue = (bIndex+1) + "/" + bName.length;
   var timeoutVerweis, timeoutAktiv = false;
</script>
</body></html>
```

Listing 7.15 Datei »bilder_ablauf.htm«, zweiter Teil

Die vier ersten Buttons rufen die Funktion move() auf, jeweils mit einem anderen Parameter. Die Variable bObjekt verweist auf ein Feld, das die Image-Objekte enthält. Die Variable bIndex bezeichnet die Nummer des aktuell angezeigten Image-Objekts innerhalb dieses Felds. Zur Anzeige des nächsten Bilds wird bIndex um 1 erhöht, zur Anzeige des vorherigen Bilds um 1 vermindert. Das letzte Bild hat die Nummer bObjekt.length-1.

Die nächsten beiden Buttons rufen die Funktionen showStarten() und showStoppen() auf.

Anschließend werden die Bilder vorgeladen. Die Variable bName verweist auf ein Feld, das die unterschiedlichen Teile des Namens der Bilddateien enthält. Die Eigenschaft src der vier Image-Objekte wird jeweils mit dem Namen der Bilddatei besetzt. Die Variable aus verweist auf den span-Container mit der Nummer des aktuell angezeigten Image-Objekts.

Als Letztes werden zwei Variable eingeführt: `timeoutVerweis` verweist auf den zeitlich gesteuerten Ablauf, `timeoutAktiv` kennzeichnet den Zustand: Die Diashow läuft oder die Diashow läuft nicht.

Es folgt der erste Teil des Programms:

```
...<html>
<head>...
<script type="text/javascript">
function move(zahl)
{
   bIndex = zahl;
   if(bIndex >= bName.length)
      bIndex = 0;
   else if(bIndex < 0)
      bIndex = bName.length - 1;
   document.images[0].src = bObjekt[bIndex].src;
   aus.firstChild.nodeValue = (bIndex+1) + "/" + bName.length;
   if(timeoutAktiv)
      timeoutVerweis = window.setTimeout(function() {move(bIndex+1);}, 500);
}

function showStarten()
{
   if(timeoutAktiv) return;
   timeoutAktiv = true;
   timeoutVerweis = window.setTimeout(function() {move(bIndex+1);}, 500);
}

function showStoppen()
{
   window.clearTimeout(timeoutVerweis);
   timeoutAktiv = false;
}
</script>
</head>
...
```

Listing 7.16 Datei »bilder_ablauf.htm«, erster Teil

An die Funktion `move()` können unterschiedliche Werte übermittelt werden. Diese führen zu einer Änderung von `bIndex`. Falls `bIndex` zu groß wird, muss wieder bei 0 begonnen werden. Falls `bIndex` zu klein wird, muss wieder am Ende des Felds begonnen werden. Der Wert der Eigenschaft `src` wird für den Bildwechsel geändert. Die neue Nummer wird angezeigt.

Falls die Diashow aktiv ist, dann ruft sich die Funktion `move()` anschließend selbst wieder auf, mit einer Zeitverzögerung. Bei diesem Aufruf wird der Parameter der Funktion `move()` mit Hilfe der aktuellen Bildnummer ermittelt.

Innerhalb der beiden Funktionen `showStarten()` und `showStoppen()` wird die Diashow mit Hilfe der beiden Methoden `setTimeout()` und `clearTimeout()` gestartet bzw. gestoppt.

7.8   Alle Formulare, Objekt »forms«

Das Objekt `forms` liegt in der Objekthierarchie unterhalb des Objekts `document`. Es stellt ein Feld dar, in dem alle Formulare des Dokuments stehen. Ein Formular besteht aus einzelnen Elementen.

Das Objekt `elements` liegt in der Objekthierarchie unterhalb eines Eintrags im Feld `forms`. Es stellt ebenfalls ein Feld dar, in dem alle Elemente des betreffenden Formulars stehen.

Falls es sich bei dem Formularelement um ein Auswahlmenü in einem `select`-Container handelt, so enthält es einzelne Einträge, die Optionen. Das Objekt `options` liegt in der Objekthierarchie unterhalb eines Eintrags im Feld `elements`. Es stellt wiederum ein Feld dar, in dem alle Optionen des betreffenden Auswahlmenüs stehen.

In diesem Abschnitt erläutere ich nicht die zusätzlichen Elemente, die HTML 5 bietet. Die aktuellen Browser setzen HTML 5 noch in unterschiedlichem Maße um. Bei älteren Browsern wird der Anteil an umgesetzten HTML-5-Elementen geringer. Auf HTML 5 gehe ich in Kapitel 15 gesondert ein.

7.8.1   Zugriff auf Formulare

Sie können auf Werte von Formularelementen auf unterschiedliche Art und Weise zugreifen. In folgendem Beispielprogramm werden anhand eines Auswahlmenüs verschiedene ältere und neuere Schreibweisen gezeigt, die in aktuellen Browsern gültig sind und eingesetzt werden.

Zunächst das Beispielprogramm:

```
...
<body>
<form name="f" action="#">
<p>Land: <select id="idLand" name="land">
   <option value="Italia">Italien</option>
   <option id="idSpanien" value="Spain">Spanien</option>
   <option value="Romania" selected="selected">Rumänien</option>
```

```
      </select></p>
  </form>
  <p><script type="text/javascript">
      var tx = document.forms[0].elements[0].value + " "
          + document.forms["f"].elements["land"].value + " "
          + document.f.land.value + " "
          + document.getElementsByTagName("form")[0].elements[0].value
          + " " + document.getElementsByTagName("select")[0].value
          + " " + document.getElementById("idLand").value + "<br>";

      tx += document.forms[0].elements[0].options[1].value + " "
          + document.getElementsByTagName("option")[1].value + " "
          + document.getElementById("idSpanien").value;
      document.write(tx);
  </script></p>
  </body></html>
```

Listing 7.17 Datei »form_zugriff.htm«

Im Dokument gibt es ein Formular. Es enthält als einziges Element ein Auswahlmenü mit drei Optionen. Es werden drei Ländernamen in Deutsch angezeigt. Nach einer Auswahl durch den Benutzer stellt der Ländername in Englisch den Wert des Formularelements dar. Das HTML-Attribut value und die JavaScript-Eigenschaft value enthalten diesen Wert,

Er wird hier zur Verdeutlichung der verschiedenen Möglichkeiten insgesamt sechsmal ausgegeben:

▶ als Wert des ersten Elements des ersten Formulars im Dokument

▶ als Wert des Elements mit dem Namen land des Formulars mit dem Namen f

▶ als Wert des Unterobjekts land des Unterobjekts f des Dokuments

▶ als Wert des ersten Elements des ersten Feldelements, das mit Hilfe von getElementsByTagName("form") ermittelt wird

▶ als Wert des ersten Feldelements, das mit Hilfe von getElementsByTagName("select") ermittelt wird

▶ als Wert des Elements mit der ID idLand

In diesem Buch bevorzuge ich die letzte Schreibweise. Anschließend wird noch auf den Wert einer bestimmten Option zugegriffen. Dabei muss es sich nicht um die ausgewählte Option handeln. Sie wird hier insgesamt dreimal ausgegeben:

▶ als Wert der zweiten Option des ersten Elements des ersten Formulars im Dokument

▸ als Wert des zweiten Feldelements, das mit Hilfe von `getElementsByTag-Name("option")` ermittelt wird

▸ als Wert des Elements mit der ID `idSpanien`

Die Ausgabe sehen Sie in Abbildung 7.16.

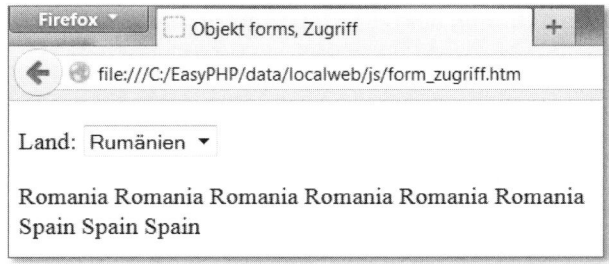

Abbildung 7.16 Zugriff auf Werte von Formularelementen

7.8.2   Formulare kontrollieren, Textfelder

Eine wichtige Aufgabe von JavaScript ist die Kontrolle der Inhalte eines Formulars auf Richtigkeit und Vollständigkeit, bevor es abgesandt wird. Dieser Vorgang wird auch *Validierung* genannt. Es wird geprüft, ob das Formular valide, das heißt gültige Inhalte hat.

Diese Validierung ersetzt allerdings nicht eine weitere Kontrolle auf der Empfangsseite beim Webserver, da der Benutzer möglicherweise JavaScript abgeschaltet hat.

In diesem Abschnitt werden verschiedene Textfelder kontrolliert. Als Erstes möchten Sie wissen: Ist das Textfeld leer oder nicht? Falls Sie darüber hinaus herausfinden möchten, ob bestimmte Inhalte vorhanden sind, dann können Sie mit regulären Ausdrücken arbeiten, siehe Abschnitt 6.3.

Im folgenden Beispielprogramm sehen Sie einige typische Textfelder: zwei einzeilige Textfelder, ein mehrzeiliges Textfeld (Textarea) und ein Passwortfeld. Die beiden einzeiligen Textfelder sind als Pflichtfelder gekennzeichnet. Falls eines davon leer ist, dann erscheint ein Hinweis für den Benutzer, und das Formular wird nicht abgesandt.

Formularelemente besitzen drei wichtige Attribute:

▸ Das Attribut `value` bzw. die JavaScript-Eigenschaft `value` enthält den Wert des Elements.

▸ Das Attribut `id` identifiziert das Element für JavaScript. Diese Identifizierung können Sie zusammen mit der Eigenschaft `value` zur Kontrolle einsetzen.

▸ Das Attribut `name` identifiziert das Element für die Weiterverarbeitung der Daten auf dem Webserver. In diesem Zusammenhang wird ebenfalls das Attribut `value` benötigt.

Zur Darstellung eines realistischen Ablaufs wird die Datei mit dem Formular über den lokalen Webserver aufgerufen. Nach dem erfolgreichen Absenden liefert der Webserver mit Hilfe von PHP eine Antwort zurück, wie Sie dies schon in Abschnitt 4.2.3, »Ereignisse im Formular«, gesehen haben.

Außerdem wird gezeigt, wie Sie die Inhalte der Textfelder per JavaScript ändern können, falls sich dies aus bestimmten Aktionen des Benutzers ergeben sollte.

Das Formular sehen Sie in Abbildung 7.17. Einige Felder wurden bereits vom Benutzer ausgefüllt. Beim Versuch des Absendens wird bemerkt, dass noch kein Vorname eingetragen wurde. Es erscheint eine Meldung neben dem Feld. Nach dem vollständigen Ausfüllen erscheint die PHP-Antwort, siehe Abbildung 7.18.

Abbildung 7.17 Formular mit Kontrolle

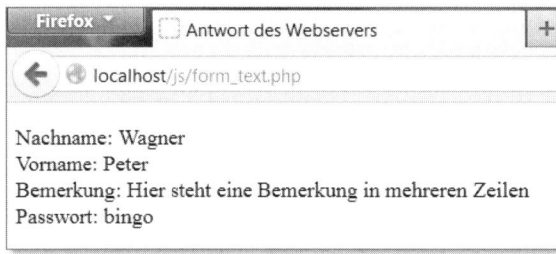

Abbildung 7.18 Antwort des Webservers

Es folgt zunächst der zweite Teil des Programms:

```
...
<body>
<form id="idForm" method="post" action="form_text.php">
<p><input id="idNachname" size="30" name="nn" value="Wagner">
   Nachname (*) <span id="idNachnameMeldung"> </span></p>
<p><input id="idVorname" size="30" name="vn"> Vorname  (*)
   <span id="idVornameMeldung"> </span></p>
<p><textarea rows="3" cols="25" id="idBemerkung"
   name="bem">Hier steht etwas</textarea> Bemerkung</p>
<p><input id="idPasswort" size="30" name="pw" type="password">
   Passwort</p>
<p><input id="idAendern" type="button" value="Formular ändern"></p>
<p><input type="submit"><input type="reset"></p>
<p>(*) = Pflichtfeld</p>
</form>
<script type="text/javascript" src="eh.js"></script>
<script type="text/javascript">
   meinHandler("idForm", "submit", function(e) { return senden(e); } );
   meinHandler("idAendern", "click", aendern );
</script>
</body></html>
```

Listing 7.18 Datei »form_text.htm«, zweiter Teil

Hinter den beiden Pflichtfeldern steht jeweils ein span-Container. Er dient zur Ausgabe einer Fehlermeldung, falls das Pflichtfeld leer ist. Die span-Container sind vorbesetzt, hier mit einem expliziten Leerzeichen. Ansonsten würde die Fehlermeldung im Internet Explorer nicht erscheinen. Alternativ können Sie die Methode alert() mit einer Fehlermeldung aufrufen.

Das Absenden des Formulars führt zum Aufruf der Funktion senden(). Dabei wird ein Ereignisobjekt übermittelt, siehe Abschnitt 4.4, »Das Ereignisobjekt«. Dieses wird benötigt, um den Sendevorgang abbrechen zu können. Die Funktion senden() muss außerdem einen Wahrheitswert zurückliefern: Bei true wird gesendet, bei false wird nicht gesendet.

Es folgt der erste Teil des Dokuments:

```
...<html>
<head>...
<script type="text/javascript">
function pruefen(idFeld)
{
   var idFeldMeldung = idFeld + "Meldung";
   var fehler = false;
```

223

```
   if(document.getElementById(idFeld).value == "")
   {
      document.getElementById(idFeldMeldung).firstChild.nodeValue =
         "(Bitte etwas eintragen)";
      fehler = true;
   }
   else
      document.getElementById(idFeldMeldung).firstChild.nodeValue = "";
   return fehler;
}

function senden(e)
{
   var p1 = pruefen("idNachname");
   var p2 = pruefen("idVorname");
   if(p1 || p2)
   {
      if(e.preventDefault) e.preventDefault();
      else                 window.event.returnValue = false;
      return false;
   }
   else
      return true;
}

function aendern()
{
   document.getElementById("idNachname").value = "Wagner";
   document.getElementById("idVorname").value = "Peter";
   document.getElementById("idBemerkung").value = "Zeile 1\nZeile 2";
}
</script>
</head>
...
```

Listing 7.19 Datei »form_text.htm«, erster Teil

Innerhalb der Funktion senden() wird für jedes Formularelement, das geprüft werden soll, die Funktion pruefen() aufgerufen. Falls in der Funktion pruefen() festgestellt wird, dass im betreffenden Element nichts eingetragen wurde, dann erscheint eine Fehlermeldung. Außerdem wird dann die Variable fehler mit dem Wert true zurückgesendet. Falls etwas eingetragen wurde, dann wird die Fehlermeldung wieder gelöscht.

Warum wird wieder gelöscht? Nehmen wir an, dass das Formular eine ganze Reihe von Pflichtfeldern enthält. Es könnte dann mehrere Versuche des Benutzers geben, das Formular vollständig und richtig auszufüllen. Er soll aber immer nur die Fehlermeldungen des letzten Versuchs sehen.

Falls ein Fehler in einem der Formularelemente aufgetreten ist, dann soll das Absenden verhindert werden. In den meisten Browsern ist die Methode preventDefault() des Ereignisobjekts bekannt. Sie verhindert eine weitere Bearbeitung eines Ereignisses. Hier handelt es sich um das Ereignis *Click auf den »Submit«-Button*. Im Internet Explorer wird zur Verhinderung des Absendens die Eigenschaft returnValue des event-Objekts auf false gesetzt. Zusätzlich wird beim Auftreten eines Fehlers der Wert false zurückgeliefert. Ist kein Fehler aufgetreten, dann wird der Wert true zurückgeliefert.

In der Funktion aendern() erhalten die Textfelder einen Inhalt per JavaScript-Code.

7.8.3   RadioButtons und CheckBoxen

In diesem Abschnitt erläutere ich die Eigenschaften von RadioButtons und CheckBoxen. Auch diese Formularelemente besitzen das Attribut name zur Übermittlung der Daten an den Webserver. Bei RadioButtons dient es zusätzlich zur Kennzeichnung der Zugehörigkeit zur selben Gruppe.

Das Attribut value enthält den Wert, der kontrolliert und übermittelt wird. Dieser Wert und der sichtbare Text neben dem Formularelement können übereinstimmen, müssen aber nicht. Im vorliegenden Beispiel handelt es sich bei den sichtbaren Texten um deutsche Ländernamen. Als Wert des Attributs value ist der zugehörige englische Ländername eingetragen.

Das HTML-Attribut checked und die boolesche Eigenschaft checked in JavaScript legen sowohl beim RadioButton als auch bei der CheckBox fest, ob das Element markiert wurde oder nicht.

Im folgenden Beispielprogramm sehen Sie drei RadioButtons und zwei CheckBoxen. Auch dieses Programm wird über den lokalen Webserver aufgerufen und ruft eine PHP-Antwort hervor.

Die Formularelemente können ebenfalls per JavaScript geändert werden. Neben der Änderung von Markierungen zeige ich, wie Sie per Code einen weiteren RadioButton hinzufügen.

Das Formular sehen Sie in Abbildung 7.19, die PHP-Antwort des Webservers dann in Abbildung 7.20.

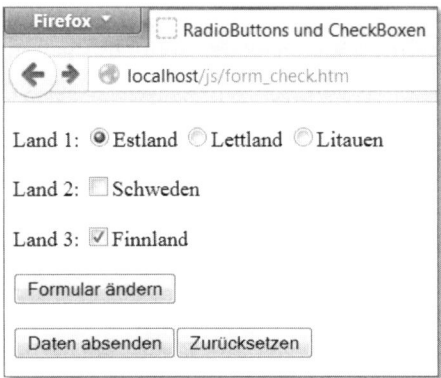

Abbildung 7.19 RadioButtons und CheckBoxen

Abbildung 7.20 Antwort des Webservers

Es folgt zunächst der zweite Teil des Programms:

```
...
<body>
<form id="idForm" method="post" action="form_check.php">
<p id="idAbsatzLand1">Land 1:
   <input name="land1" type="radio"
      value="Estonia" checked="checked">Estland
   <input name="land1" type="radio" value="Latvia">Lettland
   <input name="land1" type="radio" value="Lithuania">Litauen</p>
<p>Land 2: <input id="idCheck2" name="land2" type="checkbox"
   value="Sweden">Schweden</p>
<p>Land 3: <input id="idCheck3" name="land3" type="checkbox"
   value="Finland" checked="checked">Finnland</p>
<p><input id="idAendern" type="button" value="Formular ändern"></p>
<p><input type="submit"><input type="reset"></p>
</form>
<script type="text/javascript" src="eh.js"></script>
<script type="text/javascript">
   meinHandler("idForm", "submit", function() { return senden(); } );
```

```
    meinHandler("idAendern", "click", aendern );
</script>
</body></html>
```

Listing 7.20 Datei »form_check.htm«, zweiter Teil

Der Absatz, der die drei RadioButtons enthält, besitzt eine eigene ID. Damit wird es möglich, am Ende des Absatzes einen weiteren RadioButton hinzuzufügen. Der erste Teil des Dokuments sieht wie folgt aus:

```
...<html>
<head>...
<script type="text/javascript">
function senden()
{
   var tx = "";
   var absatz = document.getElementById("idAbsatzLand1");
   var radFeld = absatz.getElementsByTagName("input");
   for(var i=0; i<radFeld.length; i++)
      if(radFeld[i].checked)
         tx += "Land 1: " + radFeld[i].value + "\n";

   if(document.getElementById("idCheck2").checked)
      tx += "Land 2: " + document.getElementById("idCheck2").value + "\n";
   if(document.getElementById("idCheck3").checked)
      tx += "Land 3: " + document.getElementById("idCheck3").value + "\n";

   alert(tx);
   return true;
}

function aendern()
{
   document.getElementById("idCheck2").checked = true;
   var absatz = document.getElementById("idAbsatzLand1");
   var radFeld = absatz.getElementsByTagName("input");
   radFeld[2].checked = true;

   if(radFeld.length == 3)
   {
      var neu = document.createElement("input");
      neu.name = "land1";
      neu.type = "radio";
      neu.value = "Poland";
```

```
        absatz.appendChild(neu);
        var text = document.createTextNode("Polen");
        absatz.appendChild(text);
    }
}
</script>
</head>
...
```

Listing 7.21 Datei »form_check.htm«, erster Teil

In der Funktion senden() wird der Wert der Eigenschaft checked der drei RadioButtons und der beiden CheckBoxen im ersten Absatz geprüft. Der Wert des einzigen markierten RadioButtons wird ausgegeben. Außerdem wird der Wert jeder markierten CheckBox ausgegeben.

In der Funktion aendern() werden zunächst eine CheckBox und ein RadioButton markiert.

Falls es bisher drei RadioButtons gibt, dann wird anschließend ein weiterer RadioButton inklusive erläuterndem Text hinzugefügt. Dies wird mit Hilfe der Methoden createElement() und createTextNode() des document-Objekts und der Methode appendChild() für ein node-Objekt durchgeführt.

Der RadioButton erhält Werte für die Eigenschaften type und value. Der Wert der Eigenschaft name sorgt dafür, dass er zur Gruppe der drei anderen RadioButtons gehört. Am Ende des Absatzes wird der sichtbare Text für den RadioButton angehängt.

7.8.4   Auswahlmenüs

In diesem Abschnitt erkläre ich die Eigenschaften von einfachen und mehrfachen Auswahlmenüs. Sie bieten dem Benutzer bekanntlich dasselbe wie RadioButtons und CheckBoxen: die Auswahl einer oder mehrerer Optionen aus einer Gruppe. Die Attribute id, name und value haben dieselbe Wirkung wie bei den bisher behandelten Formularelementen.

Das HTML-Attribut selected und die boolesche Eigenschaft selected in JavaScript legen fest, ob eine Option markiert wurde oder nicht.

Im folgenden Beispielprogramm sehen Sie ein einfaches Auswahlmenü und ein mehrfaches Auswahlmenü. Das Programm wird ebenfalls über den lokalen Webserver aufgerufen und ruft eine PHP-Antwort hervor.

Ich zeige, wie Sie eine Auswahl per Code ändern und wie Sie eine weitere Option hinzufügen können. Das Formular sehen Sie in Abbildung 7.21, die PHP-Antwort in Abbildung 7.22.

Abbildung 7.21 Auswahlmenüs

Abbildung 7.22 Antwort des Webservers

Es folgt zunächst der zweite Teil des Programms:

```
...
<body>
<form id="idForm" method="post" action="form_select.php">
<p>Land 1: <select id="idEinfach" name="land1">
   <option value="Italia" selected="selected">Italien</option>
   <option value="Spain">Spanien</option>
   <option value="Romania">Rumänien</option>
   </select></p>
<p>Land 2 bis 4:
   <select id="idMehrfach" name="land2bis4[]" multiple="multiple">
   <option value="Belgium" selected="selected">Belgien</option>
   <option value="Netherlands">Niederlande</option>
   <option value="Luxembourg" selected="selected">Luxemburg</option>
   </select></p>
```

229

```
<p><input id="idAendern" type="button" value="Formular ändern"></p>
<p><input type="submit"><input type="reset"></p>
</form>
<script type="text/javascript" src="eh.js"></script>
<script type="text/javascript">
   meinHandler("idForm", "submit", function() { return senden(); } );
   meinHandler("idAendern", "click", aendern );
</script>
</body></html>
```

Listing 7.22 Datei »form_select.htm«, zweiter Teil

Beachten Sie den Namen des mehrfachen Auswahlmenüs. Die beiden eckigen Klammern werden für die Antwort des Webservers benötigt, damit innerhalb des PHP-Programms ein Feld mit allen ausgewählten Optionen zur Verfügung steht. So sieht der erste Teil des Dokuments aus:

```
...<html>
<head>...
<script type="text/javascript">
function senden()
{
   var tx = "Land 1: "
      + document.getElementById("idEinfach").value + "\n";
   var optMehrfach = document.getElementById("idMehrfach").options;
   for(var i=0; i<optMehrfach.length; i++)
      if(optMehrfach[i].selected)
         tx += "Land " + (i+2) + ": " + optMehrfach[i].value + "\n";
   alert(tx);
   return true;
}

function aendern()
{
   var selEinfach = document.getElementById("idEinfach");
   selEinfach.value = "Romania";
   document.getElementById("idMehrfach").options[1].selected = true;

   if(selEinfach.options.length == 3)
   {
      var neu = document.createElement("option");
      neu.value = "Bulgaria";
      var text = document.createTextNode("Bulgarien");
```

```
        neu.appendChild(text);
        selEinfach.appendChild(neu);
    }
}
</script>
</head>
...
```

Listing 7.23 Datei »form_select.htm«, erster Teil

In der Funktion senden() wird beim einfachen Auswahlmenü nur der Wert der Eigenschaft value benötigt. Beim mehrfachen Auswahlmenü muss der Wert der Eigenschaft selected jeder einzelnen Option geprüft werden.

In der Funktion aendern() wird der Wert des einfachen Auswahlmenüs über die Eigenschaft value festgelegt. Beim mehrfachen Auswahlmenü wird der Wert der Eigenschaft selected einer einzelnen Option geändert.

Falls es bisher drei Optionen gibt, dann wird anschließend eine weitere Option hinzugefügt. Sie erhält einen Wert für die Eigenschaft value und einen Kindknoten für den sichtbaren Text.

7.8.5   Versteckte Formularelemente

Sie können auch versteckte Formularelemente dazu nutzen, Informationen an den Webserver zu übermitteln. Wie der Name schon sagt, sind diese Informationen für den Betrachter nicht direkt sichtbar. Dies gilt allerdings nur, falls die POST-Methode zum Senden verwendet wird.

Dabei gibt es aber auch einen Nachteil gegenüber der reinen JavaScript-Technik, die sie in Abschnitt 7.3.2, »Senden von Datei zu Datei«, kennengelernt haben: Es ist eine Weiterverarbeitung beim Webserver notwendig.

Sie können den Wert eines versteckten Formularelements von vornherein festlegen oder ihn auch per JavaScript-Code ändern.

Das folgende Beispiel wird über den lokalen Webserver abgerufen. Der Benutzer kann einen von mehreren Hyperlinks betätigen. Die zugehörige Information wird anschließend mit Hilfe eines versteckten Formularelements an den Webserver übermittelt. In Abbildung 7.23 sehen Sie das Dokument, in Abbildung 7.24 eine mögliche Antwort des Webservers.

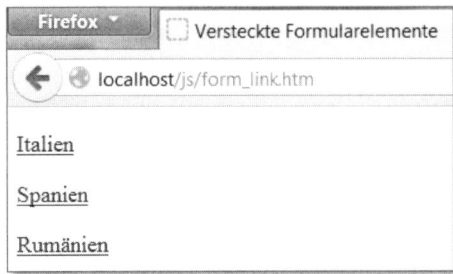

Abbildung 7.23 Hyperlinks und versteckte Formularelemente

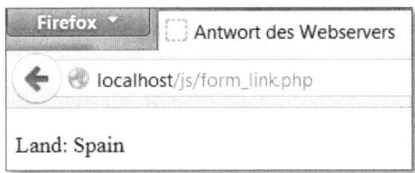

Abbildung 7.24 Antwort des Webservers

Es folgt das Programm:

```
...<html>
<head>...
<script type="text/javascript">
function senden(x)
{
    document.getElementById("idVersteckt").value = x;
    document.getElementById("idForm").submit();
}
</script>
</head>
<body>
<form id="idForm" method="post" action="form_link.php">
<p><input id="idVersteckt" name="land" type="hidden"></p>
</form>
<p><a id="idLink0" href="#">Italien</a></p>
<p><a id="idLink1" href="#">Spanien</a></p>
<p><a id="idLink2" href="#">Rumänien</a></p>
<script type="text/javascript" src="eh.js"></script>
<script type="text/javascript">
    meinHandler("idLink0", "click", function() { senden('Italia'); } );
    meinHandler("idLink1", "click", function() { senden('Spain'); } );
```

```
    meinHandler("idLink2", "click", function() { senden('Romania'); } );
</script>
</body></html>
```

Listing 7.24 Datei »form_link.htm«

Das Formular sendet seine Daten an die Datei *form_link.php*. Es enthält ein verstecktes Element. Dieses ist durch den Wert hidden des Attributs type gekennzeichnet. Bei den Hyperlinks sind keine expliziten Verweisziele angegeben. Die Betätigung eines der Hyperlinks führt zum Aufruf der JavaScript-Funktion senden(). In dieser Funktion wird dem versteckten Element der Wert des Parameters übergeben. Anschließend führt der Aufruf der Methode submit() zum Absenden des Formulars.

7.8.6   Lernspiel: Hauptstädte der Europäischen Union

Auf dem Datenträger zum Buch (bei elektronischen Buch-Ausgaben: im Download-Paket) finden Sie als Bonus das Programm *form_eu.htm*, mit vielen erläuternden Kommentaren. In einem Formular werden vier zufällig gewählte Länder und die zugehörigen Hauptstädte angezeigt. Der Benutzer soll die Hauptstädte richtig zuordnen.

Nach der Betätigung des Buttons PRÜFEN (siehe Abbildung 7.25) werden dem Benutzer die richtigen Lösungen angezeigt (siehe Abbildung 7.26), so dass er sie erlernen kann.

Abbildung 7.25 Lernspiel, Hauptstädte der Europäischen Union

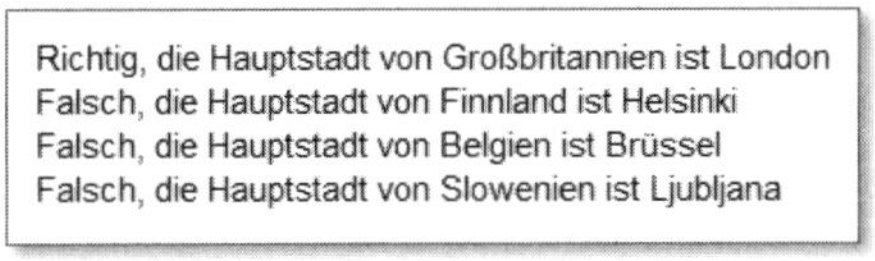

Abbildung 7.26 Bewertung und Lernen

233

7.8.7   Dynamische Änderung von Auswahlmenüs

Auf dem Datenträger zum Buch (bei elektronischen Buch-Ausgaben: im Download-Paket) finden Sie außerdem als Bonus das Programm *form_doppel.htm*, mit vielen erläuternden Kommentaren. In einem Formular werden zwei Auswahlmenüs angezeigt. Im ersten Auswahlmenü steht eine Reihe von Ländern. Das zweite Auswahlmenü enthält eine Reihe von Städten innerhalb des ausgewählten Landes.

Die ausgewählte Stadt wird in einem eigenen Absatz angezeigt, siehe Abbildung 7.27. Sobald der Benutzer ein anderes Land auswählt, wird der Inhalt des zweiten Auswahlmenüs geändert. Es enthält dann nur noch Städte des neu ausgewählten Landes.

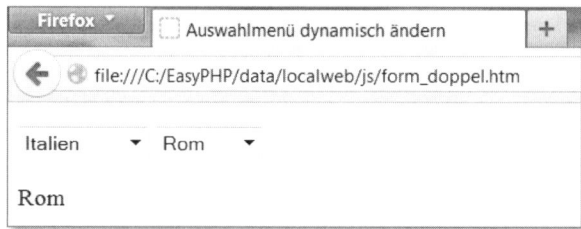

Abbildung 7.27 Dynamische Änderung von Auswahlmenüs

7.9   Alle Frames, Objekt »frames«

Eine Frame-Seite dient bekanntlich zur Unterteilung einer Internetseite in mehrere Frames. Innerhalb jedes Frames kann ein anderes Dokument angezeigt werden.

7.9.1   Eigenschaften

Internetseiten werden immer seltener mit Hilfe von Frame-Seiten aufgebaut. In HTML 5 werden die zugehörige Markierungen als *deprecated* (= veraltet) bezeichnet. Dennoch bieten Frame-Seiten einige zusätzliche, interessante Möglichkeiten, die Sie auch mit Hilfe von JavaScript nutzen können.

Insbesondere können Sie einzelne Dokumente austauschen, aber nach wie vor auf Inhalte anderer Dokumente zugreifen, die weiterhin angezeigt werden. Dies werde ich auch in einem weiteren Beispiel in Abschnitt 14.5 zeigen. Dort werden wir mit Hilfe von Frames einen Warenkorb für einen Einkauf im Internet füllen und verwalten.

Das Objekt `frames` enthält ein Feld mit allen Frames innerhalb einer Frame-Seite. Ein einzelnes Element des Feldes hat dieselben Eigenschaften und Unterobjekte wie ein `window`-Objekt. Zusätzlich können Sie über die Eigenschaft `length` die Anzahl der Frames ermitteln. Die Elemente des Feldes `frames` sind nummeriert, beginnend bei 0.

Das Schlüsselwort parent leitet zu den Variablen und Funktionen und zum Feld frames der jeweiligen Frame-Hauptseite. Mit Hilfe von parent.frames[x] erreichen Sie den Frame mit der Nummer x.

Sie können in einem Frame wiederum eine Frame-Seite anzeigen lassen. Dieser Frame wird dann ebenso aufgeteilt. Sollten Sie solche geschachtelten Frame-Seiten nutzen, dann erreichen Sie mit parent immer nur die zugehörige Frame-Hauptseite. Von dort aus gelangen Sie wiederum mit Hilfe von parent zur nächsthöheren Frame-Hauptseite usw. Falls Sie die oberste Ebene direkt erreichen möchten, so nutzen Sie top statt parent.

7.9.2   Zugriff auf Frame-Inhalte

Im folgenden Beispiel nutzen wir eine (nicht geschachtelte) Frame-Seite, die aus drei Frames besteht, siehe Abbildung 7.28.

Abbildung 7.28 Frame-Seite mit drei Frames

Ich werde einige Möglichkeiten des Zugriffs auf Variablen und Funktionen anderer Frames und auf Variablen und Funktionen der Frame-Hauptseite erläutern. Zunächst der Aufbau der Frame-Hauptseite:

```
<!DOCTYPE HTML PUBLIC "-//W3C//DTD HTML 4.01 Frameset//EN"
    "http://www.w3.org/TR/html4/frameset.dtd">
<html>
<head>...
<script type="text/javascript">
var x = 12;

function fu1()
{
   var x = 13;
   return x;
}
```

```
function fu2()
{
    return frames[1].x;
}
</script>
</head>
<frameset rows="10%,90%">
    <frame src="frame_oben.htm">
    <frameset cols="20%,80%">
        <frame src="frame_links.htm">
        <frame src="frame_rechts.htm">
    </frameset>
</frameset>
</html>
```

Listing 7.25 Datei »frame.htm«

Für diese Frame-Hauptseite wird die DTD für *HTML 4.01 Frameset* genutzt. In den einzelnen Seiten, die innerhalb des Frames genutzt werden, kommt die Standard-DTD für *HTML 4.01 Strict* zum Einsatz.

Die Variable x und die beiden Funktionen fu1() und fu2() innerhalb der Frame-Hauptseite werde ich im Zusammenhang mit der Betätigung des Buttons AUSGABE erläutern.

Die Nummern der Elemente für das JavaScript-Feld frames werden, wie bei anchors oder images, in Reihenfolge des Erscheinens im HTML-Code vergeben. Der obere Frame besitzt die Nummer 0, der linke Frame die Nummer 1 und der rechte Frame die Nummer 2.

Es folgt der Code des oberen Frames:

```
...<html>
<head>...
<script type="text/javascript">
function fu1()
{
    var x = 15;
    return x;
}
</script>
</head>
<body>
<p id="idOben">oben</p>
</body></html>
```

Listing 7.26 Datei »frame_oben.htm«

Die Funktion fu1() innerhalb dieser Seite werde ich ebenfalls erst im Zusammenhang mit der Betätigung des Buttons AUSGABE erläutern. Es folgt der Code des linken Frames:

```
...<html>
<head>...
<script type="text/javascript">var x = 14;</script>
</head>
<body><p>links</p></body>
</html>
```

Listing 7.27 Datei »frame_links.htm«

Dieser Frame enthält nur die Variable x. Als Letztes folgt der Code des rechten Frames:

```
...<html>
<head>...
<script type="text/javascript">
var x = 16;

function ausgabe()
{
    var tx = "Variable aus Frame-Hauptseite: " + parent.x + "\n";
    tx += "Funktion aus Frame-Hauptseite: " + parent.fu1() + "\n";
    tx += "Variable aus anderem Frame: " + parent.fu2() + "\n";
    tx += "Variable aus anderem Frame: " + parent.frames[1].x + "\n";
    tx += "Funktion aus and. Frame: " + parent.frames[0].fu1() + "\n";
    tx += "Variable aus diesem Frame: " + x + "\n";
    tx += "DOM-Element aus and. Frame: " + parent.frames[0]
        .document.getElementById("idOben").firstChild.nodeValue + "\n";
    alert(tx);
}
</script>
</head>
<body>
<p>rechts</p>
<p><input id="idAusgabe" type="button" value="Ausgabe"></p>
<script type="text/javascript" src="eh.js"></script>
<script type="text/javascript">
    meinHandler("idAusgabe", "click", ausgabe );
</script>
</body></html>
```

Listing 7.28 Datei »frame_rechts.htm«

237

Innerhalb einer Frame-Seite kann es mehrere Variablen oder Funktionen mit demselben Namen geben. Da sie sich jeweils in unterschiedlichen Frames befinden, haben sie einen eindeutigen Gültigkeitsbereich.

Nach Aufruf der Funktion `ausgabe()` werden der Reihe nach die folgenden Werte ermittelt und ausgegeben:

- ▶ Der Wert der Variablen x aus der Frame-Hauptseite.
- ▶ Der Rückgabewert der Funktion `fu1()` aus der Frame-Hauptseite.
- ▶ Der Rückgabewert der Funktion `fu2()` aus der Frame-Hauptseite. Dieser entspricht dem Wert der Variablen x aus dem linken Frame. Innerhalb von `fu2()` wird diese Variable ohne Angabe von `parent` angesprochen, da wir uns bereits innerhalb der Frame-Hauptseite befinden.
- ▶ Der Wert der Variablen x aus dem linken Frame. Diesmal muss sie mit Hilfe von `parent` angesprochen werden, da wir uns nicht innerhalb der Frame-Hauptseite befinden.
- ▶ Der Rückgabewert der Funktion `fu1()` aus dem oberen Frame.
- ▶ Der Wert der Variablen x aus diesem Frame.
- ▶ Der Wert des DOM-Elements mit der ID `idOben` aus dem oberen Frame.

Das Ergebnis der Funktion `ausgabe()` sehen Sie in Abbildung 7.29.

```
Variable aus Frame-Hauptseite: 12
Funktion aus Frame-Hauptseite: 13
Variable aus anderem Frame: 14
Variable aus anderem Frame: 14
Funktion aus and. Frame: 15
Variable aus diesem Frame: 16
DOM-Element aus and. Frame: oben
```

Abbildung 7.29 Variablen und Funktionen innerhalb von Frames

7.10   Der Bildschirm, Objekt »screen«

Bei vielen aktuellen Browsern liefern Ihnen die Eigenschaften des `screen`-Objekts Informationen über den Bildschirm, den der Benutzer verwendet.

Die Eigenschaften `height` und `width` sowie `availHeight` und `availWidth` geben die Größe des Bildschirms in Pixeln wieder. Die verfügbare Größe entspricht der gesamten Größe, vermindert um feste Elemente wie zum Beispiel eine sichtbare Taskleiste. Die Eigenschaften `colorDepth` bzw. `pixelDepth` geben die Farbtiefe in Bit pro Pixel wieder. Daraus resultiert die Anzahl der verschiedenen möglichen Farben.

Ein kurzes Anzeigeprogramm:

```
...
<body><p>
<script type="text/javascript">
    document.write("height / width: "
        + screen.height + " " + screen.width + "<br>");
    document.write("availHeight / availWidth: "
        + screen.availHeight + " " + screen.availWidth + "<br>");
    document.write("colorDepth / pixelDepth: "
        + screen.colorDepth + " " + screen.pixelDepth + "<br>");
    document.write("Anzahl Farben: " + Math.pow(2,screen.colorDepth)
        + " " + Math.pow(2, screen.pixelDepth));
</script></p>
</body></html>
```

Listing 7.29 Datei »screen.htm«

In Abbildung 7.30 sehen Sie eine mögliche Ausgabe:

Abbildung 7.30 Eigenschaften des Objekts »screen«

7.11   Das Browserprogramm, Objekt »navigator«

Die Eigenschaften des navigator-Objekts informieren Sie über den Browser, den der Benutzer verwendet. Allerdings sind die Angaben recht uneinheitlich, erst recht, wenn man die verschiedenen Versionen beachtet. Außerdem können sie vom Benutzer teilweise verändert werden.

Daher sollte eine Browserweiche – also ein Programm, das auf verschiedenen Browsern unterschiedlich arbeitet – möglichst nicht in Abhängigkeit von diesen Angaben arbeiten. Es ist besser, die Existenz des gewünschten Elements abzufragen. Ein häufig genutztes Beispiel stellt die Abfrage des passenden Event Listeners dar, siehe Abschnitt 4.5, »Event Listener«.

Interessant ist die Eigenschaft geolocation zur Feststellung der Daten des aktuellen Standorts. Dazu mehr in Abschnitt 15.11, »Standortdaten nutzen«.

Die Eigenschaft cookieEnabled ist nicht dazu geeignet festzustellen, ob der Browser des Benutzers Cookies zum Speichern von Informationen akzeptiert oder nicht. Diese Fähigkeit wird anders geprüft, siehe Abschnitt 13.4, »Werden Cookies akzeptiert?«.

Ein kurzes Anzeigeprogramm:

```
...
<body><p>
<script type="text/javascript">
    document.write("appName: " + navigator.appName + "<br>");
    document.write("appCodeName: " + navigator.appCodeName + "<br>");
    document.write("appVersion: " + navigator.appVersion + "<br>");
    document.write("userAgent: " + navigator.userAgent + "<br>");
    document.write("language: " + navigator.language + "<br>");
    document.write("platform: " + navigator.platform);
</script></p>
</body></html>
```

Listing 7.30 Datei »navigator.htm«

In Abbildung 7.31 sehen Sie eine Ausgabe, hier für den Mozilla Firefox 22.0:

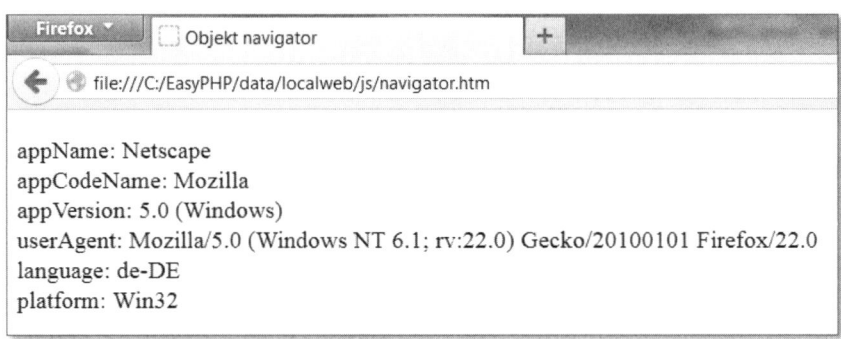

Abbildung 7.31 Eigenschaften des Objekts »navigator«

Kapitel 8
Ajax

Die Ajax-Technik ermöglicht unter anderem den Austausch einzelner Teile einer Internetseite mit Daten vom Webserver, ohne die Seite neu aufbauen zu müssen.

Ajax steht für *Asynchronous JavaScript and XML*. Diese Technik bietet eine asynchrone Datenübertragung zwischen Browser und Webserver. Das ermöglicht Ihnen, Teile einer Internetseite zu ändern, ohne die gesamte Seite neu erstellen und übermitteln zu müssen. Auf diese Weise reduziert sich der den Entwicklungsaufwand, verringert sich der Netzverkehr und werden die Internetseiten schneller und flexibler. Die Ajax-Technik wird seit Jahren erfolgreich im Web eingesetzt und ist ein selbstverständlicher Bestandteil vieler Internetseiten.

Zum Ablauf: Aus einer Internetseite heraus wird eine Anforderung an den Webserver gesendet. Dieser sendet eine Antwort zurück. Die Antwort wird in der weiterhin angezeigten Internetseite ausgewertet und führt zur Änderung eines Teils der Seite.

Zentraler Bestandteil des gesamten Ablaufs ist ein Objekt des Typs `XMLHttpRequest`. Ein solches Objekt wird von allen modernen Browsern erkannt. Falls Sie auch auf die Version 6 oder eine frühere Version des MS Internet Explorers Rücksicht nehmen wollen, müssen Sie ein Objekt eines anderen Typs nutzen. Darauf gehe ich hier nicht weiter ein.

Alle Seiten in diesem Kapitel werden über einen Webserver aufgerufen, da sie von diesem Daten anfordern, um diese in die Seiten einzufügen. Die Daten können auf dem Webserver in verschiedenen Formen vorliegen:

- ▶ als PHP-Programm, siehe Abschnitt 8.1, »Hallo Ajax«
- ▶ als Text in einer Textdatei, siehe am Ende von Abschnitt 8.1
- ▶ als XML-Datei, siehe Abschnitt 8.3, »XML-Datei lesen«
- ▶ als `JSON`-Objekt in einer Textdatei, siehe Abschnitt 8.4, »JSON-Datei lesen«

8.1   Hallo Ajax

Anhand des ersten Beispiels, Hallo Ajax, erläutere ich Ihnen den grundsätzlichen Ablauf, wie er im gesamten Kapitel gilt.

Es wird eine HTML-Seite mit einem Hyperlink dargestellt. Die Seite (siehe Abbildung 8.1) enthält einen Absatz, der nur mit einem expliziten Leerzeichen gefüllt ist.

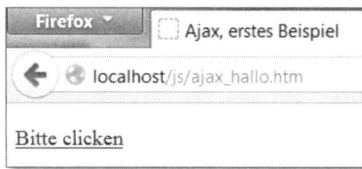

Abbildung 8.1 Dauerhaft angezeigte Seite

Nach Betätigung des Hyperlinks wird eine Anforderung an den Webserver gesendet. Dieser sendet einen Text als Antwort. Der gesendete Text wird in den (zunächst leeren) Absatz eingesetzt und erscheint auf der Seite, wie Sie es in Abbildung 8.2 sehen.

Abbildung 8.2 Seite ergänzt aus PHP-Datei

Zunächst die HTML-Seite mit dem JavaScript-Code:

```
...<html>
<head>...
<script type="text/javascript">
function anfordern()
{
   var req = new XMLHttpRequest();
   req.open("get", "ajax_hallo.php", true);
   // req.open("get", "ajax_hallo.txt", true);
   req.onreadystatechange = auswerten;
   req.send();
}

function auswerten(e)
{
```

```
   if(e.target.readyState == 4 && e.target.status == 200)
      document.getElementById("idAbsatz").firstChild.nodeValue =
         e.target.responseText;
}
</script>
</head>
<body>
<p><a id="idLink" href="#">Bitte clicken</a></p>
<p id="idAbsatz"> </p>
<script type="text/javascript" src="eh.js"></script>
<script type="text/javascript">
   meinHandler("idLink", "click", anfordern);
</script>
</body></html>
```

Listing 8.1 Datei »ajax_hallo.htm«

Dazu das antwortende PHP-Programm:

```
<?php
   header("Content-type: text/html; charset=ISO-8859-1");
   echo "PHP-Datei: Hallo Ajax";
?>
```

Listing 8.2 Datei »ajax_hallo.php«

In der Datei *ajax_hallo.htm* stehen der Hyperlink und der leere Absatz. Durch Betätigung des Hyperlinks wird die Funktion anfordern() aufgerufen. Darin wird zunächst ein neues XMLHttpRequest-Objekt erzeugt. Die Methode open() dieses Objekts eröffnet die Kommunikation mit der antwortenden Seite, hier mit *ajax_hallo.php*, mit Hilfe der GET-Methode. Der dritte Parameter der Methode open() steht im Normalfall auf true. Damit wird dafür gesorgt, dass die Kommunikation asynchron abgewickelt wird. Andere Abläufe müssen dann nicht auf das Ende der Anforderung warten.

Dem Eventhandler onreadystatechange wird ein Verweis auf die Funktion auswerten() zugewiesen. Nach dem Senden ändert das XMLHttpRequest-Objekt mehrmals seinen Status. Auf dieses Änderungsereignis reagiert der genannte Eventhandler. Kurz gesagt: Bei jeder Statusänderung wird die Methode auswerten() aufgerufen.

Die Methode send() des XMLHttpRequest-Objekts sendet die Anforderung an den Webserver. Weitere Daten werden zunächst nicht übermittelt. Das Senden sollte erst erfolgen, nachdem der Eventhandler registriert wurde. Auf diese Weise bleibt kein Ereignis unbemerkt.

An die Methode auswerten() wird ein Ereignisobjekt übermittelt. Die Eigenschaft target dieses Objekts verweist auf das XMLHttpRequest-Objekt. Es werden als Erstes dessen Eigenschaften readystate und status betrachtet. Die Auswertung ist erst dann interessant, wenn readystate den Wert 4 (= complete) und status den Wert 200 angenommen hat. status repräsentiert den Wert des Statuscodes des *Hypertext Transfer Protocols* (HTTP). 200 steht für *Ok*, 404 für *Page not found*, 500 für *Internal Server Error* und so weiter.

Die Eigenschaft responseText des XMLHttpRequest-Objekts enthält die Antwort des Webservers, in diesem Fall den Text Hallo Ajax, der mit Hilfe des PHP-Schlüsselworts echo ausgegeben wird. Dieser Text wird in den (zunächst leeren) Absatz gesetzt.

Sie können statt der Ausgabe einer PHP-Datei auch den Inhalt einer Textdatei vom Webserver anfordern und in ein vorhandenes Dokument einsetzen. Dazu müssen Sie den Aufruf der Methode open() in der Funktion anfordern() tauschen, also die Kommentarzeichen für die zweite Zeile entfernen und für die dritte Zeile setzen. Die Textdatei sieht wie folgt aus:

```
Txt-Datei: Hallo Ajax
```

Listing 8.3 Datei »ajax_hallo.txt«

8.1.1   Ein wenig Theorie

In diesem Abschnitt möchte ich Ihnen kurz einige Begriffe im Zusammenhang mit der Übertragung von Internetseiten zwischen Browser und Webserver erläutern. Diese Kommunikation wird mit Hilfe des Hypertext Transfer Protocols (HTTP) geregelt. Bei HTTPS handelt es sich um die sichere, verschlüsselte Weiterentwicklung.

Das Senden von Daten vom Browser zum Webserver stellt einen *Request* dar, die Rücksendung der Antwort des Webservers zum Browser wird *Response* genannt.

Es gibt mehrere Methoden für den Request. Bei der GET-Methode werden kleinere Datenmengen (im Allgemeinen bis 255 Bytes) sichtbar an den URI angehängt. Bei der POST-Methode können größere Datenmengen übertragen werden. Sie sind nicht im URI sichtbar. Die Datenübertragung ist aber auch bei POST nur mit HTTPS sicher.

8.2   Parameter senden

In diesem Abschnitt folgt ein Beispiel, bei dem Parameter an den Webserver gesendet werden. Die jeweilige Antwort des PHP-Programms hängt von den Daten dieser Parameter ab.

Es wird eine HTML-Seite mit zwei Hyperlinks gezeigt, siehe Abbildung 8.3.

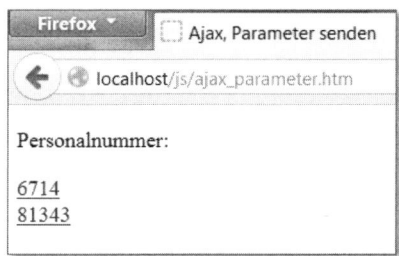

Abbildung 8.3 Aufruf mit Parametern

Falls der erste Hyperlink betätigt wird, werden Daten zu der Person mit der Personalnummer 6714 angefordert. Im zweiten Falle handelt es sich um die Daten zur Personalnummer 81343. Mit diesen Daten wird der Absatz unterhalb der Hyperlinks gefüllt, siehe Abbildung 8.4 und Abbildung 8.5.

Abbildung 8.4 Alle Daten zu Personalnummer 6714

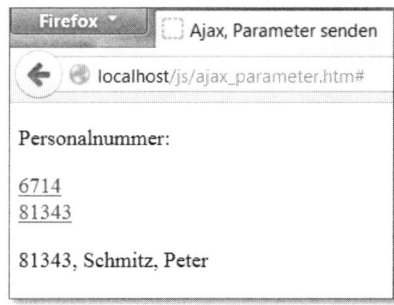

Abbildung 8.5 Ein Teil der Daten zu Personalnummer 81343

Zunächst die HTML-Seite mit dem JavaScript-Code:

```
...<html>
<head>...
<script type="text/javascript">
function anfordern(personalnummer, umfang)
```

```
{
   var req = new XMLHttpRequest();
   req.open("get", "ajax_parameter.php?pnr=" + personalnummer
      + "&umfang=" + umfang, true);
   req.setRequestHeader("Content-Type",
      "application/x-www-form-urlencoded");
   req.onreadystatechange = auswerten;
   req.send();
}

function auswerten(e)
{
   if(e.target.readyState == 4 && e.target.status == 200)
      document.getElementById("idAbsatz").firstChild.nodeValue =
         e.target.responseText;
}
</script>
</head>
<body>
<p>Personalnummer:</p>
<p><a id="idLink0" href="#">6714</a><br>
<a id="idLink1" href="#">81343</a><br>
<p id="idAbsatz"> </p>
<script type="text/javascript" src="eh.js"></script>
<script type="text/javascript">
   meinHandler("idLink0", "click", function() { anfordern(6714, "alle"); } );
   meinHandler("idLink1", "click", function() { anfordern(81343, "teil"); } );
</script>
</body></html>
```

Listing 8.4 Datei »ajax_parameter.htm«

Dazu das antwortende PHP-Programm:

```
<?php
   header("Content-type: text/html; charset=ISO-8859-1");
   if($_GET["pnr"] == 6714)
   {
      if($_GET["umfang"] == "alle")
         echo "6714, Maier, Hans, 3500.00 Euro, geb. 15.03.1962";
      else
         echo "6714, Maier, Hans";
   }
   else if($_GET["pnr"] == 81343)
```

```
   {
      if($_GET["umfang"] == "alle")
         echo "81343, Schmitz, Peter, 3750.00 Euro, geb. 12.04.1958";
      else
         echo "81343, Schmitz, Peter";
   }
?>
```

Listing 8.5 Datei »ajax_parameter.php«

Ich werde nur die Unterschiede zum vorherigen Beispiel erläutern.

Zunächst zur Datei *ajax_parameter.htm*. Durch Betätigung eines der beiden Hyperlinks wird die Funktion anfordern() aufgerufen. Dabei werden zwei Parameter übermittelt: eine Zahl und eine Zeichenkette.

Mit Hilfe der Methode setRequestHeader() des XMLHttpRequest-Objekts wird festgelegt, in welcher Form diese Daten übermittelt werden. In diesem Falle: angehängt an die Adresse der Seite. Der Parameter der Methode send() des XMLHttpRequest-Objekts entspricht dem Inhalt der Suchzeichenkette, wie Sie sie bereits in Abschnitt 7.3.2, »Senden von Datei zu Datei«, gesehen haben. Die einzelnen Teile werden mit dem Zeichen & voneinander getrennt. Im Falle des ersten Hyperlinks lautet die Suchzeichenkette: pnr=6714&umfang=alle.

Nun zur Datei *ajax_parameter.php*: Nach dem Senden der Daten stehen hier die beiden Elemente $_GET["pnr"] und $_GET["umfang"] mit ihren jeweiligen Werten zur Verfügung. Innerhalb einer Verzweigung wird entschieden, welche Antwort zurückgesendet wird.

8.3   XML-Datei lesen

XML steht für *eXtensible Markup Language*. Dabei handelt es sich um ein weitverbreitetes, plattformunabhängiges Datenformat, das sich zum universellen Datenaustausch eignet. Sie können mit Ajax die Inhalte von XML-Dateien, die mit externen Programmen erzeugt wurden und auf dem Webserver gespeichert sind, in Ihre Dokumente einbauen.

XML ist eine Vorschrift, wie eine Sprache aufgebaut sein sollte. Es gibt in XML eine Hierarchie von Knoten mit Kindknoten, wie Sie dies bereits für HTML in Kapitel 5, »Das Document Object Model (DOM)« kennengelernt haben. Die Elemente einer XML-Datei werden ebenso mit Hilfe von Markierungen, Containern und Attributen erstellt.

XML-Dateien sind mit einem einfachen Texteditor editierbar.

8.3.1   Einzelnes Objekt

Mit Hilfe von Ajax soll der Inhalt einer XML-Datei auf dem Webserver in eine Internetseite eingebaut werden. Zunächst die XML-Datei:

```
<?xml version="1.0" encoding="ISO-8859-1"?>
<fahrzeug>
    <farbe>rot</farbe>
    <geschwindigkeit>50</geschwindigkeit>
    <leistung hubraum="1600" zylinder="4">75</leistung>
</fahrzeug>
```

Listing 8.6 Datei »ajax_xml_einzel.xml«

Die erste Zeile kennzeichnet den Inhalt als XML. Mit der anschließenden Zeichenkodierung wird der genutzte Zeichensatz genannt, wie für HTML-Dateien. In jeder XML-Datei gibt es ein Hauptelement bzw. einen Wurzelknoten. Sie können die Namen der einzelnen Knoten selbst frei wählen, solange Sie sich an die XML-Regeln halten und Ihrem eigenen Aufbau treu bleiben.

Der Wurzelknoten ist hier das Element fahrzeug. Ein fahrzeug hat drei Eigenschaften mit Werten, die als Kindknoten definiert werden. Der dritte Kindknoten hat zwei Attribute, jeweils mit Werten.

Diese Daten werden nach Betätigung eines Hyperlinks mit Hilfe von Ajax aus der XML-Datei gelesen und füllen den Absatz, siehe Abbildung 8.6.

Abbildung 8.6 Daten eines einzelnen Objekts

Es folgt das zugehörige Programm:

```
...<html>
<head>...
<script type="text/javascript">
function anfordern()
{
    req = new XMLHttpRequest();
    req.open("get", "ajax_xml_einzel.xml", true);
```

```
   req.onreadystatechange = auswerten;
   req.send();
}

function auswerten(e)
{
   if(e.target.readyState == 4 && e.target.status == 200)
   {
      var antwort = e.target.responseXML;
      var kfarbe = antwort.getElementsByTagName("farbe")[0];
      var kleistung = antwort.getElementsByTagName("leistung")[0];
      document.getElementById("idDaten").firstChild.nodeValue =
         "Farbe: " + kfarbe.firstChild.nodeValue
            + ", Leistung: " + kleistung.firstChild.nodeValue
            + ", Hubraum: " + kleistung.getAttribute("hubraum")
            + ", Zylinder: " + kleistung.getAttribute("zylinder");
   }
}
</script>
</head>
<body>
<p>Fahrzeugdaten:</p>
<p><a id="idLink" href="#">Dacia</a></p>
<p id="idDaten"> </p>
<script type="text/javascript" src="eh.js"></script>
<script type="text/javascript">
   meinHandler("idLink", "click", anfordern);
</script>
</body></html>
```

Listing 8.7 Datei »ajax_xml_einzel.htm«

In der Funktion `anfordern()` eröffnet die Methode `open()` die Kommunikation mit der antwortenden XML-Seite. Es wird kein Text, sondern ein XML-Dokument angefordert, daher wird in der Funktion `auswerten()` mit der Eigenschaft `responseXML` und nicht mit der Eigenschaft `responseText` gearbeitet.

Nachfolgend sehen Sie viele Parallelen zu den Inhalten von Kapitel 5, »Das Document Object Model (DOM)«. Die Methode `getElementsByTagName()` des `document`-Objekts liefert ein Feld mit Verweisen auf alle XML-Elemente mit der gewünschten Markierung. Dies wird hier für die Markierung `farbe` und für die Markierung `leistung` durchgeführt. Das erste Element des Felds hat jeweils die Nummer 0.

Mit Hilfe der Eigenschaft `firstChild` eines `node`-Objekts wird der erste Kindknoten des jeweils ersten Elements ausgegeben. Anschließend wird mit der Methode `getAttribute()` eines `node`-Objekts der Wert von zwei verschiedenen Attributen ermittelt und ausgegeben.

8.3.2   Sammlung von Objekten

In der folgenden XML-Datei sehen Sie eine Sammlung von gleichartig aufgebauten Objekten. Mit Hilfe von Ajax werden auch Inhalte dieser XML-Datei in eine Internetseite eingebaut. Zunächst die XML-Datei:

```
<?xml version="1.0" encoding="ISO-8859-1"?>
<sammlung>
    <fahrzeug>
        <farbe>rot</farbe>
        <geschwindigkeit>50</geschwindigkeit>
        <leistung hubraum="1600" zylinder="4">75</leistung>
    </fahrzeug>
    <fahrzeug>
        <farbe>gelb</farbe>
        <geschwindigkeit>65</geschwindigkeit>
        <leistung hubraum="1800" zylinder="4">85</leistung>
    </fahrzeug>
</sammlung>
```

Listing 8.8 Datei »ajax_xml_sammlung.xml«

Auch in dieser XML-Datei gibt es nur ein Hauptelement bzw. einen Wurzelknoten. Dieses Element hat die Markierung `sammlung` und zwei Kindknoten vom bereits beschriebenen Typ `fahrzeug`.

Nach Betätigung eines der Hyperlinks in Abbildung 8.7 wird mit Hilfe von Ajax der zunächst leere Absatz gefüllt.

Abbildung 8.7 Daten eines Objekts aus einer Sammlung

Es folgt das zugehörige Programm:

```
...<html>
<head>...
<script type="text/javascript">
function anfordern(x)
{
   req = new XMLHttpRequest();
   req.open("get", "ajax_xml_sammlung.xml", true);
   req.onreadystatechange = function(e) { auswerten(e, x); };
   req.send();
}

function auswerten(e, x)
{
   if(e.target.readyState == 4 && e.target.status == 200)
   {
      var antwort = e.target.responseXML;
      var kfarbe = antwort.getElementsByTagName("farbe")[x];
      var kleistung = antwort.getElementsByTagName("leistung")[x];
      document.getElementById("idDaten").firstChild.nodeValue =
         "Farbe: " + kfarbe.firstChild.nodeValue
            + ", Leistung: " + kleistung.firstChild.nodeValue
            + ", Hubraum: " + kleistung.getAttribute("hubraum")
            + ", Zylinder: " + kleistung.getAttribute("zylinder");
   }
}
</script>
</head>
<body>
<p>Fahrzeugdaten:</p>
<p><a id="idLink0" href="#">Dacia</a></p>
<p><a id="idLink1" href="#">Renault</a></p>
<p id="idDaten"> </p>
<script type="text/javascript" src="eh.js"></script>
<script type="text/javascript">
   meinHandler("idLink0", "click", function() { anfordern(0); } );
   meinHandler("idLink1", "click", function() { anfordern(1); } );
</script>
</body></html>
```

Listing 8.9 Datei »ajax_xml_sammlung.htm«

Bei Betätigung eines der Hyperlinks wird der zugehörige Wert als Parameter an die Funktion `anfordern()` übergeben. Dieser Wert wird an die Funktion `auswerten()` weitergereicht. Damit kann das passende Objekt aus der Sammlung ermittelt werden. Die Daten dieses Objekts werden zurückgeliefert und füllen den zunächst leeren Absatz.

8.3.3   Vorschläge beim Suchen

Einer der klassischen Einsatzzwecke von Ajax ist die Einblendung von Vorschlägen während der Eingabe einer Suchzeichenkette in einem Eingabefeld. Dies werde ich in folgendem Beispiel zeigen.

In einer XML-Datei steht eine Sammlung von Daten zu Ländern der europäischen Union. Während der Benutzer in einem Suchfeld Zeichen eingibt, werden die Daten der Länder, deren erste Buchstaben mit den bereits eingegebenen Zeichen übereinstimmen, als Suchhilfe angezeigt. Jede Änderung im Suchfeld erzeugt eine Änderung der Anzeige. In Abbildung 8.8 sehen Sie das Ergebnis, nachdem der Benutzer ein B eingegeben hat. In Abbildung 8.9 hat er dann die Eingabe zu Be ergänzt.

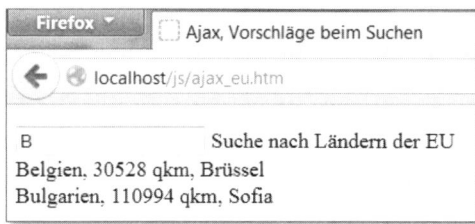

Abbildung 8.8 Nach der Eingabe von »B«

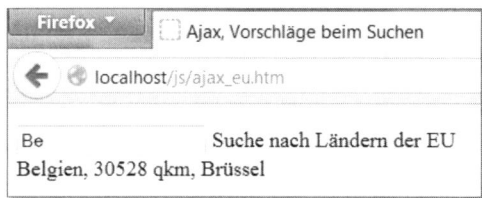

Abbildung 8.9 Nach der Eingabe von »Be«

Zunächst der Inhalt der XML-Datei:

```
<?xml version="1.0" encoding="ISO-8859-1"?>
<laender>
  <land>
    <name>Belgien</name>
    <flaeche>30528</flaeche>
```

```
      <stadt>Brüssel</stadt>
   </land>
   <land>
      <name>Bulgarien</name>
      <flaeche>110994</flaeche>
      <stadt>Sofia</stadt>
   </land>
   <land>
      <name>Dänemark</name>
      <flaeche>43094</flaeche>
      <stadt>Kopenhagen</stadt>
   </land>
</laender>
```

Listing 8.10 Datei »ajax_eu.xml«

Das Hauptelement bzw. der Wurzelknoten hat die Markierung laender. Er besitzt Kindknoten vom Typ land. Zu jedem Objekt vom Typ land gibt es die Kindknoten name, flaeche und stadt.

Es folgt der zweite Teil des Programms:

```
...
<body>
<p id="idAbsatz"><input id="idEin"> Suche nach Ländern der EU</p>
<script type="text/javascript" src="eh.js"></script>
<script type="text/javascript">
   meinHandler("idEin", "keypress", anfordern);
</script>
</body></html>
```

Listing 8.11 Datei »ajax_eu.htm«, zweiter Teil

Der Absatz mit der ID absatz enthält zwei Kindknoten: das Suchfeld mit der ID idEin und den Text Suche nach Ländern der EU. Es gibt einen Eventhandler zum Ereignis keypress, das beim Betätigen einer Taste ausgelöst wird. Dabei kann es sich um eine Buchstabentaste oder um eine Löschtaste handeln. Für Funktionstasten gibt es das Ereignis nicht.

Der erste Teil des Programms, mit den JavaScript-Funktionen:

```
...<html>
<head>...
<script type="text/javascript">
function anfordern()
{
   req = new XMLHttpRequest();
```

```
        req.open("get", "ajax_eu.xml", true);
        req.onreadystatechange = auswerten;
        req.send();
}

function auswerten(e)
{
    if(e.target.readyState == 4 && e.target.status == 200)
    {
        var absatz = document.getElementById("idAbsatz");
        while(absatz.childNodes.length > 2)
            absatz.removeChild(absatz.lastChild);

        if(document.getElementById("idEin").value == "")
            return;

        var antwort = e.target.responseXML;
        var nameAlle = antwort.getElementsByTagName("name");
        var suche = document.getElementById("idEin").value;

        for(var i=0; i<nameAlle.length; i++)
        {
            var name = nameAlle[i].firstChild.nodeValue;

            if(suche == name.substr(0,suche.length))
            {
                var flaeche = antwort.getElementsByTagName("flaeche")[i]
                    .firstChild.nodeValue;
                var stadt = antwort.getElementsByTagName("stadt")[i]
                    .firstChild.nodeValue;

                var text = document.createTextNode(name + ", "
                    + flaeche + " qkm, " + stadt);
                var div = document.createElement("div");
                div.appendChild(text);
                absatz.appendChild(div);
            }
        }
    }
}
</script>
</head>
...
```

Listing 8.12 Datei »ajax_eu.htm«, erster Teil

In der Funktion `anfordern()` eröffnet die Methode `open()` die Kommunikation mit der antwortenden XML-Datei. Die Antwort steht in der Eigenschaft `responseXML` zur Verfügung.

In der Funktion `auswerten()` werden die alten Suchvorschläge entfernt. Diese sind als weitere Kindknoten des Absatzes mit der ID `idAbsatz` eingetragen. Mit Hilfe einer `while`-Schleife werden diese Kindknoten einzeln gelöscht, beginnend mit dem letzten Kindknoten. Es wird so lange gelöscht, bis nur noch die beiden ursprünglichen Kindknoten übrig sind: das Suchfeld mit der ID `idEin` und der Text Suche nach Ländern der EU.

Falls das Suchfeld durch die letzte Änderung des Benutzers geleert wird, dann wird die Funktion verlassen, und es wird keine Suchhilfe angezeigt.

Falls das Suchfeld noch Zeichen enthält, dann wird aus der XML-Antwort ein Feld mit allen Ländernamen ermittelt. Alle Elemente dieses Felds werden geprüft. Falls die bisher eingegebenen Zeichen mit den ersten Buchstaben eines Ländernamens übereinstimmen, dann können die Daten zu diesem Land eingeblendet werden.

Dazu werden zunächst die Informationen zur Fläche und zur Hauptstadt dieses Landes ermittelt. Als Nächstes wird ein Textknoten erzeugt, der die Daten zum Land in lesbarer Form zusammenfasst. Dieser Textknoten wird einem neu erzeugten HTML-Elementknoten vom Typ `div` als Kindknoten zugeordnet. Als Letztes wird dieser `div`-Knoten dem Absatz mit der ID `absatz` als neuer Kindknoten hinzugefügt.

Dieses Programm ließe sich noch optimieren: Wir könnten mit Hilfe von `setTimeout()` eine kurze Zeit warten, bis nach einem Tastendruck die Anforderung erfolgt. Falls innerhalb dieser Zeit ein weiterer Tastendruck erfolgt, dann wird die Anforderung mit dem neuen Inhalt ausgeführt. Den Inhalt der XML-Datei könnten Sie dynamisch mit Hilfe von PHP und einer Datenbank erzeugen; dann stünden mehr Informationen zur Auswahl.

8.4   JSON-Datei lesen

Die *JavaScript Object Notation*, kurz JSON, haben Sie bereits in Abschnitt 3.6, »Objekte in JSON«, und in Abschnitt 6.1.6, »Felder und Objekte in JSON«, kennengelernt. JSON stellt eine Alternative zu XML als universelles Datenaustauschformat dar. An dieser Stelle zeige ich, wie JSON den Transport von Daten zwischen verschiedenen Anwendungen vereinfacht.

In einer Textdatei stehen JSON-Daten, die zum Beispiel mit Hilfe von PHP gespeichert wurden. Diese Daten werden wir mit Hilfe von Ajax in eine bestehende Internetseite einbauen.

8.4.1   Einzelnes Objekt

Zunächst geht es um ein einzelnes JSON-Objekt in einer Textdatei. Dieses Objekt bauen wir mit Hilfe von Ajax in eine Internetseite ein.

Zunächst die JSON-Datei:

```
{ "farbe":"rot", "geschwindigkeit":"50" }
```

Listing 8.13 Datei »ajax_json_einzel.txt«

Das gesamte Objekt steht in geschweiften Klammern. Die Eigenschaft-Wert-Paare sind durch ein Komma voneinander getrennt. Die Eigenschaften und die Werte werden jeweils in doppelte Anführungsstriche gesetzt und durch einen Doppelpunkt voneinander getrennt.

Diese JSON-Daten werden nach Betätigung eines Hyperlinks mit Hilfe von Ajax aus der Textdatei gelesen und füllen den Absatz, siehe Abbildung 8.10.

Abbildung 8.10 Daten eines einzelnen Objekts

Es folgt das zugehörige Programm:

```
...<html>
<head>...
<script type="text/javascript">
function anfordern()
{
   req = new XMLHttpRequest();
   req.open("get", "ajax_json_einzel.txt", true);
   req.onreadystatechange = auswerten;
   req.send();
}

function auswerten(e)
{
   if(e.target.readyState == 4 && e.target.status == 200)
   {
```

```
       var antwort;
       if(window.JSON)
          antwort = JSON.parse(e.target.responseText);
       else
          antwort = eval("(" + e.target.responseText + ")");
       document.getElementById("idAusgabe").firstChild.nodeValue =
          "Farbe: " + antwort.farbe + ", Geschwindigkeit: "
             + antwort.geschwindigkeit;
   }
}
</script>
</head>

<body>
<p>Fahrzeugdaten:</p>
<p><a id="idLink" href="#">Dacia</a></p>
<p id="idAusgabe"> </p>
<script type="text/javascript" src="eh.js"></script>
<script type="text/javascript">
   meinHandler("idLink", "click", anfordern);
</script>
</body></html>
```

Listing 8.14 Datei »ajax_json_einzel.htm«

In der Funktion `anfordern()` eröffnet die Methode `open()` die Kommunikation mit der antwortenden Textdatei. Es wird ein Text angefordert, daher steht in der Funktion `auswerten()` die Antwort in der Eigenschaft `responseText`.

Falls der Browser das `JSON`-Objekt kennt, dann wird die Zeichenkette mit Hilfe der Methode `parse()` in ein Objekt umgewandelt. Falls nicht, dann wird das Objekt mit Hilfe der Funktion `eval()` erzeugt. Die Zeichenkette muss dabei von zusätzlichen runden Klammern umrahmt werden. Die Werte der Eigenschaften des Objekts werden ausgegeben.

8.4.2   Sammlung von Objekten

In der folgenden Textdatei steht ein Feld von Objekten in der kompakten JSON-Schreibweise. Mit Hilfe von Ajax werden auch Inhalte dieser Textdatei in eine Internetseite eingebaut. Zunächst die JSON-Datei:

```
[ {"farbe":"rot", "geschwindigkeit":"50"},
  {"farbe":"blau", "geschwindigkeit":"85"},
  {"farbe":"gelb", "geschwindigkeit":"65"} ]
```

Listing 8.15 Datei »ajax_json_sammlung.txt«

Das gesamte Feld steht in eckigen Klammern. Nach Betätigung eines der Hyperlinks in Abbildung 8.11 wird mit Hilfe von Ajax der Absatz gefüllt.

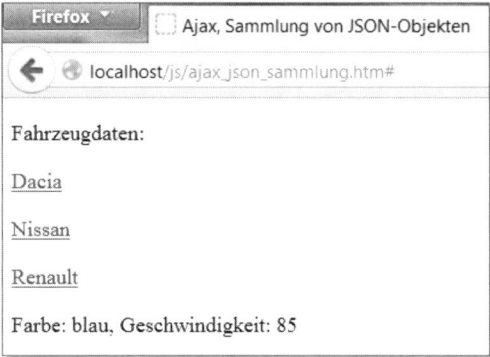

Abbildung 8.11 Daten eines Objekts aus einer Sammlung

Es folgt das zugehörige Programm:

```
...<html>
<head>...
<script type="text/javascript">
function anfordern(x)
{
    req = new XMLHttpRequest();
    req.open("get", "ajax_json_sammlung.txt", true);
    req.onreadystatechange = function(e) { auswerten(e, x); };
    req.send();
}

function auswerten(e, x)
{
    if(e.target.readyState == 4 && e.target.status == 200)
    {
        var antwort;
        if(window.JSON)
            antwort = JSON.parse(e.target.responseText);
        else
            antwort = eval("(" + e.target.responseText + ")");
```

```
        document.getElementById("idAusgabe").firstChild.nodeValue =
            "Farbe: " + antwort[x].farbe
                + ", Geschwindigkeit: " + antwort[x].geschwindigkeit;
    }
}
</script>
</head>
<body>
<p>Fahrzeugdaten:</p>
<p><a id="idLink0" href="#">Dacia</a></p>
<p><a id="idLink1" href="#">Nissan</a></p>
<p><a id="idLink2" href="#">Renault</a></p>
<p id="idAusgabe"> </p>
<script type="text/javascript" src="eh.js"></script>
<script type="text/javascript">
    meinHandler("idLink0", "click", function() { anfordern(0); } );
    meinHandler("idLink1", "click", function() { anfordern(1); } );
    meinHandler("idLink2", "click", function() { anfordern(2); } );
</script>
</body></html>
```

Listing 8.16 Datei »ajax_json_sammlung.htm«

Bei Betätigung eines der Hyperlinks wird der zugehörige Wert als Parameter an die Funktion anfordern() übergeben. Dieser Wert wird an die Funktion auswerten() weitergereicht. Damit kann das passende Element aus dem Feld ermittelt werden. Die Daten dieses Elements werden zurückgeliefert und füllen den Absatz.

Kapitel 9
Cascading Style Sheets (CSS)

Die Elemente von Websites werden mit Hilfe von CSS einheitlich formatiert und positioniert. JavaScript ermöglicht zusätzliche Veränderungen und Bewegungseffekte, bis hin zur Animation.

CSS ist die Abkürzung für *Cascading Style Sheets*. Man könnte dies übersetzen mit: *einander ergänzende Formatierungsvorlagen*. Häufig wird nur der Begriff *Style Sheets* verwenden, ohne *Cascading*. Style Sheets geben uns die Möglichkeit:

▶ Formatierung und Inhalte einer Internetseite voneinander zu trennen

▶ zentrale, einheitliche Formatierungen zu definieren

▶ diese durch lokale Formatierungen zu ergänzen oder zu überschreiben

▶ Formatierungen vorzunehmen, die über HTML hinausgehen

▶ Elemente an einer beliebigen Stelle auf der Seite zu positionieren

Umfangreiche Websites mit vielen einzelnen Internetseiten nutzen normalerweise zentrale Formatierungen. Sie geben der Website ein einheitliches Aussehen, sparen Code und sind auf einfache Art und Weise für die gesamte Website änderbar.

Sie können Style Sheets mit Hilfe von JavaScript dynamisch verändern. Dies ergibt besonders im Bereich der Positionierung von Elementen interessante Möglichkeiten, bis hin zu Animationen, siehe Abschnitt 9.4, »Animation«.

In diesem Buch erläutere ich nur einen kleinen Teil der vielen CSS-Eigenschaften. In Abschnitt 9.3.3, »Name der Eigenschaften für CSS und JavaScript«, finden Sie eine Tabelle mit weiteren CSS-Eigenschaften, den zugehörigen JavaScript-Eigenschaften und einem Hinweis auf die jeweilige Beispieldatei, die sich als Bonus auf dem Datenträger zum Buch (bei elektronischen Buch-Ausgaben: im Download-Paket) befindet.

9.1   Aufbau und Regeln

In diesem Abschnitt werde ich den Aufbau von Style Sheets, die Kombination verschiedener Style Sheets und einige Regeln für die Arbeit mit Style Sheets erläutern.

9.1.1   Orte und Selektoren

Style Sheets können Sie an verschiedenen Orten definieren:

▶ *extern* in einer externen Datei, die eingebunden werden kann und zu einer einheitlichen Formatierung in vielen Dokumenten führt

▶ *eingebettet* im Kopf eines Dokuments, so dass die Formatierung innerhalb des Dokuments einheitlich ist

▶ *inline* innerhalb einer HTML-Markierung, so dass die Formatierung nur für diese Stelle innerhalb des Dokuments gilt

Style Sheets werden bestimmten Teilen eines Dokuments mit Hilfe von Selektoren zugeordnet:

▶ HTML-Selektoren weisen das Style Sheet allen Elementen mit der gleichen HTML-Markierung zu.

▶ Klassenselektoren ordnen das Style Sheet allen HTML-Markierungen zu, denen die betreffende Klasse zugewiesen wird.

▶ ID-Selektoren weisen das Style Sheet einzelnen Elementen zu, die eine bestimmte ID haben.

Nachfolgend werde ich die verschiedenen Orte und Selektoren anhand eines Beispiels erläutern. Style Sheets können aus mehreren CSS-Eigenschaften bestehen. Im vorliegenden Beispiel wird zunächst nur eine CSS-Eigenschaft genutzt: `text-decoration` mit dem Wert `overline`. Sie führt zu einer Überstreichung (nicht Unterstreichung!) des betreffenden Elements, siehe Abbildung 9.1.

Abbildung 9.1 Orte und Selektoren für Style Sheets

Zunächst der erste Teil der Datei:

```
...<html>
<head>...
<link rel="stylesheet" type="text/css" href="css_extern.css">
<style type="text/css">
   /* HTML-Selektor für alle Absätze */
   p       {text-decoration:overline}

   /* Klassenselektor für Markierungen, die diese Klasse nutzen */
   .ueber {text-decoration:overline}

   /* ID-Selektor für das Element mit dieser ID */
   #idOben {text-decoration:overline}
</style>
</head>
...
```

Listing 9.1 Datei »css_angaben.htm«, erster Teil

Mit Hilfe der Angabe `<link rel="stylesheet" type="text/css" ...>` werden *externe* Style Sheets aus einer externen Datei eingebunden. Diese externe Datei kann von vielen Dateien eingebunden werden. Den Inhalt der externen Datei erläutere ich etwas weiter unten in diesem Absatz.

Die Style Sheets aus dem `style`-Container, der im Kopf der Datei *eingebettet* ist, gelten nur für die aktuelle Datei *css-angaben.htm*. Sie können erläuternde Kommentare zu den Style Sheets notieren, wie in JavaScript zwischen /* und */.

Die CSS-Eigenschaft selbst besteht aus Eigenschaft und Wert, getrennt durch einen Doppelpunkt. Falls es mehrere CSS-Eigenschaften gibt, dann werden sie durch ein Semikolon voneinander getrennt. Das gesamte Style Sheet steht in geschweiften Klammern.

Selektoren ordnen die Style Sheets zu:

▶ Ein HTML-Selektor besteht aus der betreffenden HTML-Markierung, hier lautet er p. Dies hat zur Folge, dass die Inhalte aller p-Container überstrichen werden.

▶ Ein Klassenselektor wird durch einen Punkt und einen selbstvergebenen Namen für die Klasse gekennzeichnet, hier lautet er .ueber. Es gelten vergleichbare Regeln für die Namensvergabe wie bei JavaScript-Variablen, also: nur Buchstaben, Ziffern oder ein Unterstrich, keine Ziffer am Anfang. Alle HTML-Markierungen, die die Klasse ueber nutzen, werden überstrichen. Im zweiten Teil des Dokuments wird eine Klasse einer HTML-Markierung zugeordnet.

▶ Ein ID-Selektor beginnt mit dem Hash-Zeichen #, gefolgt von der ID; hier lautet der komplette Selektor: #idOben. Dadurch wird der Inhalt des Elements mit der ID idOben überstrichen.

Es folgt der Inhalt der externen Datei:

```
/* HTML-Selektor für alle fett gedruckten Elemente */
b {text-decoration:overline}
```

Listing 9.2 Datei »css_extern.css«

Die externe Datei enthält einen Kommentar und ein Style Sheet mit einem HTML-Selektor. Dieser HTML-Selektor hat zur Folge, dass die Inhalte aller b-Container in allen Dateien überstrichen werden, die diese externe Datei einbinden.

Es folgt der zweite Teil der Datei *css_angaben.htm*:

```
...
<body>
<p>Der erste Absatz</p>
<p>Eine Liste:</p>
<ul>
    <li>Erster <span class="ueber">Eintrag</span></li>
    <li>Zweiter Eintrag</li>
    <li class="ueber">Dritter Eintrag</li>
</ul>

<table border="0">
    <tr>
        <td>Erste Zelle</td>
        <td id="idOben">Zweite Zelle</td>
        <td>Dritte <span style="text-decoration:overline">Zelle</span></td>
        <td><b>Vierte</b> Zelle</td>
    </tr>
</table>
...
```

Listing 9.3 Datei »css_angaben.htm«, zweiter Teil

Die beiden Absätze werden aufgrund des HTML-Selektors im Kopf der Datei überstrichen. Innerhalb der Liste gibt es zwei Elemente, denen die Klasse ueber zugewiesen wird: Das span-Element im ersten Listeneintrag und den gesamten dritten Listeneintrag. Die Zuweisung erfolgt mit Hilfe des Attributs class.

Die zweite Zelle der Tabelle besitzt die ID idOben. Innerhalb der dritten Zelle erfolgt eine Inline-Angabe, mit Hilfe des Attributs style. Hier werden keine geschweiften Klammern benötigt. Mehrere Angaben würden Sie mit Semikolon voneinander trennen. In der vierten Zelle gibt es einen fett gedruckten Bereich, der gemäß dem externen Style Sheet überstrichen wird.

Ein node-Objekt bietet in modernen Browsern auch die Methode getElementsBy-ClassName(). Diese liefert eine Liste aller Elemente, die die betreffende(n) CSS-Klasse(n) nutzen. In Abbildung 9.2 sehen Sie Namen und Inhalt der Elemente, die die Klasse ueber verwenden.

Es folgt der dritte Teil der Datei *css_angaben.htm*:

```
...
<script type="text/javascript">
var ueber = document.getElementsByClassName("ueber");
var aus = "";
for(var i=0; i<ueber.length; i++)
    aus += ueber[i].nodeName + " " + ueber[i].firstChild.nodeValue + "\n";
alert(aus);
</script>
</body></html>
```

Listing 9.4 Datei »css_angaben.htm«, dritter Teil

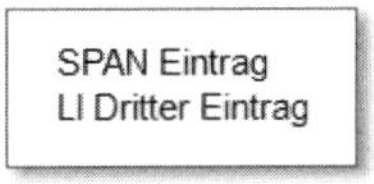

```
SPAN Eintrag
LI Dritter Eintrag
```

Abbildung 9.2 Auswertung von »getElementsByClassName()«

Ein Hinweis: Sie können die Gültigkeit der CSS-Angaben in Ihren Dokumenten validieren, ähnlich wie den HTML-Code, und zwar mit Hilfe der folgenden Website: *http://jigsaw.w3.org/css-validator.*

9.1.2 Kombinationen

Selektoren und Klassen können miteinander kombiniert werden. Einige Beispiele dafür sehen Sie in diesem Abschnitt. Im Dokument wird neben der Überstreichung die CSS-Eigenschaft font-weight (Schriftgewicht) mit dem Wert bold für Fettdruck genutzt. Außerdem kommt die CSS-Eigenschaft font-style (Schriftstil) mit dem Wert italic für Kursivdruck zum Einsatz.

Zunächst der erste Teil des Dokuments:

```
...<html>
<head>...
<style type="text/css">
    p.ueber   {text-decoration:overline; font-weight:bold}
    .schraeg {font-style:italic}
    li b     {text-decoration:overline}
```

```
        div,td   {text-decoration:overline}
</style>
</head>
...
```

Listing 9.5 Datei »css_kombinationen.htm«, erster Teil

Bei der Angabe p.ueber handelt es sich um einen verbundenen Selektor. Dabei müssen die beiden unterschiedlichen Selektoren zutreffen, also hier der HTML-Selektor und der Klassenselektor. Es werden nur die Absätze überstrichen und fett gedruckt, denen die Klasse ueber zugeordnet ist. Es werden mehrere CSS-Eigenschaften aufgelistet, durch Semikolon voneinander getrennt.

Es folgt ein einfacher Klassenselektor: die Klasse schraeg.

Bei der Angabe li b (ohne Punkt dazwischen) handelt es sich um einen verschachtelten Selektor. Dabei müssen ebenfalls die beiden Selektoren zutreffen, allerdings in geschachtelter Form. Es werden nur die Teile des Dokuments überstrichen, die sich innerhalb eines b-Containers befinden, der wiederum innerhalb eines li-Containers steht.

Sie können mehrere Selektoren nacheinander aufreihen, durch Komma voneinander getrennt. Die nachfolgenden Style Sheets werden für alle Selektoren verwendet. Sowohl die Inhalte von div-Containern als auch die Inhalte von Zellen werden überstrichen.

Es folgt der zweite Teil des Dokuments:

```
...
<body>
<p class="ueber">Der erste Absatz</p>
<p>Der <i class="ueber">zweite</i> Absatz</p>
<div>Eine weitere Zeile</div>
<p>Eine <b>Liste</b>:</p>
<ul>
    <li>Erster <b>Eintrag</b></li>
    <li>Zweiter Eintrag</li>
</ul>

<table border="0">
    <tr>
        <td>Erste Zelle</td>
        <td>Zweite Zelle</td>
    </tr>
```

```
</table>
<p class="ueber schraeg">Der letzte Absatz</p>
</body></html>
```

Listing 9.6 Datei »css_kombinationen.htm«, zweiter Teil

Der erste Absatz wird überstrichen und fett gedruckt, weil ihm zusätzlich die Klasse ueber zugewiesen wird. Im zweiten Absatz wird nichts überstrichen oder fett gedruckt. Dem i-Container innerhalb dieses zweiten Absatzes wird zwar die Klasse ueber zugewiesen, aber nicht dem gesamten Absatz.

Es folgt ein überstrichener div-Container.

Im Absatz über der Liste trifft kein Selektor zu. Es gibt zwar einen b-Container, er steht aber nicht in einem li-Container. Anders sieht es aus beim zweiten Wort des ersten Listeneintrags: Hier haben wir einen b-Container innerhalb eines li-Containers.

Innerhalb der Tabelle gibt es zwei überstrichene td-Container.

Dem letzten Absatz werden zwei Klassen zugeordnet, durch Leerzeichen getrennt. Es werden also sowohl die Style Sheets der Klasse ueber als auch die Style Sheets der Klasse schraeg angewendet.

Das Ergebnis der Formatierungen sehen Sie in Abbildung 9.3.

Abbildung 9.3 Kombinationen von Selektoren

9.1.3   Kaskadierung und Überlagerung

Dank der vielfältigen Möglichkeiten von CSS kommt es häufig vor, dass für ein bestimmtes Element im Dokument mehrere Style Sheets gelten. Dieses Verhalten ist erwünscht und erhöht die Flexibilität. So können neben zentralen Formatierungen für eine ganze Website auch lokale Formatierungen genutzt werden, ohne Widersprüche hervorzurufen.

Welche Regeln gelten beim Einsatz mehrerer Style Sheets?

▶ Falls es sich um unterschiedliche CSS-Eigenschaften handelt, so ergänzen sich diese. Dies wird auch Kaskadierung genannt.

▶ Falls es sich um dieselbe CSS-Eigenschaft handelt, so gilt der Wert derjenigen Definition, die dem Element am nächsten liegt: Eine Inline-Definition überlagert eine eingebettete Definition, diese wiederum überlagert eine externe Definition.

Nachfolgend zeige ich dies an einem Beispiel:

```
...<html>
<head>...
<link rel="stylesheet" type="text/css" href="css_extern.css">
<style type="text/css">
   i {text-decoration:underline}
</style>
</head>
<body>
<p>Der <i>erste</i> Absatz</p>
<p>Der <i style="text-decoration:line-through">zweite</i> Absatz</p>
<p>Der <i style="font-weight:bold">dritte</i> Absatz</p>
</body></html>
```

Listing 9.7 Datei »css_regeln.htm«

Zunächst werden die externen Style Sheets aus der Datei *css_extern.css* eingebunden, die Sie bereits aus Abschnitt 9.1.1, »Orte und Selektoren«, kennen. Dort wird definiert, dass kursive Bereiche überstrichen werden.

Eingebettet im Kopf des Dokuments wird dieselbe Eigenschaft für denselben Selektor definiert, aber mit einem anderen Wert überlagert. Damit gilt innerhalb dieses Dokuments, dass kursive Bereiche unterstrichen werden, wie Sie dies beim ersten Absatz sehen.

Innerhalb des zweiten Absatzes wird eine dritte Definition für dieselbe Eigenschaft, wiederum für einen kursiven Bereich, vorgenommen. Es kommt wieder zu einer Überlagerung, und dieser Bereich wird durchgestrichen. Die Inline-Angabe hat den Vorrang vor der eingebetteten Angabe.

Im dritten Absatz kommt es innerhalb des kursiven Bereichs zu einer Kaskadierung von Eigenschaften. Zur Unterstreichung kommt eine andere Eigenschaft hinzu: der Fettdruck.

Das Ergebnis sehen Sie in Abbildung 9.4.

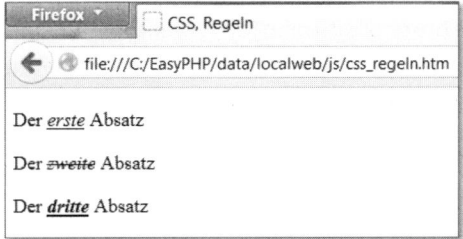

Abbildung 9.4 Kaskadierung und Überlagerung

9.2   Position und verwandte Eigenschaften

HTML-Elemente können Sie mit Hilfe von Style Sheets an einer beliebigen Stelle innerhalb eines Dokuments positionieren. In diesem Abschnitt werde ich gemeinsam mit der Position noch verwandte Eigenschaften erläutern: Größe, Lage in z-Richtung, Bildausschnitt und Transparenz.

Sie können diese Eigenschaften statisch mit Hilfe von CSS setzen. In Abschnitt 9.3, »CSS und JavaScript«, werde ich erläutern, wie Sie die Eigenschaften dynamisch mit Hilfe von JavaScript verändern können, bis hin zur Animation.

9.2.1   Position und Größe

Einige CSS-Eigenschaften können zur Festlegung von Position und Größe innerhalb eines Style Sheets genutzt werden:

▶ Die Eigenschaft position steht für die Art der Positionierung. Hier wird meist der Wert absolute verwendet. Sie gilt für eine Positionierung in Abhängigkeit vom Rand des Dokuments.

▶ Die Eigenschaften top und left legen den Abstand der linken oberen Ecke des positionierten Elements von der linken oberen Ecke des Dokuments fest. Meist wird der Wert in px für Pixel angegeben.

▶ Die Eigenschaften width und height stehen für die Größe des positionierten Elements, auch meist in px für Pixel. Falls Sie eine oder beide Angaben weglassen, dann beansprucht das Element so viel Platz wie notwendig.

Mit der Positionierung von Elementen bekommen die Dokumente eine dritte Dimension. Sie haben nicht nur eine Ausdehnung in x-Richtung (von links nach rechts) und in y-Richtung (von oben nach unten), sondern auch eine z-Richtung. Die positive z-Richtung weist vom Bildschirm aus gesehen *auf den Betrachter zu*, die negative z-Richtung weist vom Bildschirm aus gesehen *vom Betrachter weg*.

Positionierte Elemente unterliegen nicht den Regeln des Textflusses, die für die anderen Elemente im Dokument gelten. Sie liegen normalerweise vor diesen Elementen, in positiver z-Richtung. Falls es mehrere positionierte Elemente gibt, dann haben die Elemente, die im Dokument später definiert werden, einen höheren z-Wert als diejenigen, die im Dokument vorher definiert werden.

Ein Beispiel sehen Sie in Abbildung 9.5.

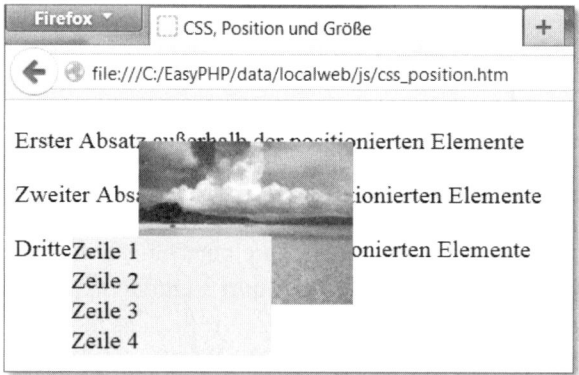

Abbildung 9.5 Positionierte Elemente

Das Dokument enthält drei Absätze, die nicht positioniert werden. Die Absätze werden von einem positionierten Bild teilweise verdeckt. Dieses wird wiederum teilweise verdeckt von einem positionierten div-Container, der vier Zeilen umfasst und einen grauen Hintergrund besitzt.

Es folgt das Programm:

```
...
<body>
<p>Erster Absatz außerhalb der positionierten Elemente</p>
    <div style="position:absolute; top:30px; left:100px"><img
        src="im_paradies.jpg" alt="Paradies"></div>
<p>Zweiter Absatz außerhalb der positionierten Elemente</p>
    <div style="position:absolute; top:100px; left:50px; width:150px;
        background-color:#e0e0e0">
    Zeile 1<br>Zeile 2<br>Zeile 3<br>Zeile 4</div>
<p>Dritter Absatz außerhalb der positionierten Elemente</p>
</body></html>
```

Listing 9.8 Datei »css_position.htm«

Das Bild wird in einem positionierten div-Container nach dem ersten Absatz notiert. Seine linke obere Ecke befindet sich 30 Pixel vom oberen Rand und 100 Pixel vom linken Rand des Dokuments entfernt. Der zweite und der dritte Absatz folgen dem normalen Textfluss, unabhängig von der Position des Bildes oder der Position anderer positionierter Elemente.

Der div-Container für den Text hat eine Breite von 150 Pixeln. Die Höhe ist nicht angegeben und richtet sich daher nach dem Inhalt. Der hellgraue Hintergrund dient zur Verdeutlichung. Die Farbe können Sie mit Hilfe eines hexadezimalen Werts für die CSS-Eigenschaft background-color bestimmen. Der div-Container für den Text wird im Dokument nach dem div-Container für das Bild definiert, also liegt er optisch vor dem Bild.

9.2.2   Lage in z-Richtung

Sie können die Lage von positionierten Elementen in z-Richtung mit Hilfe der Eigenschaft z-index beeinflussen. Falls Sie keine Angabe machen, dann hat z-index den Wert 0. In diesem Fall liegt das Element aber zumindest vor einem Element, das nicht positioniert wird.

Ein Element mit einem höheren Wert liegt in z-Richtung vor einem Element mit einem niedrigen Wert. Ein Element mit einem negativen Wert liegt sogar hinter einem Element, das nicht positioniert wird.

Ein Beispiel sehen Sie in Abbildung 9.6.

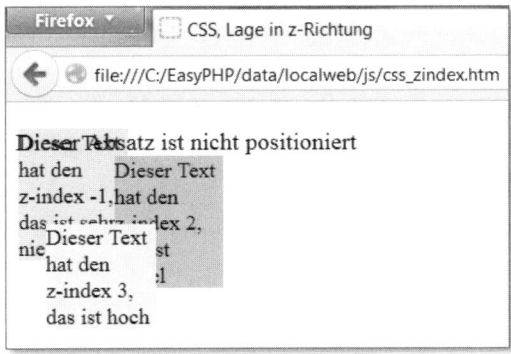

Abbildung 9.6 Eigenschaft »z-index«

Das Dokument enthält drei verschiedenfarbige positionierte div-Container, die sich teilweise verdecken. Die Eigenschaft z-index hat unterschiedliche Werte: –1, 2 oder 3. Daraus ergibt sich die Reihenfolge in z-Richtung. Der div-Container links oben, mit dem Wert –1 für die Eigenschaft z-index, wird sogar teilweise von einem nicht positionierten Element verdeckt.

Es folgt das Programm:

```
...
<body>
<p>Dieser Absatz ist nicht positioniert</p>
    <div style="position:absolute; top:90px; left:30px; width:80px;
        z-index:3; background-color:#f0f0f0; font-size:12pt">
        Dieser Text hat den z-index 3, das ist hoch</div>
    <div style="position:absolute; top:20px; left:10px; width:80px;
        z-index:-1; background-color:#e0e0e0; font-size:12pt">
        Dieser Text hat den z-index -1, das ist sehr niedrig</div>
    <div style="position:absolute; top:40px; left:80px; width:80px;
        z-index:2; background-color:#c0c0c0; font-size:12pt">
        Dieser Text hat den z-index 2, das ist mittel</div>
</body></html>
```

Listing 9.9 Datei »css_zindex.htm«

Die Reihenfolge der Definition der div-Container ist unerheblich, da sie alle einen Wert für die Eigenschaft z-index haben. Die Schriftgröße wird mit der CSS-Eigenschaft font-size auf 12 Punkt festgelegt, damit das Dokument in unterschiedlichen Browsern einheitlicher aussieht.

9.2.3 Bildausschnitt

Die Eigenschaft clip dient dazu, nur einen Ausschnitt eines Elements darzustellen. Als Wert der Eigenschaft clip wird rect verwendet, gefolgt von vier Größenangaben in runden Klammern. Dies sorgt für einen rechteckigen Ausschnitt (englisch: *rectangle* = Rechteck). Die Klammern enthalten die vier Abstände der Ränder des Ausschnitts von den Rändern des Elements in Pixeln. Die folgende Reihenfolge der Abstände ist zu beachten:

▶ oberer Rand des Ausschnitts zum oberen Rand des Elements

▶ rechter Rand des Ausschnitts zum linken Rand des Elements

▶ unterer Rand des Ausschnitts zum oberen Rand des Elements

▶ linker Rand des Ausschnitts zum linken Rand des Elements

Es sollten keine widersprüchlichen Werte auftreten. Der Wert auto für einen der vier Abstände bedeutet, dass das Bild an dem betreffenden Rand nicht ausgeschnitten wird.

Nachfolgend ein Beispiel, in dem zwei Ausschnitte eines Bildes der Größe 400 × 300 Pixel dargestellt werden, siehe Abbildung 9.7.

Abbildung 9.7 Ausschnitte mit »clip«

Es folgt der Code:

```
...
<body>
<div style="position:absolute; top:0px;
    left:0px; clip:rect(110px 190px auto auto)"><img
    src="paradies_gross.jpg" alt="Bild1"></div>
<div style="position:absolute; top:0px;
    left:0px; clip:rect(auto auto 190px 210px)"><img
    src="paradies_gross.jpg" alt="Bild2"></div>
</body></html>
```

Listing 9.10 Datei »css_clip.htm«

Dasselbe Bild wird zweimal dargestellt, jeweils einen div-Container füllend. Die Eigenschaften top und left haben in beiden Fällen den Wert 0px. Ohne diese Angaben hätte das Bild einen kleinen Abstand zur linken oberen Ecke.

Der erste Ausschnitt (unten links) beginnt in y-Richtung 110 Pixel vom oberen Rand entfernt und erstreckt sich bis zum unteren Rand des Bildes (Wert auto). In x-Richtung beginnt der Ausschnitt am linken Rand des Bildes (Wert auto) und rechts endet nach 190 Pixeln.

Der zweite Ausschnitt (oben rechts) beginnt in x-Richtung 210 Pixel vom linken Rand entfernt und erstreckt sich bis zum rechten Rand des Bildes (Wert auto). In y-Richtung beginnt der Ausschnitt am oberen Rand des Bildes (Wert auto) und endet unten nach 190 Pixeln.

Die Eigenschaften top oder left können auch einen negativen Wert haben. Dies ist sinnvoll, wenn Sie zum Beispiel den rechten unteren Ausschnitt eines Bildes in der linken oberen Ecke des Dokuments haben möchten.

9.2.4   Transparenz

Bei den meisten Browsern können Sie die Transparenz eines Elements mit Hilfe der Eigenschaft opacity einstellen. Es lassen sich beliebige Werte zwischen 0.0 und 1.0 angeben. Der Standardwert von 1.0 bedeutet, dass das Element undurchlässig, also nicht transparent ist. Ein Element, das in der z-Richtung dahinterliegt, ist nicht erkennbar. Je mehr sich der Wert von opacity der 0.0 nähert, desto durchlässiger, also transparenter wird das Element. Bei 0.0 ist es vollkommen transparent und damit unsichtbar.

Beim Internet Explorer erreichen Sie den gleichen Effekt mit der Eigenschaft filter und einem Wert für alpha. Hier entspricht die Undurchlässigkeit dem Wert 100, die Transparenz dem Wert 0. Diese Eigenschaft ist allerdings für den HTML-Validator nicht gültig.

In Abbildung 9.8 sehen Sie ein Beispiel. Ein Schriftzug in einem div-Container verläuft in z-Richtung hinter drei weiteren div-Containern, die eine unterschiedliche Transparenz besitzen.

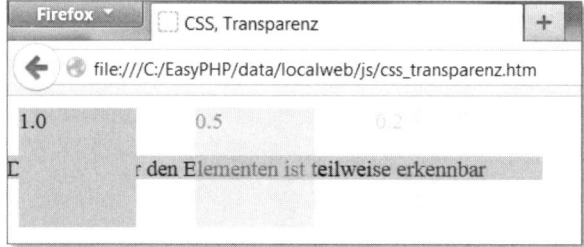

Abbildung 9.8 Transparenz mit »opacity«

Es folgt das Beispielprogramm:

```
...<html>
<head>...
<style type="text/css">
   div {position:absolute; width:100px; height:100px;
      background-color:#c0c0c0; font-size:14pt}
</style>
</head>
<body>
<div style="top:50px; left:0px; width:450px; height:20px">
```

```
    Der Text hinter den Elementen ist teilweise erkennbar</div>
<div style="top:10px; left:10px; opacity:1.0;
    filter:alpha(opacity=100)">1.0</div>
<div style="top:10px; left:160px; opacity:0.5;
    filter:alpha(opacity=50)">0.5</div>
<div style="top:10px; left:310px; opacity:0.2;
    filter:alpha(opacity=20)">0.2</div>
</body></html>
```

Listing 9.11 Datei »css_transparenz.htm«

Zunächst werden einige gemeinsame Eigenschaften für alle div-Container einge-stellt. Die drei quadratischen div-Container haben eine Transparenz von 1.0, 0.5 bzw. 0.2. Es ist nicht notwendig, eine Browserweiche zu entwickeln. Jeder Browser inter-pretiert die für ihn passenden Angaben und ignoriert die anderen Angaben.

Der div-Container mit der Transparenz von 0.2 ist schon fast nicht mehr zu erken-nen. Die dahinterliegende Schrift ist daher schon deutlich zu lesen.

9.3   CSS und JavaScript

Es gibt verschiedene Möglichkeiten, mit Hilfe von JavaScript CSS-Angaben zu ändern:

► Sie können die Style-Eigenschaften eines Elements oder einer Klasse ändern, siehe Abschnitt 9.3.1, »CSS-Eigenschaften ändern«.

► Vorhandene CSS-Klassen können Sie Elementen neu zuordnen, siehe ebenfalls Abschnitt 9.3.1.

► Sie können die Regeln innerhalb von vorhandenen Style Sheets ändern, siehe Abschnitt 9.3.2, »Regeln vorhandener Styles ändern«.

Die Änderung einer Style-Eigenschaft kann eine Formatierung, aber auch eine Posi-tion betreffen. Auf diese Weise lassen sich interessante Effekte erzielen. Falls Sie die Werte mit Hilfe eines automatischen Ablaufs verändern, entsteht der Eindruck eines animierten Films.

9.3.1   CSS-Eigenschaften ändern

Sie können den Wert einer CSS-Eigenschaft eines Elements mit Hilfe der Eigenschaft style ändern. Außerdem können Sie die Zuordnung eines Elements zu einer oder mehreren CSS-Klassen beeinflussen, mit Hilfe der Eigenschaft className. Beides zeige ich in folgendem Beispiel.

Zunächst sehen Sie in Abbildung 9.9 drei Absätze mit Text, in Arial, Schriftgröße 12. Die beiden letzten Absätze haben einen Rahmen.

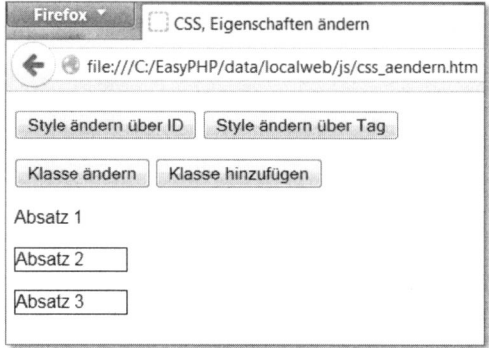

Abbildung 9.9 Drei Absätze vor Änderung

In Abbildung 9.10 sehen Sie, dass sich nach Betätigung des Buttons STYLE ÄNDERN ÜBER ID die Schriftart im ersten Absatz geändert hat. Nach Klick auf den Button STYLE ÄNDERN ÜBER TAG wurde die Schriftgröße in allen drei Absätzen geändert.

Nach Betätigung des Buttons KLASSE ÄNDERN wird der zweite Absatz in fetter Schrift dargestellt, aber nicht mehr eingerahmt. Nach Klick auf den Button KLASSE HINZU-FÜGEN ist der dritte Absatz nach wie vor eingerahmt, wird aber zusätzlich in fetter Schrift dargestellt.

Abbildung 9.10 Drei Absätze nach Änderung

Es folgt das Programm:

```
...<html>
<head>...
<style type="text/css">
```

```
     p      {font-size:12pt; font-family:Arial}
     .rand {border:1px solid #000000; width:100px}
     .fett {font-weight:bold}
</style>
<script type="text/javascript">
function styleId()
{
     document.getElementById("idAbsatz1").style.fontFamily = "Courier New";
}

function styleTag()
{
     var ab = document.getElementsByTagName("p");
     for(var i=0; i<ab.length; i++)
        ab[i].style.fontSize = "18pt";
}

function klasseAendern()
{
     document.getElementById("idAbsatz2").className = "fett";
}

function klasseHinzu()
{
     document.getElementById("idAbsatz3").className += " fett";
}
</script>
</head>
<body>
<p><input id="idStyle" type="button" value="Style ändern über ID">
     <input id="idTag" type="button" value="Style ändern über Tag"></p>
<p><input id="idKlasse" type="button" value="Klasse ändern">
     <input id="idHinzu" type="button" value="Klasse hinzufügen"></p>
<p id="idAbsatz1">Absatz 1</p>
<p id="idAbsatz2" class="rand">Absatz 2</p>
<p id="idAbsatz3" class="rand">Absatz 3</p>

<script type="text/javascript" src="eh.js"></script>
<script type="text/javascript">
     meinHandler("idStyle", "click", styleId );
     meinHandler("idTag", "click", styleTag );
     meinHandler("idKlasse", "click", klasseAendern );
```

9

```
    meinHandler("idHinzu", "click", klasseHinzu );
</script>
</body></html>
```

Listing 9.12 Datei »css_aendern.htm«

Es gibt ein Style Sheet, das für alle Absätze gilt, und die beiden Klassen `rand` und `fett`. Die drei Absätze haben jeweils eine ID. Außerdem wird den beiden letzten Absätzen die Klasse `rand` zugewiesen.

In der Funktion `styleId()` wird der Untereigenschaft `fontFamily` der Eigenschaft `style` des ersten Absatzes ein neuer Wert zugewiesen. Mehr zu den Namen der Eigenschaften folgt in Abschnitt 9.3.3, »Name der Eigenschaften für CSS und JavaScript«.

In der Funktion `styleTag()` wird der Untereigenschaft `fontSize` der Eigenschaft `style` aller drei Absätze ein neuer Wert zugewiesen.

In der Funktion `klasseAendern()` erhält die Eigenschaft `className` des zweiten Absatzes einen neuen Wert. Damit wird die Zuordnung von einer Klasse zu einer anderen Klasse vorgenommen. Es gelten dann die CSS-Angaben der neuen Klasse und nicht mehr die der alten Klasse.

In der Funktion `klasseHinzu()` wird der Wert der Eigenschaft `className` des dritten Absatzes geändert. Aus der Zeichenkette `rand` wird mit Hilfe des Operators `+=` die Zeichenkette `rand fett`. Beachten Sie dabei das Leerzeichen vor `fett`. Es gelten dann die CSS-Angaben beider Klassen.

9.3.2   Regeln vorhandener Styles ändern

Sie können die Regeln innerhalb von vorhandenen Style Sheets ändern. Dies wird unter anderem für die Änderung von CSS-Eigenschaften von Pseudoklassen benötigt. Die wichtigsten Pseudoklassen sind:

▶ `a:link`, zur Formatierung von Hyperlinks

▶ `a:hover`, zur Formatierung von Hyperlinks, die der Benutzer mit der Maus überstreicht

▶ `a:active`, zur Formatierung des aktuell aktiven Hyperlinks

▶ `a:visited`, zur Formatierung eines bereits besuchten Hyperlinks

Bei der Änderung von Regeln ist zu beachten, dass die Selektoren und die Regeln vom Internet Explorer anders bezeichnet werden als bei anderen Browsern. Im folgenden Programm wird auf diese Unterscheidung eingegangen. In Abbildung 9.11 sehen Sie ein Beispieldokument.

Abbildung 9.11 CSS-Regeln anzeigen und ändern

Nach Betätigung des Buttons REGELN ANZEIGEN zeigen Internet Explorer (siehe Abbildung 9.13) und andere Browser, zum Beispiel der Mozilla Firefox (siehe Abbildung 9.12), unterschiedliche Inhalte an.

```
0:
p.ueber: -moz-text-blink / -moz-text-decoration-color / -moz-text-decoration-line / -moz-text-decoration-style /
.schraeg: font-style /
1:
b: -moz-text-blink / -moz-text-decoration-color / -moz-text-decoration-line / -moz-text-decoration-style /
2:
li b: color / background-color /
div, td: font-weight /
#idOben: -moz-text-blink / -moz-text-decoration-color / -moz-text-decoration-line / -moz-text-decoration-style /
a:hover: background-color /
```

Abbildung 9.12 Style Sheets, Regeln und Selektoren im Mozilla Firefox

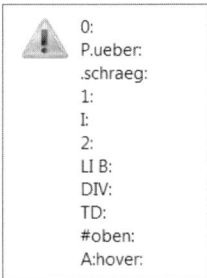

```
0:
P.ueber:
.schraeg:
1:
I:
2:
LI B:
DIV:
TD:
#oben:
A:hover:
```

Abbildung 9.13 Style Sheets, Regeln und Selektoren im Internet Explorer

Es folgt das Programm:

```
...<html>
<head>...
<style type="text/css">
   p.ueber  {text-decoration:overline}
   .schraeg {font-style:italic}
</style>
<link rel="stylesheet" type="text/css" href="css_extern.css">
<style type="text/css">
   li b      {color:#ffffff; background-color:#000000}
   div,td    {font-weight:bold}
   #idOben   {text-decoration:overline}
   a:hover   {background-color:#c0c0c0}
</style>
<script type="text/javascript">
function ausgabe()
{
   var aus = "";
   for(var i=0; i<document.styleSheets.length; i++)
   {
      aus += i + ":\n";
      for(var k=0; k<regeln[i].length; k++)
      {
         aus += regeln[i][k].selectorText + ": ";
         for(var p=0; p<regeln[i][k].style.length; p++)
         aus += regeln[i][k].style[p] + " / ";
         aus += "\n";
      }
   }
   alert(aus);
}

function aendern()
{
   for(var i=0; i<regeln[2].length; i++)
   {
      if(regeln[2][i].selectorText.toLowerCase() == "li b")
         regeln[2][i].style.marginLeft = "50px";
      if(regeln[2][i].selectorText.toLowerCase() == "a:hover")
         regeln[2][i].style.backgroundColor = "#00ffff";
   }
}
```

```
</script>
</head>
<body>
<p><input id="idAusgeben" type="button" value="Regeln ausgeben">
    <input id="idAendern" type="button" value="Regel ändern"></p>
<p class="ueber">Der erste Absatz</p>
<p>Der <i class="ueber">zweite</i> Absatz</p>
    <div>Eine weitere Zeile</div>
<p>Eine <b>Liste</b>:</p>
<ul>
    <li>Erster <b>Eintrag</b></li>
    <li>Zweiter Eintrag</li>
</ul>

<table border="0">
    <tr>
        <td><a href="css_angaben.htm">Zur Datei 1</a></td>
        <td><a href="css_regeln.htm">Zur Datei 2</a></td>
    </tr>
</table>
<p id="oben">Der vorletzte Absatz</p>
<p class="ueber schraeg">Der letzte Absatz</p>
<script type="text/javascript" src="eh.js"></script>
<script type="text/javascript">
    meinHandler("idAusgeben", "click", ausgabe );
    meinHandler("idAendern", "click", aendern );

    if(!document.styleSheets)
        alert("Kein Zugriff auf die Style Sheets");

    var regeln = new Array();
    for(var i=0; i<document.styleSheets.length; i++)
        if(document.styleSheets[i].rules)
            regeln[i] = document.styleSheets[i].rules;
        else
            regeln[i] = document.styleSheets[i].cssRules;
</script>
</body></html>
```

Listing 9.13 Datei »css_aendern_regel.htm«

Im untersten Teil des Dokuments wird zunächst geprüft, ob ein Zugriff auf die Style Sheets möglich ist. Dazu wird die Existenz der Eigenschaft styleSheets des document-

Objekts abgefragt. Bei `styleSheets` handelt es sich um ein Feld. Die einzelnen Elemente des Felds verweisen auf die verschiedenen Bereiche, in denen Style Sheets definiert wurden. Für die Änderung eines Style Sheets müssen Sie also wissen, in welchem Feldelement es definiert wurde. In diesem Dokument sehen Sie ganz oben drei Style-Sheet-Bereiche:

- ▶ Der Bereich 0 umfasst die Selektoren `p.ueber` und `.schraeg`.
- ▶ Der Bereich 1 wurde extern definiert.
- ▶ Der Bereich 2 umfasst die restlichen Selektoren.

Es zeigen sich bereits erste Unterschiede bei den Browsern, siehe Abbildung 9.12 und Abbildung 9.13. Im Internet Explorer werden alle HTML-Markierungen in Großbuchstaben geschrieben. Außerdem wird die Auflistung `div, td` in zwei Teile zerlegt.

Auf die Regeln innerhalb jedes dieser drei Bereiche soll über das Feld `regeln` zugegriffen werden. Im Internet Explorer verweist die Eigenschaft `rules` auf die Regeln eines Bereichs. In anderen Browsern macht dies die Eigenschaft `cssRules`.

In der Funktion `ausgabe()` werden die Informationen mit Hilfe einer dreifach geschachtelten Schleife ermittelt. Die äußere Schleife mit `i` erstreckt sich über alle Style-Sheet-Bereiche. Die mittlere Schleife mit `k` erstreckt sich über alle Regeln innerhalb eines Style-Sheet-Bereichs. Zu jeder Regel wird der Name des zugehörigen Selektors mit Hilfe der Eigenschaft `selectorText` angezeigt. Die einzelnen Eigenschaften zu jedem Selektor werden innerhalb der inneren Schleife mit Hilfe der Eigenschaft `style` angezeigt (außer im Internet Explorer).

In der Funktion `aendern()` werden zwei Regeln geändert. Dazu muss der Style-Sheet-Bereich bekannt sein, in dem sie definiert werden. Anschließend werden in diesem Bereich die Namen aller Selektoren geprüft. Beim passenden Selektor wird die Regel geändert. Damit dies einheitlich bei allen Browsern funktioniert, wird der Name des Selektors zuvor mit der Methode `toLowerCase()` umgewandelt.

9.3.3   Name der Eigenschaften für CSS und JavaScript

Die Namen der Untereigenschaften der Eigenschaft `style` sind den Namen der CSS-Eigenschaften sehr ähnlich. Falls die CSS-Eigenschaft einen Bindestrich enthält, so fällt dieser weg. Der anschließende Buchstabe wird großgeschrieben. Zwei Beispiele: aus `border-width` wird `borderWidth`, aus `border-top-width` wird `borderTopWidth`. Falls der Wert einer CSS-Eigenschaft nicht nur aus einem Zahlenwert besteht, dann wird er als Zeichenkette notiert.

In diesem Buch erläutere ich nur einen kleinen Teil der vielen CSS-Eigenschaften. In Tabelle 9.1 finden Sie weitere CSS-Eigenschaften, die zugehörigen JavaScript-Eigenschaften und einen Hinweis auf die jeweilige kommentierte Beispieldatei, die sich als

Bonus auf dem Datenträger zum Buch (bei elektronischen Buch-Ausgaben: im Download-Paket) befindet.

Die Formatierung von Pseudoklassen können Sie nur über eine Regeländerung vornehmen, siehe *css_pseudo.htm* und Abschnitt 9.3.2, »Regeln vorhandener Styles ändern«.

Bedeutung	CSS	JavaScript	Beispiel auf CD
Abstand	margin	margin	*css_box.htm*
Ausrichtung horizontal	text-align	textAlign	*css_ausrichtung.htm*
Ausrichtung vertikal	vertical-align	verticalAlign	*css_ausrichtung.htm*
erste Zeile eines Absatzes	first-line	(Regeländerung)	*css_pseudo.htm*
erstes Zeichen eines Absatzes	first-letter	(Regeländerung)	*css_pseudo.htm*
Erstzeilen-einzug	text-indent	textIndent	*css_einzug.htm*
Farbe	color	color	*css_schrift.htm*
Hintergrundbild	background-image	backgroundImage	*css_hintergrundbild.htm*
Hintergrund-farbe	background-color	backgroundColor	*css_schrift.htm*
Hyperlink	a:link	(Regeländerung)	*css_pseudo.htm*
Hyperlink, aktiv	a:active	(Regeländerung)	*css_pseudo.htm*
Hyperlink, besucht	a:visited	(Regeländerung)	*css_pseudo.htm*
Hyperlink, überstrichen	a:hover	(Regeländerung)	*css_pseudo.htm*
Innenabstand	padding	padding	*css_box.htm*
Listenstil	list-style	listStyle	*css_liste_tabelle.htm*
Mauszeiger	cursor	cursor	*css_pseudo.htm*

Tabelle 9.1 Weitere CSS-Eigenschaften

Bedeutung	CSS	JavaScript	Beispiel auf CD
Rahmen	`border`	`border`	*css_rahmen.htm*
Rahmen, abgerundet (runde Ecke)	`border-radius`	`borderRadius`	*css_radius.htm*
Schatten	`box-shadow`	`boxShadow`	*css_schatten.htm*
Schriftart	`font-family`	`fontFamily`	*css_schrift.htm*
Schriftgewicht	`font-weight`	`fontWeight`	*css_schrift.htm*
Schriftgröße	`font-size`	`fontSize`	*css_schrift.htm*
Schriftstil	`font-style`	`fontStyle`	*css_schrift.htm*
Tabellen-rahmen	`border-col-lapse`	`borderCollapse`	*css_liste_tabelle.htm*
Textumfluss	`float`	`cssFloat` oder `styleFloat` (*)	*css_umfluss.htm*
Unter-streichung	`text-decoration`	`textDecoration`	*css_schrift.htm*
Wasserzeichen	`background-attachment`	`background-Attachment`	*css_wasserzeichen.htm*
Zeilenhöhe	`line-height`	`lineHeight`	*css_zeilenhoehe.htm*

Zu (*): Der Name ist je nach Browser unterschiedlich.

Tabelle 9.1 Weitere CSS-Eigenschaften (Forts.)

9.3.4   Position und verwandte Eigenschaften ändern

Die Position lässt sich ebenso beeinflussen wie die Werte anderer CSS-Eigenschaften. Im folgenden Programm werden nicht nur die Position und die Lage in z-Richtung geändert, sondern auch der Bildausschnitt, die Transparenz und die Hintergrundfarbe von Elementen.

Das ursprüngliche Dokument sehen Sie in Abbildung 9.14.

Es werden ein vollständiges Bild, ein Ausschnitt mit der oberen Hälfte eines Bildes und ein Element mit einer hellgrauen Hintergrundfarbe gezeigt. Bild und Ausschnitt überlappen sich teilweise. Nach Betätigung aller fünf Buttons sieht es aus wie in Abbildung 9.15.

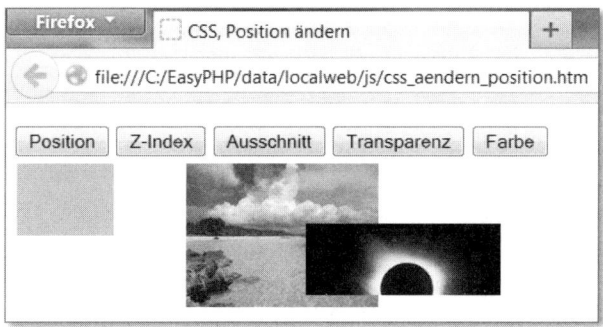

Abbildung 9.14 Dokument vor der Veränderung

Abbildung 9.15 Dokument nach der Veränderung

Die Hintergrundfarbe des Elements wechselt von Hellgrau zu Dunkelgrau. Das linke
Bild wird in y-Richtung nach unten verschoben und in z-Richtung nach vorn gerückt.
Der Ausschnitt des rechten Bildes wird geändert, außerdem wird es halb transparent.
Es folgt das Beispielprogramm:

```
...<html>
<head>...
<script type="text/javascript">
function aendernPosition()
{
   document.getElementById("idParadies").style.top = "130px";
}

function aendernZIndex()
{
   document.getElementById("idParadies").style.zIndex = 3;
}
```

```
function aendernAusschnitt()
{
   document.getElementById("idSofi").style.clip =
      "rect(auto 80px auto auto)";
}

function aendernTransparenz()
{
   document.getElementById("idSofi").style.opacity = 0.3;
   document.getElementById("idSofi").style.filter = "alpha(opacity=30)";
}

function aendernFarbe()
{
   document.getElementById("idRect").style.backgroundColor =
      "rgb(96, 96, 96)";
}
</script>
</head>
<body>
<div id="idRect" style="position:absolute; width:80px; height:60px;
   top:50px; left:10px; background-color:rgb(192,192,192)"></div>
<div id="idParadies" style="position:absolute; top:50px; left:150px;
   z-index:1"><img src="im_paradies.jpg" alt="Paradies"></div>
<div id="idSofi" style="position:absolute; top:100px; left:250px;
   z-index:2; clip:rect(auto auto 60px auto)"><img
   src="im_sofi.jpg" alt="Sofi"></div>
<p><input id="idPosition" type="button" value="Position">
   <input id="idZIndex" type="button" value="Z-Index">
   <input id="idAusschnitt" type="button" value="Ausschnitt">
   <input id="idTransparenz" type="button" value="Transparenz">
   <input id="idFarbe" type="button" value="Farbe"></p>
<script type="text/javascript" src="eh.js"></script>
<script type="text/javascript">
   meinHandler("idPosition", "click", aendernPosition);
   meinHandler("idZIndex", "click", aendernZIndex);
   meinHandler("idAusschnitt", "click", aendernAusschnitt);
   meinHandler("idTransparenz", "click", aendernTransparenz);
   meinHandler("idFarbe", "click", aendernFarbe);
</script>
</body></html>
```

Listing 9.14 Datei »css_aendern_position.htm«

Der Wert der Eigenschaft top des linken Bilds ändert sich von 50 Pixel in 130 Pixel. Dadurch bewegt es sich nach unten. Der Wert der Eigenschaft z-index dieses Bilds ändert sich von 1 in 3. Da der Ausschnitt des rechten Bilds weiterhin einen Wert von 2 hat, rückt das linke Bild in z-Richtung von hinten nach vorn.

Beim rechten Bild wurde mit Hilfe der Eigenschaft clip zunächst der untere Rand bei 60 Pixeln abgeschnitten. Per JavaScript wird nun der rechte Rand bei 80 Pixeln abgeschnitten.

Die Transparenz dieses Bilds ändert sich mit Hilfe der Eigenschaft opacity von 1.0 in 0.3 bzw. der Eigenschaft filter von 100 in 30. Damit wird es fast durchsichtig. Wie bei den CSS-Eigenschaften wird die jeweils nicht zutreffende Anweisung zur Änderung der Transparenz ignoriert.

Als Letztes wird die Hintergrundfarbe geändert. Der Wert der Eigenschaft backgroundColor besteht aus einer Zeichenkette, die die Funktion rgb() und drei neue Farbanteile enthält.

9.3.5   Sichtbarkeit ändern

Eine Transparenz von 0.0 macht ein Element unsichtbar. Weitere Möglichkeiten zur Beeinflussung der Sichtbarkeit bieten die CSS-Eigenschaften visibility und display. In diesem Abschnitt folgt ein Beispiel zu visibility. Der Wert visible macht ein Element sichtbar, der Wert hidden macht es unsichtbar.

Die Sichtbarkeit nutzen wir hier zur dynamischen Anzeige eines Menüs mit einem Untermenü. In Abbildung 9.16 sehen Sie das Menü im Startzustand. Falls der Benutzer sich mit der Maus über einem der Menüpunkte befindet, dann wird das zugehörige Untermenü sichtbar, siehe Abbildung 9.17.

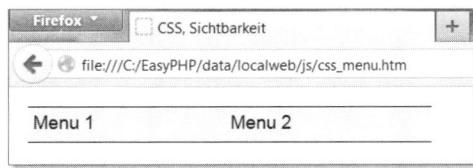

Abbildung 9.16 Menü im Startzustand

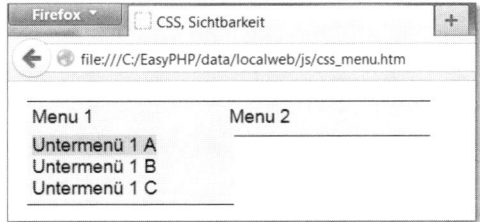

Abbildung 9.17 Sichtbares Untermenü

Es folgt das Beispielprogramm:

```
...<html>
<head>...
<style type="text/css">
   div {position:absolute; width:200px; height:25px; font-size:14pt;
        font-family:Arial; padding:5px; border-top:solid 1px #000000;
        border-bottom:solid 1px #000000; background-color:#f0f0f0}
   .untermenu {visibility:hidden; height:66px; border-top-width:0px}
   a:link   {color:#000000; text-decoration:none}
   a:hover  {background-color:#d0d0d0}
</style>
<script type="text/javascript">
function ein(x)
{
   document.getElementById("idUntermenu" + x).style.visibility = "visible";
}

function aus(x)
{
   document.getElementById("idUntermenu" + x).style.visibility = "hidden";
}
</script>
</head>
<body>
<div id="idMenu1" style="top:20px; left:20px">Menu 1</div>
<div id="idMenu2" style="top:20px; left:220px">Menu 2</div>
<div id="idUntermenu1" class="untermenu" style="top:50px; left:20px">
<a href="#">Untermenü 1 A</a><br>
<a href="#">Untermenü 1 B</a><br>
<a href="#">Untermenü 1 C</a>
</div>
<div id="idUntermenu2" class="untermenu" style="top:50px; left:220px">
<a href="#">Untermenü 2 A</a><br>
<a href="#">Untermenü 2 B</a><br>
<a href="#">Untermenü 2 C</a>
</div>
<script type="text/javascript" src="eh.js"></script>
<script type="text/javascript">
   meinHandler("idMenu1", "mouseover", function() { ein(1); });
   meinHandler("idMenu1", "mouseout",  function() { aus(1); });
   meinHandler("idMenu2", "mouseover", function() { ein(2); });
   meinHandler("idMenu2", "mouseout",  function() { aus(2); });
   meinHandler("idUntermenu1", "mouseover", function() { ein(1); });
   meinHandler("idUntermenu1", "mouseout",  function() { aus(1); });
```

```
    meinHandler("idUntermenu2", "mouseover", function() { ein(2); });
    meinHandler("idUntermenu2", "mouseout",  function() { aus(2); });
</script>
</body></html>
```

Listing 9.15 Datei »css_menu.htm«

Sowohl die Hauptmenüpunkte als auch die Untermenüs stehen in div-Containern mit den folgenden Eigenschaften:

▶ Schrift Arial 14 pt

▶ eine Größe von 200 × 25 Pixeln

▶ ein oberer und ein unterer Rand

▶ eine Hintergrundfarbe

▶ ein Innenabstand von 5 Pixeln zum Rand

Die Eigenschaften der Untermenüs werden mit Hilfe der Klasse untermenu ergänzt bzw. überschrieben: Die Höhe wird auf 66 Pixel geändert, der obere Rand fällt weg, und – das Wichtigste – sie sind unsichtbar.

Die Punkte der Untermenüs sind Hyperlinks, mit deren Hilfe zum Beispiel andere Seiten aufgerufen werden. Für diese Hyperlinks wird die Farbe festgelegt. Außerdem werden sie nicht unterstrichen. Falls sich die Maus über einem der Punkte befindet, dann ändert sich die Farbe.

Im Dokument selbst werden Menüs und Untermenüs zueinander passend positioniert. Den Untermenüs wird die Klasse untermenu zugewiesen.

Das Überstreichen des ersten Hauptmenüpunkts mit der Maus führt zum Aufruf der Funktion ein(), mit dem Parameter 1. Innerhalb der Funktion ein() wird damit die Untereigenschaft visibility der Eigenschaft style des ersten Untermenüs auf visible gesetzt.

Umgekehrt führt das Verlassen des ersten Hauptmenüpunkts mit der Maus zum Aufruf der Funktion aus(), mit demselben Parameter. Innerhalb der Funktion aus() wird damit die Untereigenschaft visibility der Eigenschaft style des ersten Untermenüs wieder auf hidden gesetzt.

Zu den gleichen Ergebnissen führt das Überstreichen bzw. Verlassen des ersten Untermenüs. Ansonsten verschwände das erste Untermenü, sobald die Maus vom ersten Hauptmenüpunkt zu einem der Punkte des ersten Untermenüs bewegt wird.

Dasselbe trifft für den zweite Hauptmenüpunkt und sein Untermenü zu.

Die Positionen sind so gewählt, dass die Untermenüs die Hauptmenüpunkte leicht überlappen. Ansonsten würden die Untermenüs unsichtbar, sobald die Maus den zugehörigen Hauptmenüpunkt verlässt.

9

9.4   Animation

Die Änderung der Position mit Hilfe eines automatischen Ablaufs lässt den Eindruck eines animierten Films entstehen. Im Beispielprogramm *css_animieren.htm* werden mit Hilfe von fünf Buttons fünf verschiedene Animationen durchgeführt:

- ▶ Ein Element bewegt sich innerhalb des Dokuments.
- ▶ Der Ausschnitt eines Elements verändert sich.
- ▶ Ein Element wird immer durchsichtiger.
- ▶ Zwei Elemente werden gegeneinander ausgetauscht, indem ein Element eingeblendet wird, während ein anderes Element ausgeblendet wird.
- ▶ Die Hintergrundfarbe eines Elements ändert sich langsam von einer Startfarbe bis zu einer Endfarbe.

Ich teile das Programm zur besseren Übersicht über fünf Abschnitte auf.

Anschließend folgt eine Animation, bei der eine Kugel in Richtung eines Zieles geworfen wird. Dabei kann der Benutzer den Winkel und die Geschwindigkeit zu Beginn des Wurfs einstellen. Die Schwerkraft wird berücksichtigt, so dass die Flugbahn einer Wurfparabel entspricht.

9.4.1   Fünf Animationen, Aufbau

In Abbildung 9.18 sehen Sie das Dokument mit den fünf Buttons, zwei Bildern, einem Bildausschnitt und einem Element mit Hintergrundfarbe.

Abbildung 9.18 Animierte Elemente, vor der Durchführung

Zunächst der unterste Teil, mit HTML, CSS und den Eventhandlern:

```
...
<body>
<div id="idRect" style="position:absolute; width:80px; height:60px;
    top:200px; left:10px; background-color:rgb(192,192,192)"></div>
<div id="idParadies" style="position:absolute; top:50px; left:50px"><img
    src="im_paradies.jpg" alt="Paradies"></div>
<div id="idSofi" style="position:absolute; top:100px; left:150px;
    clip:rect(auto auto 60px auto)"><img src="im_sofi.jpg" alt="Sofi"></div>
<div id="idWinter" style="position:absolute; top:50px; left:350px"><img
    src="im_winter.jpg" alt="Winter"></div>
<div id="idWelle" style="position:absolute; top:50px; left:350px;
    opacity:0.0; filter:alpha(opacity=0)"><img
    src="im_welle.jpg" alt="Welle"></div>
<p><input id="idPosition"    type="button" value="Position">
    <input id="idAusschnitt"  type="button" value="Ausschnitt">
    <input id="idTransparenz" type="button" value="Transparenz">
    <input id="idFarbe"       type="button" value="Farbe">
    <input id="idBildwechsel" type="button" value="Bildwechsel"></p>

<script type="text/javascript" src="eh.js"></script>
<script type="text/javascript">
    meinHandler("idPosition",    "click", animierePosition);
    meinHandler("idAusschnitt",  "click", animiereAusschnitt);
    meinHandler("idTransparenz", "click", animiereTransparenz);
    meinHandler("idFarbe",       "click", animiereFarbe);
    meinHandler("idBildwechsel", "click", animiereBildwechsel);
</script>
</body></html>
```

Listing 9.16 Datei »css_animation.htm«

Das Element auf der linken Seite hat einen hellgrauen Hintergrund. Dieser wird nach Betätigung des Buttons Farbe langsam dunkelgrau.

Das erste Bild wird vollständig gezeigt. Es wird durch die Betätigung des Buttons Position langsam verschoben.

Beim zweiten Bild sehen Sie zunächst die obere Hälfte. Nach Betätigung des Buttons Ausschnitt verschiebt sich der Ausschnitt langsam, bis am Ende nur noch die linke Hälfte zu sehen ist.

Die Betätigung des Buttons Transparenz führt dazu, dass das zweite Bild langsam durchsichtiger wird und das dahinterliegende erste Bild besser sichtbar wird.

Es folgen noch ein drittes Bild mit einer Winterlandschaft und ein viertes Bild. Sie haben dieselbe Position und dieselbe Größe. Sie sehen nur das dritte Bild. Das vierte Bild ist zunächst vollkommen transparent und daher nicht zu sehen. Nach Betätigung des Buttons BILDWECHSEL startet die Animation. Das dritte Bild wird immer transparenter, und das vierte Bild wird immer undurchsichtiger. Am Ende sehen Sie nur noch das vierte Bild.

9.4.2 Animierte Änderung der Position

Es folgt der erste Teil des Dokuments:

```
...<html>
<head>...
<script type="text/javascript">
var positionVerweis, positionTop = 50;
function aendernPosition()
{
   if (positionTop >= 130)
      window.clearInterval(positionVerweis);
   else
   {
      positionTop += 1;
      document.getElementById("idParadies").style.top = positionTop + "px";
   }
}

function animierePosition()
{
   positionVerweis = window.setInterval(aendernPosition, 20);
}
...
```

Listing 9.17 Datei »css_animieren.htm«, erster Teil

Alle vier Animationen sind nach dem gleichen Prinzip aufgebaut.

Die Variable positionVerweis dient zur Steuerung des automatischen Ablaufs. In positionTop ist der Zahlenanteil des Werts gespeichert, den die Eigenschaft top zu Beginn hat, also die Zahl 50 des Werts 50px.

Der Button POSITION ruft die Funktion animierePosition() auf. Darin sorgt die Methode setInterval() alle 20 Millisekunden für einen Aufruf der Funktion aendernPosition(). Sobald die Endposition erreicht wird, wird der Ablauf mit Hilfe der Methode clearInterval() beendet. Falls die Endposition noch nicht erreicht wurde, dann wird die Hilfsvariable `positionTop` um den Wert 1 vergrößert. An diese Zahl wird noch die Einheit `px` angehängt. Dies führt zur Verschiebung um 1 Pixel nach unten.

9.4.3 Animierte Änderung des Ausschnitts

Es folgt der zweite Teil des Dokuments:

```
...
var ausschnittVerweis, clipBottom = 60, clipRight = 160;
function aendernAusschnitt()
{
    if (clipBottom >= 120)
        window.clearInterval(ausschnittVerweis);
    else
    {
        clipBottom += 1;
        clipRight -= 4.0/3.0;
        document.getElementById("idSofi").style.clip =
            "rect(auto " + clipRight + "px " + clipBottom + "px auto)";
    }
}

function animiereAusschnitt()
{
    ausschnittVerweis = window.setInterval(aendernAusschnitt, 20);
}
...
```

Listing 9.18 Datei »css_animieren.htm«, zweiter Teil

Der automatische Ablauf wird hier mit der Variablen `ausschnittVerweis` gesteuert. In den Hilfsvariablen `clipBottom` und `clipRight` sind die Zahlenanteile der beiden Werte gespeichert, die sich während der Animation des Ausschnitts verändern. Der untere Rand des Ausschnitts startet bei der halben Höhe des Bildes, bei 60 Pixeln. Der rechte Rand des Ausschnitts startet am rechten Rand des Bildes, bei 160 Pixeln.

Alle 20 Millisekunden wird der untere Rand um 1 Pixel nach unten und der rechte Rand um 4/3 Pixel nach links verschoben. Die Endposition ist bei der vollen Höhe des Bildes erreicht, also wenn der untere Rand bei 120 Pixeln liegt. Gleichzeitig hat sich der rechte Rand des Ausschnitts auf die halbe Breite des Bildes verschoben, auf 80 Pixel.

9.4.4 Animierte Änderung der Transparenz

Es folgt der dritte Teil des Dokuments:

```
...
var transparenzVerweis, transparenzWert = 1;
function aendernTransparenz()
{
    if (transparenzWert <= 0.3)
        window.clearInterval(transparenzVerweis);
    else
    {
        transparenzWert -= 0.01;
        document.getElementById("idSofi").style.opacity = transparenzWert;
        document.getElementById("idSofi").style.filter =
            "alpha(opacity=" + (transparenzWert * 100) + ")";
    }
}

function animiereTransparenz()
{
    transparenzVerweis = window.setInterval(aendernTransparenz, 20);
}
...
```

Listing 9.19 Datei »css_animieren.htm«, dritter Teil

Die Variable transparenzWert enthält den Startwert für die Transparenz des Bildes, also 1.0. Alle 20 Millisekunden verkleinert sich die Transparenz um 0.01. Der Endwert ist bei 0.3 erreicht. Für den Wert der Eigenschaft filter muss transparenzWert mit 100 multipliziert werden.

9.4.5 Animierte Änderung der Farbe

Es folgt der vierte Teil des Dokuments:

```
...
var farbeVerweis, farbeWert = 192;
function aendernFarbe()
{
    if (farbeWert <= 96)
        window.clearInterval(farbeVerweis);
    else
    {
        farbeWert -= 1;
```

```
      document.getElementById("idRect").style.backgroundColor =
      "rgb(" + farbeWert + "," + farbeWert + "," + farbeWert + ")";
   }
}

function animiereFarbe()
{
   farbeVerweis = window.setInterval(aendernFarbe, 20);
}
...
```

Listing 9.20 Datei »css_animieren.htm«, vierter Teil

Die Variable `farbeWert` enthält den Startwert für alle drei Farbanteile: 192. Alle 20 Millisekunden vermindert sich der Wert um 1. Der Endwert ist bei 96 erreicht.

9.4.6   Animierter Bildwechsel

Es folgt der fünfte Teil des Dokuments, gleichzeitig der letzte Teil des Dokumentkopfs:

```
...
var bildwechselVerweis, bildwechselWert = 1;
function aendernBildwechsel()
{
   if (bildwechselWert <= 0)
      window.clearInterval(bildwechselVerweis);
   else
   {
      bildwechselWert -= 0.01;
      document.getElementById("idWelle").style.opacity =
         bildwechselWert;
      document.getElementById("idWelle").style.opacity =
         1 - bildwechselWert;
      document.getElementById("idWelle").style.filter =
         "alpha(opacity=" + (bildwechselWert * 100) + ")";
      document.getElementById("idWelle").style.filter =
         "alpha(opacity=" + (100 - bildwechselWert * 100) + ")";
   }
}

function animiereBildwechsel()
{
   bildwechselVerweis = window.setInterval(aendernBildwechsel, 20);
```

```
}
</script>
</head>
...
```

Listing 9.21 Datei »css_animieren.htm«, fünfter Teil

Auch hier startet die Hilfsvariable `bildwechselWert` für die Transparenz des Bildes mit 1.0 und verkleinert sich alle 20 Millisekunden um 0.01. Der Endwert ist allerdings erst bei einer Transparenz von 0.0 erreicht. Der Wert von `bildwechselWert` wird auf das Bild angewendet, das langsam ausgeblendet wird. Auf das Bild, das langsam einge-blendet wird, wird die umgekehrte Transparenz angewendet, also: (1 − bildwechsel-Wert). Für den Wert der Eigenschaft `filter` muss auch dieser Wert mit 100 multipliziert werden.

Die Animationen aus diesem Abschnitt können für neuere Browser teilweise auch mit Hilfe von CSS3-Transitions erfolgen.

9.4.7   Animierter Wurf

Auf dem Datenträger zum Buch (bei elektronischen Buch-Ausgaben: im Download-Paket) finden Sie als Bonus das Programm *css_wurf.htm*, mit vielen erläuternden Kommentaren. Der Benutzer soll eine Kugel in Richtung eines Zieles werfen. Dabei kann er Winkel und Geschwindigkeit zu Beginn des Wurfs einstellen. Der Einfluss der Schwerkraft wird berücksichtigt, so dass die Flugbahn einer Wurfparabel ähnelt. Das Ziel kann an einer festen oder einer zufällig gewählten Stelle platziert werden, siehe Abbildung 9.19.

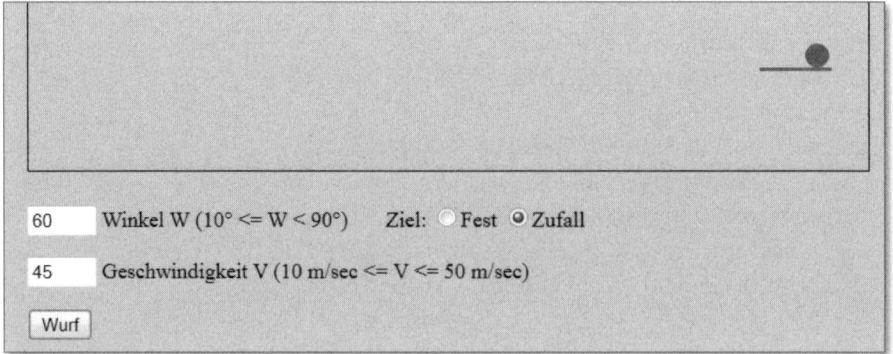

Abbildung 9.19 Wurf einer Kugel in Richtung Ziel

Der Weg s der Kugel in x-Richtung und in y-Richtung nach einer Zeit t richtet sich nach zwei Formeln, siehe auch *Wikipedia, Wurfparabel*:

```
sx(t) = s0 + v0 * cos(w) * t
sy(t) = s0 + v0 * sin(w) * t + 0.5 * a0 * t * t
```

Der Weg s0 ist der Weg zu Beginn des Wurfs. Dieser Weg entspricht den Koordinaten des Startpunkts.

Die Geschwindigkeit v0 ist die Geschwindigkeit zu Beginn des Wurfs, also die im Eingabefeld eingestellte Geschwindigkeit. Sie hat einen Anteil in x-Richtung und einen Anteil in y-Richtung, die sich abhängig vom Winkel w mit Hilfe des Kosinus und des Sinus berechnen lassen. Der Winkel wird im Eingabefeld eingestellt.

Die Beschleunigung a0 ist die Beschleunigung zu Beginn des Wurfs, die abhängig von der Schwerkraft wirkt. Sie hat nur einen Anteil in y-Richtung.

Die Teilausdrücke wurden noch mit Faktoren versehen, damit die Bewegung einigermaßen natürlich aussieht.

9.4.8 Animierter Sternenhimmel

Als weiterer Bonus finden Sie auf dem Datenträger zum Buch (bei elektronischen Buch-Ausgaben: im Download-Paket) das Programm *css_stern.htm*, mit vielen erläuternden Kommentaren. Vor einem schwarzen Hintergrund erscheinen insgesamt neun gelbe Sterne. Sie wechseln alle 0.3 Sekunden ihre Position.

Kapitel 10
jQuery

*Die browserunabhängigen, einheitlichen Methoden der Bibliothek
jQuery sind von vielen Websites nicht mehr wegzudenken.*

Bei *jQuery* handelt es sich um eine JavaScript-Bibliothek mit einer großen Verbreitung. Sie bietet komfortable, browserunabhängige Methoden, unter anderem durch Einsatz von CSS, Ajax und durch Animationen.

Zurzeit (im Juni 2013) gibt es jQuery in zwei Versionen:

▶ Version 1.10.1; mit Unterstützung vieler Browser.

▶ Version 2.0.2, ohne Unterstützung des Internet Explorers. Laut der jQuery-Website betrifft dies nur die Versionen 6, 7 und 8. Tests ergeben, dass auch der Internet Explorer 9 nicht unterstützt wird.

Daher habe ich für die Beispiele dieses Kapitels die Version 1.10.1 verwendet. Alle Beispiele dieses Kapitels laufen unter den oben genannten Einschränkungen sowohl mit Version 1.10.1 als auch mit Version 2.0.2.

Die Datei *jquery-1.10.1.min.js* mit der Bibliothek ist nur ca. 90 KB groß. Sie befindet sich auf dem Datenträger zum Buch. Aktuelle Versionen können Sie über *http://www.jquery.com* herunterladen. In den folgenden Beispielen wird auf diese jQuery-Datei zugegriffen, die sich im selben Verzeichnis befindet. Alternativ könnten Sie auch die Version einbinden, die sich auf der Website von jQuery befindet. Dies setzt natürlich immer eine existierende Internetverbindung voraus.

Zwei Erweiterungen von jQuery werden ebenfalls in diesem Buch behandelt:

▶ *jQuery UI*: Es bietet spezielle Elemente zur Gestaltung von Benutzeroberflächen (englisch: *user interfaces*), siehe Kapitel 11, »jQuery UI«.

▶ *jQuery mobile*: Es ermöglicht eine Touch-Bedienung von Internetseiten, wie sie besonders auf Mobilgeräten genutzt wird, siehe Kapitel 12, »jQuery mobile«.

10.1 Aufbau

Anhand eines ersten Beispiels erläutere ich verschiedene Möglichkeiten, jQuery zu nutzen. Abbildung 10.1 stellt eine Datei mit einem `div`-Element und drei Hyperlinks dar. Nach Betätigen der Hyperlinks ändert sich jeweils der Inhalt des div-Elements durch den Einsatz von jQuery, wie Sie in Abbildung 10.2, Abbildung 10.3 und Abbildung 10.4 sehen.

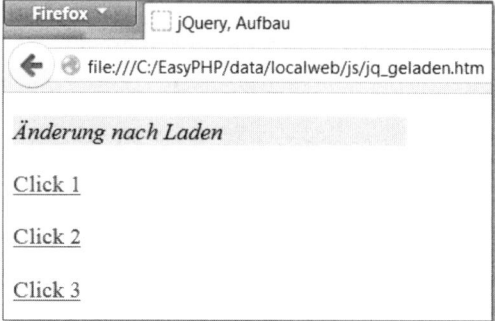

Abbildung 10.1 Erste jQuery-Datei

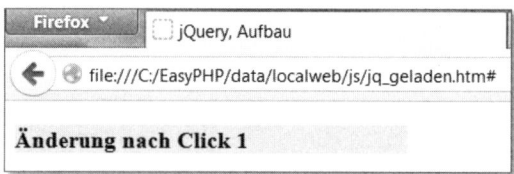

Abbildung 10.2 Erste Änderung

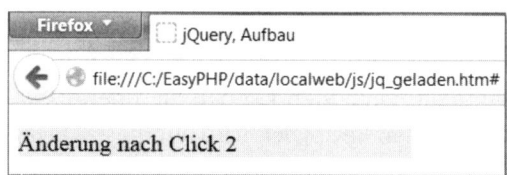

Abbildung 10.3 Zweite Änderung

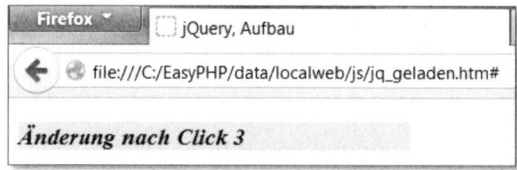

Abbildung 10.4 Dritte Änderung

Es folgt der Code:

```
...<html>
<head>...
<script src="jquery-1.10.1.min.js" type="text/javascript"></script>
```

```
<script type="text/javascript">
$(document).ready(function()
{
   $("#idAbsatz").html("<i>Änderung nach Laden<\/i>");
   $("#idLink1").click(function()
      { $("#idAbsatz").html("<b>Änderung nach Click 1<\/b>"); });
});
</script>
</head>
<body>
<p id="idAbsatz" style="background-color:#e0e0e0; width:300px">Hallo</p>
<p><a id="idLink1" href="#">Click 1</a></p>
<p><a id="idLink2" href="#">Click 2</a></p>
<p><a id="idLink3" href="#">Click 3</a></p>

<script type="text/javascript">
   $("#idLink2").click(function(){
   $("#idAbsatz").html("Änderung nach Click 2"); });
   jQuery("#idLink3").click(function(){
      jQuery("#idAbsatz").html("<b><i>Änderung nach Click 3<\/i><\/b>"); });
</script>
</body></html>
```

Listing 10.1 Datei »jq_geladen.htm«

Im body des Dokuments steht ein div-Element mit dem Beispieltext Hallo. Darunter sehen Sie die drei Hyperlinks.

Im JavaScript-Bereich wird die Methode ready() aufgerufen. Der jQuery-Code soll erst dann starten können, wenn die Datei mit allen Elementen im Browser des Benutzers geladen wurde und das Objekt document vollständig zur Verfügung steht. Dafür sorgt die Methode ready(). Ansonsten könnte es vorkommen, dass mit dem jQuery-Code auf ein Element zugegriffen wird, dass noch nicht existiert.

Innerhalb der Methode ready() finden Sie zwei verschiedene Abläufe. Im ersten Teil wird die Methode html() für das Element mit der ID idAbsatz aufgerufen. Diese Methode ändert den HTML-Inhalt des betroffenen Elements. Daher erscheint sofort nach dem Laden des Dokuments der kursive Text Änderung nach Laden im div-Element.

Im zweiten Teil wird die Methode click() für das Element mit der ID Link1 aufgerufen. Dies sorgt dafür, dass ein Klick auf den Hyperlink zur Ausführung der angegebenen Aktion führt. Nach dem Klick erscheint der fett gedruckte Text Änderung nach Click 1 im div-Element.

Am Ende des Dokuments stehen zwei weitere Aktionen, die nach Betätigung des zweiten bzw. dritten Hyperlinks ausgeführt werden. Hier ist die Methode ready()

nicht mehr notwendig, da alle bedienbaren oder veränderbaren Elemente des Dokuments bereits geladen sind. Eine jQuery-Anweisung wird entweder mit Hilfe der $-Funktion oder der jQuery-Funktion aufgerufen. Beide Schreibweisen führen zum selben Ergebnis.

Die Methoden werden für die im Selektor genannten Elemente durchgeführt. Häufig handelt es sich dabei um CSS-Selektoren. Aufgrund der vielen Klammerebenen in jQuery-Anweisungen empfehle ich die hier verwendete kompakte Schreibweise. Beachten Sie bei Ihren eigenen Programmen auch die häufig notwendigen Anführungszeichen.

10.2   Selektoren und Methoden

Selektoren dienen der Auswahl des Elements, auf das sich der jQuery-Code bezieht. In diesem Abschnitt stelle ich Ihnen einige Möglichkeiten für jQuery-Selektoren vor.

Außerdem lernen Sie verschiedene Methoden kennen:

▶ `css()` zur Änderung der CSS-Eigenschaften
▶ `html()` zur Änderung des Textes, mit HTML-Code
▶ `text()` zur Änderung des Textes, ohne HTML-Code

In Abbildung 10.5 sehen Sie vier verschiedene `div`-Elemente. Die Betätigung eines der angegebenen Hyperlinks führt zu Änderungen bei einem oder mehreren `div`-Elementen.

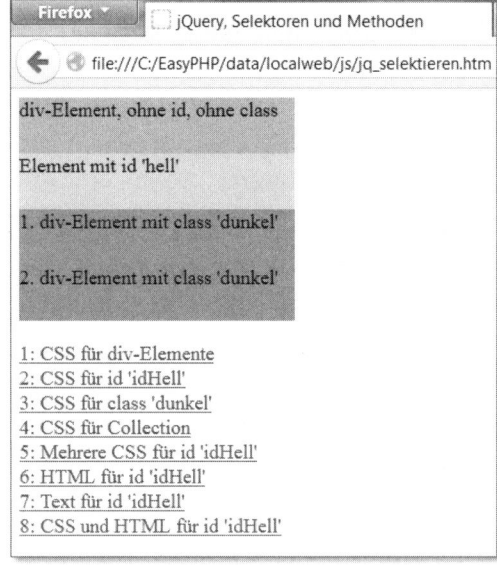

Abbildung 10.5 Selektoren und Methoden

Es folgt der Code:

```
...<html>
<head>...
<script src="jquery-1.10.1.min.js" type="text/javascript"></script>
<script type="text/javascript">
$(document).ready(function()
{
   $("#idLink1").click(function(){
      $("div").css({"width":"300px"}); });
```

[... weitere jQuery-Funktionen, siehe Erläuterung ...]

```
});
</script>

<style type="text/css">
   div    {width:250px; height:50px; background-color:#b0b0b0;}
   #idHell {width:250px; height:50px; background-color:#d0d0d0;}
   .dunkel {width:250px; height:50px; background-color:#909090;}
</style>
</head>

<body>
<div>div-Element, ohne id, ohne class</div>
<div id="idHell">Element mit id 'hell'</div>
<div class="dunkel">1. div-Element mit class 'dunkel'</div>
<div class="dunkel">2. div-Element mit class 'dunkel'</div>

<p><a id="idLink1" href="#"> 1: CSS für div-Elemente</a><br>
```

[... weitere Hyperlinks, siehe Abbildung ...]

```
</body></html>
```

Listing 10.2 Datei »jq_selektieren.htm«

Es gibt vier div-Elemente:

▶ Das erste Element hat keine ID. Ihm wird keine CSS-Klasse zugeordnet.

▶ Das zweite Element hat die ID idHell.

▶ Dem dritten und dem vierten Element wird jeweils die CSS-Klasse dunkel zugeordnet.

Darüber sehen Sie die CSS-Vorgabe für die Darstellung der Elemente:

- div-Elemente allgemein haben eine Größe von 250 × 50 Pixeln und sind mittel-grau.
- Das Element mit der ID idHell ist hellgrau.
- Alle Elemente der CSS-Klasse dunkel sind dunkelgrau.

Es folgt die Auswirkung der Betätigung der Hyperlinks. Ein Klick auf den ersten Hyperlink führt zu diesem Code:

```
$("#idLink1").click(function(){
    $("div").css({"width":"300px"}); });
```

Es wird die Methode css() für alle div-Elemente ausgeführt. Diese Methode ändert CSS-Eigenschaften. Hier wird der Eigenschaft width der Wert 300 Pixel zugewiesen.

Es gibt verschiedene Schreibweisen für die Angabe der CSS-Eigenschaft und des zuge-hörigen Werts. Hier wird einheitlich die folgende verwendet: Eigenschaft und Wert in geschweiften Klammern, durch Doppelpunkt getrennt, jeweils in Anführungszei-chen. Keine Regel ohne Ausnahme: Ein boolescher Wert, ein Variablenname oder ein reiner Zahlenwert (ohne px) wird nicht in Anführungsstriche gesetzt.

Im vorliegenden Programm sind die Hyperlinks und die zugehörigen Klick-Metho-den alle gleichartig aufgebaut. Nachfolgend werde ich nur noch die Auswirkung des jeweiligen Klicks beschreiben:

Hyperlink 2 ändert das Element mit der ID idHell:

```
$("#idHell").css({"width":"350px"});
```

Hyperlink 3 ändert alle Elemente mit der CSS-Klasse dunkel:

```
$(".dunkel").css({"width":"400px"});
```

Sie können mehrere Selektoren in einer Collection zusammenfassen: Hyperlink 4 ändert das Element mit der ID idHell und alle Elemente mit der CSS-Klasse dunkel:

```
$("#idHell, .dunkel").css({"width":"450px"});
```

Falls Sie mehrere Eigenschaften ändern möchten, so trennen Sie die Eigenschaft-Wert-Paare durch Kommata: Hyperlink 5 ändert die Hintergrundfarbe und die Breite für das Element mit der ID idHell:

```
$("#idHell").css({"background-color":"#f0f0f0", "width":"500px"});
```

Die Methode html() dient dem Ändern des Textes inklusive des HTML-Codes; Hyper-link 6 sorgt für einen neuen Text in Fettdruck für das Element mit der ID idHell:

```
$("#idHell").html("<b>HTML neu<\/b>");
```

Die Methode text() dient dem Ändern des Textes, ohne Berücksichtigung des HTML-Codes: Hyperlink 7 dient dazu, einen neuen Text in das Element mit der ID idHell zu schreiben. Versehentlich enthaltene HTML-Elemente werden ebenfalls als Text ausgegeben:

```
$("#idHell").text("<b>Text neu<\/b>");
```

Durch Verkettung können Sie mehrere Methoden für einen Selektor direkt nacheinander ausführen. Außerdem können Sie einen CSS-Wert relativ verändern mit Hilfe der beiden Operatoren += und -=: Hyperlink 8 führt die Methoden css() und html() für das Element mit der ID idHell aus. In der Methode css() wird die Breite bei jedem Klick um 20 Pixel erhöht:

```
$("#idHell").css({"width":"+=20px"}).html("CSS und HTML neu");
```

10.3   Ereignisse

Bisher haben wir lediglich das Klick-Ereignis zum Starten von jQuery-Code genutzt. In diesem Abschnitt werden wir weitere Ereignisse einsetzen.

In Abbildung 10.6 sehen Sie ein div-Element, darunter eine Reihe von Hyperlinks. Das Auslösen eines der Ereignisse auf dem jeweiligen Link führt jedes Mal zu einer animierten Verbreiterung des Elements. Dabei kommt die Methode animate() zum Einsatz. Sie erzeugt durch eine Abfolge von Einzelbildern den Eindruck eines gleichmäßigen Ablaufs, wie in einem Film. Mehr zu animate() erfahren Sie im nächsten Abschnitt.

Abbildung 10.6 Verschiedene Ereignisse

Es folgt der Code:

```
...<html>
<head>...
<script src="jquery-1.10.1.min.js" type="text/javascript"></script>
<script type="text/javascript">
$(document).ready(function()
{
    $("#idLink1").click(function(){
        $("#idRect").animate({"width":"+=20px"}); });
```

[... weitere jQuery-Funktionen, siehe Erläuterung ...]

```
});
</script>
<style type="text/css">
    a {background-color:#f0f0f0; line-height:150%}
</style>
</head>

<body>
<div id="idRect" style="width:200px; height:100px;
    background-color:#aaaaaa">Rechteck</div>
<p><a id="idLink1" href="#"> 1: click</a><br>
```

[... weitere Hyperlinks, siehe Abbildung ...]

```
</body></html>
```

Listing 10.3 Datei »jq_ereignis.htm«

Das div-Element hat die ID idRect, eine Größe von 200 × 100 Pixeln und eine graue Farbe. Die Ereignisse haben die folgenden Auswirkungen:

Die Ihnen bereits bekannte Methode click() wird einmalig durch einen einfachen Klick auf den Link ausgelöst. Das Element wird 20 Pixel breiter.

```
    $("#idLink1").click(function(){
        $("#idRect").animate({"width":"+=20px"}); });
```

Die folgenden Methoden führen alle zur gleichen Animation, daher wird nur noch der Methodenkopf dargestellt.

Die Methode dblclick() wird einmalig durch einen doppelten Klick auf den Link ausgelöst:

```
    $("#idLink2").dblclick(function(){...});
```

Die Methoden `mouseenter()` beziehungsweise `mouseover()` werden einmalig durch das *Betreten* des Links mit der Maus ausgelöst:

```
$("#idLink3").mouseenter(function(){...});
```

Die Methoden `mouseleave()` beziehungsweise `mouseout()` werden einmalig durch das *Verlassen* des Links mit der Maus ausgelöst:

```
$("#idLink4").mouseleave(function(){...});
```

Die Methode `mousemove()` wird permanent durch das Bewegen der Maus innerhalb des Links ausgelöst. Das Ereignis tritt häufig auf, wird gespeichert und später abgearbeitet. Daher kann es schon bei einer kleinen Bewegung zu einer ganzen Reihe von Animationen kommen:

```
$("#idLink5").mousemove(function(){...});
```

Die Methode `mousedown()` wird einmalig durch das Herunterdrücken einer Maustaste innerhalb des Links ausgelöst. Falls Sie einmal rechtsklicken: Die rechte Maustaste ist in den Browsern häufig belegt, so dass häufig gleichzeitig ein Kontextmenü aufklappt:

```
$("#idLink6").mousedown(function(){...});
```

Die Methode `mouseup()` wird einmalig durch das Loslassen einer heruntergedrückten Maustaste innerhalb des Links ausgelöst:

```
$("#idLink7").mouseup(function(){...});
```

Die Methode `hover()` vereinigt die beiden Ereignisse `mouseenter` und `mouseleave`. Sie wird also sowohl durch das *Betreten* als auch durch das *Verlassen* des Links mit der Maus ausgelöst:

```
$("#idLink8").hover(function(){...});
```

Die jQuery-Methode `bind()` dient dazu, Ereignisse an Methoden zu binden. Die anderen Methoden in diesem Abschnitt sind eigentlich Spezialisierungen der Methode `bind()` in abgekürzter Form. Beachten Sie, dass es sich nicht um die JavaScript-Methode `bind()` handelt.

Hier erfolgt die Bindung für die Ereignisse `mousedown` und `mouseup`. Die Animation wird also sowohl durch das Herunterdrücken als auch durch das Loslassen einer Maustaste innerhalb des Links ausgelöst:

```
$("#idLink9").bind("mousedown mouseup", function(){...});
```

Bei jedem der genannten Ereignisse stellt JavaScript Informationen zum Ereignis in einem Ereignisobjekt bereit. Durch jQuery wird dieses Ereignisobjekt über alle Browser vereinheitlicht. Sie greifen über einen Verweis darauf zu, den Sie der Methode als Parameter übergeben.

Beim Klick auf Link 10 wird ein Teil der Informationen ausgegeben, hier Art, Ort und Zeitpunkt des Ereignisses, mit Hilfe der Eigenschaften type, pageX, pageY und time-Stamp:

```
$("#idLink10").click(function(e){
    $("#idRect").html("Ereignis: " + e.type
        + "<br>Ort X: " + e.pageX + " , Y: " + e.pageY
        + "<br>Zeit: " + Date(e.timeStamp)); });
```

Der timeStamp wird in Millisekunden angegeben. Sie können ihn mit Hilfe von Date() umwandeln.

10.4   Animationen

In diesem Abschnitt erläutere ich verschiedene Möglichkeiten der Animation von Elementen. Dabei kommt die Methode animate() zum Einsatz. Sie erzeugt durch eine Abfolge von Einzelbildern den Eindruck eines gleichmäßigen Ablaufs, wie in einem Film.

In Abbildung 10.7 sehen Sie ein div-Element, das auf der Seite positioniert wird. Über die Hyperlinks können unterschiedliche Animationen gestartet werden. Der unterste Hyperlink stellt den Ausgangszustand nach dem Laden der Seite wieder her.

Abbildung 10.7 Animationen

Es folgt der Code:

```
...<html>
<head>...
<script src="jquery-1.10.1.min.js" type="text/javascript"></script>
<script type="text/javascript">
$(document).ready(function()
{
    $("#idLink1").click(function(){
        $("#idRect").animate({"width":"200px"}); });
```

[... weitere jQuery-Funktionen, siehe Erläuterung ...]

```
});
</script>
</head>

<body>
<div id="idRect" style="position:absolute; width:100px; height:100px;
    left:300px; top:100px; background-color:#a0a0a0">Rechteck</div>
<p><a id="idLink1" href="#"> 1: Eine Eigenschaft (width)</a><br>
```

[... weitere Hyperlinks, siehe Abbildung ...]

```
</body></html>
```

Listing 10.4 Datei »jq_animieren.htm«

Das div-Element hat die ID idRect, eine Startgröße von 100 × 100 Pixeln, die Startposition 300 Pixel/100 Pixel und eine graue Farbe. Die Positionierung ist nur notwendig bei einer Animation des Orts.

Hyperlink 1 animiert die Breite bis zum Zielwert 200 Pixel:

```
$("#idRect").animate({"width":"200px"});
```

Sie können mehrere Eigenschaften gleichzeitig ändern. Die Eigenschaft-Wert-Paare geben Sie im JSON-Format an, jeweils durch Kommata voneinander getrennt. Hyperlink 2 animiert hier die Breite bis zum Zielwert 200 Pixel und die Höhe bis zum Zielwert 50 Pixel:

```
$("#idRect").animate({"width":"200px", "height":"50px"});
```

Eine animierte Bewegung erreichen Sie über die Änderung der Eigenschaftswerte für left und top. Hyperlink 3 bewegt das Rechteck zum Zielpunkt 400 Pixel/200 Pixel:

```
$("#idRect").animate({"left":"400px", "top":"200px"});
```

Die Transparenz ändern Sie über die Eigenschaft opacity, wie bereits in Abschnitt 9.2.4, »Transparenz«, geschehen. Hyperlink 4 ändert die Transparenz in 0.5:

```
$("#idRect").animate({"opacity":0.5});
```

Eine Animation dauert ohne weitere Angabe 0.4 Sekunden, also 400 Millisekunden. Die Dauer der Animation können Sie innerhalb des zweiten Parameters der Methode animate() einstellen. Dies geht über die Eigenschaft duration, mit einem Wert in Millisekunden. Den Wert dürfen Sie dabei nicht in Anführungszeichen setzen. Hyperlink 5 ändert die Breite auf den Zielwert 200 Pixel innerhalb von 2 Sekunden:

```
$("#idRect").animate({"width":"200px"}, {"duration":2000});
```

Die Eigenschaft easing kennzeichnet den zeitlichen Verlauf einer Animation. Der Standardwert swing bedeutet, dass die Animation zu Beginn beschleunigt, dann mit gleichmäßiger Geschwindigkeit weiterläuft und am Ende abbremst. Dadurch entsteht der Eindruck eines natürlichen Ablaufs.

Den zeitlichen Verlauf der Animation können Sie ebenfalls innerhalb des zweiten Parameters der Methode animate() einstellen. Als Alternative steht der Wert linear zur Verfügung. Das bedeutet, dass die Animation die ganze Zeit mit gleichmäßiger Geschwindigkeit abläuft. Dadurch wirkt der Ablauf eher ruckartig. Easing-Plugins, die Sie im Internet finden, bieten weitere Möglichkeiten für Easing-Funktionen. Hyperlink 6 verschiebt das Element innerhalb von zwei Sekunden linear bis zum Zielwert:

```
$("#idRect").animate({"left":"400px"},
    {"duration":2000, "easing":"linear"});
```

Als weiterer Parameter können Sie eine Callback-Funktion angeben. Sie wird ausgeführt, nachdem die Animation beendet ist. Hyperlink 7 führt zu einer Verschiebung des Elements zum Zielwert 400 Pixel. Anschließend wird das Element zum Zielwert 300 Pixel verschoben:

```
$("#idRect").animate({"left":"400px"},
    function(){$("#idRect").animate({"left":"300px"}) });
```

Bisher haben wir für die animierte Eigenschaft einen absoluten Zielwert angegeben. Sie können aber auch relative Veränderungen durchführen mit Hilfe der Operatoren += und -=. Hyperlink 8 verschiebt das Element bei jeder Betätigung um 100 Pixel nach rechts und ändert die Transparenz um 0.3, ausgehend von den jeweils aktuellen Werten:

```
$("#idRect").animate({"left":"+=100px", "opacity":"-=0.3"});
```

Ein Wert über 1.0 oder unter 0.0 ist für die Eigenschaft opacity natürlich nicht sinnvoll, führt aber nicht zu einem Fehler.

Wie bereits an anderer Stelle erläutert, können Sie Methoden verketten. Hyperlink 9 verschiebt das Element um 100 Pixel nach rechts, anschließend wieder um 100 Pixel nach links:

```
$("#idRect").animate({"left":"+=100px"}).animate({"left":"-=100px"});
```

Innerhalb einer Animation können Sie mit der Methode delay() eine Verzögerung einbauen. Hyperlink 10 führt zur gleichen Bewegung wie Hyperlink 9. Zwischen den beiden Teilanimationen wird allerdings eine Sekunde gewartet:

```
$("#idRect").animate({"left":"+=100px"})
    .delay(1000).animate({"left":"-=100px"});
```

Bei einer Verkettung laufen die einzelnen Teile einer Animation normalerweise nacheinander ab. Sie können mit Hilfe des Parameters queue dafür sorgen, dass sie gleichzeitig stattfinden.

Hyperlink 11 animiert die Breite zum Zielwert 200 Pixel innerhalb von einer Sekunde. Gleichzeitig wird die Höhe zum Zielwert 50 Pixel animiert, allerdings innerhalb von zwei Sekunden. Der zweite Teil läuft also eine Sekunde länger. Dies wird mit dem booleschen Wert false für die Eigenschaft queue erreicht, der Standardwert ist true. Der Wert darf nicht in Anführungszeichen stehen:

```
$("#idRect").animate({"width":"200px"}, {"duration":1000})
    .animate({"height":"50px"}, {"duration":2000, "queue":false});
```

Hyperlink 12 dient dazu, den Ausgangszustand wiederherzustellen. Es werden gleichzeitig fünf Eigenschaften verändert:

```
$("#idRect").animate({"width":"100px", "height":"100px",
    "left":"300px", "top":"100px", "opacity":1.0});
```

Die Ereignisse werden gepuffert. Falls Sie also einen Hyperlink betätigen, bevor eine laufende Animation beendet ist, dann wird die zugehörige Aktion im Anschluss ausgeführt.

Die folgenden Methoden bieten keine zusätzlichen Möglichkeiten, können aber als Schreibabkürzung dienen:

▶ die Methoden slideDown(), slideUp() und slideToggle() für die Veränderung der Eigenschaft height

▶ die Methoden fadeIn(), fadeOut(), fadeToggle() und fadeTo() für die Veränderung der Eigenschaft opacity

▶ die Methoden show(), hide() und toggle() für die gleichzeitige Veränderung der Eigenschaften width, height und opacity

10

10.5   Beispiel: Sinusförmige Bewegung

In den einzelnen Funktionen werden bisher nur jQuery-Methoden aufgerufen. Wir sollten aber nicht vergessen, dass uns natürlich auch der Rest von JavaScript zur Verfügung steht. Im folgenden Beispiel sehen Sie eine Kombination. Ein Bild der Größe 16 × 16 Pixel bewegt sich entlang einer Sinuskurve, sobald der Benutzer darauf klickt. Zusätzlich sind einige Hilfslinien eingezeichnet, siehe Abbildung 10.8.

Die Kurve besteht aus einzelnen Linienstücken. Jedes Linienstück wird durch eine jQuery-Animation erzeugt. Eine for-Schleife sorgt für die Aneinanderreihung der Animationen. Je feiner die Kurve zerlegt wird, desto gleichmäßiger ist der Kurvenverlauf. Sie sehen aber bereits bei einer Zerlegung in Stücke à 10 Grad einen recht homogenen Verlauf.

Abbildung 10.8 Animation einer Sinuskurve, Startpunkt

Der Code:

```
...<html>
<head>...
<script src="jquery-1.10.1.min.js" type="text/javascript"></script>
<script type="text/javascript">
$(document).ready(function()
{
   $("#idLink").click(function(){
      for(var winkel = 10; winkel <= 360; winkel += 10)
      {
         var pLeft = (10 + winkel) + "px";
         var pTop = (110 - Math.sin(winkel/180*Math.PI) * 100) + "px";
         $("#idBlock").animate({"left":pLeft, "top":pTop},
            {"duration":"100", "easing":"linear"});
```

```
      }
   });
});
</script>
</head>
<body>
<div id="idBlock" style="position:absolute; left:10px; top:110px"><a
   id="idLink" href="#"><img src="block.gif" alt="Block"></a></div>
<script type="text/javascript">
   for(var pTop = 10; pTop < 211; pTop += 50)
      document.write("<div style='position:absolute; left:20px; top:"
         + pTop + "px'><img src='linie.jpg' alt='Linie'><\/div>");
</script>
</body></html>
```

Listing 10.5 Datei »jq_sinus.htm«

Die Hilfslinien werden mit Hilfe einer for-Schleife erzeugt. Darin nimmt die Eigenschaft pTop Werte von 10 Pixel bis 210 Pixel an.

Innerhalb der Methode click() nimmt die Variable winkel nacheinander die Werte von 10 bis 360 in 10er-Schritten an. Das Bild bewegt sich in x-Richtung gleichmäßig nach rechts. Für die Bewegung in y-Richtung wird die Methode sin() des Math-Objekts aus JavaScript genutzt. Sie erwartet den Winkel im Bogenmaß, daher muss dieser vorher umgerechnet werden. Die auf diese Weise errechneten Werte für den Zielpunkt werden in den Variablen pLeft und pTop gespeichert. Diese Variablen können als Zielwerte für die Eigenschaften left und top als Parameter der Methode animate() eingesetzt werden.

10.6   jQuery und Ajax

Ajax steht für *Asynchronous JavaScript and XML*. Diese Technik ermöglicht Ihnen das Nachladen von Dokumentteilen. Eine ausführliche Beschreibung gab es bereits in Kapitel 8, »Ajax«. In jQuery gibt es eine Reihe von Methoden, die intern die Ajax-Technik nutzen. Sie arbeiten browser- und versionsunabhängig, wie Sie es bei jQuery gewohnt sind.

Im vorliegenden Beispiel werden die Methoden load() und post() genutzt, um auf einfache Weise Inhalte aus Textdateien, HTML-Dateien, PHP-Programmen und XML-Dateien in das aktuelle Dokument zu importieren, ohne den Rest der Seite neu aufbauen zu müssen.

Im folgenden Beispiel werde ich einige Einsatzmöglichkeiten erläutern. In Abbildung 10.9 ist der Startzustand der Seite zu sehen. Zumindest für den Einsatz der Methode post() ist es erforderlich, die Seite über einen Webserver zu laden, wie Sie dies schon in Abschnitt 4.2.3, »Ereignisse im Formular«, gemacht haben.

Abbildung 10.9 jQuery, Ajax-Nutzung

Der Code:

```
...<html>
<head>...
<script src="jquery-1.10.1.min.js" type="text/javascript"></script>
<script type="text/javascript">
$(document).ready(function()
{
    $("#idLink1").click(function() {
        $("#idAusgabe").load("jq_ajax_test.txt"); });
```

[... weitere jQuery-Funktionen, siehe Erläuterung ...]

```
});
</script>
</head>
<body>
<p><b>Methode load() für Text und HTML:</b></p><p>
<a id="idLink1" href="#"> 1: Gesamte Text-Datei</a><br>
```

[... weitere Hyperlinks, siehe Abbildung ...]

```
<table border="1"><tr><td id="idAusgabe">Start-Text</td></tr></table>
</body></html>
```

Listing 10.6 Datei »jq_ajax.htm«

Die Tabellenzelle hat die ID idAusgabe. Hyperlink 1 lädt mit Hilfe der Methode load() den gesamten Text aus einer Textdatei in die Zelle:

```
$("#idAusgabe").load("jq_ajax_test.txt");
```

Hyperlink 2 lädt den gesamten Inhalt aus einer HTML-Datei in die Zelle, inklusive der Markierungen:

```
$("#idAusgabe").load("jq_ajax_test.htm");
```

Hyperlink 3 lädt den Inhalt des Elements mit der ID t1 aus der HTML-Datei inklusive der Markierungen. Achten Sie auf das trennende Leerzeichen zwischen dem Dateinamen und der Hash-Zeichen der ID:

```
$("#idAusgabe").load("jq_ajax_test.htm #t1");
```

Hyperlink 4 ruft mit Hilfe der Methode post() ein PHP-Programm auf. Im Parameter (hier ergebnis) der Callback-Funktion steht anschließend die Rückgabe des Webservers. Diese Rückgabe wird mit Hilfe der Methode html() zum Inhalt der Tabellenzelle:

```
$.post("jq_ajax_test.php", function(ergebnis) {
    $("#idAusgabe").html(ergebnis); });
```

Hyperlink 5 ruft ein PHP-Programm auf, dabei werden Daten an das PHP-Programm gesendet. Es handelt sich um Eigenschaft-Wert-Paare, durch Doppelpunkte getrennt, die Werte in Anführungszeichen. Die Rückgabe des Webservers wird zum Inhalt der Tabellenzelle:

```
$.post("jq_ajax_test_daten.php", {zahl1:"12.2", zahl2:"25.5"},
    function(ergebnis) { $("#idAusgabe").html(ergebnis); });
```

Hyperlink 6 ruft eine XML-Datei auf. Es werden der Wert des Knotens knotenA und der Wert des Attributs attributA des Knotens knotenB ermittelt und zum Inhalt der Tabellenzelle:

```
$.post("jq_ajax_test.xml", function(ergebnis) {
    $("#idAusgabe").html(ergebnis.getElementsByTagName(
    "knotenA")[0].firstChild.nodeValue + " / " + ergebnis
    .getElementsByTagName("knotenB")[0].getAttribute(
    "attributA")); });
```

Die zugehörige XML-Datei:

```
<?xml version="1.0" encoding="UTF-8"?>
<wurzel>
    <knotenA>Wert des ersten Knotens</knotenA>
    <knotenB attributA = "Erstes Attribut des zweiten Knotens"
        attributB = "Zweites Attribut des zweiten Knotens">
        Wert des zweiten Knotens</knotenB>
</wurzel>
```

Listing 10.7 Datei »jq_ajax_test.xml«

Kapitel 11
jQuery UI

*Der Inhalt des Browserfensters kann mit Hilfe der Bibliothek jQuery UI
dem Aussehen einer Desktop-Anwendung angenähert werden.*

Bei *jQuery UI* handelt es sich um eine Javascript-Bibliothek mit Erweiterungen zu jQuery. Es bietet besondere Elemente zur Gestaltung von Benutzeroberflächen (User Interfaces, kurz: UI).

Zurzeit (im Juni 2013) gibt es die Version 1.10.3. Die aktuelle Version können Sie über *http://www.jqueryui.com* herunterladen. Die Version 1.10.3 enthält jQuery in der Version 1.9.1. Für die Beispiele in diesem Kapitel habe ich die entpackten Inhalte der ZIP-Datei *jquery-ui-1.10.3.zip* in das Unterverzeichnis *jqui* gelegt.

Im Unterverzeichnis *demos* des Verzeichnisses *jqui* gibt es zahlreiche Beispiele. Im Unterverzeichnis *themes* haben Sie die Auswahl zwischen verschiedenen vorgefertigten Formatvorlagen.

11.1 Aufbau

In diesem Abschnitt zeige ich die Einbindung von jQuery UI. Es werden die aktuellen Versionsnummern ausgegeben, siehe Abbildung 11.1.

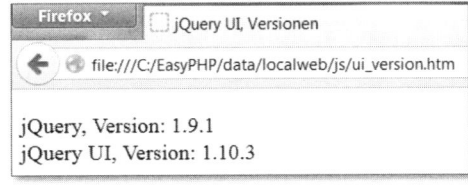

Abbildung 11.1 Versionsnummern

Es folgt der Code:

```
...<html>
<head>...
<script src="jqui/jquery-1.9.1.js" type="text/javascript"></script>
<script src="jqui/ui/jquery.ui.core.js" type="text/javascript"></script>
</head>
```

```
<body><p>
<script type="text/javascript">
    document.write("jQuery, Version: " + jQuery().jquery + "<br>");
    document.write("jQuery UI, Version: " + jQuery.ui.version);
</script></p>
</body></html>
```

Listing 11.1 Datei »ui_version.htm«

Die JavaScript-Dateien von jQuery UI sind wesentlich größer als die JavaScript-Datei von jQuery. Daher werden nur die benötigten Dateien aus dem Unterverzeichnis *jqui* eingebunden. Dies ist zum einen jQuery selbst, zum anderen hier noch die Datei *jquery.ui.core.js* mit den Kernfunktionen von jQuery UI. Beim Download von jQuery UI haben Sie auch die Möglichkeit, sich Pakete mit den gewünschten Dateien zusammenzustellen.

Die Versionsnummer von jQuery erhalten Sie über die Eigenschaft jquery des jQuery-Objekts. Eine alternative Schreibweise wäre: $().jquery. Die Versionsnummer von jQuery UI erhalten Sie über die Eigenschaft version des Unterobjekts ui des jQuery-Objekts, alternativ auch über $.ui.version.

11.2   Elemente verschieben

Als Vorstufe zum *Drag & Drop* (Elemente ziehen und fallen lassen) zeige ich in diesem Abschnitt, wie Sie Elemente auf dem Bildschirm verschieben können. In diesem Falle handelt es sich um ein Bild, dessen Position mit Hilfe der Maus verändert werden kann, siehe Abbildung 11.2.

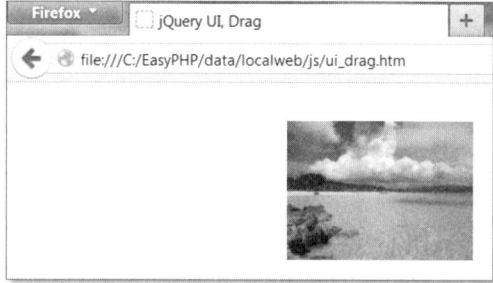

Abbildung 11.2 Verschobenes Bild

Es folgt der Code:

```
...<html>
<head>...
<script src="jqui/jquery-1.9.1.js" type="text/javascript"></script>
```

```
<script src="jqui/ui/jquery.ui.core.js" type="text/javascript"></script>
<script src="jqui/ui/jquery.ui.widget.js" type="text/javascript"></script>
<script src="jqui/ui/jquery.ui.mouse.js" type="text/javascript"></script>
<script src="jqui/ui/jquery.ui.draggable.js" type="text/javascript"></script>
<script type="text/javascript">
$(document).ready(function()
{
   $("#idBild").draggable();
});
</script>
</head>
<body>
<div><img id="idBild" src="im_paradies.jpg" alt="Bild"></div>
</body></html>
```

Listing 11.2 Datei »ui_drag.htm«

Das Bild im `div`-Container liegt zunächst links oben. Mit Hilfe seiner ID und der
Methode `draggable()` wird es zu einem verschiebbaren Element. Es müssen drei weitere JavaScript-Dateien von jQuery UI eingebunden werden: *jquery.ui.widget.js*,
jquery.ui.mouse.js und *jquery.ui.draggable.js*.

11.3   Elemente zu einem Ziel verschieben

In diesem Abschnitt erläutere ich das vollständige Drag & Drop . Das Beispieldoku-
ment enthält zwei verschiebbare Bilder und einen Zielbereich. Sobald während des
Verschiebens eines der beiden Bilder die Maustaste losgelassen wird, erfolgt eine
Prüfung, ob mehr als die Hälfte des verschobenen Elements im Zielbereich liegt. Ist
dies der Fall, dann wird das Drop-Ereignis bemerkt. Anschließend werden spezifische
Informationen ausgegeben, siehe Abbildung 11.3.

Es folgt der Code:

```
...<html>
<head>...
<script src="jqui/jquery-1.9.1.js" type="text/javascript"></script>
<script src="jqui/ui/jquery.ui.core.js" type="text/javascript"></script>
<script src="jqui/ui/jquery.ui.widget.js" type="text/javascript"></script>
<script src="jqui/ui/jquery.ui.mouse.js" type="text/javascript"></script>
<script src="jqui/ui/jquery.ui.draggable.js" type="text/javascript"></script>
<script src="jqui/ui/jquery.ui.droppable.js" type="text/javascript"></script>
<script type="text/javascript">
$(document).ready(function()
```

```
{
  $("#idBild1").draggable();
  $("#idBild2").draggable();
  $("#idZiel").droppable({ drop:function(event, ui)
    { $("#idZiel").text(ui.draggable[0].id); } });
});
</script>
</head>
<body>
<div><img id="idBild1" src="im_paradies.jpg" alt="Bild1">
<img id="idBild2" src="im_sofi.jpg" alt="Bild2"></div>
<div id="idZiel" style="position:absolute; top:160px; left:50px;
  width:160px; height:120px; background-color:#e0e0e0"></div>
</body></html>
```

Listing 11.3 Datei »ui_dragdrop.htm«

Abbildung 11.3 Erstes Bild ist im Zielbereich

Beide Bilder im div-Container werden mit Hilfe der Methode draggable() zu verschiebbaren Elementen. Der graue div-Bereich wird mit Hilfe der Methode droppable() zu einem Zielbereich. Sobald das Drop-Ereignis eingetreten ist, wird die zugewiesene Funktion aufgerufen. Dabei wird neben einem Ereignisobjekt (event) als zweiter Parameter (ui) eine Information zum gedroppten Element übergeben.

Hier wird die ID des ersten gedroppten Elements ausgegeben. Es muss noch eine weitere JavaScript-Datei von jQuery UI eingebunden werden: *jquery.ui.droppable.js*.

11.4   Elemente im Raster verschieben

Bisher werden die Elemente frei verschoben und an einer beliebigen Position fallen gelassen. Durch ein Raster (englisch: *grid*) können Sie den Benutzer *einschränken*, ihm aber dadurch gleichzeitig eine genauere Verschiebung ermöglichen. Das Element kann nur noch an bestimmten Punkten losgelassen werden, die durch das Raster definiert werden.

Im folgenden Beispiel sehen Sie ein Bild und drei halbtransparente Zielbereiche. Das Bild und die Zielbereiche haben jeweils eine Größe von 160 × 120 Pixeln. Es wird ein Raster von 40 × 30 Pixeln definiert. Sobald das Bild mit mehr als der Hälfte in einem Zielbereich liegt, wird das Drop-Ereignis bemerkt und eine Information ausgegeben, siehe Abbildung 11.4.

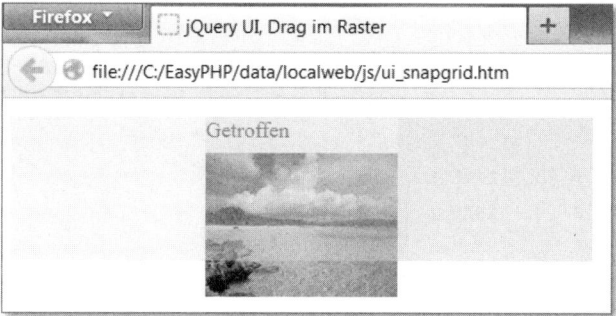

Abbildung 11.4 Rückmeldung im Zielbereich

Es folgt der Code:

```
...<html>
<head>...
<script src="jqui/jquery-1.9.1.js" type="text/javascript"></script>
<script src="jqui/ui/jquery.ui.core.js" type="text/javascript"></script>
<script src="jqui/ui/jquery.ui.widget.js" type="text/javascript"></script>
<script src="jqui/ui/jquery.ui.mouse.js" type="text/javascript"></script>
<script src="jqui/ui/jquery.ui.draggable.js" type="text/javascript"></script>
<script src="jqui/ui/jquery.ui.droppable.js" type="text/javascript"></script>
<script type="text/javascript">
$(document).ready(function()
{
   $("#idBild").draggable({ grid: [ 40, 30 ] });
   $(".ziel").droppable({
      drop:function(event, ui) {
         $(event.target).text("Getroffen"); } });
});
```

11

```
</script>
<style type="text/css">
   .ziel { position:absolute; width:160px; height:120px;
      opacity:0.5; filter:alpha(opacity=50) }
</style>
</head>
<body>
<div><img id="idBild" src="im_paradies.jpg" alt="Bild"></div>
<script type="text/javascript">
   var pTop, pLeft;
   if(navigator.appName == "Microsoft Internet Explorer")
   { pTop = 135; pLeft = 10; }
   else
   { pTop = 128; pLeft = 8; }
   farbe = ["#e0e0e0", "#d0d0d0", "#c0c0c0"];

   for(var i=0; i<3; i++)
      document.write("<div id='z" + i + "' class='ziel' style='top:"
         + pTop + "px; left:" + (pLeft+i*160)
         + "px; background-color:" + farbe[i] + "'></div>");
</script>
</body></html>
```

Listing 11.4 Datei »ui_snapgrid.htm«

Das Bild wird mit Hilfe der Methode draggable() zu einem verschiebbaren Element. Im Unterschied zum vorherigen Beispiel wird ein Parameter übergeben, mit einem Wert von 40 × 30 Pixeln für die Eigenschaft grid.

Jedes Element der Klasse ziel wird mit Hilfe der Methode droppable() zu einem einzelnen Zielbereich. Sobald das Drop-Ereignis eingetreten ist, wird die zugewiesene Funktion aufgerufen. Es wird die ID des getroffenen Zielbereichs ermittelt. Innerhalb des Zielbereichs wird ein Text ausgegeben. Im CSS-Bereich wird die Klasse ziel definiert, mit einer einheitlichen Größe und einer Transparenz von 0.5.

Der Abstand eines nicht positionierten Elements von den Rändern des Dokuments ist beim Internet Explorer anders als bei den restlichen Browsern. Dies hat Auswirkungen auf die Verschiebung des Bildes mit Hilfe eines Rasters und auf die Lage der Zielbereiche. Daher wird diese Lage innerhalb einer Browserweiche festgelegt. Selbst die absolute Startpositionierung des Bildes brächte hier keinen Vorteil.

Innerhalb einer for-Schleife werden die Position und die Hintergrundfarbe der drei div-Container festgelegt. Außerdem wird ihnen die Klasse ziel zugewiesen, damit sie droppable sind, sprich: zu Zielbereichen werden.

11.5   Menü mit Untermenü

In diesem Abschnitt folgt ein einfaches Beispiel für die Gestaltung eines Hauptmenüs mit Untermenüs mit Hilfe der Methode menu() von jQuery UI, siehe Abbildung 11.5. Sobald die Maus sich über einem Eintrag des Hauptmenüs befindet, wird das zugehörige Untermenü eingeblendet.

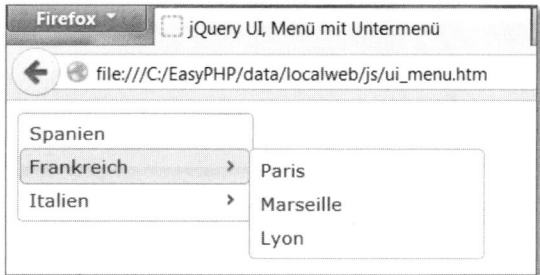

Abbildung 11.5 Menü mit Untermenü

Es folgt der Code:

```
...<html>
<head>...
<link rel="stylesheet" href="jqui/themes/base/jquery.ui.all.css">
<script src="jqui/jquery-1.9.1.js" type="text/javascript"></script>
<script src="jqui/ui/jquery.ui.core.js" type="text/javascript"></script>
<script src="jqui/ui/jquery.ui.widget.js" type="text/javascript"></script>
<script src="jqui/ui/jquery.ui.position.js" type="text/javascript"></script>
<script src="jqui/ui/jquery.ui.menu.js" type="text/javascript"></script>
<link rel="stylesheet" href="jqui/demos/demos.css">
<script type="text/javascript">
    $(function() {
        $("#idLaender").menu(); });
</script>
<style type="text/css">
    .ui-menu { width: 150px; }
</style>
</head>
<body>
<ul id="idLaender">
    <li><a href="#">Spanien</a></li>
    <li>
        <a href="#">Frankreich</a>
        <ul>
            <li><a href="#">Paris</a></li>
```

```
            <li><a href="#">Marseille</a></li>
            <li><a href="#">Lyon</a></li>
        </ul>
    </li>
    <li>
        <a href="#">Italien</a>
        <ul>
            <li><a href="#">Rom</a></li>
            <li><a href="#">Neapel</a></li>
        </ul>
    </li>
</ul>
</body></html>
```

Listing 11.5 Datei »ui_menu.htm«

Es wird eine geschachtelte Liste mit einem ul-Container für das Hauptmenü und weiteren ul-Containern für die Untermenüs erzeugt. Die einzelnen Listeneinträge sind Hyperlinks. Der oberste ul-Container erhält eine ID.

Durch den Aufruf der Methode menu() wird die geschachtelte Liste zu einem Hauptmenü mit Untermenüs. Der Klasse mit dem festgelegten Namen ui-menu wird eine Breite von 150 Pixeln zugewiesen. Ansonsten erstrecken sich die Einträge in den Menüs jeweils über die gesamte Breite der Seite. Es müssen die beiden JavaScript-Dateien *jquery.ui.menu.js* und *jquery.ui.position.js* eingebunden werden. Zur Gestaltung der einzelnen Menüpunkte werden noch zwei CSS-Dateien eingebunden.

11.6   Bereiche auf- und zuklappen

Falls auf Ihrer Internetseite mehrere Bereiche erscheinen sollen, von denen immer nur einer zu sehen ist, dann können Sie die Methode accordion() von jQuery UI nutzen. Im folgenden Beispiel sehen Sie drei Bereiche, jeweils mit Textinhalt. In Abbildung 11.6 ist nur der Inhalt des zweiten Bereichs zu sehen. Sobald Sie auf einen anderen Bereich klicken, gleitet dieser Bereich langsam auf, und der zweite Bereich schließt sich.

Es folgt der Code:

```
...<html>
<head>...
<link rel="stylesheet" href="jqui/themes/base/jquery.ui.all.css">
<script src="jqui/jquery-1.9.1.js" type="text/javascript"></script>
<script src="jqui/ui/jquery.ui.core.js" type="text/javascript"></script>
```

```
<script src="jqui/ui/jquery.ui.widget.js" type="text/javascript"></script>
<script src="jqui/ui/jquery.ui.accordion.js" type="text/javascript"></script>
<link rel="stylesheet" href="jqui/demos/demos.css">
<script type="text/javascript">
    $(function() {
        $("#idBereiche").accordion(); });
</script>
</head>
<body>
<div id="idBereiche" style="width:300px">
    <h3>Bereich 1</h3>
    <div>Inhalt Bereich 1</div>
    <h3>Bereich 2</h3>
    <div>Inhalt Bereich 2</div>
    <h3>Bereich 3</h3>
    <div>Inhalt Bereich 3</div>
</div>
</body></html>
```

Listing 11.6 Datei »ui_accordion.htm«

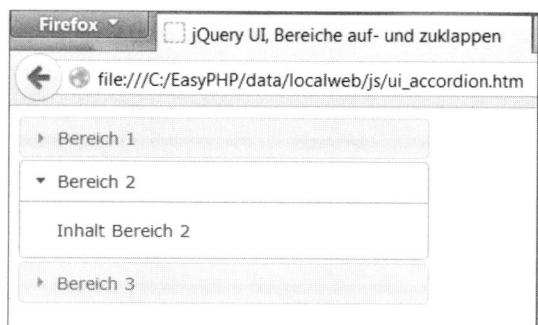

Abbildung 11.6 Bereiche auf- und zuklappen

Es wird ein oberster div-Container für das gesamte *Akkordeon* erzeugt, dem eine ID zugewiesen wird. Darin befinden sich die einzelnen Bereiche. Die Überschriften stehen in h-Containern, hier zum Beispiel in h3-Containern. Die Inhalte der Bereiche befinden sich in div-Containern.

Durch den Aufruf der Methode accordion() wird der oberste div-Container zu einem *Akkordeon*. Die JavaScript-Datei *jquery.ui.accordion.js* muss dazu eingebunden werden.

Kapitel 12
jQuery mobile

Die Bibliothek jQuery mobile ist an die besonderen
Gegebenheiten von Mobilgeräten angepasst.

jQuery mobile ist ebenfalls eine JavaScript-Bibliothek mit Erweiterungen zu jQuery. Diese Bibliothek wurde speziell für den Einsatz auf Mobilgeräten entworfen, wie Smartphones und Tablets. Sie ermöglicht unter anderem eine passende Behandlung der typischen Ereignisse auf Mobilgeräten, wie zum Beispiel das Wischen oder das Drehen.

Zurzeit (im Juni 2013) gibt es die Version 1.3.1. Aktuelle Versionen können Sie über *http://www.jquerymobile.com* herunterladen. In diesem Kapitel setze ich jQuery mobile 1.3.1 zusammen mit jQuery 1.10.1 ein, wie wir es auch in Kapitel 10, »jQuery«, genutzt haben.

Für die Beispielprogramme in diesem Kapitel habe ich die JavaScript-Datei *jquery. mobile-1.3.1.min.js* und die CSS-Datei *jquery.mobile-1.3.1.min.css*, die einige Standard-Formatvorlagen (Themes) enthält, in das aktuelle Verzeichnis gelegt.

Sie können die Programme in einem modernen Browser auf Ihrem Standard-PC anschauen und bedienen. Die meisten typischen Ereignisse auf Mobilgeräten lassen sich per Maus einigermaßen simulieren. Der Test auf einem Mobilgerät gibt Ihnen natürlich einen besseren Eindruck. Die Bilder zu den Programmen dieses Kapitels habe ich auf einem *Google Nexus 7 Tablet* mit *Android 4.2.2* im Browser *Opera mobile 12.10* erstellt.

Die Programme selbst werden vom Unterverzeichnis *js* meiner Website *http://www. theisweb.de* geladen. Dies ist besonders für die letzten Beispiele des Kapitels sinnvoll, bei denen die Inhalte von Formularen an PHP-Seiten gesendet werden, wie bereits mehrfach geschehen. Zur realistischen Darstellung des Ablaufs sollten die zugehörigen Seiten über einen Webserver abgerufen werden, ob lokal oder im Internet.

12.1 Aufbau

In diesem Abschnitt wird der grundsätzliche Aufbau einer Internetseite mit jQuery mobile für die Bedienung in einem mobilen Browser gezeigt. Die Seite besteht aus zwei Unterseiten, zwischen denen der Benutzer per Touch hin und her wechseln kann, siehe Abbildung 12.1 und Abbildung 12.2.

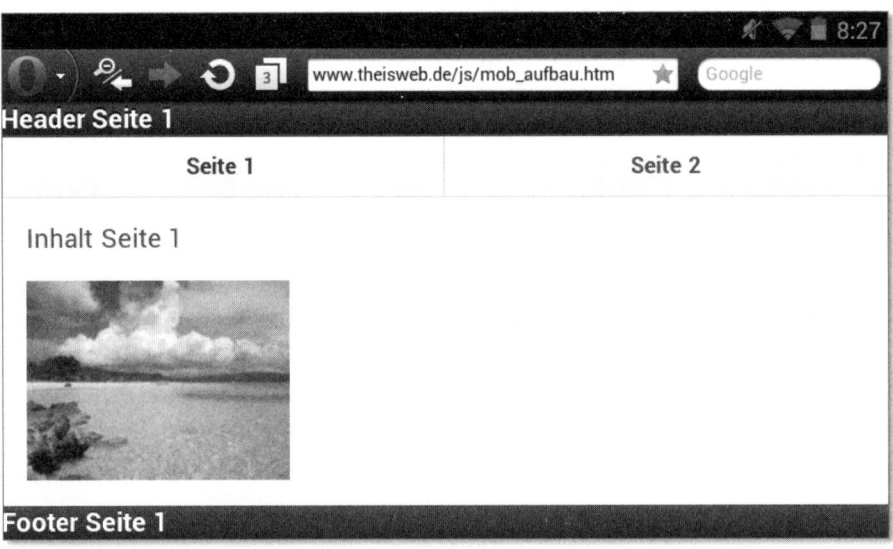

Abbildung 12.1 Seite 1

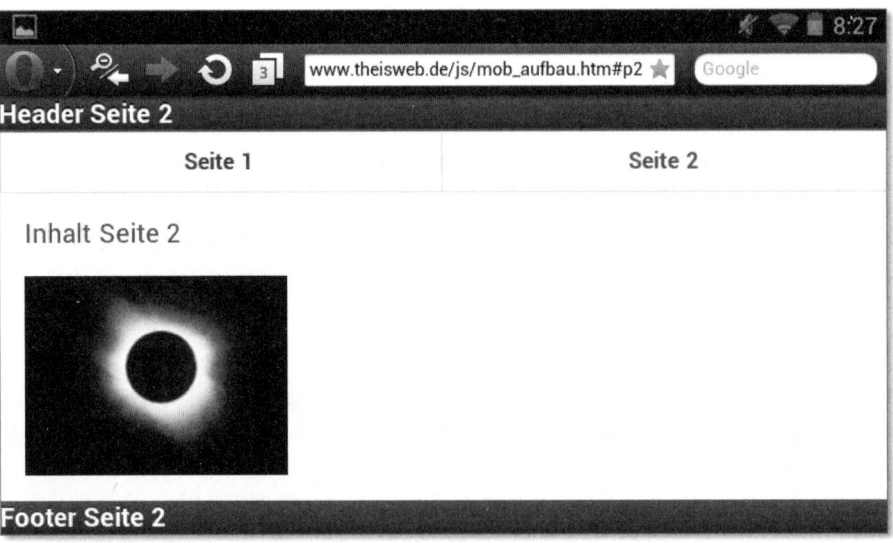

Abbildung 12.2 Seite 2

Es folgt der Code:

```
<!DOCTYPE html><html>
<head><meta charset="ISO-8859-1">
<meta name="viewport" content="width=device-width, initial-scale=1">
```

```
<title>jQuery mobile, Aufbau</title>
<link rel="stylesheet" href="jquery.mobile-1.3.1.min.css" />
<script src="jquery-1.10.1.min.js"></script>
<script src="jquery.mobile-1.3.1.min.js"></script>
</head>
<body>
<div data-role="page" id="p1">
   <div data-role="header">Header Seite 1</div>
   <div data-role="navbar">
      <ul>
         <li><a href="#p1">Seite 1</a></li>
         <li><a href="#p2">Seite 2</a></li>
      </ul>
   </div>
   <div data-role="content">
      <p>Inhalt Seite 1</p>
      <p><img src="im_paradies.jpg" alt="Paradies"></p>
   </div>
   <div data-role="footer">Footer Seite 1</div>
</div>

<div data-role="page" id="p2">
   <div data-role="header">Header Seite 2</div>
   <div data-role="navbar">
      <ul>
         <li><a href="#p1">Seite 1</a></li>
         <li><a href="#p2">Seite 2</a></li>
      </ul>
   </div>
   <div data-role="content">
      <p>Inhalt Seite 2</p>
      <p><img src="im_sofi.jpg" alt="Sofi"></p>
   </div>
   <div data-role="footer">Footer Seite 2</div>
</div>
</body></html>
```

Listing 12.1 Datei »mob_aufbau.htm«

Viele Elemente, die in Seiten mit jQuery mobile eingesetzt werden, stehen erst seit HTML 5 zur Verfügung. Daher werden die Angaben für den Dokumenttyp und den Zeichensatz gemäß HTML 5 notiert, und bei den JavaScript-Bereichen wird type="text/javascript" weggelassen.

Durch den Meta-Eintrag `viewport` wird dafür gesorgt, dass sich die Seite in einem mobilen Browser an die Breite des Ausgabegerätes anpasst. Die beiden Dateien von jQuery mobile 1.3.1 werden eingebunden.

Das Dokument selbst umfasst alle Unterseiten. Mit Hilfe des jQuery-mobile-Attributs `data-role` erhalten einzelne `div`-Container feste Rollen auf der Seite. Daraus ergibt sich auch ein einheitliches Aussehen, was die gewohnte Bedienung erleichtert. Im Beispiel werden folgende Werte genutzt:

- `page`: Zur Unterteilung der Seite in Unterseiten.
- `header`: Enthält den Kopf der Unterseite.
- `content`: Hier steht der eigentliche Inhalt der Unterseite.
- `navbar`: Dient zur Navigation zwischen den einzelnen Unterseiten.
- `footer`: Enthält den Fuß der Unterseite.

Unterseiten werden auch *Views* genannt. Zum internen Aufruf der Unterseiten wird jeweils eine ID benötigt.

12.2   Bereiche auf- und zuklappen

Ähnlich wie bei jQuery UI (siehe Kapitel 11) können Sie bei jQuery mobile mehrere Bereiche anzeigen lassen, von denen immer nur einer zu sehen ist. Im folgenden Beispiel sehen Sie drei Bereiche, jeweils mit Textinhalt. In Abbildung 12.3 ist nur der Inhalt des zweiten Bereichs zu sehen. Sobald Sie auf einen anderen Bereich klicken, öffnet sich dieser Bereich, und der zweite Bereich schließt sich.

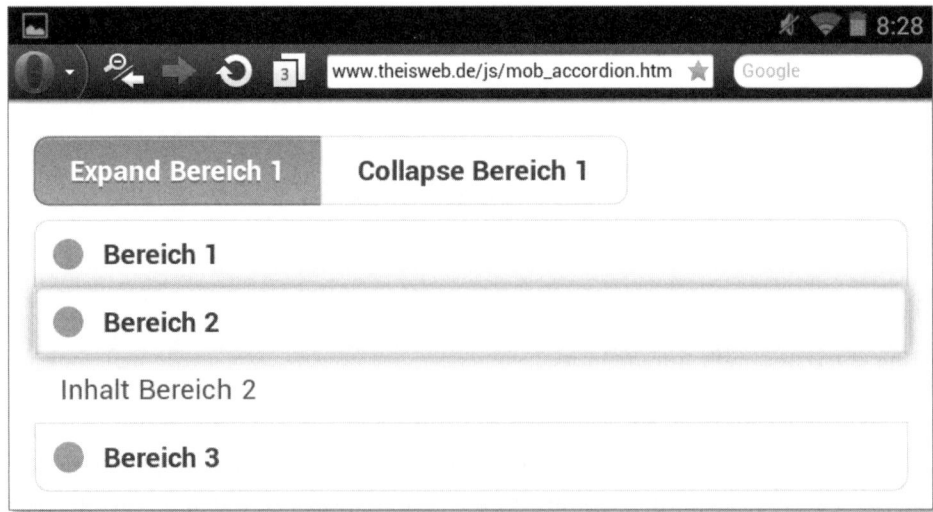

Abbildung 12.3 Akkordeon in jQuery mobile

Es folgt der Code:

```
<!DOCTYPE html>
<html>
<head>
<meta charset="ISO-8859-1">
<meta name="viewport" content="width=device-width, initial-scale=1">
<title>jQuery mobile, Bereiche auf- und zuklappen</title>
<link rel="stylesheet" href="jquery.mobile-1.3.1.min.css" />
<script src="jquery-1.10.1.min.js"></script>
<script src="jquery.mobile-1.3.1.min.js"></script>
<script>
$(document).bind("pageinit", function()
{
    $("#idExpand1").bind("tap", function(event)
        { $("#idBereich1").children().trigger("expand"); });
    $("#idCollapse1").bind("tap", function(event)
        { $("#idBereich1").children().trigger("collapse"); });
});
</script>
</head>
<body>
<div data-role="page">
    <div data-role="content">
        <div data-role="controlgroup" data-type="horizontal">
            <input id="idExpand1" type="button" value="Expand Bereich 1">
            <input id="idCollapse1" type="button" value="Collapse Bereich 1">
        </div>

        <div data-role="collapsible-set">
            <div id="idBereich1" data-role="collapsible">
                <h3>Bereich 1</h3>
                <div>Inhalt Bereich 1</div>
            </div>
            <div data-role="collapsible">
                <h3>Bereich 2</h3>
                <div>Inhalt Bereich 2</div>
            </div>
            <div data-role="collapsible">
                <h3>Bereich 3</h3>
                <div>Inhalt Bereich 3</div>
            </div>
        </div>
    </div>
</div>
```

12

```
</div>
</body>
</html>
```

Listing 12.2 Datei »mob_accordion.htm«

In diesem Dokument werden weitere feste Rollen auf der Seite vergeben, mit Hilfe der folgenden Werte für das Attribut `data-role`:

▶ `controlgroup`: Dieser Wert dient zur Zusammenfassung von Steuerelementen zu einer Gruppe. Das Attribut `data-type` bestimmt die Anordnung der Elemente. In diesem Fall sind sie nebeneinander. Falls Sie `data-type` weglassen, werden die Elemente der Gruppe untereinander angeordnet.

▶ `collapsible-set`: Dieser Wert kennzeichnet eine Gruppe von Bereichen, die auf- und zugeklappt werden können.

▶ `collapsible`: Enthält einen einzelnen Bereich innerhalb der Gruppe.

Innerhalb der Steuerelementgruppe sehen Sie die beiden Buttons EXPAND BEREICH 1 und COLLAPSE BEREICH 1. Diese dienen zum Auf- und Zuklappen eines bestimmten Bereichs per Code. Der Bereich wird dazu mit einer ID gekennzeichnet. Die Überschriften der Bereiche stehen in `h`-Containern, hier zum Beispiel in `h3`-Containern. Die Inhalte der Bereiche befinden sich in `div`-Containern.

In jQuery wird die Methode `ready()` verwendet. Damit ist sichergestellt, dass die Ereignisfunktionen auf vollständig geladene Elemente zugreifen.

Bei jQuery mobile werden die Seiten häufig mit Hilfe von Ajax aufgebaut, also gegebenenfalls nicht vollständig neu geladen. Damit dennoch alle Ereignisfunktionen im Code auf existierende Elemente zugreifen, muss in jQuery mobile auf das Ereignis `pageinit` reagiert werden. Die Methode `bind()` kennen Sie bereits aus Abschnitt 10.3, »Ereignisse«. Sie verbindet ein Ereignis, hier eben `pageinit`, mit einer auszuführenden Funktion.

Das Ereignis `tap` entspricht dem Antippen eines Elements mit dem Finger. Die Methode `children()` liefert alle Kindknoten zu einem Element, hier zum ersten Bereich. Die Methode `trigger()` führt die angegebene Aktion für das Element aus. Hier sind dies die Aktionen `expand` bzw. `collapse`.

12.3   Ereignisse auf mobilen Geräten

jQuery und jQuery mobile erleichtern die Ereignisbehandlung und stellen eine Verbindung zu JavaScript-Code her. Einige Ereignisse sind speziell für Mobilgeräte geeignet. Dies sind unter anderem:

- **tap**: Dies ist das Antippen eines Elements mit dem Finger. Es kann in einem Desktop-Browser durch einen Klick simuliert werden.

- **taphold**: Dabei handelt es sich um das Antippen und längere Halten des Fingers auf einem Element. Es kann durch ein längeres Herunterdrücken der Maustaste simuliert werden.

- **swipe**: Dieses Ereignis tritt beim Wischen mit dem Finger ein, egal ob nach links oder nach rechts. Es kann durch ein kurzes Herunterdrücken der Maustaste und eine gleichzeitige Bewegung der Maus nach links oder rechts simuliert werden.

- **swipeleft** und **swiperight**: Dabei handelt es sich um das Wischen nach links oder eben das Wischen nach rechts.

- **orientationchange**: Das Drehen des Geräts, so dass zwischen Hoch- und Querformat gewechselt wird. Es kann nicht simuliert werden.

Im folgenden Beispiel definieren wir einige Bereiche mit Hintergrundfarbe und fester Größe. Innerhalb dieser Bereiche können Sie die genannten Ereignisse testen. Sie führen jeweils zum Aufruf einer Nachricht. In Abbildung 12.4 sehen Sie die Nachricht für die Ereignisse tap. Der oberste Bereich zeigt, dass das Gerät vorher hochkant gedreht wurde, so dass sich der Bildschirm in der Porträtansicht befindet. In Abbildung 12.5 sehen Sie die Nachricht für das Ereignis swiperight.

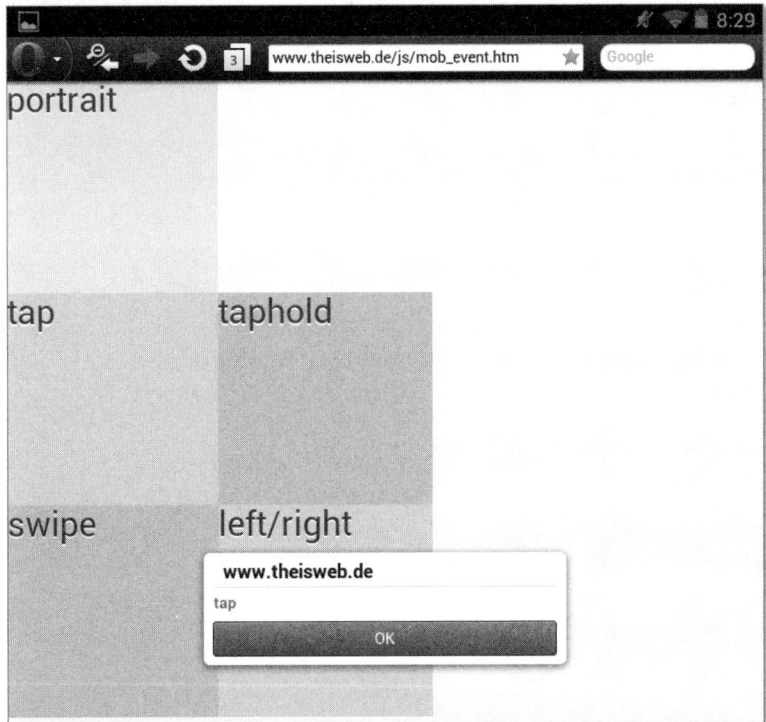

Abbildung 12.4 Ereignis »tap«

Abbildung 12.5 Ereignis »swiperight«

Es folgt der Code:

```
<!DOCTYPE html><html>
<head><meta charset="ISO-8859-1">
<meta name="viewport" content="width=device-width, initial-scale=1">
<title>jQuery mobile, Ereignisse</title>
<link rel="stylesheet" href="jquery.mobile-1.3.1.min.css" />
<script src="jquery-1.10.1.min.js"></script>
<script src="jquery.mobile-1.3.1.min.js"></script>
<script>
$(document).bind("pageinit", function()
{
   $(window).bind("orientationchange", function(event) {
      document.getElementById("idLink1").firstChild.nodeValue =
         event.orientation; });
   $("#idLink2").bind("tap", function(event){ alert("tap"); });
   $("#idLink3").bind("taphold", function(event){ alert("taphold"); });
   $("#idLink4").bind("swipe", function(event){ alert("swipe"); });
   $("#idLink5").bind("swipeleft", function(event){ alert("left"); });
   $("#idLink5").bind("swiperight", function(event){ alert("right"); });
});
</script>
<style>
   body    {font-size:18pt}
   .bereich {position:absolute; top:0px; left:0px;
            width:150px; height:150px }
</style>
</head>
<body>
<div data-role="page">
```

```
<div data-role="content">
   <div id="idLink1" class="bereich" style="
      background-color:#e0e0e0">Orientation</div>
   <div id="idLink2" class="bereich" style="top:150px;
      background-color:#d0d0d0">tap</div>
   <div id="idLink3" class="bereich" style="top:150px; left:150px;
      background-color:#c0c0c0">taphold</div>
   <div id="idLink4" class="bereich" style="top:300px;
      background-color:#c0c0c0">swipe</div>
   <div id="idLink5" class="bereich" style="top:300px; left:150px;
      background-color:#d0d0d0">left/right</div>
</div>
</div>
</body></html>
```

Listing 12.3 Datei »mob_event.htm«

Die verschiedenen Ereignisse übermitteln ein Ereignisobjekt als Parameter, mit Informationen zu dem Ereignis. Die Eigenschaft `orientation` enthält als Wert die aktuelle Lage des Geräts. Dieser Wert wird nach jeder Drehung des Geräts in den obersten Bereich geschrieben.

Bei den anderen Ereignissen wird nur die Methode `alert()` aufgerufen.

12.4   Reaktionstraining

Auf dem Datenträger zum Buch (bei elektronischen Buch-Ausgaben: im Download-Paket) finden Sie als Bonus das Programm *mob_reaktion.htm* mit vielen erläuternden Kommentaren. Der Benutzer soll mit Hilfe dieses Programms seine Reaktionsfähigkeit trainieren.

Nach Betätigung des Buttons START (siehe Abbildung 12.6) erscheinen vier verschiedenfarbige Rechtecke an zufälligen Stellen. Am oberen Bildschirmrand wird der Name einer Farbe eingeblendet. Der Benutzer soll nun möglichst schnell auf das Rechteck mit der richtigen Farbe tippen. Das Ganze wiederholt sich zehnmal. Anschließend wird ihm die durchschnittliche Reaktionszeit angezeigt. Erschwerend kommt hinzu, dass der Name der Farbe vor einem andersfarbigen Hintergrund angezeigt wird.

Abbildung 12.6 Reaktionstraining

12.5   Formulare senden

Sie können die Inhalte von Formularen sowohl mit der GET-Methode als auch mit der POST-Methode übermitteln. Die Inhalte erscheinen dann im PHP-Antwortprogramm des Webservers in unterschiedlichen Feldern. Die POST-Methode ist sicherer, da die Daten nicht sichtbar übermittelt werden. Sie wird auch in den bisherigen Beispielen dieses Buchs genutzt. Eine Datenübertragung ist allerdings erst dann deutlich sicherer vor Manipulation, falls SSL genutzt wird.

Beim Übergang auf das neue Dokument, also auf das PHP-Antwortprogramm des Webservers, können Sie bei der Nutzung von jQuery mobile mit oder ohne Ajax arbeiten. Falls Sie mit Ajax arbeiten, dann bleiben Einstellungen und Formatierungen der Seite erhalten.

Außerdem können Sie bei der Erstellung von Internetseiten mit jQuery mobile verschiedene Standard-Formatvorlagen (Themes) nutzen, die Ihre Seiten einheitlich aussehen lassen und die Bedienung erleichtern.

Die drei Beispielformulare im folgenden Programm bestehen jeweils aus einem Textfeld und einem Button SUBMIT, siehe Abbildung 12.7:

▶ Beim ersten Formular werden die Inhalte mit Hilfe der GET-Methode und Ajax übermittelt. Es wird das Theme a genutzt. Die Antwort sehen Sie in Abbildung 12.8.

▶ Beim zweiten Formular werden die Inhalte mit Hilfe der POST-Methode und Ajax übermittelt. Es wird das Theme b genutzt. Die Antwort sehen Sie in Abbildung 12.9.

▶ Beim dritten Formular werden die Inhalte mit Hilfe der POST-Methode, aber ohne Ajax übermittelt. Es wird das Theme e genutzt. Die Antwort sehen Sie in Abbildung 12.10.

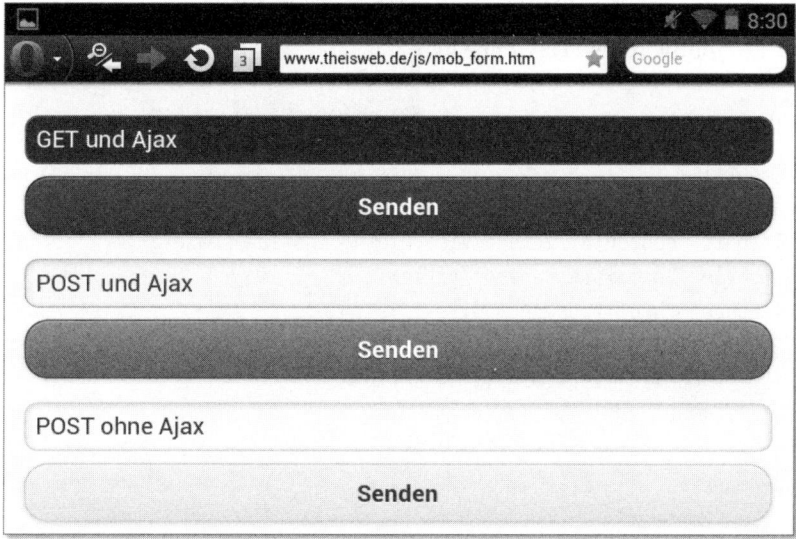

Abbildung 12.7 Drei Formulare

Abbildung 12.8 PHP-Antwort mit GET und Ajax

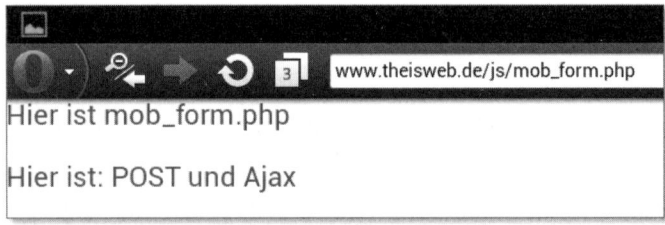

Abbildung 12.9 PHP-Antwort mit POST und Ajax

Abbildung 12.10 PHP-Antwort mit POST, ohne Ajax

Es folgt der Code:

```
<!DOCTYPE html><html>
<head><meta charset="ISO-8859-1">
<meta name="viewport" content="width=device-width, initial-scale=1">
<title>jQuery mobile, Formulare senden</title>
<link rel="stylesheet" href="jquery.mobile-1.3.1.min.css" />
<script src="jquery-1.10.1.min.js"></script>
<script src="jquery.mobile-1.3.1.min.js"></script>
</head>
<body>
<div data-role="page">
    <div data-role="content">
        <form action="mob_form.php">
            <input name="textfeld" value="GET und Ajax" data-theme="a">
            <input type="submit" value="Senden" data-theme="a">
        </form>
```

```
<form method="post" action="mob_form.php">
    <input name="textfeld" value="POST und Ajax" data-theme="b">
    <input type="submit" value="Senden" data-theme="b">
</form>

<form method="post" action="mob_form.php" data-ajax="false">
    <input name="textfeld" value="POST ohne Ajax" data-theme="e">
    <input type="submit" value="Senden" data-theme="e">
</form>
    </div>
</div>
</body></html>
```

Listing 12.4 Datei »mob_form.htm«

Die Formatvorlagen (Themes) können mit Hilfe des Attributs data-theme genutzt werden. Das Textfeld jedes Formulars hat den Wert textfeld für das Attribut name, das zur Übermittlung zum Webserver benötigt wird.

Falls Sie bei einem HTML-Formular das Attribut method nicht angeben, dann wird die GET-Methode verwendet. In Abbildung 12.8 sehen Sie, dass beim ersten Formular die übermittelten Daten für jeden sichtbar in der Adresszeile des Browsers stehen.

Beim zweiten Formular wird das Attribut method mit dem Wert post verwendet. In Abbildung 12.9 erscheinen keine sichtbaren Daten in der Adresszeile des Browsers.

Im dritten Formular existiert das Attribut data-ajax mit dem Wert false. Das Attribut hat den Standardwert true. Das Ausschalten von Ajax mit Hilfe von false führt dazu, dass eine Seite völlig neu aufgebaut wird, ohne die Einstellungen und Formatierungen einer Vorgängerseite.

12.6   Elemente eines E-Mail-Formulars

Im folgenden Beispiel bauen wir ein Formular mit den Elementen zum Versenden einer E-Mail auf, siehe Abbildung 12.11. Es enthält:

▶ ein Eingabefeld vom Typ email für die Adresse

▶ ein einfaches Eingabefeld für den Betreff

▶ ein mehrzeiliges Eingabefeld für den Inhalt der E-Mail

▶ ein Eingabefeld vom Typ url, in dem der Benutzer die Adresse seiner persönlichen Website übermitteln kann

▶ zwei nebeneinanderliegende Buttons zum Absenden bzw. Zurücksetzen

Mobile Browser sind in der Lage, zu den verschiedenen Eingabefeldern die jeweils passende Tastatur einzublenden, um die Eingabe zu erleichtern. Außerdem bieten die beiden HTML-5-Elemente vom Typ email und vom Typ url eine weitergehende Kontrolle der Eingabe. Zusätzlich werden den Elementen Beschriftungen mit Hilfe von label-Containern zugeordnet.

Abbildung 12.11 Ausgefülltes E-Mail-Formular

Es folgt der Code:

```
<!DOCTYPE html><html>
<head><meta charset="ISO-8859-1">
<meta name="viewport" content="width=device-width, initial-scale=1">
<title>jQuery mobile, Mail-Formular</title>
<link rel="stylesheet" href="jquery.mobile-1.3.1.min.css" />
<script src="jquery-1.10.1.min.js"></script>
<script src="jquery.mobile-1.3.1.min.js"></script>
</head>
<body>
<div data-role="page">
  <div data-role="content">
    <form method="post" action="mob_mail.php">
      <label for="idAdresse">E-Mail an:</label>
```

```
            <input type="email" id="idAdresse" name="adresse">
            <label for="idBetreff">Betreff der E-Mail:</label>
            <input id="idBetreff" name="betreff">
            <label for="idInhalt">Inhalt der E-Mail:</label>
            <textarea id="idInhalt" name="inhalt"></textarea>
            <label for="idWebsite">Ihre URL:</label>
            <input type="url" id="idWebsite" name="website">
            <div data-role="controlgroup" data-type="horizontal">
                <input type="submit" value="Senden">
                <input type="reset" value="Zurücksetzen">
            </div>
        </form>
    </div>
</div>
</body></html>
```

Listing 12.5 Datei »mob_mail.htm«

Mit Hilfe des Attributs for werden die verschiedenen label-Container den Formular-elementen zugeordnet.

In Abbildung 12.12 sehen Sie die Bestätigung der übermittelten Daten durch das PHP-Antwortprogramm des Webservers. Außerdem wird dort die Funktion mail() zum Versenden der Mail aufgerufen (falls Sie die Kommentarzeichen der entsprechenden Anweisung nicht entfernen).

Abbildung 12.12 Antwort des Webservers

12.7   Weitere Formularelemente

In diesem Abschnitt sehen Sie ein weiteres Formular mit einer ganzen Reihe von Elementen. Zum Teil gibt es diese Elemente seit HTML 5, zum Teil werden ihr Aussehen und ihre Funktion mit Hilfe von jQuery mobile an die Bedienung in mobilen Browsern angepasst, siehe Abbildung 12.13.

Das Formular enthält:

- zwei CheckBoxen
- eine Gruppe von zwei RadioButtons
- ein Auswahlmenü mit drei Einträgen
- einen Ein-Aus-Schalter, auch *Flip-Switch* genannt
- einen Slider zur Auswahl eines Zahlenwerts
- einen Range-Slider zur Auswahl eines Bereichs zwischen zwei Zahlenwerten
- ein Element zur Auswahl eines Datums
- ein Element zur Auswahl einer Uhrzeit

Zur Bedienung der Formularelemente auf einem Mobilgerät eignet sich der Browser Mozilla Firefox besser als der Browser Opera mobile. Allerdings zeigt der Mozilla Firefox auf dem PC das Datums- und das Uhrzeit-Element nur als normales Eingabefeld an.

Abbildung 12.13 Formularelemente

In Abbildung 12.14 sehen Sie die Auswertung der Inhalte nach dem Absenden, mit Hilfe der Methode `confirm()` von JavaScript.

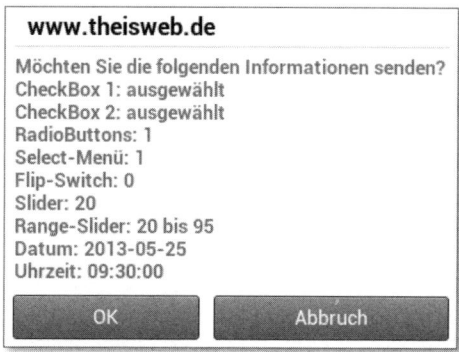

Abbildung 12.14 Auswertung durch JavaScript

Es folgt zunächst der zweite Dokumentteil, mit den Formularelementen:

```
...
<body>
<div data-role="page">
<div data-role="content">

<form id="idForm" method="post" action="mob_elemente.php">
<div data-role="controlgroup" data-type="horizontal">
    <label for="idCheck1"> CheckBox 1 </label>
    <input id="idCheck1" name="check1" type="checkbox" checked="checked">
    <label for="idCheck2"> CheckBox 2 </label>
    <input id="idCheck2" name="check2" type="checkbox" checked="checked">
</div>

<div data-role="controlgroup" data-type="horizontal">
    <input id="idRadio1" name="radiogruppe" type="radio" value="1"
        checked="checked">
    <label for="idRadio1"> RadioButton 1 </label>
    <input id="idRadio2" name="radiogruppe" type="radio" value="2">
    <label for="idRadio2"> RadioButton 2 </label>
</div>

<select id="idAuswahl" name="auswahl">
    <option value="1" selected="selected">Select-Menü, Option 1</option>
    <option value="2">Select-Menü, Option 2</option>
    <option value="3">Select-Menü, Option 3</option>
</select>
```

```
<select id="idFlip" name="flip" data-role="slider">
    <option value="0">An</option>
    <option value="1">Aus</option>
</select>

<input type="range" id="idSlider" name="slider"
    min="0" max="100" step="5" value="20">
<div data-role="rangeslider">
    <input id="idRange1" name="range1" min="0" max="100"
        step="5" value="20" type="range">
    <input id="idRange2" name="range2" min="0" max="100"
        step="5" value="95" type="range">
</div>

<div data-role="controlgroup" data-type="horizontal">
    <input id="idDatum" name="datum" type="date" value="2013-05-25">
    <input id="idUhrzeit" name="uhrzeit"
        type="time" value="09:30" step="30">
</div>

<div data-role="controlgroup" data-type="horizontal">
    <input type="submit" value="Senden">
    <input type="reset" value="Zurücksetzen">
</div>
</form>

</div><!-- data-role="content" -->
</div><!-- data-role="page" -->
</body></html>
```

Listing 12.6 Datei »mob_elemente.htm«, zweiter Teil

Die beiden CheckBoxen und die beiden zusammengehörigen RadioButtons stehen jeweils in einer Steuerelementgruppe mit nebeneinander angeordneten Elementen. Das Auswahlmenü mit den drei Einträgen bedarf keiner gesonderten Formatierung. In jQuery mobile fungiert ein Auswahlmenü mit dem Wert `slider` für das Attribut `data-role` als Ein-Aus-Schalter (Flip-Switch), der zwischen den beiden ersten Optionen hin- und herschaltet.

Das HTML-5-Eingabelement vom Typ `range` dient zur Auswahl eines einzelnen Zahlenwerts. Die zusätzlichen Attribute `min`, `max` und `step` sind zur Festlegung von Minimalwert, Maximalwert und Schrittweite geeignet. jQuery mobile bietet mit Hilfe des Werts `rangeslider` für das Attribut `data-role` die Möglichkeit, zwei HTML-5-Element vom Typ range zusammenzufassen, um einen Bereichs zwischen zwei Zahlenwerten auszuwählen.

Die HTML-5-Elemente vom Typ date und time ermöglichen die Auswahl eines Datums und einer Uhrzeit.

Im ersten Teil des Dokuments werden die Werte mit Hilfe von JavaScript kontrolliert und ausgegeben:

```
<!DOCTYPE html><html>
<head><meta charset="ISO-8859-1">
<meta name="viewport" content="width=device-width, initial-scale=1">
<title>jQuery mobile, Forumlarelemente</title>
<link rel="stylesheet" href="jquery.mobile-1.3.1.min.css" />
<script src="jquery-1.10.1.min.js"></script>
<script src="jquery.mobile-1.3.1.min.js"></script>
<script type="text/javascript">
$(document).bind("pageinit", function()
{
   $("#idForm").bind("submit", function(event){
       var aus = "Möchten Sie die folgenden Informationen senden?\n";
       if(document.getElementById("idCheck1").checked)
       aus += "CheckBox 1: ausgewählt\n";
       if(document.getElementById("idCheck2").checked)
          aus += "CheckBox 2: ausgewählt\n";
       if(document.getElementById("idRadio1").checked)
          aus += "RadioButtons: 1\n";
       else
          aus += "RadioButtons: 2\n";

       aus += "Select-Menü: " + document.getElementById("idAuswahl").value
       + "\nFlip-Switch: " + document.getElementById("idFlip").value
       + "\nSlider: " + document.getElementById("idSlider").value
       + "\nRange-Slider: " + document.getElementById("idRange1").value
       + " bis " + document.getElementById("idRange2").value
       + "\nDatum: " + document.getElementById("idDatum").value
       + "\nUhrzeit: " + document.getElementById("idUhrzeit").value;
       if (confirm(aus)) return true;
       else              return false;
   });
});
```

```
</script>
</head>
...
```

Listing 12.7 Datei »mob_elemente.htm«, erster Teil

Dem Ereignis submit des Formulars wird eine Funktion zugewiesen. In dieser Funktion werden die Werte checked und value zur Auswertung genutzt. Mit Hilfe der Methode confirm() wird geprüft, ob die genannten Werte abgesendet werden sollen.

Kapitel 13
Cookies

*Kleinere Datenmengen können, mit Einverständnis des Benutzers, mit
Hilfe von Cookies auf seiner Festplatte gespeichert werden.*

Bei einem Cookie handelt es sich um eine Zeichenkette innerhalb einer kleinen
Textdatei, die durch ein auf einer Internetseite vorhandenes Programm erzeugt
wird. Die Textdatei wird mit Hilfe eines Browsers auf der Festplatte des Benutzers
gespeichert.

Jeder Browser verwaltet eigene Cookies. Der Benutzer wiederum kann die Cookies
bei seinem Browser verwalten. Er kann zum Beispiel einzelne oder alle Cookies
löschen oder auch festlegen, ob Cookies überhaupt gespeichert werden sollen.

Sie können dem Benutzer Arbeit abnehmen, indem sie Daten speichern, die der
Benutzer auf der Internetseite, die das Cookies erzeugt hat oder auf Internetseiten
derselben Domain häufig eingibt. Er kann sich dann zum Beispiel die erneute Eingabe seiner Adresse bei einem Einkauf im Internet sparen, weil sie bereits bei einem
vorherigen Einkauf gespeichert wurde und angezeigt wird. Meist wird die Gültigkeit
eines Cookies zeitlich begrenzt.

Es soll an dieser Stelle auch nicht verschwiegen werden, dass Cookies bei einigen
Benutzern einen schlechten Ruf haben. Dies liegt daran, dass einzelne Unternehmen
versuchen, mit Hilfe von Cookies das Benutzerverhalten festzuhalten: Welche Internetseiten werden besucht, oder welche Produkte sind für den Benutzer besonders
interessant?

13.1 Cookies schreiben

Im folgenden Programm zeige ich, wie Sie Cookies beim Benutzer erzeugen können,
sofern dieser das Speichern von Cookies zulässt.

```
...
<body>
<script type="text/javascript">
   document.cookie = "ErstesCookie=42";
```

```
    var zeit = new Date();
    zeit.setTime(zeit.getTime() + 24 * 60 * 60 * 1000);
    document.cookie = "ZweitesCookie=43;expires=" + zeit.toUTCString();

    document.cookie = "DrittesCookie=44;path=/";
    document.cookie = "ViertesCookie=45;secure";
</script>
</body></html>
```

Listing 13.1 Datei »ck_schreiben.htm«

Eine Zeichenkette wird an die Eigenschaft cookie des document-Objekts zugewiesen. Dabei passiert noch mehr, unter anderem wird das Cookie gespeichert, so dass es für die Verwaltung des Browser zugänglich ist. Jedes Cookie besteht aus Name und Wert. Mit Hilfe des Programms werden vier Cookies angelegt:

▶ Das Cookie ErstesCookie hat den Wert 42. Die Gültigkeit richtet sich nach den Einstellungen im Browser.

▶ Das Cookie ZweitesCookie hat eine Gültigkeit von einem Tag. Es wird zunächst die aktuelle Zeit festgestellt. Anschließend werden 24 Stunden addiert. Die neue Zeitangabe wird mit Hilfe der Methode toGMTString() formatiert und an expires= angehängt. Einzelne Angaben werden durch Semikolon voneinander getrennt.

▶ Das Cookie DrittesCookie gilt nicht nur für den Pfad /js, in dem sich die aktuelle Datei ck_schreiben.htm befindet, sondern für die ganze Domain der Datei.

▶ Das Cookie ViertesCookie gilt nur für verschlüsselte Verbindungen.

In Abbildung 13.1 sehen Sie die vier Cookies in der Verwaltung des Browsers Mozilla Firefox. Sie gelangen zu dieser Anzeige über das Menü EINSTELLUNGEN • EINSTELLUNGEN. Auf der Registerkarte DATENSCHUTZ wählen Sie aus: FIREFOX WIRD EINE CHRONIK NACH BENUTZERDEFINIERTEN EINSTELLUNGEN ANLEGEN. Anschließend entfernen Sie das Häkchen bei IMMER DEN PRIVATEN MODUS VERWENDEN. Eventuell müssen Sie den Browser nunmehr neu starten. Anschließend betätigen Sie den Button COOKIES ANZEIGEN.

In der Liste ist das erste Cookie markiert. Seine Werte werden unten angezeigt. Das Programm wird hier für den lokalen Webserver aufgerufen, daher wird die Domain *localhost* angezeigt. Cookies können aber auch von Programmen angelegt werden, die von der Festplatte aufgerufen werden.

Falls das Programm *ck_schreiben.htm* noch einmal aufgerufen wird, dann werden gleichnamige Cookies überschrieben. Die Gültigkeit des zweiten Cookies beträgt dann erneut 24 Stunden.

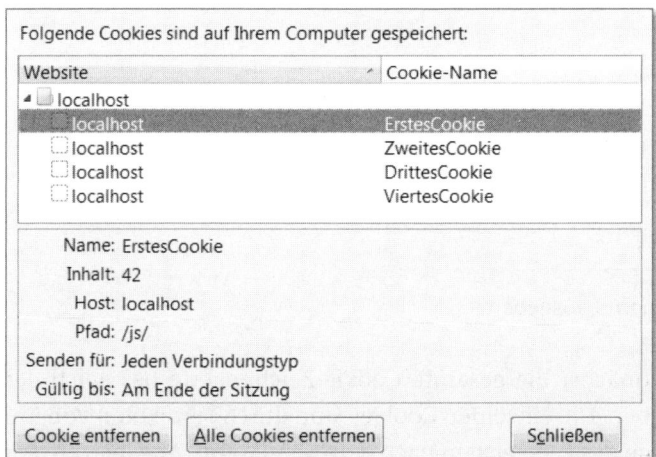

Abbildung 13.1 Liste der Cookies

Sie können Cookies Ihres lokalen Webservers für den Internet Explorer zum Beispiel wie folgt zulassen:

1. Rufen Sie über das Menü EXTRAS • INTERNETOPTIONEN die Registerkarte DATEN-SCHUTZ auf.

2. Wählen Sie dort die Einstellung MITTEL für die INTERNETZONE.

3. Über den Button SITES gelangen Sie zum Dialogfeld DATENSCHUTZAKTIONEN PRO SITE.

4. Tragen Sie im Feld ADRESSE DER WEBSITE die IP-Adresse des lokalen Webservers ein: *127.0.0.1*. Betätigen Sie dann den Button ZULASSEN.

5. Die Adresse *127.0.0.1* erscheint anschließend in der Liste VERWALTETE WEBSITES mit der Einstellung IMMER ZULASSEN.

Achten Sie darauf, dass auf der Registerkarte ALLGEMEIN (ebenfalls über das Menü EXTRAS • INTERNETOPTIONEN) das Häkchen bei BROWSERVERLAUF BEIM BEENDEN LÖSCHEN nicht gesetzt ist.

13.2   Cookies lesen

Mit Hilfe des Programms aus diesem Abschnitt können Sie die Cookies lesen, die Sie von Ihrer Domain aus im Browser des Benutzers gespeichert haben. Auf Cookies anderer Domains haben Sie keinen Zugriff. Nach dem Lesen werden die einzelnen Name-Wert-Paare angezeigt, siehe Abbildung 13.2.

ErstesCookie=42; ZweitesCookie=43; DrittesCookie=44
Name: ErstesCookie, Wert: 42
Name: ZweitesCookie, Wert: 43
Name: DrittesCookie, Wert: 44

Abbildung 13.2 Cookies lesen und ausgeben

In der ersten Zeile wird zunächst die gesamte Cookie-Zeichenkette bezüglich der Domain *localhost* ausgegeben. Die einzelnen Cookies sind durch Semikolon voneinander getrennt. Beachten Sie das Leerzeichen nach dem Semikolon. Angaben zu den Eigenschaften expires, path oder secure erscheinen nicht.

Auf das Cookie ViertesCookie kann nur über verschlüsselte Verbindungen zugegriffen werden. Daher wird es bei der hier genutzten unverschlüsselten Verbindung gar nicht angezeigt. In den weiteren Zeilen sehen Sie die Namen und Werte der einzelnen Cookies.

Es folgt das zugehörige Programm:

```
...
<body><p>
<script type="text/javascript">
    document.write(document.cookie + "<br>");
    var feld = document.cookie.split(";");
    for(var i=0; i<feld.length; i++)
    {
        if(feld[i].charAt(0) == " ")
            feld[i] = feld[i].substring(1);
        var teil = feld[i].split("=");
        document.write("Name: " + teil[0]
            + ", Wert: " + teil[1] + "<br>");
    }
</script></p>
</body></html>
```

Listing 13.2 Datei »ck_lesen.htm«

Die Zeichenkette mit allen Cookies wird mit Hilfe der Methode split() des String-Objekts in ein Feld von Zeichenketten zerlegt. Falls eines der Feldelemente mit einem

Leerzeichen beginnt, so wird es ohne dieses Leerzeichen neu zugewiesen. Dies trifft für alle Feldelemente außer dem ersten Feldelement zu, wie Sie in Abbildung 13.2 erkennen. Anschließend wird jedes Feldelement wiederum mit Hilfe der Methode `split()` zerlegt, damit Name und Wert einzeln zur Verfügung stehen.

Warum wird das Leerzeichen entfernt? Falls Sie in einem Programm prüfen möchten, ob ein bestimmtes Cookie vorhanden ist, dann suchen Sie nach einem Cookie mit dem betreffenden Namen, natürlich ohne ein Leerzeichen zu Beginn des Namens. Ein Beispiel dazu sehen Sie in Abschnitt 13.5, »Beispiel für die Nutzung«.

13.3   Cookies löschen

Natürlich kann ein Benutzer jederzeit einzelne oder alle Cookies in seinem Browser löschen, siehe Abbildung 13.1. Aber auch der Entwickler kann Cookies löschen. Dies zeige ich im folgenden Programm:

```
...
<body>
<script type="text/javascript">
   var zeit = new Date(1);
   document.cookie = "ErstesCookie=;expires=" + zeit.toUTCString();
</script>
</body></html>
```

Listing 13.3 Datei »ck_loeschen.htm«

Es wird eine Zeitangabe gespeichert, die in der Vergangenheit liegt. Das zu löschende Cookie wird neu angelegt, ohne Wert und mit dieser Zeitangabe. Anschließend ist es nicht mehr vorhanden, siehe Abbildung 13.3.

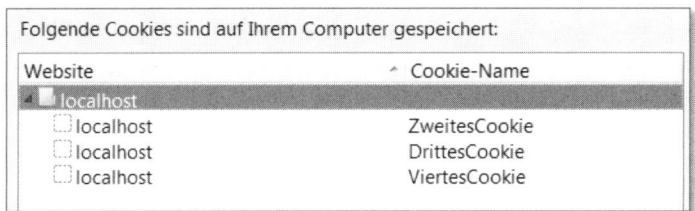

Abbildung 13.3 Das erste Cookie wurde gelöscht.

13.4   Werden Cookies akzeptiert?

Falls Sie wissen möchten, ob der Browser des Benutzers Cookies annimmt, müssen Sie dies vorher testen. Die Eigenschaft `cookieEnabled` des `navigator`-Objekts liefert dazu keine zuverlässige Information. Stattdessen können Sie zum Beispiel das folgende Programm verwenden:

```
...
<body>
<script type="text/javascript">
   document.cookie = "ErstesCookie=42";

   if(document.cookie.indexOf("ErstesCookie=42") != -1)
      alert("Browser arbeitet mit Cookies");
   else
      alert("Browser arbeitet nicht mit Cookies");

   var zeit = new Date(1);
   document.cookie = "ErstesCookie=;expires=" + zeit.toUTCString();
</script>
</body></html>
```

Listing 13.4 Datei »ck_testen.htm«

Es wird zunächst ein Cookie neu angelegt. Anschließend wird geprüft, ob dieses Cookie Teil der Zeichenkette mit allen Cookies ist. Die Methode `indexOf()` des `String`-Objekts liefert den Wert -1, falls eine Zeichenkette nicht innerhalb einer anderen Zeichenkette enthalten ist. Zu guter Letzt wird das Prüf-Cookie wieder gelöscht.

Falls Sie im Mozilla Firefox die Einstellung FIREFOX WIRD EINE CHRONIK NACH BENUTZERDEFINIERTEN EINSTELLUNGEN ANLEGEN gewählt haben, dann können Sie das Häkchen bei COOKIES AKZEPTIEREN wegnehmen. Anschließend erzeugt das Programm eine Ausgabe wie in Abbildung 13.4.

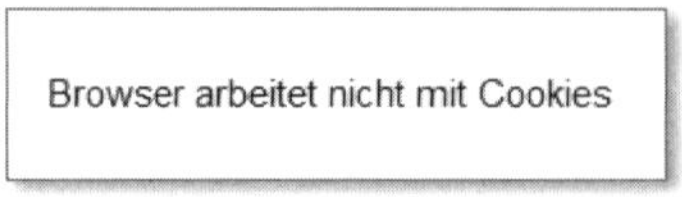

Browser arbeitet nicht mit Cookies

Abbildung 13.4 Werden Cookies akzeptiert?

13.5   Beispiel für die Nutzung

Die vollständige Nutzung eines Cookies werde ich anhand der Speicherung einer Adressangabe zeigen. Der Benutzer gelangt auf eine Seite, auf der er seine Daten eintragen kann. Falls er zum ersten Mal auf dieser Seite ist, dann sind die Eingabefelder leer, siehe Abbildung 13.5. Er gibt seine Adressdaten ein und sendet die Bestellung ab.

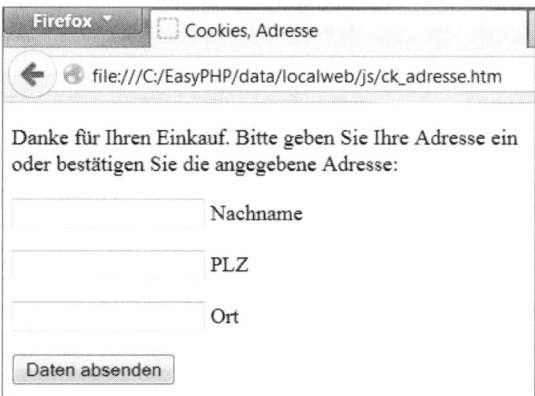

Abbildung 13.5 Erster Besuch

Falls er nach einem späteren Öffnen des Browsers, zum Beispiel einige Tage darauf, noch einmal eine Bestellung ausführt, dann stehen seine Adressdaten bereits auf der Seite, siehe Abbildung 13.6.

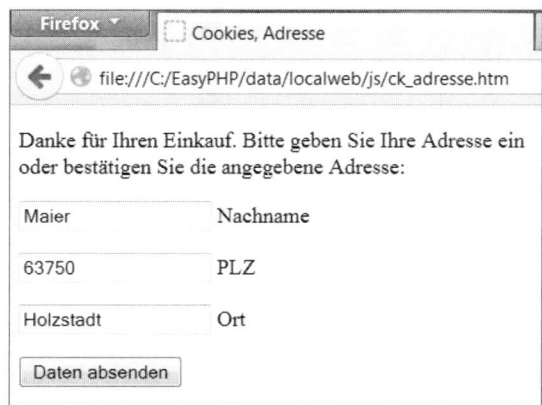

Abbildung 13.6 Folgebesuch

Die Cookies werden mit Name und Wert gespeichert, siehe Abbildung 13.7.

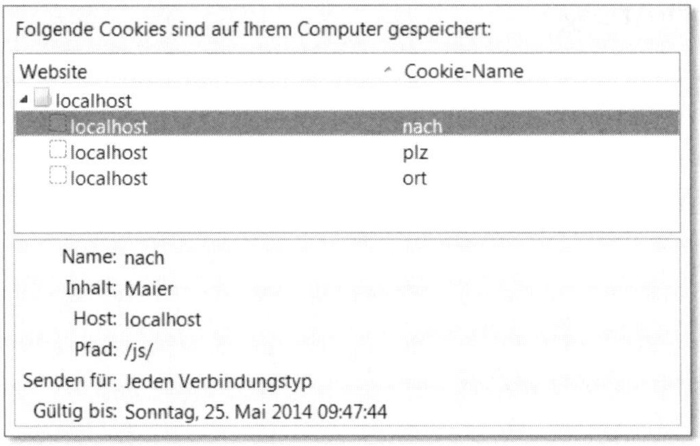

Folgende Cookies sind auf Ihrem Computer gespeichert:

Website	Cookie-Name
▲ ⬜ localhost	
⬜ localhost	nach
⬜ localhost	plz
⬜ localhost	ort

Name:	nach
Inhalt:	Maier
Host:	localhost
Pfad:	/js/
Senden für:	Jeden Verbindungstyp
Gültig bis:	Sonntag, 25. Mai 2014 09:47:44

Abbildung 13.7 Gespeicherte Cookies

Zunächst der zweite Teil des Programms:

```
...
<body>
<p>Danke für Ihren Einkauf. Bitte geben Sie Ihre Adresse ein<br>
   oder bestätigen Sie die angegebene Adresse:</p>
<form id="idForm" action="#">
<script type="text/javascript">
   document.write("<p><input id='idNach' value='" + lesen("nach")
      + "'> Nachname<\/p>");
   document.write("<p><input id='idPlz' value='" + lesen("plz")
      + "'> PLZ<\/p>");
   document.write("<p><input id='idOrt' value='" + lesen("ort")
      + "'> Ort<\/p>");
</script>
<p><input type="submit"></p>
</form>
<script type="text/javascript" src="eh.js"></script>
<script type="text/javascript">
   meinHandler("idForm", "submit", schreiben);
</script>
</body></html>
```

Listing 13.5 Datei »ck_adresse.htm«, zweiter Teil

Die drei Eingabefelder innerhalb des Formulars werden mit Hilfe von JavaScript ausgegeben. Für die Ausgabe des Werts des Attributs value wird jeweils die Funktion
lesen() aufgerufen. Falls es bereits ein Cookie mit dem betreffenden Namen gibt,

dann liefert diese Funktion den Wert zurück. Ansonsten liefert die Funktion eine leere Zeichenkette zurück.

Es folgt der erste Teil des Programms:

```
...<html>
<head>...
<script type="text/javascript">
var feld = document.cookie.split(";");
var cName = new Array();
var cWert = new Array();
for(var i=0; i<feld.length; i++)
{
   if(feld[i].charAt(0) == " ")
      feld[i] = feld[i].substring(1);
   var teil = feld[i].split("=");
   cName.push(teil[0]);
   cWert.push(teil[1]);
}

function lesen(name)
{
   for(var i=0; i<cName.length; i++)
      if(cName[i] == name)
         return cWert[i];
   return "";
}

function schreiben()
{
   var zeit = new Date();
   zeit.setTime(zeit.getTime() + 365 * 24 * 60 * 60 * 1000);
   var cExpire = ";expires=" + zeit.toGMTString();

   document.cookie = "nach=" + document.getElementById("idNach").value
      + cExpire;
   document.cookie = "plz=" + document.getElementById("idPlz").value
      + cExpire;
   document.cookie = "ort=" + document.getElementById("idOrt").value
      + cExpire;
   alert("Danke für Ihre Bestellung");
}
```

13

```
</script>
</head>
...
```

Listing 13.6 Datei »ck_adresse.htm«, erster Teil

Als Erstes werden beim Aufruf der Seite alle zugehörigen Cookies gelesen und in zwei Feldern abgespeichert: der Name des Cookies im Feld cName und der Wert des Cookies im Feld cWert. Es wird darauf geachtet, dass der Name kein führendes Leerzeichen enthält. Zu Beginn sind die Felder leer. Die Methode push() des Array-Objekts dient zum Anhängen der neuen Elemente an das Ende des jeweiligen Felds.

In der Funktion lesen() werden die Elemente des Feldes cName geprüft. Falls eines der Elemente dem gesuchten Namen entspricht, dann wird der zugehörige Wert zurückgesandt. Jetzt ist es wichtig, dass der Name kein führendes Leerzeichen enthält. Die Anweisung return führt zum sofortigen Verlassen der for-Schleife und der Funktion. Falls der gesuchte Name nicht gefunden wird, dann wird eine leere Zeichenkette zurückgeliefert.

Als Letztes folgt die Funktion schreiben(), die beim Absenden der Daten die Cookies erzeugt. Die Gültigkeit beträgt 365 Tage. Anschließend werden die drei Cookies mit den Werten erzeugt, die der Benutzer in den Eingabefeldern eingetragen hat, sowie mit der genannten Gültigkeit.

Kapitel 14

Beispielprojekte

Erst größere Projekte zeigen das Zusammenspiel der verschiedenen Möglichkeiten von JavaScript. Sie setzen eine gute Planung voraus.

In diesem Kapitel werde ich eine Reihe von größeren Beispielprojekten beschreiben. Zunächst sehen Sie fünf praxisorientierte Projekte, die sich teilweise im realen Einsatz befinden:

▶ die Berechnung einer *Geldanlage*

▶ die Berechnung und Beurteilung von Werten für den *Fitnessbereich*

▶ die Prüfung von *Kreditkartennummern*

▶ die Anmeldung zu einem *Volkslauf*, mit einer Kontrolle der Eingabewerte

▶ ein Programm mit der Basisfunktionalität für einen *Webshop*, das leicht erweitert werden kann

Es folgen drei Projekte aus dem Bereich der Spiele. Auch diese Programme setzen eine sorgfältige Planung des Entwicklers voraus. Die Endprodukte erfreuen sich ebenso großer Beliebtheit wie die *ernsthaften Programme*. Es handelt sich um:

▶ eine *Patience*, bei der Spielkarten nach ruhiger Überlegung in eine bestimmte Reihenfolge gebracht werden müssen

▶ das Gedächtnisspiel *Memory* in einer Version für zwei Spieler

▶ das Geschicklichkeitsspiel *Snake*, bei dem ein Objekt auf dem Bildschirm gesteuert werden muss

Sie finden alle Programme als Bonus auf dem Datenträger zum Buch (bei elektronischen Buch-Ausgaben: im Download-Paket), mit vielen erläuternden Kommentaren. Sie können die Programme zum einen dazu nutzen, die Möglichkeiten von JavaScript im Zusammenspiele zu verstehen. Zum anderen können Sie die Programme mit Hilfe eigener Ideen erweitern.

14

14.1 Geldanlage

Das Programm steht in der Datei *geldanlage.htm*. Im unteren Bereich der Seite sieht der Benutzer die verschiedenen Konditionen, die ihm die Bank bietet. Der Benutzer trägt einen Betrag ein, den er anlegen möchte. Außerdem nennt er die gewünschte Laufzeit. Nach Betätigung des Buttons BERECHNEN prüft das Programm die Eingabewerte und liefert den Betrag am Ende der Laufzeit, siehe Abbildung 14.1.

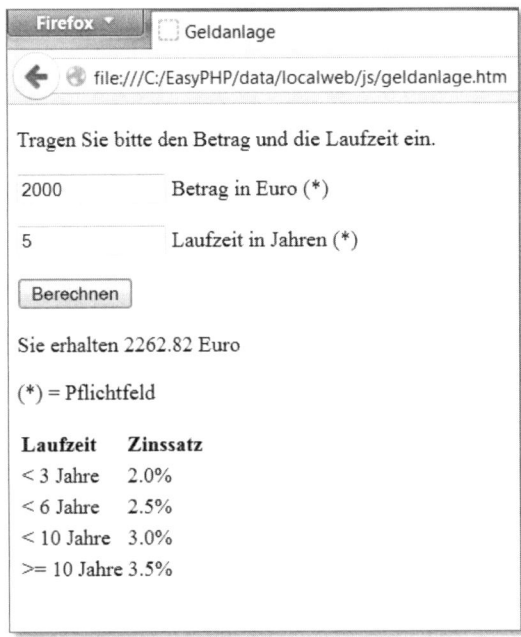

Abbildung 14.1 Geldanlage

14.2 Fitnesswerte

Das Programm steht in der Datei *fitness.htm*. Im oberen Bereich der Seite trägt der Benutzer seine persönlichen Werte ein: Alter, Größe, Gewicht, Ruhepuls und Geschlecht. Nach Betätigung des Buttons BERECHNEN prüft das Programm die Eingabewerte und berechnet damit den Body-Mass-Index und die Trainingsherzfrequenzen nach der Formel von Karvonen (Quelle: *Wikipedia, Karvonen-Formel*), siehe Abbildung 14.2.

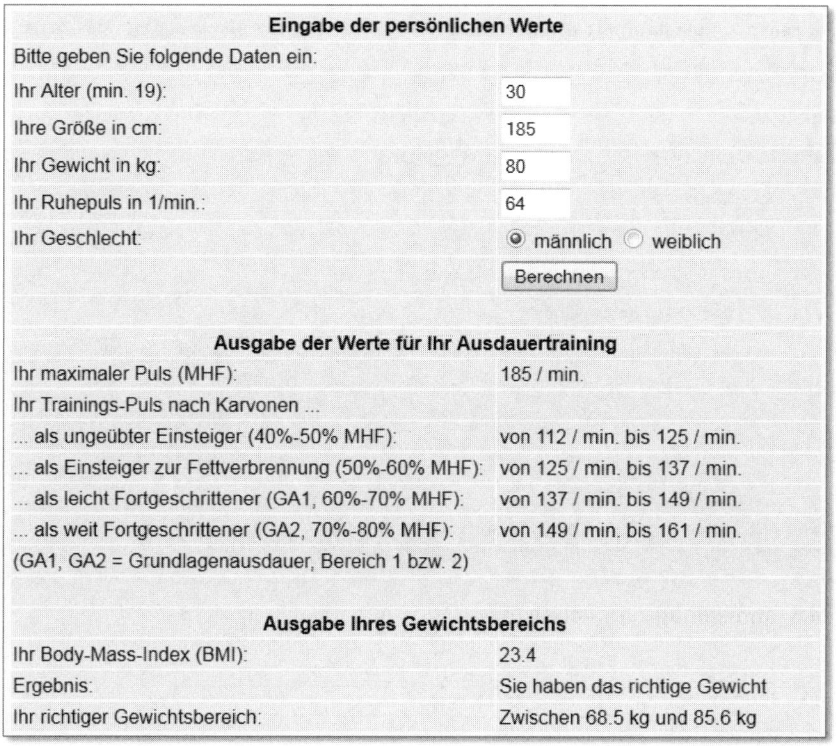

Abbildung 14.2 Fitnesswerte

14.3   Volkslauf

Das Programm steht in der Datei *volkslauf.htm*. Der Benutzer trägt seine persönlichen Daten ein, siehe Abbildung 14.3. Name und Vorname sind Pflichtfelder. Geschlecht, Jahrgang und Strecke müssen so gewählt werden, dass sie zueinander passen. In Abbildung 14.4 sehen Sie das aufgeklappte Auswahlmenü für die verschiedenen Strecken, die gelaufen werden können.

Im realen Beispiel werden die Daten anschließend mit Hilfe von PHP in einer MySQL-Datenbank gespeichert. Der Benutzer findet seinen Namen dann in der *Liste der Angemeldeten*. Die Veranstalter haben in einem geschützten Bereich die Möglichkeit, alle Daten aus der Datenbank in eine CSV-Datei zu exportieren, zum Beispiel für MS Excel. Damit werden die Auswertung der Läufe und der Druck der Ergebnislisten und der Urkunden vereinfacht.

Anmeldung zum 10. Volkslauf mit Wandern und Nordic-Walking am Samstag, 18. Mai 2013

Die Startgebühr wird am Wettkampftag entrichtet. Anmeldeschluss ist der 12. Mai 2013.

Nachname	Maier	*	Vorname	Svenja
Geschlecht	weiblich ▾ *		Jahrgang	1994 ▾ *
Verein	FC Holzhausen		Straße	Nordweg 12
PLZ	63750		Ort	Holzhausen

Strecke   4.200 m, 1994 - 1997, Weibl. Jugend A - B, 18:45 Uhr   ▾ *

Urkunde   ☑ (falls Urkunde gewünscht)

E-Mail   smaier94@test.de   (falls Bestätigung der Anmeldung gewünscht)

Bemerkung `Gutes Wetter`

[Absenden] [Löschen]

Pflichtfelder mit *, Name und Vorname müssen ausgefüllt werden
Geschlecht, Jahrgang und Strecke müssen richtig gewählt werden

Abbildung 14.3 Anmeldung zum Volkslauf

4.200 m, 1994 - 1997, Weibl. Jugend A - B, 18:45 Uhr   ▾
10.000 m, alle Jahrgänge, Hauptlauf, 19:30 Uhr
4.200 m, alle Jahrgänge, Jedermannlauf, 18:45 Uhr
4.200 m, 1994 - 1997, Männl. Jugend A - B, 18:45 Uhr
4.200 m, 1994 - 1997, Weibl. Jugend A - B, 18:45 Uhr
1.500 m, 1998 - 1999, SchülerInnen A, 18:35 Uhr
900 m, 2000 - 2001, SchülerInnen B, 18:25 Uhr
600 m, 2002 - 2003, SchülerInnen C, 18:20 Uhr
300 m, 2004 - 2005, Schüler D, 18:15 Uhr
300 m, 2004 - 2005, Schülerinnen D, 18:10 Uhr
300 m, 2006 und jünger, Kindergartenlauf, 18:00 / 18:05 Uhr
10.000 m, alle Jahrgänge (ohne Zeitmessung), Nordic-Walking / Wandern, 18:00

Abbildung 14.4 Verschiedene Laufstrecken

14.4   Nummer der Kreditkarte prüfen

Das Programm steht in der Datei *luhn.htm*. Der Benutzer wird zu Beginn des Programms nach einer Kreditkartennummer gefragt, wie dies beim Einkauf im Internet häufig der Fall ist. Das Programm prüft, ob diese Nummer gültig ist (Quelle: *Wikipedia, Luhn-Algorithmus*).

14.5   Webshop

Es handelt sich um ein Projekt, in dem die Vorteile von Frames genutzt werden. Die Frame-Steuerseite steht in der Datei *shop.htm*. In dieser Datei stehen auch permanent alle Werte, die während des Einkaufs gespeichert werden. Am Ende geht der Benutzer zur Kasse und sendet seine vollständige Bestellung mit diesen Werten ab.

Im Eingang des Shops kann der Benutzer entscheiden, welche Abteilung er besuchen möchte, siehe Abbildung 14.5.

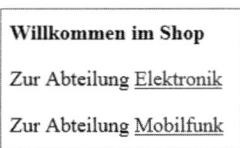

Abbildung 14.5 Shop, Eingang

In Abbildung 14.6 kann er eine Auswahl in der ersten Abteilung treffen und diese Auswahl speichern. Er kann nun ZURÜCK ZUM EINGANG oder WEITER ZUR KASSE gehen. In Abbildung 14.7 sehen Sie seine Auswahl in der zweiten Abteilung.

Abbildung 14.6 Shop, erste Abteilung

Abteilung Mobilfunk

Nummer	Artikel	Preis	Anzahl
6213	Funkgerät	29.95 €	0
6265	Handscanner	89.95 €	1

Anzahl speichern

Zurück zum Eingang

Weiter zur Kasse

Abbildung 14.7 Shop, zweite Abteilung

Auf der Seite KASSE sieht er die Gesamtsumme, siehe Abbildung 14.8. Auch von hier kann er jederzeit zurückkehren und seine Einkäufe fortsetzen. Erst durch die Betätigung des Hyperlinks WEITER ZUM BEZAHLEN wird seine Bestellung endgültig abgesandt.

Kasse

Nummer	Artikel	Preis	Anzahl	Zwischensumme
7632	Uhrenradio	17.95 €	2	35.90 €
6265	Handscanner	89.95 €	1	89.95 €
			Summe	125.85 €

Zurück zum Eingang

Weiter zum Bezahlen

Abbildung 14.8 Shop, Kasse

14.6 Patience

Das Programm steht in der Datei *patience.htm* im Unterverzeichnis *patience*. Dort finden sich auch die Bilddateien für die Karten. In Abbildung 14.9 sehen Sie die Karten in der ursprünglichen Reihenfolge, die zu Beginn per Zufallsgenerator erzeugt wird. Nach Betätigung des Buttons SPIELREGELN sehen Sie eine Beschreibung des Ablaufs, siehe Abbildung 14.10. Am Ende sollten alle Karten in der richtigen Reihenfolge stehen. Diese Patience ist auch unter dem Namen *Diplomaten-Patience* bekannt.

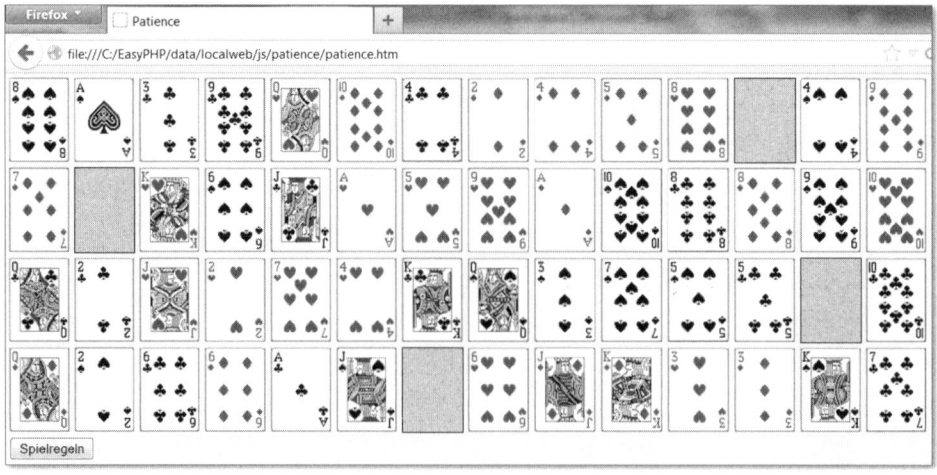

Abbildung 14.9 Reihenfolge der Karten zu Beginn

Bringen Sie die Karten in die richtige Reihenfolge.
Klicken Sie auf eine Karte. Klicken Sie dann auf einen leeren Platz.
Das geht nur, wenn der linke oder der rechte Nachbar passt,
z.B. Kreuz 6 links neben Kreuz 7.
Außerdem können Asse nach ganz links und Könige nach ganz rechts
gelegt werden, aber nur in der richtigen Reihe.
Erste Reihe: Kreuz, zweite: Pik, dritte: Herz und vierte: Karo

Abbildung 14.10 Spielregeln

14.7   Memory

Das Programm steht in der Datei *memory.htm* im Unterverzeichnis *memory*. Dort finden sich auch die Bilddateien für die 18 Paare, die gefunden werden müssen. In Abbildung 14.11 sehen Sie einen Zwischenstand: Spieler 1 hat bereits drei Kartenpaare gefunden. Spieler 2 ist an der Reihe und hat gerade die zweite Karte umgedreht. Beide Spieler haben nun zwei bis drei Sekunden Zeit, um sich die Position der beiden Karten merken. Von den restlichen Karten sehen Sie die Rückseiten. Nach Betätigung des Buttons REGELN wird eine Beschreibung des Ablaufs eingeblendet, siehe Abbildung 14.12. Die Spieler 1 und 2 sind abwechselnd an der Reihe.

Abbildung 14.11 Zwischenstand

Klicken Sie zwei Bilder an. Die Bilder bleiben 2-3 Sekunden sichtbar.
Falls Sie zwei gleiche Bilder gefunden haben, bekommen Sie zwei Punkte.

Abbildung 14.12 Regeln

14.8   Snake

Das Programm steht in der Datei *snake.htm*. Sobald der Benutzer die Datei aufruft, bewegt sich die Schlange (in Abbildung 14.13 rechts) selbständig über den Bildschirm. Der Benutzer kann die Richtung mit Hilfe der vier Pfeiltasten steuern, so dass die Schlange die Beute (in Abbildung 14.13 links) fangen kann. Dabei darf sie nicht gegen die umgebende Wand prallen.

Sobald die Schlange die Beute erreicht hat, wird ein Punkt hinzugezählt. Die Beute erscheint an einer neuen, zufälligen Position, und die Schlange versucht, sie erneut zu erreichen. Gleichzeitig wird sie schneller und damit schwerer zu steuern, so dass das Spiel mit steigender Punktzahl seinem natürlichen Ende entgegenläuft.

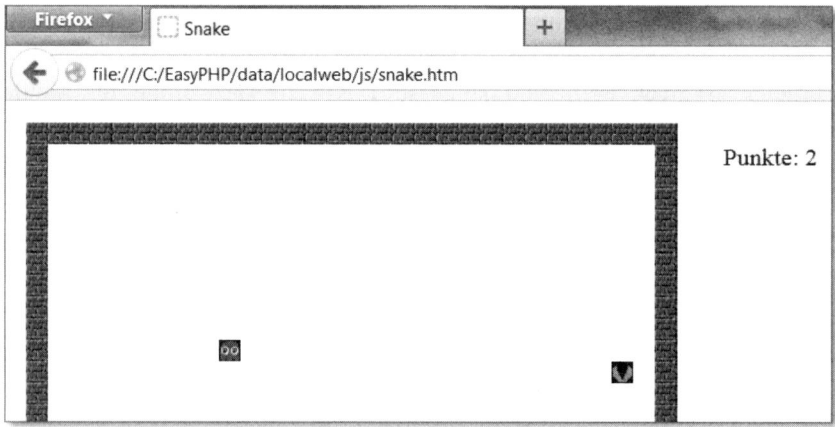

Abbildung 14.13 Schlange und Beute

Kapitel 15
HTML 5

HTML 5 ist noch nicht einheitlich verbreitet. Es bietet aber, auch im Zusammenspiel mit JavaScript, viele neue Möglichkeiten, die immer mehr genutzt werden.

Dies ist *kein* Kapitel mit einer vollständigen Beschreibung von HTML 5. Ich möchte nur auf einige Neuerungen von HTML 5 eingehen, die besonders im Zusammenhang mit JavaScript interessant sind: Formulare, Audio und Video, Canvas-Zeichnungen sowie die Nutzung der Empfänger bzw. Sensoren für Standortdaten, Lage und Beschleunigung eines Mobilgeräts.

HTML 5 ist zum Teil noch in der Entwicklung und noch nicht standardisiert. Dennoch wird es bereits von zahlreichen Browsern in unterschiedlichem, zunehmendem Maße umgesetzt. Es enthält eine Reihe von Möglichkeiten, die vor HTML 5 nur mit Hilfe von JavaScript umgesetzt werden konnten, und weitere Elemente, die nur zusammen mit JavaScript nutzbar sind, wie zum Beispiel canvas und geolocation.

Unter anderem werden viele Formularelemente direkt mit Hilfe von HTML 5 validiert. Das bedeutet, dass die Einträge des Benutzers vor dem eigentlichen Absenden auf Gültigkeit geprüft werden. Bei ungültigen Werten wird das Formular nicht abgesandt.

Dies ist eine Aufgabe, die bisher durch JavaScript erfüllt wurde. Es ist also sinnvoll, vor der Erstellung eines komplexen Programms zunächst zu prüfen, ob das gewünschte Feature nicht bereits in HTML 5 und in verbreiteten Browsern geboten wird.

15.1 HTML-5-Fähigkeit testen

Sie können die HTML-5-Fähigkeit eines Browsers zum Beispiel mit der Website *http://html5test.com* testen. Dort werden die Features von HTML 5 einzeln bewertet, mit Hilfe eines Systems, bei dem insgesamt 500 Punkte erreicht werden können. Es wird gezeigt, in welchem Maße der aktuell genutzte Browser HTML 5 umsetzt.

Im größten Teil dieses Kapitels nutze ich den Browser *Opera 12.15* für einen PC unter MS Windows. Er erreicht ein Gesamtergebnis von 404 der 500 Punkte. Im Bereich *Formularelemente* wird die volle Punktzahl von 115 Punkten erreicht. Ebenso werden im Bereich *Audio* 20 von 20 und im Bereich *Video* 30 von 30 Punkten erreicht. Zeichnungen innerhalb eines Canvas werden auch vollständig ermöglicht (20 von 20 Punkten).

Im Browser Opera öffnen Sie eine Internetseite von der Festplatte mit Hilfe des Menüs SEITE · ÖFFNEN. Lassen Sie sich nicht durch den Begriff *localhost* im Adressfeld des Browsers Opera irritieren, wie Sie ihn zum Beispiel in Abbildung 15.1 sehen. Die Beispielprogramme in diesem Kapitel werden nicht über den lokalen Webserver aufgerufen.

In diesem Kapitel habe ich auf PHP-Antwortprogramme verzichtet. Daher enthalten Formularelemente in den Programmen nicht das Attribut name.

In den Abschnitten 15.11 bis 15.14 geht es um die Nutzung der Empfänger bzw. Sensoren für Standortdaten, Lage und Beschleunigung eines Mobilgeräts. Dabei verwende ich den Browser *Opera mobile 12.10* auf einem *Google Nexus 7 Tablet* mit *Android 4.2.2*. Dieser Browser erzielt im Bereich *Location und Orientation* des HTML-5-Tests 20 von 20 möglichen Punkten.

15.2   Allgemeine Formularelemente

In HTML 5 gibt es zahlreiche neue Formularelemente. Sie ermöglichen vielfältigere und leichter bedienbare Eingaben, die darüber hinaus auch eine Validierung enthalten.

Falls ein Browser ein bestimmtes Formularelement aus HTML 5 noch nicht umsetzt, wird stattdessen ein Standardeingabefeld angezeigt. So wird dem Benutzer in jedem Fall eine Eingabe ermöglicht. Besonders die mobilen Browser nutzen die vielen neuen Eigenschaften von HTML 5 und unterstützen sie zum Beispiel durch das Einblenden passender Tastaturen.

In den folgenden Programmen sehen Sie eine Reihe von neuen Elementen und Eigenschaften für Formulare. Zunächst folgen allgemeine Elemente, siehe Abbildung 15.1 und Abbildung 15.2. Später folgen Elemente, die besonders zur Eingabe und Darstellung von Zahlenwerten (siehe Abschnitt 15.3, »Elemente für Zahlen«) und Zeitangaben (siehe Abschnitt 15.4, »Elemente für Zeitangaben«) geeignet sind.

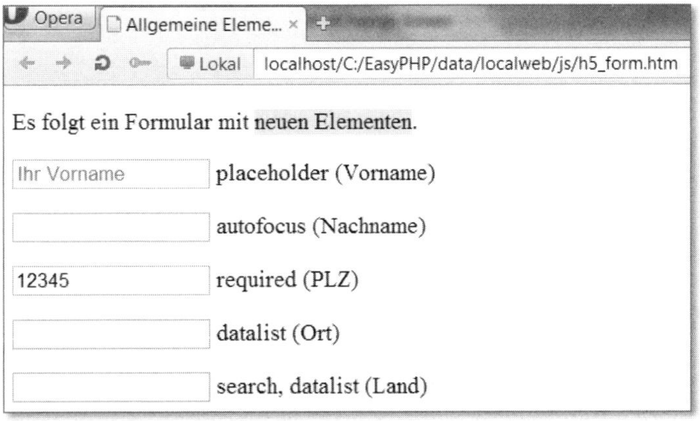

Abbildung 15.1 Allgemeine Formularelemente, erster Teil

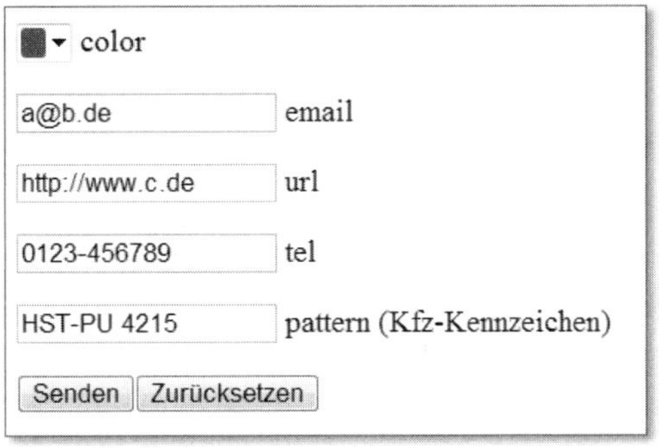

Abbildung 15.2 Allgemeine Formularelemente, zweiter Teil

Zunächst der Code für den ersten Teil des Formulars:

```
...
<body>
<p>Es folgt ein Formular mit <mark>neuen Elementen</mark>.</p>
<form id="idForm">
<p><input id="idVorname" placeholder="Ihr Vorname">
   placeholder (Vorname)</p>
<p><input id="idNachname" autofocus> autofocus (Nachname)</p>
<p><input id="idPlz" value="12345" required> required (PLZ)</p>

<p><input id="idOrt" list="idOrtliste"> datalist (Ort)</p>
<datalist id="idOrtliste">
   <option value="Berlin">
   <option value="Hamburg">
   <option value="München">
</datalist>
```

367

```
<p><input id="idLand" type="search" list="idLandliste">
   search, datalist (Land)</p>
<datalist id="idLandliste">
   <option value="Deutschland">
   <option value="Frankreich">
   <option value="Italien">
</datalist>
...
```

Listing 15.1 Datei »h5_form.htm«, erster Teil des Formulars

Wir starten mit einer Ausnahme: dem `mark`-Container von HTML 5. Dabei handelt es sich nicht um ein Formularelement. Er ermöglicht die optische Hervorhebung eines Textes. Der Browser Opera zeigt dies mit einer unregelmäßigen gelben Markierung an, ähnlich wie die eines Textmarkers.

Im Element für den Vornamen erscheint mit Hilfe des Attributs `placeholder` ein Platzhalter in hellgrauer Farbe. Er dient zur Erläuterung eines Eingabefelds. Sobald der Benutzer mit seiner Eingabe beginnt, verschwindet der Platzhalter. Sein Wert wird nicht zum Webserver übertragen.

Nach Aufruf der Datei kann der Benutzer unmittelbar im Element für den Nachnamen mit der Eingabe beginnen, denn dort erscheint der Cursor dank des Attributs `autofocus` automatisch als Erstes. Dem booleschen Attribut wird kein Wert zugewiesen. Falls Sie das Attribut bei mehreren Elementen eintragen, dann erscheint der Cursor im letzten dieser Elemente. Sollte ein Element bereits einen Wert haben, wird der eingetragene Text markiert.

Das boolesche Attribut `required` macht das Element für die Postleitzahl zu einem Pflichtfeld. Das Absenden des Formulars ohne einen Eintrag in diesem Feld ist nicht möglich und führt zu einer Fehlermeldung, siehe Abbildung 15.3.

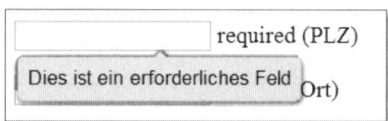

Abbildung 15.3 Pflichtfeld, Attribut »required«

In den beiden Elementen für ORT und LAND wird jeweils ein `datalist`-Container genutzt. Er enthält eine Hilfsliste mit möglichen Einträgen für das Element. Die einzelnen Listeneinträge werden mit der Markierung `option` erzeugt. Der Zusammenhang zwischen dem Element und der zugehörigen Liste wird mit dem Attribut `list` und der ID erstellt.

Sobald der Benutzer den Cursor in das Element setzt, erscheint die gesamte Liste, siehe Abbildung 15.4. Nach der Eingabe von Zeichen sind nur noch die Einträge sichtbar, die mit diesen Zeichen beginnen. Es können aber auch andere Einträge vorgenommen werden. Das Element mit dem Wert search für das Attribut type wird häufig wie ein betriebssystemspezifisches Suchfeld dargestellt.

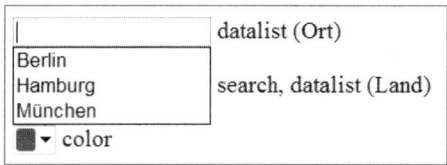

Abbildung 15.4 Hilfestellung durch »datalist«-Container

Es folgt der Code für den zweiten Teil des Formulars:

```
...
<p><input id="idColor" type="color" value="#ff0000"> color</p>
<p><input id="idEmail" type="email" value="a@b.de"> email</p>
<p><input id="idUrl" type="url" value="http://www.c.de"> url</p>
<p><input id="idTel" type="tel" value="0123-456789"> tel</p>
<p><input id="idKfz" value="HST-PU 4215"
    pattern="^[A-Z]{1,3}-[A-Z]{1,2} [1-9][0-9]{0,3}$">
    pattern (Kfz-Kennzeichen)</p>
<p><input type="submit"><input type="reset"></p>
</form>

<script src="eh.js"></script>
<script>
    meinHandler("idForm", "submit", senden);
</script>
</body></html>
```

Listing 15.2 Datei »h5_form.htm«, zweiter Teil des Formulars

Sobald der Benutzer das Element zur Eingabe der Farbe auswählt, wird dank des Werts color für das Attribut type eine kleine Farbtafel eingeblendet, siehe Abbildung 15.5. Nach Betätigung des Buttons ANDERE ... wird eine größere, betriebssystemspezifische Farbtafel angezeigt. Der übermittelte Wert besteht aus dem HTML-Farbcode, also zum Beispiel #ff0000 für Rot.

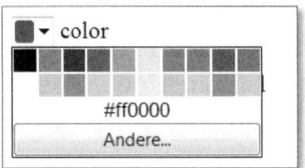

Abbildung 15.5 Farbe auswählen

Das Element zur Eingabe und Validierung einer E-Mail-Adresse haben Sie schon in Abschnitt 12.6, »Elemente eines E-Mail-Formulars«, gesehen. Außerdem können mobile Browser eine passende Tastatur einblenden, die zum Beispiel das Zeichen @ enthält, siehe Abbildung 15.6.

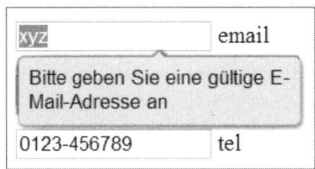

Abbildung 15.6 E-Mail-Adresse eintragen

Das Element zur Eingabe einer URL haben Sie ebenfalls schon in Abschnitt 12.6, »Elemente eines E-Mail-Formulars«, gesehen. Neben einer Validierung der Eingabe wird häufig automatisch die Zeichenkette `http://` vorangesetzt. Mobile Browser können zum Beispiel die Zeichen / oder .com in der eingeblendeten Tastatur bereithalten.

Das Element zur Eingabe einer Telefonnummer kann zukünftig die Möglichkeiten bieten, auf Telefonlisten des Benutzers zuzugreifen.

Das Attribut `pattern` (deutsch: Muster) dient zur Validierung einer Eingabe mit Hilfe von regulären Ausdrücken, siehe Abschnitt 6.3, »Reguläre Ausdrücke«. Das Absenden des Formulars ist auch hier nicht möglich, falls ein falscher Eintrag erfolgt. Es kommt zu einer Fehlermeldung, siehe Abbildung 15.7.

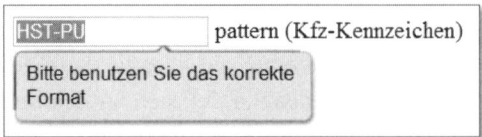

Abbildung 15.7 Validierung mit Attribut »pattern«

Nach dem Absenden werden die eingetragenen Werte mit Hilfe von JavaScript angezeigt. Ein Beispiel sehen Sie in Abbildung 15.8.

```
vorname: Hans
nachname: Maier
plz: 12345
ort: Hamburg
land: Deutschland
color: #ff0000
email: a@b.de
url: http://www.c.de
tel: 0123-456789
kfz: HST-PU 4215
```

Abbildung 15.8 Ausgabe der Einträge mit JavaScript

Es folgt der JavaScript-Code:

```
<!DOCTYPE html><html>
<head>...<meta charset="ISO-8859-1">
<script>
function senden()
{
   var aus =
       "vorname: " + document.getElementById("idVorname").value
       + "\nnachname: " + document.getElementById("idNachname").value
       + "\nplz: " + document.getElementById("idPlz").value
       + "\nort: " + document.getElementById("idOrt").value
       + "\nland: " + document.getElementById("idLand").value
       + "\ncolor: " + document.getElementById("idColor").value
       + "\nemail: " + document.getElementById("idEmail").value
       + "\nurl: " + document.getElementById("idUrl").value
       + "\ntel: " + document.getElementById("idTel").value
       + "\nkfz: " + document.getElementById("idKfz").value;
   alert(aus);
}
</script>
</head>
...
```

Listing 15.3 Datei »h5_form.htm«, JavaScript-Code

Wie Sie bereits in Kapitel 12 über jQuery mobile gesehen haben, werden die Angaben für den Dokumenttyp und den Zeichensatz für HTML 5 anders notiert. Bei den script-Containern entfällt type="text/javascript".

Es wird jeweils der Wert der Eigenschaft value ausgegeben. Falls ein Browser HTML 5 nicht umsetzen kann, dann werden einfache Eingabefelder angezeigt. Die Einträge stehen dann nach wie vor als Wert der Eigenschaft value zur Verfügung.

15

15.3   Elemente für Zahlen

In diesem Abschnitt zeige ich einige Elemente, die zur sicheren Eingabe und zur anschaulichen Darstellung von Zahlenwerten geeignet sind, siehe Abbildung 15.9.

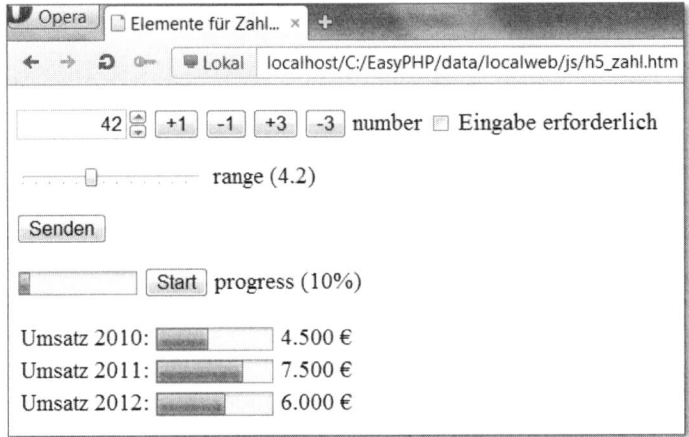

Abbildung 15.9 Elemente für Zahlen

Es folgt zunächst der Inhalt des Formulars, im mittleren Teil der Datei:

```
...
<body>
<form id="idForm">
<p><input id="idNumber" type="number"
   min="32" max="58" step="2" value="42">
<input id="idPlus1" type="button" value="+1">
<input id="idMinus1" type="button" value="-1">
<input id="idPlus3" type="button" value="+3">
<input id="idMinus3" type="button" value="-3"> number
<input id="idRequired" type="checkbox"> Eingabe erforderlich</p>
<p><input id="idRange" type="range"
   min="3.2" max="5.8" step="0.2" value="4.2">
   range <span id="idRangeWert">(4.2)</span></p>
<p><input type="submit"></p>

<p><progress id="idProgress" max="100" value="10"></progress>
<input id="idProgressStart" type="button" value="Start">
   progress <span id="idProgressWert">(10%)</span></p>
</form>
...
```

Listing 15.4 Datei »h5_zahl.htm«, mittlerer Teil

Das Element zur Eingabe eines Zahlenwerts hat den Wert number für das Attribut type. Dies bewirkt die Anzeige eines normalen Eingabefelds und eines zusätzlichen Up-Down-Buttons zur Änderung der Zahl per Klick. Zur Einstellung des Elements können Sie Werte für die Attribute min, max, step und value angeben. Diese kennzeichnen die Untergrenze, die Obergrenze, die Schrittweite und den angezeigten Wert. Ein Wert, der nicht innerhalb der Grenzen liegt oder nicht zur Schrittweite passt, wird nicht gesendet. Es erfolgt eine Fehlermeldung, siehe Abbildung 15.10.

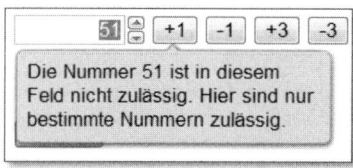

Abbildung 15.10 Nicht zulässige Zahl

Den Wert können Sie auch per Code einstellen. Die vier Buttons +1, -1, +3 und -3 ändern den Wert um das entsprechende Vielfache der Schrittweite. Der Button +3 ändert also zum Beispiel den Wert von 42 in 48. Auch das Attribut required kann per Code geändert werden. Falls Sie die CheckBox neben den vier Buttons markieren, dann darf das Zahlenfeld nicht mehr leer gelassen werden.

Ein Element zur sicheren Übermittlung eines Zahlenwerts mit Hilfe eines Sliders hat den Wert range für das Attribut type. Der Wert selbst wird nicht angezeigt, daher wird hier eine separate Anzeige hinzugefügt. Zur Einstellung gibt es außerdem die Attribute min, max, step und value. Es können auch Zahlen mit Nachkommastellen per Slider eingestellt werden.

Der progress-Container dient meist zur Anzeige eines prozentualen Fortschritts. Die Attribute min und max haben die Standardwerte 0 und 1. Hier wird als aktueller Wert 10 und als Wert für das Maximum 100 genommen. Mit Hilfe des Buttons START wird eine JavaScript-Funktion gestartet, die den Fortschrittsbalken animiert.

Es folgt der zweite Teil des Dokuments:

```
...
<table>
   <tr><td>Umsatz 2010:</td><td><meter min="0" max="10000"
      value="4500"></meter> 4.500 &euro;</td></tr>
   <tr><td>Umsatz 2011:</td><td><meter min="0" max="10000"
      value="7500"></meter> 7.500 &euro;</td></tr>
   <tr><td>Umsatz 2012:</td><td><meter min="0" max="10000"
      value="6000"></meter> 6.000 &euro;</td></tr>
</table>
```

15

```
<script src="eh.js"></script>
<script>
  var num = document.getElementById("idNumber");

  meinHandler("idForm", "submit", senden);
  meinHandler("idRequired", "click", function()
    { num.required = !num.required; } );
  meinHandler("idPlus1", "click", function() { num.stepUp(); } );
  meinHandler("idMinus1", "click", function() { num.stepDown(); } );
  meinHandler("idPlus3", "click", function() { num.stepUp(3); } );
  meinHandler("idMinus3", "click", function() { num.stepDown(3); } );
  meinHandler("idRange", "change", aendernRange);
  meinHandler("idProgressStart", "click", aendernProgress);
</script>
</body></html>
```

Listing 15.5 Datei »h5_zahl.htm«, zweiter Teil

Ein meter-Container dient eigentlich zur Anzeige eines Füllungsgrades. Hier werden mit Hilfe der Attribute min, max und value drei meter-Container zur Anzeige von Umsätzen genutzt, ähnlich einem Balkendiagramm.

Im JavaScript-Bereich wird über den Verweis num auf das Zahleneingabefeld verwiesen. Falls der Benutzer die CheckBox neben dem Element betätigt, dann wird der Wert der booleschen Eigenschaft required umgekehrt. Das Element wird also wahlweise zu einem Pflichtfeld. Falls es ein Pflichtfeld ist, dann erfolgt eine genauere Validierung. Es ist dann nicht nur unmöglich, falsche Zahlenwerte einzutragen, sondern es ist ebenfalls unmöglich, das Feld leer zu lassen oder Buchstaben statt Zahlen einzugeben.

Die Methoden stepUp() und stepDown() ändern den Wert des Elements um das entsprechende Vielfache der Schrittweite. Ohne Parameter wird der Wert um genau eine Schrittweite geändert.

Ein Verschieben des Sliders führt zum Ereignis change und damit zum Aufruf der Funktion aendernRange(). Es wird dafür gesorgt, dass der neue Wert sichtbar neben dem Slider erscheint.

Mit dem Button START wird die Funktion aendernProgress() gestartet, die zu einer Änderung des Fortschrittsbalkens führt.

Nach dem Absenden werden die eingetragenen Werte mit Hilfe von JavaScript angezeigt. Ein Beispiel sehen Sie in Abbildung 15.11.

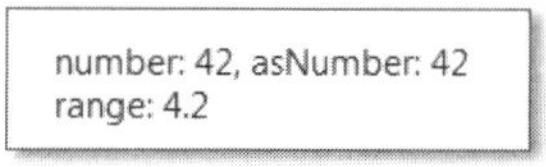

number: 42, asNumber: 42
range: 4.2

Abbildung 15.11 Ausgabe der Einträge mit JavaScript

Es folgt der JavaScript-Code im ersten Teil des Dokuments:

```
<!DOCTYPE html><html>
<head>...<meta charset="ISO-8859-1">
<script>
function senden()
{
    alert("number: " + num.value + ", asNumber: " + num.valueAsNumber
        + "\nrange: " + document.getElementById("idRange").value);
}

function aendernRange()
{
    var zahl = parseFloat(document.getElementById("idRange").value);
    document.getElementById("idRangeWert").firstChild.nodeValue =
        "(" + zahl.toFixed(1) + ")";
}

var pWert = 10;
function aendernProgress()
{
    pWert++;
    document.getElementById("idProgress").value = pWert;
    document.getElementById("idProgressWert").firstChild.nodeValue =
        "(" + pWert + "%)";
    if(pWert<100)
        setTimeout(aendernProgress, 20);
}
</script>
</head>
...
```

Listing 15.6 Datei »h5_zahl.htm«, erster Teil

In der Funktion senden() wird der Wert des Zahleneingabefelds auch mit Hilfe der Eigenschaft valueAsNumber ausgegeben. Sie enthält den Wert als Zahl und nicht nur als Text, wie die Eigenschaft value.

Die Funktion aendernRange() dient zur Ausgabe des Zahlenwerts des Sliders, in Klammern, mit einer Nachkommastelle.

15

Mit Hilfe der Methode `setTimeout()` des `window`-Objekts wird in der Funktion `aendernProgress()` ein zeitlich gesteuerter Ablauf gestartet. Damit wird der Fortschrittsbalken vom Startwert 10 bis zum Endwert 100 animiert. Alle 20 Millisekunden erhöht sich der Wert um 1. Der gesamte Ablauf benötigt daher 1.8 Sekunden. Der aktuelle Wert wird jeweils rechts als Prozentwert angezeigt.

15.4 Elemente für Zeitangaben

In diesem Abschnitt folgen einige Elemente, die sich zur sicheren Eingabe und Übermittlung von Zeitangaben eignen, siehe Abbildung 15.12.

Abbildung 15.12 Elemente für Zeitangaben

Sobald der Benutzer das erste Element anwählt, klappt wie in Abbildung 15.13 ein komfortables Auswahlfeld für ein Datum auf. Darin kann der Benutzer das heutige Datum auswählen, den Monat und das Jahr wechseln und einen Tag innerhalb des Monats markieren.

Abbildung 15.13 Auswahl eines Datums

Ähnlich sieht es bei den anderen Elementen aus. Der Code des Formulars verdeutlicht die verschiedenen Möglichkeiten:

```
...
<body>
<form id="idForm">
<p>1: <input id="idZeit1" type="date" value="2013-05-25"
   min="2013-04-15" max="2013-06-20"> date</p>
<p>2: <input id="idZeit2" type="time" value="10:30"
   min="08:00" max="13:00" step="10"> time</p>
<p>3: <input id="idZeit3" type="datetime" value="2013-05-25T10:30Z"
   step="1800"> datetime</p>
<p>4: <input id="idZeit4" type="datetime-local"
   value="2013-05-25T10:30"> datetime-local</p>
<p>5: <input id="idZeit5" type="month" value="2013-05"
   min="2012-10" max="2014-03"> month</p>
<p>6: <input id="idZeit6" type="week" value="2013-W21"
   min="2013-W15" max="2013-W25"> week</p>
<p><input type="submit"></p>
</form>
<script src="eh.js"></script>
<script>
   meinHandler("idForm", "submit", senden);
</script>
</body></html>
```

Listing 15.7 Datei »h5_zeit.htm«, zweiter Teil

Alle Elemente sind vom Typ `input`, mit unterschiedlichen Werten beim Attribut `type`: `date`, `time`, `datetime`, `datetime-local`, `month` und `week`. Die Attribute `min` und `max` dienen zur Begrenzung des erlaubten Zeitbereichs. Das Attribut `value` steht für die Voreinstellung der Zeitangabe. Mit Hilfe des Attributs `step` können Sie die Schrittweite bei einer Änderung der Zeitangabe vorgeben. Die Standardschrittweite beträgt 60 (Sekunden), also eine Minute.

Das erste `input`-Element ist vom Typ `date` und dient zur Auswahl eines Datums, mit der Uhrzeit 00:00 Uhr UTC. Die Werte sollten im Format YYYY-MM-DD eingegeben werden. Beim Aufklappen erscheint der Monat des voreingestellten Datums. Falls kein Datum voreingestellt ist, erscheint der aktuelle Monat; allerdings wird in diesem Fall beim Senden kein Datum übermittelt. Eine Voreinstellung ist also empfehlenswert. Daten, die außerhalb des erlaubten Datumsbereichs liegen, werden in Hellgrau angezeigt und sind nicht auswählbar.

Das zweite input-Element ist vom Typ time und dient zur Auswahl einer Uhrzeit, mit dem Datum 01.01.1970. Es wird eine Schrittweite von 10 (Sekunden) eingestellt, daher sind auch die Sekunden sichtbar.

Beim dritten Element vom Typ datetime können sowohl Datum als auch Uhrzeit eingestellt werden. Beachten Sie das gesonderte Format für das Attribut value, das auch für die Attribute min und max gilt. Die Schrittweite steht auf 1800 Sekunden, also 30 Minuten. Das vierte Element ist vom Typ datetime-local und hat wiederum ein gesondertes Format für die Attribute min, max und value.

Für das fünfte Element wird der Typ month gewählt. Es können nur ganze Monate ausgewählt werden. Als Wert dient das Datum des ersten Tags des ausgewählten Monats. Das sechste Element hat den Typ week. Es können nur ganze Kalenderwochen ausgewählt werden. Als Wert dient das Datum des Montags der ausgewählten Kalenderwoche.

Nach dem Absenden werden die eingetragenen Werte mit Hilfe von JavaScript angezeigt. Ein Beispiel sehen Sie in Abbildung 15.14.

```
1: 2013-05-25
Sat May 25 2013 02:00:00 GMT+0200
2: 10:30:00
Thu Jan 01 1970 11:30:00 GMT+0100
3: 2013-05-25T10:30Z
Sat May 25 2013 12:30:00 GMT+0200
4: 2013-05-25T10:30
null
5: 2013-05
Wed May 01 2013 02:00:00 GMT+0200
6: 2013-W21
Mon May 20 2013 02:00:00 GMT+0200
```

Abbildung 15.14 Ausgabe der Einträge mit JavaScript

Es folgt der JavaScript-Code im ersten Teil des Dokuments:

```
<!DOCTYPE html><html>
<head>...<meta charset="ISO-8859-1">
<script>
function senden()
{
   var aus = "";
   for(var i=1; i<=6; i++)
   {
      var x = document.getElementById("idZeit" + i);
      aus += i + ": " + x.value + "\n" + x.valueAsDate + "\n";
   }
   alert(aus);
}
```

```
</script>
</head>
...
```

Listing 15.8 Datei »h5_zeit.htm«, erster Teil

In der Funktion `senden()` wird der Wert der Elemente auch mit Hilfe der Eigenschaft `valueAsDate` ausgegeben. Sie enthält den Wert, anders als die Eigenschaft `value`, als `Date`-Objekt und nicht als Text. Nur der Wert des vierten Elements (vom Typ `date-time-local`) kann nicht in ein `Date`-Objekt umgewandelt werden.

15.5   Validierung von Formularen

JavaScript bietet im Zusammenhang mit der Validierung von Formularinhalten noch einige Möglichkeiten. Sie können zum Beispiel einstellen, ob ein einzelnes Element bzw. ein ganzes Formular validiert wird oder nicht. Im Dokument gibt es zwei Formulare, jeweils mit einem Button SENDEN, siehe Abbildung 15.15.

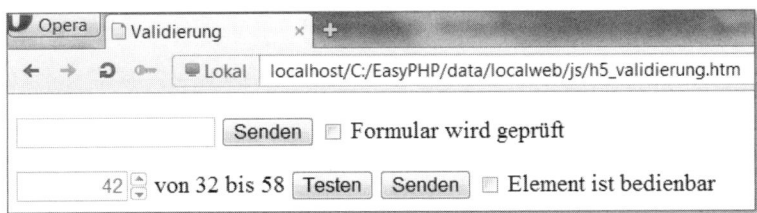

Abbildung 15.15 Zwei Formulare

Das erste Formular enthält ein Eingabefeld für Text. Sie können einstellen, ob das Formular validiert wird.

Beim zweiten Formular können Sie einstellen, ob das darin enthaltene Zahleneingabefeld bedienbar ist oder nicht. Außerdem können Sie mit Hilfe eines Vorabtests feststellen, ob das Formular validiert wird und ob es eine Validation bestünde. Dies kann sinnvoll sein, wenn Inhalte eines Formulars durch bestimmte Aktionen des Benutzers automatisch gesetzt werden und Sie wissen möchten, ob die nunmehr aktuellen Inhalte einer Prüfung standhalten würden.

Es folgt zunächst der HTML-Code der Formulare:

```
...
<body>
<form id="idForm1" novalidate>
<p><input id="idText1" required>
   <input type="submit">
```

```
      <input id="idCheck1" type="checkbox"> Formular wird geprüft</p>
   </form>

   <form id="idForm2">
   <p><input id="idNumber2" disabled type="number"
      min="32" max="58" step="2" value="42"> von 32 bis 58
      <input id="idTesten2" type="button" value="Testen">
      <input type="submit">
      <input id="idCheck2" type="checkbox"> Element ist bedienbar</p>
   </form>

   <script src="eh.js"></script>
   <script>
      meinHandler("idForm1", "submit", senden1);
      meinHandler("idCheck1", "click", check1);
      meinHandler("idTesten2", "click", testen2);
      meinHandler("idForm2", "submit", senden2);
      meinHandler("idCheck2", "click", check2);
   </script>
   </body></html>
```

Listing 15.9 Datei »h5_validierung.htm«, zweiter Teil

Mit Hilfe des Attributs novalidate wird eingestellt, dass das erste Formular zunächst nicht validiert wird. Das Texteingabefeld ist ein Pflichtfeld. Falls es leer gelassen wird, erscheint dennoch keine Fehlermeldung.

Das zweite Formular wird validiert, ebenso das Zahleneingabefeld. Es ist allerdings aufgrund des Attributs disabled zunächst nicht bedienbar. Beim aktuellen Wert 42 bestünde das Formular den Test. Gültige Werte sind nur die geraden Zahlen von 32 bis 58, jeweils eingeschlossen.

Es folgt der erste Teil des Dokuments:

```
<!DOCTYPE html><html>
<head>...<meta charset="ISO-8859-1">
<script>
function senden1()
{
   alert(document.getElementById("idText1").value);
}

function check1()
{
   var f = document.getElementById("idForm1");
```

```
        f.noValidate = !f.noValidate;
}

function testen2()
{
    var num = document.getElementById("idNumber2");
    alert("Element würde geprüft: " + num.willValidate + "\n"
        + "Oberhalb Bereich: " + num.validity.rangeOverflow + "\n"
        + "Unterhalb Bereich: " + num.validity.rangeUnderflow + "\n"
        + "Wert würde als gültig gesendet: " + num.validity.valid);
}

function senden2()
{
    alert(document.getElementById("idNumber2").valueAsNumber);
}

function check2()
{
    document.getElementById("idNumber2").disabled =
        !document.getElementById("idNumber2").disabled;
}
</script>
</head>
...
```

Listing 15.10 Datei »h5_validierung.htm«

Bei jedem Klick auf die erste CheckBox wird die Funktion check1() ausgeführt. Innerhalb der Funktion wechselt der Wert der Eigenschaft noValidate des Formulars zwischen true und false. Nur wenn noValidate den Wert false hat und das Eingabefeld leer ist, erscheint eine Fehlermeldung, siehe Abbildung 15.16. Sie können also in Ihren Programmen festlegen, ob ein Formular geprüft werden soll oder nicht.

Abbildung 15.16 »noValidate = false«

In der Funktion `testen2()` werden die Werte einiger boolescher Eigenschaften des Elements bzw. der Eigenschaft `validity` ermittelt:

▶ `willValidate`: Das Element würde geprüft.

▶ `validity.rangeOverflow` und `validity.rangeUnderflow`: Der Wert überschreitet bzw. unterschreitet den gültigen Bereich.

▶ `validity.valid`: Der Wert würde als gültig gesendet.

Der Wert 82 führt zu dem Ergebnis in Abbildung 15.17. Die Eigenschaft `rangeOverflow` des `validity`-Objekts liefert in diesem Fall `true`.

```
Element würde geprüft: true
Oberhalb Bereich: true
Unterhalb Bereich: false
Wert würde als gültig gesendet: false
```

Abbildung 15.17 Testergebnis für den Wert 82

Beim Wert 51 sieht das Ergebnis aus wie in Abbildung 15.18. Der Wert liegt zwar im erlaubten Bereich, ist aber ungerade und daher nicht gültig.

```
Element würde geprüft: true
Oberhalb Bereich: false
Unterhalb Bereich: false
Wert würde als gültig gesendet: false
```

Abbildung 15.18 Testergebnis für den Wert 51

Bei jedem Klick auf die zweite CheckBox wird die Funktion `check2()` ausgeführt. Innerhalb der Funktion wechselt der Wert der Eigenschaft `disabled` des Formulars zwischen `true` und `false`. Nur wenn `disabled` den Wert `false` hat, kann das Formular bedient werden.

15.6   Audiodateien abspielen

Die HTML-5-Markierung `audio` erleichtert das Abspielen von Audiodateien erheblich, im Vergleich zu den Möglichkeiten, die es vor HTML 5 gab. Allerdings wird die Markierung noch nicht von allen aktuellen Browsern umgesetzt. Außerdem unterscheidet sich die Liste der Typen von Audiodateien, die abgespielt werden können.

In Ihrem Dokument können Sie einen Audioplayer mit den gewohnten Anzeige- und Bedienelementen einsetzen: PLAY/PAUSE-Taste, analoge und digitale Fortschrittsanzeige und Lautstärkeregelung. Es ist aber auch ein Zugriff per JavaScript möglich, so dass Sie das Abspielen der Audiodatei abhängig von bestimmten Ereignissen steuern können. Beides setzen wir hier mit WAV-Dateien um, siehe Abbildung 15.19.

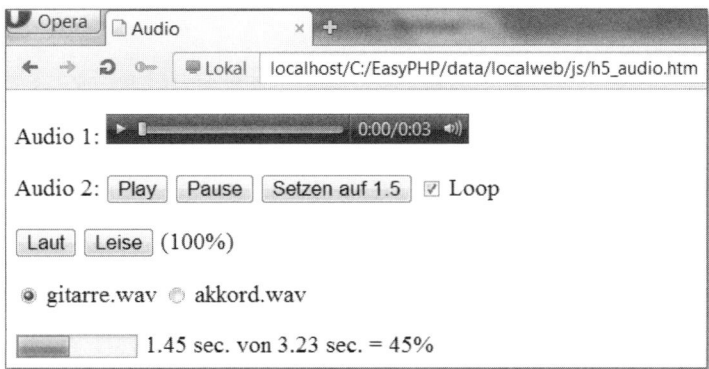

Abbildung 15.19 Zwei Audioplayer

Nach dem Laden des Dokuments läuft die Audiodatei auf dem zweiten Player automatisch und endlos wiederholend. Bei diesem Player können Sie:

- den Abspielvorgang anhalten oder weiterlaufen lassen
- den Abspielvorgang ab einem bestimmten Punkt fortsetzen
- die endlose Wiederholung ein- und ausschalten
- die Lautstärke regeln
- zwischen zwei WAV-Dateien wechseln
- sich den Fortschritt des Abspielvorgangs anzeigen lassen.

Zunächst der zweite Teil des Dokuments:

```
...
<body>
<p>Audio 1: <audio src="gitarre.wav" controls></audio></p>

<p>Audio 2: <audio id="idAudio"
    src="gitarre.wav" autoplay loop></audio>
<input id="idPlay" type="button" value="Play">
<input id="idPause" type="button" value="Pause">
<input id="idSetzen" type="button" value="Setzen auf 1.5">
<input id="idLoop" type="checkbox" checked="checked"> Loop</p>
<p><input id="idLaut" type="button" value="Laut">
<input id="idLeise" type="button" value="Leise">
<span id="idVolume">(100%)</span></p>
<p><input id="idGitarre" name="auswahl" type="radio"
    value="Gitarre" checked="checked"> gitarre.wav
<input id="idAkkord" name="auswahl" type="radio"
    value="Akkord"> akkord.wav</p>
<p><progress id="idProgress"></progress><span id="idWert">0%</span></p>
```

```
<script src="eh.js"></script>
<script>
   var aud = document.getElementById("idAudio");
   var vol = document.getElementById("idVolume");

   meinHandler("idPlay", "click", function() { aud.play(); } );
   meinHandler("idPause", "click", function() { aud.pause(); } );
   meinHandler("idSetzen", "click", function() { aud.currentTime=1.5; } );
   meinHandler("idLoop", "click", function() { aud.loop=!aud.loop; } );
   meinHandler("idLaut", "click", function() { lautstaerke(0.2); } );
   meinHandler("idLeise", "click", function() { lautstaerke(-0.2); } );
   meinHandler("idGitarre", "click", function() { spielen("gitarre"); } );
   meinHandler("idAkkord", "click", function() { spielen("akkord"); } );
   aendernProgress();
</script>
</body></html>
```

Listing 15.11 Datei »h5_audio.htm«

Beim ersten Player sind zwei Attribute eingetragen:

▶ Der Wert des Attributs src legt den Namen der Audiodatei fest.

▶ Das Attribut controls sorgt für die Anzeige der Bedienelemente.

Beim zweiten Player sind ebenfalls zwei Attribute eingetragen:

▶ Das Attribut autoplay bewirkt das automatische Abspielen nach dem Laden des Dokuments.

▶ Das Attribut loop sorgt für einen endlosen Abspielvorgang.

Es folgt ein Formular mit insgesamt fünf Buttons, einer CheckBox und einer Gruppe von zwei RadioButtons. Im JavaScript-Bereich werden zunächst die beiden Verweise ad und vol für den Zugriff auf den Audioplayer und die Anzeige der Lautstärke eingeführt.

Die Betätigung der Buttons PLAY und PAUSE führt zum Aufruf der beiden Methoden play() und pause(). Die Eigenschaft currentTime dient zum Ermitteln oder Setzen der aktuellen Position des Abspielvorgangs. Mit Hilfe der CheckBox wird die boolesche Eigenschaft loop für die endlose Wiederholung ein- oder ausgeschaltet.

Der Wert für die Lautstärke ist nicht per HTML voreinstellbar. Zu Beginn ist der Ton in der Lautstärke zu hören, die vorher am Ausgabegerät (PC, Smartphone usw.) eingestellt wurde. Dies entspricht dem Wert 1 für die Eigenschaft volume. Mit den beiden Buttons LAUT und LEISE wird die Funktion lautstaerke() aufgerufen. Als Parameter wird ein Wert übergeben, der zur Änderung der Lautstärke führt. Die geänderte Lautstärke kann nur zwischen 0 und 1 liegen.

Die beiden RadioButtons dienen zum Wechseln der abgespielten Audiodatei. Als Letztes wird die Funktion `aendernProgress()` gestartet, die den Fortschrittsbalken animiert, gemäß dem Ablauf des Abspielvorgangs.

Es folgt der erste Teil des Dokuments:

```
<!DOCTYPE html><html>
<head>...<meta charset="ISO-8859-1">
<script>
function lautstaerke(wert)
{
   aud.volume += wert;
   vol.firstChild.nodeValue = "(" + (100*aud.volume).toFixed(0) + "%)";
}

function spielen(dateiname)
{
   aud.src = dateiname + ".wav";
   aud.load();
   aud.play();
}

function aendernProgress()
{
   var aktuell = aud.currentTime;
   var gesamt = aud.duration;
   var anteil = aktuell / gesamt;
   document.getElementById("idProgress").value = anteil;
   document.getElementById("idWert").firstChild.nodeValue =
      aktuell.toFixed(2) + " sec. von " + gesamt.toFixed(2)
      + " sec. = " + (100 * anteil).toFixed(0) + "%";
   setTimeout(aendernProgress, 100);
}
</script>
</head>
...
```

Listing 15.12 Datei »h5_audio.htm«

In der Funktion `lautstaerke()` wird der Wert der Eigenschaft `volume` geändert. Der prozentuale Anteil der Lautstärke, die zu Beginn zu hören ist, wird ausgegeben.

In der Funktion `spielen()` bekommt die Eigenschaft `src` mit Hilfe des Funktionsparameters einen neuen Wert. Diese Eigenschaft enthält den Namen der Audiodatei für den Player. Die Methode load() lädt die zugehörige Audiodatei. Anschließend kann sie mit play() abgespielt werden.

In der Funktion aendernProgress() werden zur Anzeige des Fortschritts zunächst die Werte currentTime und duration ermittelt. Sie geben die aktuelle Position und die Gesamtlänge der Audiodatei in Sekunden an. Daraus wird der bisher abgespielte Anteil berechnet. Alle Daten werden ausgegeben, dabei die Sekunden mit zwei Nachkommastellen. Die Funktion aendernProgress() wird alle 0.1 Sekunden erneut aufgerufen.

15.7   Videodateien abspielen

Ebenso wie für Audiodateien wird das Abspielen von Videodateien erleichtert und standardisiert. Es ist kein externer Player mehr notwendig. Die Markierung video wird, ebenso wie die Markierung audio, noch nicht von allen aktuellen Browsern umgesetzt. Auch die Liste der Typen der abspielbaren Videodateien unterscheidet sich.

Daher ist es sinnvoll, eine Videodatei in mehrere Formate zu konvertieren und alle diese Formate einzubinden, jeweils mit Hilfe der Markierung source. Die Freeware *Freemake Video Converter* ermöglicht mit einem Klick unter anderem die Umwandlung einer AVI-Datei in eine MP4-Datei, in eine OGV-Datei und in eine WEBM-Datei. Damit erhöhen Sie die Wahrscheinlichkeit, dass das Video im Browser des Benutzers abgespielt werden kann. Das erste Format, das erkannt wird, wird genutzt.

Zusätzlich zu den Attributen, die Sie bei der Markierung audio kennengelernt haben, gibt es die Attribute width und height. Sie dienen zur Reservierung und Festlegung des Bereichs für das Video innerhalb der Internetseite während des Ladevorgangs. In JavaScript können Sie dieselben Eigenschaften wie bei den Audiodateien nutzen.

In Abbildung 15.20 sehen Sie ein kurzes Video. Falls sich die Maus über dem Video befindet, wird die Bedienleiste angezeigt.

Abbildung 15.20 Videodatei mit Bedienleiste

Es folgt der Code:

```
...
<body>
<video width="400" height="300" controls autoplay loop>
   <source src="shadow1.mp4"
      type='video/mp4; codecs="avc1.42E01E, mp4a.40.2"'>
   <source src="shadow1.ogv"
      type='video/ogg; codecs="theora, vorbis"'>
   <source src="shadow1.webm"
      type='video/webm; codecs="vp8, vorbis"'>
</video>
</body></html>
```

Listing 15.13 Datei »h5_video.htm«

Es wird ein Bereich der Größe 400 × 300 Pixel für das Video reserviert und festgelegt. Die Bedienelemente werden angezeigt. Das Video startet nach dem Laden der Seite automatisch und läuft endlos.

Innerhalb der source-Markierung legen Sie mit dem Attribut src den Namen der abgespielten Datei fest. Das erste Format, das der Browser erkennt, wird abgespielt. Die Angabe des MIME-Types inklusive Codec erleichtert dem Browser die Zuordnung. Der Codec kennzeichnet das Verfahren, mit dem die analoge Videoaufnahme digitalisiert wurde.

15.8   Zeichnungen im Canvas

Die Markierung canvas erstellt eine leere Leinwand (englisch: *canvas*) innerhalb einer Internetseite. Anschließend kann mit Hilfe von JavaScript darin gezeichnet werden. In Abbildung 15.21 sehen Sie einige der möglichen grafischen Elemente. Sie werden jeweils nach Betätigung eines der Buttons erzeugt. Der Button LÖSCHEN dient zum Leeren der Leinwand.

Es folgt zunächst der dritte und letzte Teil des Dokuments:

```
...
<body>
<canvas id="idCanvas" width="400" height="300"
   style="border:solid 1px #000000"></canvas>
<p><input id="idRect" type="button" value="Rechteck">
   <input id="idArc" type="button" value="Bogen">
   <input id="idLine" type="button" value="Linie">
   <input id="idLoeschen" type="button" value="Löschen"></p>
```

```
<p><input id="idGradientLin" type="button" value="Lin. Gradient">
   <input id="idGradientRad" type="button" value="Rad. Gradient"></p>
<script src="eh.js"></script>
<script>
   var c = document.getElementById("idCanvas");
   var ct = c.getContext("2d");
   ct.fillStyle = "#f0f0f0";
   ct.lineWidth = 1;
   ct.strokeStyle = "#000000";

   meinHandler("idRect", "click", rechteck);
   meinHandler("idArc", "click", bogen);
   meinHandler("idLine", "click", linie);
   meinHandler("idLoeschen", "click", loeschen);
   meinHandler("idGradientLin", "click", gLinear);
   meinHandler("idGradientRad", "click", gRadial);
</script>
</body></html>
```

Listing 15.14 Datei »h5_canvas.htm«, dritter und letzter Teil

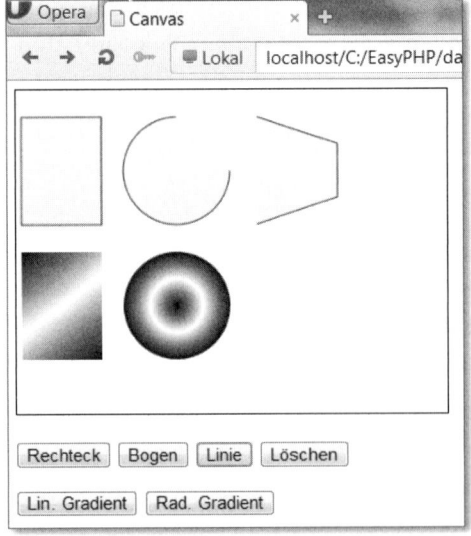

Abbildung 15.21 Grafische Elemente im Canvas

Die Leinwand hat eine Größe von 400 × 300 Pixeln. Sie wird zur besseren Erkennbarkeit innerhalb der Seite von einem dünnen schwarzen Rahmen umgeben. Es folgen die sechs Buttons.

Im JavaScript-Bereich wird die Variable c als Verweis auf das canvas-Element eingeführt. Die Methode getContext() liefert ein Objekt, mit dessen Hilfe gezeichnet werden kann. Es werden einige Voreinstellungen vorgenommen. Diese gelten so lange, bis andere Einstellungen getroffen werden. Anschließend gelten die neuen Einstellungen.

▶ Die Eigenschaft fillStyle kennzeichnet die Füllart und -farbe eines Objekts. Standardmäßig werden Objekte gleichmäßig mit schwarzer Farbe gefüllt. Hier wird die Farbe Grau eingestellt. Sie können aber auch ein Muster oder einen Gradient, also einen Farbverlauf, vorgeben.

▶ Die Eigenschaft lineWidth steht für die Liniendicke. Sie hat den Standardwert 1.

▶ Die Eigenschaft strokeStyle kennzeichnet Linienart und -farbe. Standardmäßig werden Linien durchgehend mit einer schwarzen Farbe gezogen. Sie können aber auch eine andere Linienart einstellen.

Als Letztes stehen die Eventhandler für die insgesamt sechs Buttons.

Es folgt der erste Teil des Dokuments, mit den Funktionen zur Erstellung eines Rechtecks, eines Bogens und einer Linie:

```
<!DOCTYPE html><html>
<head>...<meta charset="ISO-8859-1">
<script>
function rechteck()
{
   ct.fillRect(5, 25, 75, 100);
   ct.strokeRect(5, 25, 75, 100);
}

function bogen()
{
   ct.beginPath();
   ct.arc(150, 75, 50, 0, 1.5 * Math.PI);
   ct.fill();
   ct.stroke();
}

function linie()
{
   ct.beginPath();
   ct.moveTo(225, 25);
   ct.lineTo(300, 50);
   ct.lineTo(300, 100);
   ct.lineTo(225, 125);
```

15

```
    ct.fill();
    ct.stroke();
}
...
```

Listing 15.15 Datei »h5_canvas.htm«, erster Teil

In der Funktion `rechteck()` dient die Methode `fillRect()` zum Erzeugen eines gefüllten Rechtecks, unter Verwendung der aktuell eingestellten Füllart und -farbe. Die ersten beiden Parameter stehen für die x- und y-Koordinate der linken oberen Ecke. Sie bezeichnen den Abstand dieser Ecke vom linken bzw. oberen Rand des Canvas. Die nächsten beiden Parameter geben die Werte für die Breite und die Höhe des Rechtecks an.

Die Methode `strokeRect()` erzeugt ein leeres Rechteck mit der aktuell eingestellten Linienart und -farbe. Es gelten dieselben Parameter.

Gefüllte oder leere Kreisbögen bzw. gefüllte oder leere Linienzüge werden entlang eines Pfades erzeugt. In der Funktion `bogen()` wird der Pfad zunächst mit der Methode `beginPath()` initialisiert.

Die Methode `arc()` erzeugt einen Kreisbogen. Die ersten beiden Parameter stehen für die x- und y-Koordinate des Zentrums, um das der Kreisbogen gezogen wird. Der nächste Parameter gibt den Radius des Kreisbogens an.

Die letzten beiden Parameter kennzeichnen den Startwinkel und den Endwinkel. Der Winkel wird im Bogenmaß angegeben. Im Beispiel liegt der Startwinkel bei 0 Grad. Dieser liegt wie gewohnt bei 3 Uhr. Es geht im Uhrzeigersinn bis zum Winkel von 270 Grad, also 12 Uhr. Ein Bogenmaßwert von 2 mal *Pi* entspricht einem Winkel von 360 Grad.

Die Methode `fill()` erzeugt den Umriss eines Pfads und füllt diesen. Die Füllung wird zwischen Anfangs- und Endpunkt des Pfades gezeichnet. Die Methode `stroke()` zeichnet nur den Umriss eines Pfads.

Der Pfad in der Funktion `linie()` besteht aus einzelnen Linienstücken. Die Methode `moveTo()` bewegt den *Zeichenstift* zu dem Punkt mit den angegebenen x- und y-Koordinaten. Die Methode `lineTo()` zieht eine Linie als Verbindung zu dem angegebenen Punkt.

Es folgt der zweite Teil des Dokuments, mit den Funktionen zur Erstellung von Gradienten und zum Löschen des Canvas:

```
...
function glinear()
{
    var gr = ct.createLinearGradient(5, 150, 80, 250);
```

```
gr.addColorStop(0.0, "#000000");
gr.addColorStop(0.5, "#ffffff");
gr.addColorStop(1.0, "#000000");
ct.fillStyle = gr;

ct.fillRect(5, 150, 75, 100);
ct.fillStyle = "#f0f0f0";
}

function gradial()
{
    var gr = ct.createRadialGradient(150, 200, 0, 150, 200, 50);
    gr.addColorStop(0.0, "#000000");
    gr.addColorStop(0.5, "#ffffff");
    gr.addColorStop(1.0, "#000000");
    ct.fillStyle = gr;

    ct.beginPath();
    ct.arc(150, 200, 50, 0, 2 * Math.PI);
    ct.fill();

    ct.fillStyle = "#f0f0f0";
}

function loeschen()
{
    ct.clearRect(0, 0, 400, 300);
}
</script>
</head>
...
```

Listing 15.16 Datei »h5_canvas.htm«, zweiter Teil

In der Funktion gLinear() wird ein linearer Gradient erzeugt. Den Gradienten müssen Sie sich als eine gerade Linie vorstellen. Entlang dieser Linie verändert sich die Füllfarbe eines grafischen Objekts. Die ersten beiden Parameter der Methode create-LinearGradient() stehen für die x- und y-Koordinate des Startpunkts der Linie, die nächsten beiden Parameter für die x- und y-Koordinate des Endpunkts der Linie.

Die Methode liefert ein Objekt zurück, das den Zugriff auf die Linie ermöglicht. Die Methode addColorStop() ordnet einzelnen Punkten der Linie bestimmte Farben zu. Der erste Parameter kennzeichnet den Punkt auf der Linie. Der Punkt 0.0 steht für den Startpunkt der Linie, der Punkt 1.0 für den Endpunkt der Linie, alle Werte zwischen 0 und 1 liegen entsprechend dazwischen, so zum Beispiel der Punkt 0.5 auf der Hälfte.

Nach der Erstellung des Gradienten wird er der Eigenschaft `fillStyle` als aktuelle Füllart und -farbe zugewiesen. Zur Verdeutlichung des Farbverlaufs wird ein gefülltes Rechteck erzeugt, das den Gradienten verwendet. Die Koordinaten des Gradienten sind so gewählt, dass die linke obere Ecke des Rechtecks auf dem Startpunkt und die rechte untere Ecke auf dem Endpunkt des Gradienten liegen.

Anschließend wird eine andere Füllart und -farbe für nachfolgend erzeugte grafische Objekte eingestellt.

In der Funktion `gRadial()` wird ein radialer Farbverlauf erzeugt. Die Methode `createRadialGradient()` erwartet die Angabe von zwei Kreisen, einem Startkreis und einem Endkreis. Beide Kreise werden nacheinander jeweils mit Hilfe der x- und y-Koordinate des Zentrums und des Radius erzeugt. So ergeben sich die sechs Parameter der Methode. Der Farbverlauf geht vom Startkreis zum Endkreis.

Zur Verdeutlichung des Farbverlaufs wird ein Kreisbogen erzeugt, der den Gradienten verwendet. Der Kreisbogen ist vollständig, von 0 Grad bis 360 Grad. Die Koordinaten des Gradienten sind so gewählt, dass das Zentrum des Kreisbogens auf dem Startkreis und der Rand des Kreisbogens auf dem Endkreis des Gradienten liegt.

15.9   Bild im Canvas

Die Methode `drawImage()` dient zum Einbinden einer Bilddatei in einen Canvas. Sie können der Zeichnung das Bild in Originalgröße, skaliert oder als Ausschnitt hinzufügen, siehe das Beispiel in Abbildung 15.22.

Abbildung 15.22 Bild einbinden und darstellen

Es folgt der Code:

```
<!DOCTYPE html><html>
<head>...<meta charset="ISO-8859-1">
<script>
function bildGeladen()
{
   meinHandler("idOriginal", "click", function()
      {ct.drawImage(par, 5, 25);} );
   meinHandler("idSkalieren", "click", function()
      {ct.drawImage(par, 205, 25, 120, 90);} );
   meinHandler("idAusschnitt", "click", function()
      {ct.drawImage(par, 0, 60, 80, 60, 205, 150, 80, 60);} );
}
</script>
</head>
<body>
<canvas id="idCanvas" width="400" height="220"
   style="border:solid 1px #000000"></canvas>
<p><input id="idOriginal" type="button" value="Original">
<input id="idSkalieren" type="button" value="Skalieren">
<input id="idAusschnitt" type="button" value="Ausschnitt"></p>
<script src="eh.js"></script>
<script>
   var c = document.getElementById("idCanvas");
   var ct = c.getContext("2d");
   var par = new Image();
   par.src = "im_paradies.jpg";
   par.onload = bildGeladen;
</script>
</body></html>
```

Listing 15.17 Datei »h5_canvas_bild.htm«

Die Leinwand hat eine Größe von 400 × 220 Pixeln und einen dünnen schwarzen Rahmen. Es folgen drei Buttons zur Erzeugung der drei Objekte.

Im JavaScript-Bereich verweist die Variable par auf das Image-Objekt. Sobald das Bild fertig geladen wurde, werden in der Funktion bildGeladen() die drei Eventhandler hinzugefügt. Die Methode drawImage() kann mit 3, 5 oder 9 Parametern aufgerufen werden:

▶ Der erste Parameter verweist auf das Image-Objekt.

▶ Die Parameter 2 und 3 stehen für die x- und y-Koordinate der oberen linke Ecke des Bildes.

▶ Die Parameter 4 und 5 geben die sichtbare Breite und Höhe des Bildes an. Das Seitenverhältnis sollte natürlich gewahrt werden.

▶ Falls beim Aufruf 9 Parameter übergeben werden, dann verschieben sich die Parameter 2 bis 5 nach hinten. Die neuen Parameter 2 und 3 kennzeichnen die obere linke Ecke des Bildausschnitts innerhalb des Bildes. In den Parametern 4 und 5 folgt die Größe des Bildausschnitts. Die restlichen Parameter 6 bis 9 stehen wie vorher die Parameter 2 bis 5 für die Koordinaten und die sichtbare Größe des Bildes.

15.10   Text im Canvas

Die Methoden `fillText()` und `strokeText()` erzeugen gefüllten bzw. umrandeten Text innerhalb einer Zeichnung. Die Eigenschaft `textBaseline` dient zum Festlegen der Basislinie, auf der geschrieben wird, siehe zum Beispiel in Abbildung 15.23.

Abbildung 15.23 Text einbinden

Zunächst der zweite Teil des Dokuments:

```
...
<body>
<canvas id="idCanvas" width="400" height="220"
    style="border:solid 1px #000000"></canvas>
<p><input id="idGefuellt" type="button" value="Text gefüllt">
    <input id="idUmrandet" type="button" value="Text umrandet"></p>
<script src="eh.js"></script>
<script>
    var c = document.getElementById("idCanvas");
    var ct = c.getContext("2d");
    ct.fillStyle = "#000000";
    ct.lineWidth = 1;
```

```
   ct.strokeStyle = "#000000";
   ct.font = "italic bold 50px Arial";

   meinHandler("idGefuellt", "click", gefuellt);
   meinHandler("idUmrandet", "click", umrandet);
</script>
</body></html>
```

Listing 15.18 Datei »h5_canvas_text.htm«, zweiter Teil

Zu Beginn werden einige Voreinstellungen für die Linien und die Füllungen getroffen, wie Sie sie zum Beispiel bereits bei Kreisbögen gesehen haben. Die Eigenschaft font dient zum Festlegen der Schrifteigenschaften.

Es folgt der erste Teil des Dokuments:

```
<!DOCTYPE html><html>
<head>...<meta charset="ISO-8859-1">
<script>
function gefuellt()
{
   ct.beginPath();
   ct.moveTo(0, 100);
   ct.lineTo(400, 100);
   ct.stroke();

   ct.textBaseline = "alphabetic";
   ct.fillText("Alp", 10, 100);
   ct.textBaseline = "top";
   ct.fillText("Top", 110, 100);
   ct.textBaseline = "middle";
   ct.fillText("Mid", 210, 100);
   ct.textBaseline = "bottom";
   ct.fillText("Bot", 310, 100);
}

function umrandet()
{
   ct.textBaseline = "alphabetic";
   ct.strokeText("Umrandet", 10, 200);
}
</script>
</head>
...
```

Listing 15.19 Datei »h5_canvas_text.htm«, erster Teil

In der Funktion `gefuellt()` wird zunächst eine Hilfslinie zur Verdeutlichung der Textbasislinie gezogen. Dann werden nacheinander verschiedene Werte für die Textbasislinie genutzt, und es wird jeweils ein Schriftzug erzeugt. Der erste Parameter der Methode `fillText()` enthält den ausgegebenen Text, die nächsten beiden die Position der unteren linke Ecke des ersten Zeichens.

Der Standardwert `alphabetic` bewirkt, dass die meisten Buchstaben genau auf der Linie liegen. Nur die kleinen Buchstaben g, j, p, q und y ragen nach unten über die Linie hinaus. Beim Wert `top` verläuft die Linie oberhalb des Schriftzugs, bei `middle` mitten hindurch, bei `bottom` unterhalb.

In der Methode `umrandet()` wird mit Hilfe der Methode `strokeText()` ein umrandeter Schriftzug erzeugt. Die Parameter sind dieselben wie bei der Methode `fillText()`.

15.11   Standortdaten nutzen

Moderne Browser kennen das Unterobjekt `geolocation` des `navigator`-Objekts (siehe Abschnitt 7.11, »Das Browserprogramm, Objekt ›navigator‹). Mit Hilfe dieses Unterobjekts können Sie auf Standortdaten zugreifen, die unter anderem durch GPS gewonnen werden.

Dies ist besonders auf Mobilgeräten interessant. Sie können diese Daten als Zahlen oder auch innerhalb einer Karte ausgeben. Außerdem können Sie sie weiterverarbeiten, um zum Beispiel einen zurückgelegten Weg inklusive der Geschwindigkeit aufzuzeichnen.

Nach Aufruf eines Programms, das Standortdaten anfordert, werden Sie zunächst um Ihre Zustimmung gebeten.

Als Beispiel sehen Sie dies in Abbildung 15.24 und Abbildung 15.25 im Browser *Opera mobile 12.10* auf einem *Google Nexus 7 Tablet* mit *Android 4.2.2*. Der Erfolg des Programms hängt von mehreren Faktoren ab, unter anderem: Empfängt das Mobilgerät Standortdaten? Wurde die Erlaubnis gegeben, Standortdaten zu nutzen? Kennt der Browser das Objekt?

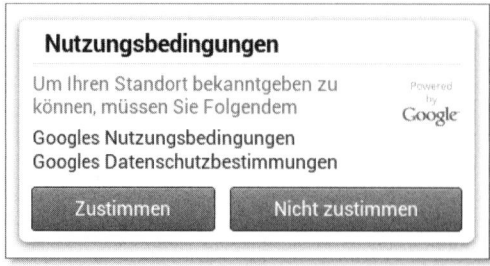

Abbildung 15.24 Allgemeine Zustimmung

Abbildung 15.25 Spezifische Zustimmung

Sie können einer Erfassung der Standortdaten allgemein zustimmen. Ebenso können Sie die Erfassung allgemein ablehnen. Nach dem Löschen des Caches Ihres Browsers werden Sie bei einem erneuten Aufruf der Seite wiederum um Ihre Zustimmung gebeten. Die dritte Möglichkeit: eine einmalige Zustimmung.

Nach einer Zustimmung werden im folgenden Programm, das aus dem Unterverzeichnis *js* meiner Website *http://www.theisweb.de* aufgerufen wird, ein Zeitstempel, der Breitengrad (englisch: *latitude*) und der Längengrad (englisch *longitude*) des Standorts ausgegeben. Außerdem wird der Standort in einer interaktiven Karte von *Google Maps* eingetragen, siehe Abbildung 15.26. Dazu müssen Sie eine JavaScript-Bibliothek von Google einbinden.

Abbildung 15.26 Standortdaten und Karte

Es folgt zunächst der zweite Teil des Programms:

```
...
<body>
<div id="idInfo" style="font-size:24pt"></div>
<div id="idKarte" style="position:absolute; top:200px; left:10px;
    width:640px; height:480px"></div>
<script>
    var info = document.getElementById("idInfo");

    if(navigator.geolocation)
        navigator.geolocation.getCurrentPosition(empfangen, fehler);
    else
        fehler();
</script>
</body></html>
```

Listing 15.20 Datei »h5_geolocation.htm«, zweiter Teil

Der div-Bereich mit der ID idInfo dient zur Ausgabe der Standortdaten. Im div-Bereich mit der ID idKarte wird die *Google Maps*-Karte ausgegeben. Die Variable info verweist auf den ersten div-Bereich.

Als Nächstes wird geprüft, ob der Browser das geolocation-Unterobjekt kennt. Falls ja, dann werden die Standortdaten mit Hilfe der Methode getCurrentPosition() angefordert. Als Parameter werden zwei Verweise auf Funktionen übergeben. In der Funktion empfangen() werden die erfolgreich empfangenen Daten ausgegeben. Die Funktion fehler() gibt eine Fehlermeldung aus.

Es werden unter anderem Breitengrad und Längengrad des aktuellen Standorts empfangen. Dabei handelt es sich um Werte zwischen −180 Grad und +180 Grad. Beim Breitengrad liegen 0 Grad auf dem Äquator. Beim Längengrad liegen 0 Grad auf dem Nullmeridian. Dieser Längengrad liegt zwischen dem Nordpol und dem Südpol und verläuft durch Greenwich. Die Beispielwerte in Abbildung 15.26 sind positiv. Es handelt sich also um eine nördliche Breite (nördlich des Äquators) und eine östliche Länge (östlich von Greenwich). Die Gradangaben haben Nachkommastellen. Diese werden hier für die übliche Darstellung umgerechnet: in Grad, Bogenminuten und Bogensekunden.

Die Umrechnung erläutere ich nachfolgend für den Beispielwert aus Abbildung 15.26 von 50.7206 Grad. Aus den Nachkommazahlen (nk) ergibt sich: Hilfswert x = nk * 60, bm = ganzzahliger Anteil von x, bs = (Nachkommastellen von x) * 60. Mit nk = 0.7206 folgt: x = nk * 60 = 43.236, bm = 43, bs = 0.236 * 60 = 14.16, also 50°43'14.16". Umgekehrt lassen sich die Nachkommastellen für eine dezimale Gradangabe wie folgt errechnen: (bm * 60 + bs) / 3600. Für dieses Beispiel ergibt sich: (43 * 60 + 14.16) / 3600 = 0.7206.

Der erste Teil des Programms:

```
<!DOCTYPE html><html>
<head>...<meta charset="ISO-8859-1">
<script src="http://maps.google.com/maps/api/js?sensor=true"></script>
<script>
function empfangen(e)
{
   var breite = parseInt(e.coords.latitude);
   var breiteNachkomma = (e.coords.latitude - breite) * 60;
   var breiteMinuten = parseInt(breiteNachkomma);
   var breiteSekunden = (breiteNachkomma - parseInt(breiteNachkomma)) * 60;

   var laenge = parseInt(e.coords.longitude);
   var laengeNachkomma = (e.coords.longitude - laenge) * 60;
   var laengeMinuten = parseInt(laengeNachkomma);
   var laengeSekunden = (laengeNachkomma - parseInt(laengeNachkomma)) * 60;

   var zeit = new Date(e.timestamp);
   info.innerHTML = "<p>Zeitstempel: " + e.timestamp + "<br>"
      + "Zeit: " + zeit.toUTCString() + "<br>"
      + "Breite: " + e.coords.latitude.toFixed(4)
      + " = " + breite + "&deg; " + breiteMinuten + "&prime; "
      + breiteSekunden.toFixed(1) + "&Prime;<br>"
      + "Länge: " + e.coords.longitude.toFixed(4)
      + " = " + laenge + "&deg; " + laengeMinuten + "&prime; "
      + laengeSekunden.toFixed(1) + "&Prime;</p>";

   var zentrum = new google.maps.LatLng(e.coords.latitude,
      e.coords.longitude);
   var karte = new google.maps.Map(document.getElementById("idKarte"),
      {zoom:12, center:zentrum, mapTypeId:google.maps.MapTypeId.ROADMAP});
   var marke = new google.maps.Marker({position:zentrum, map:karte});
}

function fehler()
{
   info.innerHTML = "Keine Positionsbestimmung";
}
</script>
</head>
...
```

Listing 15.21 Datei »h5_geolocation.htm«, erster Teil

Zunächst wird die JavaScript-Bibliothek von Google eingebunden. An die Funktion `empfangen()` wird ein Objekt mit den Standortdaten übergeben. Dieses Objekt enthält die Eigenschaften `timestamp` und `coords`. Der Zeitstempel kann in ein `Date`-Objekt umgewandelt werden. Die Eigenschaft `coords` umfasst unter anderem die Eigenschaften `latitude` und `longitude` für den Breitengrad und den Längengrad. Diese Werte werden ausgegeben, auf vier Stellen nach dem Komma gerundet. Außerdem werden sie umgerechnet: in Grad, Bogenminuten (bm) und Bogensekunden (bs).

Zum Zeichnen der Karte wird mit Hilfe des Breitengrads und des Längengrads ein `LatLng`-Objekt aus der JavaScript-Bibliothek von Google erzeugt. Dann wird ein `Map`-Objekt erschaffen. Der erste Parameter bezeichnet den Ausgabebereich im Dokument. Der zweite Parameter enthält ein Objekt mit einigen Optionen:

▶ Einen Zahlenwert für den Zoomfaktor. Je höher die Zahl, desto genauer ist die Karte und desto kleiner der abgebildete Bereich.

▶ Ein `LatLng`-Objekt, der das Zentrum der Karte angibt. Hier soll der Standort im Zentrum erscheinen.

▶ Einen Wert für den Typ der Karte. Hier wird mit dem Wert `ROADMAP` die Darstellung als gewohnte Straßenkarte gewählt. Weitere Möglichkeiten wären zum Beispiel `SATELLITE` oder `HYBRID`.

Ein `Marker`-Objekt dient zum Kennzeichnen eines Punkts auf der Karte. Bei der Erzeugung des Objekts wird ein Parameter benötigt. Er enthält ein Objekt mit zwei Informationen:

▶ An welchem Standort steht der Marker?

▶ Auf welcher Karte befindet sich der Marker?

In der Funktion `fehler()` wird eine einfache Fehlermeldung ausgegeben.

15.12 Waytracking

Die Erfassung von Standortdaten können Sie nutzen, um den Verlauf eines Weges zu ermitteln, den Sie zu Fuß, mit dem Fahrrad oder einem anderen Fahrzeug zurücklegen. Auf dem Datenträger zum Buch (bei elektronischen Buch-Ausgaben: im Download-Paket) finden Sie als Bonus das Programm *h5_waytracking.htm*, mit vielen erläuternden Kommentaren.

Zusätzlich zu den bereits aus Abschnitt 15.11, »Standortdaten nutzen«, bekannten Daten wird die Untereigenschaft `coords.altitude` zur Erfassung der Höhe über dem Meeresspiegel genutzt. Der Fall, dass dieser Wert im Mobilgerät nicht erfasst wird, wurde im Programm berücksichtigt.

Für das dargestellte Beispiel wurde das Programm *h5_waytracking.htm* lokal abgerufen, ohne Internetverbindung. Es wurde zu Fuß »eine Runde« von ca. 260 m gedreht. Der Startpunkt, siehe Abbildung 15.27, entspricht also dem Endpunkt, siehe Abbildung 15.28. Nach Betätigung des Buttons STARTEN werden die Standortdaten alle 5 Sekunden erfasst und der Tabelle in Form einer weiteren Zeile hinzugefügt. Nach Betätigung des Buttons STOPPEN enden Erfassung und Ausgabe.

Besonders bei geringer Geschwindigkeit, geringer Höhendifferenz und häufiger Erfassung – also wie im vorliegenden Beispiel – sind die Werte mit Vorsicht zu genießen. Sie sind dann etwas ungenau und unterliegen leichten Schwankungen, wie Sie den Abbildungen entnehmen können.

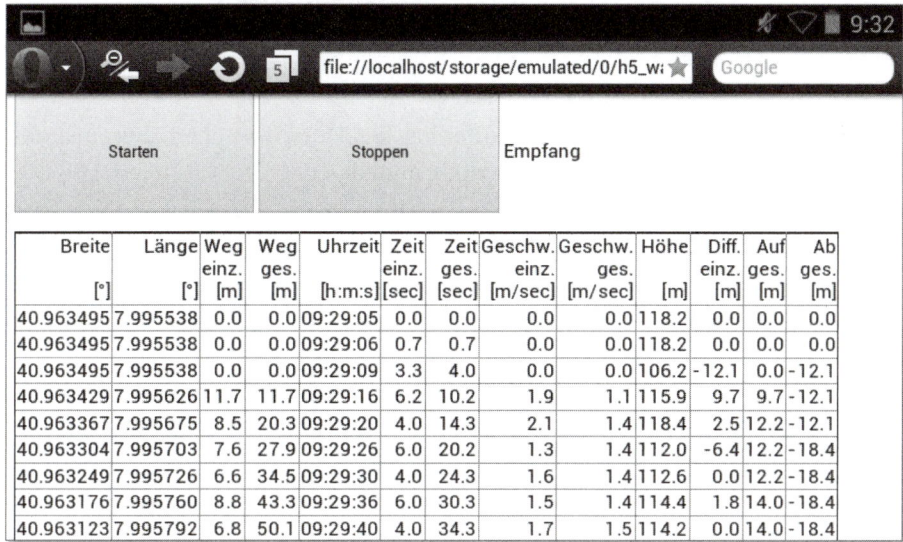

Abbildung 15.27 Werte zu Beginn des Rundgangs

Breite [°]	Länge [°]	Weg einz. [m]	Weg ges. [m]	Uhrzeit [h:m:s]	Zeit einz. [sec]	Zeit ges. [sec]	Geschw. einz. [m/sec]	Geschw. ges. [m/sec]	Höhe [m]	Diff. einz. [m]	Auf ges. [m]	Ab ges. [m]
40.963066	7.995212	9.4	197.5	09:31:06	6.0	120.3	1.6	1.6	105.6	0.0	14.0	-21.1
40.963133	7.995205	7.5	205.0	09:31:10	4.0	124.3	1.9	1.6	105.4	0.0	14.0	-21.1
40.963209	7.995195	8.4	213.4	09:31:16	6.0	130.3	1.4	1.6	105.3	0.0	14.0	-21.1
40.963262	7.995192	5.9	219.3	09:31:20	4.0	134.3	1.5	1.6	105.3	0.0	14.0	-21.1
40.963336	7.995169	8.6	227.9	09:31:26	6.0	140.3	1.4	1.6	105.2	0.0	14.0	-21.1
40.963394	7.995153	6.6	234.5	09:31:30	4.0	144.3	1.7	1.6	105.2	0.0	14.0	-21.1
40.963468	7.995170	8.4	242.9	09:31:36	6.0	150.3	1.4	1.6	104.9	0.0	14.0	-21.1
40.963514	7.995231	8.1	251.0	09:31:40	4.0	154.3	2.0	1.6	104.7	0.0	14.0	-21.1
40.963517	7.995349	12.2	263.2	09:31:46	6.0	160.2	2.0	1.6	104.2	0.0	14.0	-21.1

Abbildung 15.28 Werte zum Ende des Rundgangs

Es folgt eine Beschreibung der Tabellenspalten:

▶ *Breite*, in Grad: Eigenschaft `coords.latitude`

▶ *Länge*, in Grad: Eigenschaft `coords.longitude`

- *Weg einzeln*, in Meter: zurückgelegter Weg auf einer Orthodrome (siehe unten) zwischen diesem Erfassungspunkt und dem vorherigen Erfassungspunkt
- *Weg gesamt*, in Meter: Summe der einzelnen Wege
- *Uhrzeit*, in Stunde, Minute und Sekunde: Eigenschaft `timestamp`
- *Zeit einzeln*, in Sekunden: zeitliche Differenz zwischen diesem Erfassungspunkt und dem vorherigen Erfassungspunkt
- *Zeit gesamt*, in Sekunden: zeitliche Differenz zwischen diesem Erfassungspunkt und dem ersten Erfassungspunkt
- *Geschwindigkeit einzeln*, in Meter pro Sekunde: *Weg einzeln*, geteilt durch *Zeit einzeln*
- *Geschwindigkeit gesamt*, in Meter pro Sekunde: *Weg gesamt*, geteilt durch *Zeit gesamt*
- *Höhe*, in Meter: Eigenschaft `coords.altitude`
- *Höhendifferenz einzeln*, in Meter: Differenz der Höhe zwischen diesem Erfassungspunkt und dem vorherigen Erfassungspunkt
- *Aufstieg gesamt*, in Meter: Summe der einzelnen Höhendifferenzen, falls es sich um eine positive Differenz von mindestens einem Meter handelt
- *Abstieg gesamt*, in Meter: Summe der einzelnen Höhendifferenzen, falls es sich um eine negative Differenz von mindestens einem Meter handelt

Eine Orthodrome ist der kürzeste Weg zwischen zwei Punkten auf der Oberfläche einer Kugel. Quelle: *Wikipedia*, Themen: *Orthodrome*, *Genauere Formel zur Abstandsberechnung auf der Erde*, *WGS84-Ellipsoid*.

Bei *Zeit einzeln* sehen Sie einen durchschnittlichen Wert von ca. 5 Sekunden. Die einzelnen Werte schwanken, vor allem zu Anfang, da es unterschiedliche zeitliche Differenzen zwischen dem Versuch der Erfassung und dem tatsächlichen Empfang der Daten gibt. Die *Geschwindigkeit gesamt* pendelt sich bei konstanter Geschwindigkeit nach einiger Zeit ein, hier auf 1,6 Meter pro Sekunde, also ca. 5,8 km/h. Aufgrund der Ungenauigkeiten bei der Erfassung habe ich mich entschlossen, nur Höhendifferenzen von mehr als einem Meter für die Berechnung von *Aufstieg gesamt* bzw. *Abstieg gesamt* zu berücksichtigen.

Achten Sie darauf, dass sich das Display Ihres Mobilgeräts nicht vor Ende der automatischen Erfassung abschaltet, weil das Mobilgerät nicht mehr von Ihnen bedient wird. Es könnte dann passieren, dass keine Daten mehr aufgezeichnet werden.

15.13 Lagesensoren nutzen

Aktuelle Browser können mit dem Objekt `DeviceOrientationEvent` arbeiten, das das Ereignis `deviceorientation` verarbeitet. Damit kann eine Änderung der Lage (englisch: *orientation*) erfasst werden, die von Lagesensoren in einem Mobilgerät emp-fangen werden. Ein Beispiel für die Arbeit der Lagesensoren: Falls Sie Ihr Mobilgerät drehen, dann führt dies zum Wechsel der Anzeige zwischen Hochformat zum Quer-format und umgekehrt.

Sie können die geänderten Lagedaten ausgeben. Sie können sie aber auch weiterver-arbeiten. Dies wird zum Beispiel bei Spielen und Simulationen genutzt. Im Pro-gramm sehen Sie eine einfache Weiterverarbeitung zur Steuerung eines Objekts auf dem Bildschirm, siehe Abbildung 15.29.

Das Programm wurde im Browser *Opera mobile 12.10* auf einem *Google Nexus 7 Tablet* mit *Android 4.2.2* getestet. Der Erfolg des Programms hängt von mehreren Faktoren ab, unter anderem: Hat das Mobilgerät Lagesensoren? Kennt der Browser das Objekt?

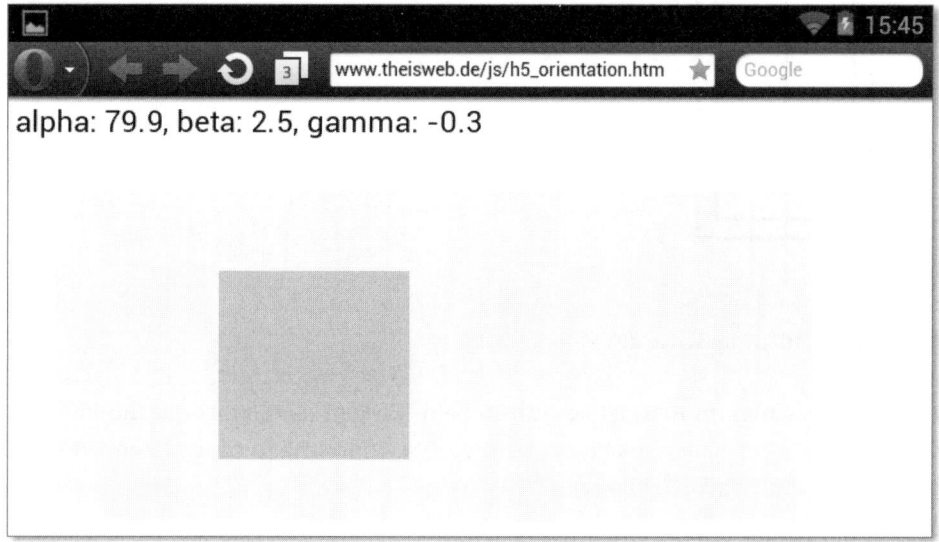

Abbildung 15.29 Lagedaten, Ausgabe und Steuerung

Die Lageinformation umfasst drei Werte: die Winkel alpha, beta und gamma. Zum Ver-ständnis dieser Winkel legen Sie am besten zunächst Ihr Mobilgerät flach vor sich auf den Tisch.

▶ Der Winkel alpha gibt den Winkel zwischen der Längsachse des Mobilgeräts und dem Nordpol an, siehe Abbildung 15.30. Es können sich Werte zwischen 0 und 360 Grad ergeben. Falls Sie das weiterhin flach auf dem Tisch liegende Mobilgerät dre-hen, ändert sich der Winkel alpha. Bei 0 Grad bzw. 360 Grad weist die Längsachse des Mobilgeräts zum Nordpol.

▶ Ziehen Sie die Oberkante des Mobilgeräts hoch, bis es aufrecht vor Ihnen steht. Sie stellen fest, dass sich dabei der Winkel beta langsam von 0 Grad in 90 Grad verändert. Machen Sie dasselbe mit der Unterkante des Mobilgeräts, kippen Sie es also von sich weg, bis es vollständig auf dem Kopf steht. Damit wird der Winkel beta von 0 Grad in –90 Grad geändert. Insgesamt können sich Werte zwischen – 180 Grad und +180 Grad ergeben.

▶ Heben Sie nur die linke Kante hoch und kippen damit das Mobilgerät zur Seite, dann ändert sich der Winkel gamma von 0 Grad in 90 Grad. Entsprechend ändert sich der Winkel gamma durch Anheben der rechten Kante von 0 Grad in –90 Grad. Auch hier können sich insgesamt Werte zwischen –180 Grad und +180 Grad ergeben.

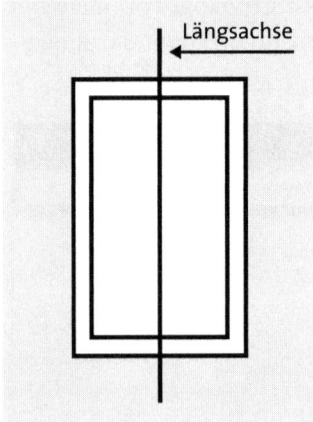

Abbildung 15.30 Längsachse des Mobilgeräts

Zusätzlich hat sich im Beispielprogramm beim Kippen des Geräts das dunkle Quadrat innerhalb des hellen Rechtecks bewegt. Die Änderung der Lagedaten wird also genutzt, um ein Objekt zu bewegen.

Es folgt der zweite Teil des Dokuments:

```
...
<body>
<div id="idInfo" style="font-size:24pt"></div>
<div style="position:absolute; top:100px; left:50px;
   width:800px; height:350px; background-color:#f0f0f0"></div>
<div id="idRect" style="position:absolute; top:150px; left:200px;
   width:200px; height:200px; background-color:#c0c0c0"></div>
<script>
   var info = document.getElementById("idInfo");
   var rect = document.getElementById("idRect");
   if(window.DeviceOrientationEvent)
      window.addEventListener("deviceorientation", lage, false);
   else
```

```
        info.innerHTML = "Lageänderung wird nicht registriert";
</script>
</body></html>
```

Listing 15.22 Datei »h5_orientation.htm«, zweiter Teil

Der div-Bereich mit der ID idInfo dient zur Ausgabe der Lagedaten. Es folgen zwei div-Bereiche für das dunkle Quadrat und das helle Rechteck. Es werden die Variablen info und rect als Verweise auf die entsprechenden div-Bereiche eingeführt.

Als Nächstes wird geprüft, ob der Browser das DeviceOrientationEvent-Objekt kennt. Falls ja, dann wird für das window-Objekt ein Event Listener für das Ereignis deviceorientation registriert. Bei einer Lageänderung wird somit die Funktion lage() aufgerufen.

Der erste Teil des Programms:

```
<!DOCTYPE html>
<html>
<head>
<title>Lagesensoren</title>
<meta charset="ISO-8859-1">
<script>
var bewegenVerweis, pTop = 150, pLeft = 200;
function lage(e)
{
   window.clearTimeout(bewegenVerweis);
   info.innerHTML = "alpha: " + e.alpha.toFixed(1) + ", "
      + "beta: " + e.beta.toFixed(1) + ", "
      + "gamma: " + e.gamma.toFixed(1);
   bewegen(e.beta, e.gamma);
}

function bewegen(b,g)
{
   if(b > 3 && pTop < 250)      pTop += 5;
   else if(b < -3 && pTop > 100) pTop -= 5;
   rect.style.top = pTop + "px";

   if(g > 3 && pLeft < 650)      pLeft += 5;
   else if(g < -3 && pLeft > 50) pLeft -= 5;
   rect.style.left = pLeft + "px";

   bewegenVerweis = window.setTimeout(function(){bewegen(b,g)}, 50);
}
```

15

```
</script>
</head>
...
```

Listing 15.23 Datei »h5_orientation.htm«, erster Teil des Dokuments

Zur Veränderung der Lage des dunklen Quadrats ist es zunächst notwendig, die Startwerte für die Position in den beiden Variablen pTop und pLeft festzuhalten. Außerdem wird eine Variable als Verweis auf einen zeitlich gesteuerten Ablauf eingeführt. Wozu wird dieser benötigt?

Das Ereignis deviceorientation tritt nur bei einer *Änderung der Lage* auf. Falls Sie also Ihr Mobilgerät kippen und es dann in der gekippten Position ruhig festhalten, tritt das Ereignis nicht mehr auf. Das dunkle Quadrat soll sich aber weiter bewegen, den *physikalischen Gesetzen* folgend. Daher wird bei jeder Lageänderung ein zeitlich gesteuerter Ablauf gestartet, der die Bewegung so lange kontinuierlich weiterführt, bis eine neue Lageänderung eintritt. Anschließend wird nur noch die neue Lageänderung ausgewertet, auf dieselbe Weise.

An die Funktion lage() wird ein Objekt mit den Lagedaten übergeben. Dieses Objekt enthält die Eigenschaften alpha, beta und gamma. Anschließend wird der Timer für die laufende Bewegung gelöscht. Es wird die Funktion bewegen() aufgerufen, der die beiden Winkel beta und gamma übergeben werden.

In der Funktion bewegen() wird zum einen geprüft, ob das Gerät mindestens um 3 Grad in eine der vier möglichen Richtungen gekippt ist. So werden kleine »Wackler« in der Hand ausgeglichen, und Sie haben die Chance, die Bewegung des dunklen Quadrats zu beenden, indem Sie Ihr Mobilgerät gerade halten. Zum anderen wird geprüft, ob das dunkle Quadrat bereits am Rand des hellen Rechtecks angelangt ist. Es soll sich nicht über den Rand hinausbewegen.

Falls die Prüfungen erfolgreich sind, dann wird das dunkle Quadrat um 5 Pixel bewegt. Anschließend ruft sich die Funktion 50 Millisekunden später mit denselben Lagedaten erneut auf, zur kontinuierlichen Fortführung der Bewegung. Falls das Mobilgerät in der Zwischenzeit eine andere Lage erhält, dann wird der zeitlich gesteuerte Ablauf in der Funktion lage() beendet, und es wird die neue Lageänderung eingeleitet.

15.14   Beschleunigungssensoren nutzen

Neben den Lagesensoren verfügen Mobilgeräte häufig über Sensoren zur Messung der Beschleunigung. In modernen Browsern ist das Objekt DeviceMotionEvent bekannt, das das Ereignis devicemotion verarbeitet. Damit kann die Beschleunigung (englisch: *acceleration*) erfasst werden.

Sie können diese Beschleunigungsdaten ausgeben und weiterverarbeiten, wie zum Beispiel für ein Spiel oder eine Simulation. Im folgenden Programm wird wiederum ein Objekt auf dem Bildschirm gesteuert, siehe Abbildung 15.31. Es sind allerdings ganz andere Bewegungen des Mobilgeräts notwendig als bei der Verarbeitung der Lagedaten.

Das Programm wurde im Browser *Opera mobile 12.10* auf einem *Google Nexus 7 Tablet* mit *Android 4.2.2* getestet. Der Erfolg des Programms hängt von mehreren Faktoren ab, unter anderem: Hat das Mobilgerät Beschleunigungssensoren? Kennt der Browser das Objekt?

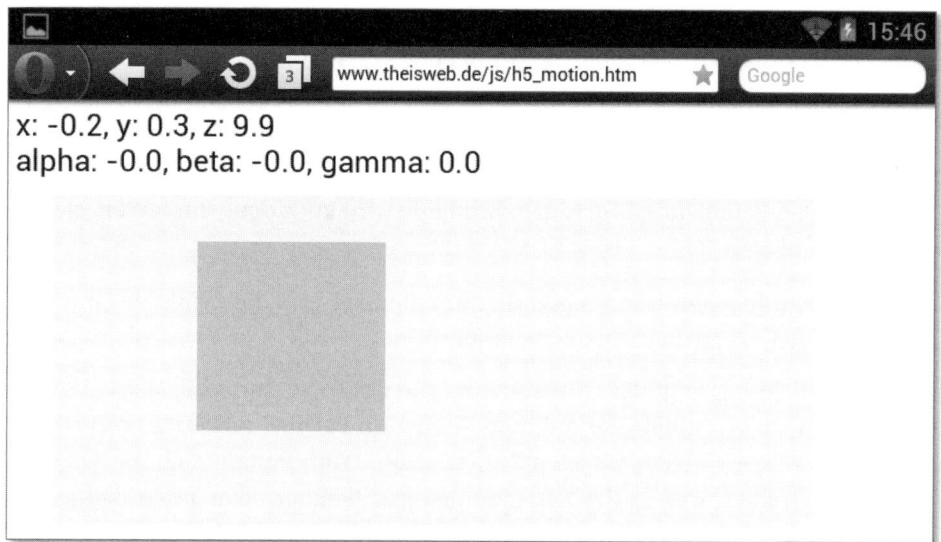

Abbildung 15.31 Beschleunigungsdaten, Ausgabe und Steuerung

Zunächst ein klein wenig Physik: Bewegt sich ein Objekt in eine bestimmte Richtung, so hat es eine Geschwindigkeit. Sie wird in *Meter pro Sekunde* gemessen. Ändert sich diese Geschwindigkeit, zum Beispiel beim Losfahren oder Abbremsen eines Fahrzeugs, dann nennt man dies Beschleunigung. Sie entspricht der Änderung der Geschwindigkeit pro Zeiteinheit und wird in *Meter pro (Sekunde zum Quadrat)* gemessen.

Falls Sie Ihr Mobilgerät mit einer gleichmäßigen Geschwindigkeit in eine bestimmte Richtung bewegen, tritt keine Beschleunigung auf. Nur beim Abbremsen des Mobilgeräts bis zum Stillstand oder beim Einleiten der Bewegung messen die Sensoren eine Beschleunigung und lösen das Ereignis `devicemotion` aus.

Alle Objekte auf der Erde werden aufgrund der Schwerkraft (englisch: *gravity*) permanent in Richtung Erdmittelpunkt beschleunigt. Diese Beschleunigung wird vereinfachend auch Erdbeschleunigung genannt. Der Standardwert an der Erdoberfläche beträgt ca. 9.81 Meter pro (Sekunde zum Quadrat) = 1 g. So erklärt sich der Wert für z.

In Abbildung 15.31 sehen Sie Werte für x, y, z, alpha, beta und gamma. Zum Verständnis dieser Werte legen Sie am besten zunächst Ihr Mobilgerät flach vor sich auf einen Tisch, der eine glatte Oberfläche hat.

▶ Bewegen Sie Ihr Mobilgerät auf dem Tisch ruckartig nach rechts, und bremsen Sie es wieder bis zum Stillstand ab. Am Beginn des Ablaufs wird kurzfristig ein positiver x-Wert gemessen, am Ende kurzfristig ein negativer x-Wert.

▶ Bewegen Sie Ihr Mobilgerät auf dem Tisch ruckartig nach vorn, also von sich weg, und bremsen Sie es wieder bis zum Stillstand ab. Am Beginn des Ablaufs wird kurzfristig ein positiver y-Wert gemessen, am Ende kurzfristig ein negativer y-Wert.

▶ Heben Sie Ihr Mobilgerät ruckartig hoch, in Richtung Decke, und bremsen Sie es wieder bis zum Stillstand ab. Am Beginn des Ablaufs kurzfristig ein z-Wert gemessen, der größer als 9.81 ist, denn zur Erdbeschleunigung kommt die von Ihnen vorgenommene Beschleunigung hinzu. Am Ende wird kurzfristig ein z-Wert kleiner als 9.81 gemessen.

Diese Beschleunigungen werden genutzt, um die Lage und die Größe des dunklen Quadrats in dem hellen Rechteck zu verändern.

In x- und y-Richtung zeigt das Quadrat aufgrund des Programms ein träges Verhalten. Bewegen Sie Ihr Mobilgerät auf dem Tisch zum Beispiel ruckartig nach rechts, und bremsen Sie es wieder bis zum Stillstand ab. Dann bewegt sich das Quadrat zunächst nach links, weil es der Beschleunigung scheinbar *nicht so schnell folgen kann*. Am Ende bewegt es sich nach rechts, weil es scheinbar *nicht so schnell bremsen kann*.

Heben Sie Ihr Mobilgerät ruckartig hoch, in Richtung Decke, und bremsen Sie es wieder bis zum Stillstand ab. Am Beginn des Ablaufs wird das Quadrat zunächst kleiner. Am Ende wird es wieder größer.

Die Geschwindigkeit und die Beschleunigung eines Objekts in eine bestimmte Richtung werden auch *Bahngeschwindigkeit* und *Bahnbeschleunigung* genannt, weil sich das Objekt entlang einer Bahn bewegt. Im Unterschied dazu gibt es die *Winkelgeschwindigkeit* und die *Winkelbeschleunigung*. Diese werden in *Grad pro Sekunde* bzw. *Grad pro (Sekunde zum Quadrat)* gemessen.

Mobilgeräte können Winkelbeschleunigungen bezüglich der drei Winkel alpha, beta und gamma messen. Diese Winkel habe ich bereits ausführlich in Abschnitt 15.11, »Standortdaten nutzen«, erläutert. Im vorliegenden Programm wird die Winkelbeschleunigung nicht berücksichtigt.

Zum Verständnis der Winkelbeschleunigung erläutere ich den Winkel beta. Legen Sie am besten zunächst Ihr Mobilgerät flach vor sich auf den Tisch. Bewegen Sie nun die Oberkante des Mobilgeräts ruckartig nach oben, in Richtung der aufrechten Lage, und bremsen Sie diese Bewegung wieder bis zum Stillstand ab. Es wird als Erstes kurzfristig ein positiver beta-Wert gemessen, am Ende des Ablaufs kurzfristig ein negativer beta-Wert.

Es folgt der zweite Teil des Dokuments:

```
...
<body>
<div id="idXyzWerte" style="font-size:24pt"></div>
<div id="idAlphaBetaGammaWerte" style="font-size:24pt"></div>
<div style="position:absolute; top:100px; left:50px;
   width:800px; height:350px; background-color:#f0f0f0"></div>
<div id="idRect" style="position:absolute; top:150px; left:200px;
   width:200px; height:200px; background-color:#c0c0c0"></div>
<script>
   var xyz = document.getElementById("idXyzWerte");
   var abg = document.getElementById("idAlphaBetaGammaWerte");
   var rect = document.getElementById("idRect");
   if(window.DeviceMotionEvent)
      window.addEventListener("devicemotion", beschleunigung, false);
   else
      xyz.innerHTML = "Bewegung wird nicht registriert";
</script>
</body></html>
```

Listing 15.24 Datei »h5_motion.htm«, zweiter Teil

Die div-Bereiche mit den IDs idXyzWerte und idAlphaBetaGammaWerte dienen zur Ausgabe der Beschleunigungswerte in x-, y- und z-Richtung sowie entlang der Winkel alpha, beta und gamma. Es folgen die zwei div-Bereiche für das dunkle Quadrat und das helle Rechteck. Die Variablen xyz, abg und rect dienen als Verweise auf die entsprechenden div-Bereiche.

Als Nächstes wird geprüft, ob der Browser das DeviceMotionEvent-Objekt kennt. Falls ja, dann wird für das window-Objekt ein Event Listener für das Ereignis devicemotion registriert. Bei einer Beschleunigung wird somit die Funktion beschleunigung() aufgerufen.

Der erste Teil des Programms:

```
<!DOCTYPE html><html>
<head>...<meta charset="ISO-8859-1">
<script>
```

```
var pTop = 150, pLeft = 200, groesse = 200;
function beschleunigung(e)
{
   var acc = e.accelerationIncludingGravity;
   xyz.innerHTML = "x: " + acc.x.toFixed(1) + ", "
      + "y: " + acc.y.toFixed(1) + ", "
      + "z: " + acc.z.toFixed(1);

   if(acc.x > 3 && pLeft > 50)   pLeft -= 50;
   if(acc.x < -3 && pLeft < 650) pLeft += 50;
   rect.style.left = pLeft + "px";

   if(acc.y < -3 && pTop > 100) pTop -= 50;
   if(acc.y > 3 && pTop < 250)  pTop += 50;
   rect.style.top = pTop + "px";

   if(acc.z > 12.81 && groesse > 100) groesse -= 20;
   if(acc.z < 6.81 && groesse < 300)  groesse += 20;
   rect.style.width = groesse + "px";
   rect.style.height = groesse + "px";

   if(e.rotationRate)
   {
      var rot = e.rotationRate;
      abg.innerHTML = "alpha: " + rot.alpha.toFixed(1) + ", "
         + "beta: " + rot.beta.toFixed(1) + ", "
         + "gamma: " + rot.gamma.toFixed(1);
   }
}
</script>
</head>
...
```

Listing 15.25 Datei »h5_motion.htm«, erster Teil des Dokuments

Es werden die Startwerte für die Position und Größe des dunklen Quadrats in den Variablen pTop, pLeft und groesse festgehalten.

An die Funktion beschleunigung() wird ein Objekt mit den Beschleunigungsdaten übergeben. Dieses Objekt enthält die Unterobjekte acceleration, accelerationIncludingGravity und rotationRate. Die beiden Erstgenannten enthalten jeweils die Eigenschaften x, y und z für die verschiedenen Bahnbeschleunigungen. Der Unterschied: Falls das Mobilgerät in Ruhelage ist, dann hat z beim Objekt acceleration den Wert 0, beim Objekt accelerationIncludingGravity den Wert 9.81.

Anschließend wird zum einen geprüft, ob einer der Beschleunigungswerte mindestens um 3 Meter pro (Sekunde zum Quadrat) von dem Wert abweicht, der in der Ruhelage herrscht. Zum anderen wird geprüft, ob das dunkle Quadrat bereits am Rand des hellen Rechtecks angelangt ist. Es soll sich nicht über den Rand hinausbewegen.

Falls die Prüfungen ein positives Ergebnis haben, dann wird das dunkle Quadrat um 50 Pixel bewegt bzw. wird um 20 Pixel größer oder kleiner.

Auf manchen Mobilgeräten können die Winkelbeschleunigungen nicht ausgegeben werden. Daher wird das entsprechende Objekt `rotationRate` vorher abgefragt. Es enthält in den Eigenschaften `alpha`, `beta` und `gamma` die drei verschiedenen Werte.

Die richtige Bedienung des Programms, sprich die gezielte Bewegung des Quadrats in eine bestimmte Richtung, ist nicht ganz einfach. Ein Tipp: Leiten Sie die Bewegung langsam ein, und beenden Sie sie ruckartig. Da nur Beschleunigungswerte größer als 3 zu einer Bewegung führen, tritt diese nur beim Abbremsen auf. So ist der Effekt besser zu sehen.

Einige Versuche haben gezeigt, dass zumindest beim *Google Nexus 7 Tablet* keine Beschleunigungswerte größer als 19.62 gemessen werden können. Dies entspricht 2 g, also der zweifachen Erdbeschleunigung.

Und noch ein letzter Tipp: Halten Sie beim Testen der Beschleunigungen das Mobilgerät gut fest. ;-)

15

Anhang

In diesem Anhang beschreibe ich, wie Sie das Paket *EasyPHP* installieren. Außerdem enthält er eine Liste der Schlüsselwörter der Sprache JavaScript.

A.1 Installation des Pakets EasyPHP

In diesem Abschnitt beschreibe ich die Installation des Pakets *EasyPHP* unter MS Windows. Es enthält einen Apache-Webserver, die Webserver-Programmiersprache PHP und vieles mehr. Zur Nutzung von PHP verweise ich unter anderem auf Abschnitt 4.2.2, »Formulare und Ajax«.

Das Paket ist fertig vorkonfiguriert und frei verfügbar. Auf dem Datenträger zum Buch finden Sie EasyPHP in der Version 13.1. Die Version 13.1 VC11 ist für PCs mit MS Windows 7 und neuer geeignet, die Version 13.1 VC9 für PCs mit MS Windows seit MS Windows XP. Etwaige aktuellere Versionen können Sie von der Internetseite *http://www.easyphp.org* herunterladen.

Während der Installation können Sie das Zielverzeichnis *C:/EasyPHP* einstellen. Nach der Installation können Sie EasyPHP inklusive Webserver vom Desktop aus starten. In der Taskleiste finden Sie ein Verwaltungsmenü, siehe Abbildung A.1. Hier steht Ihnen unter anderem eine Möglichkeit zum Neustart der Server (RESTART) und zum Beenden von EasyPHP inklusive des Webservers (EXIT) zur Verfügung.

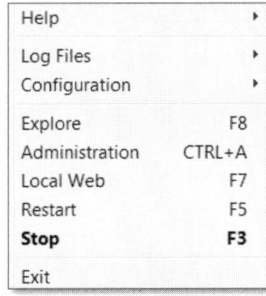

Abbildung A.1 EasyPHP, Verwaltungsmenü

Die Adresse der Hauptseite von EasyPHP lautet nach der Installation *http://localhost*. Ihre eigenen Programme, die Formulare oder Ajax-Elemente enthalten und eine Antwort eines PHP-Webserverprogramms erwarten, sollten Sie im Verzeichnis *C:/EasyPHP/data/localweb* oder in darunterliegenden Verzeichnissen speichern.

In einzelnen Fällen reicht die oben beschriebene Standardinstallation nicht aus. Kontrollieren Sie dann die Datei *C:/EasyPHP/binaries/conf_files/httpd.conf*. Dort sollte die Adresse des lokalen Webservers mit Port an zwei Stellen wie folgt angegeben sein:

```
Listen 127.0.0.1:80
```

beziehungsweise

```
ServerName 127.0.0.1:80
```

Korrigieren Sie gegebenenfalls die Angaben in diesen Zeilen, und starten Sie den lokalen Webserver erneut.

A.2 Liste der Schlüsselwörter

Bei der Erzeugung von Variablen und eigenen Funktionen vergeben Sie eigene, möglichst selbsterklärende Namen. Die Vergabe der Namen folgt bestimmten Regeln, siehe Abschnitt 2.1.1, »Speicherung von Zeichenketten«. Die folgenden Namen dürfen Sie nicht verwenden, da sie von JavaScript selbst genutzt werden (jetzt oder in Zukunft):

break, case, catch, const, continue, default, delete, do, else, export, false, finally, for, function, if, in, instanceof, new, null, prototype, return, switch, this, throw, true, try, typeof, undefined, var, void, while **und** with.

Index

■ Schau dem WWW gründlich unter die Haube

■ Schreibe Webseiten für einfach alles, was einen Bildschirm hat

■ Wappne dich mit AJAX und Objekten, und sprich mit den Servern des weltweiten Webs

Kai Günster

Schrödinger lernt HTML5, CSS3 und JavaScript

Das etwas andere Fachbuch

Eine runde Sache! Schrödinger wird Webentwickler. Zusammen lernt ihr HTML, CSS und JavaScript . Drei Sprachen, ohne das Buch zu wechseln, was auch zu schade wäre. Von "Hallo Webwelt" bis zu Responsive Webdesign und TouchScreens. Theorie und Praxis auf dem neuesten Stand und wenn Du willst, mit Deinem eigenen Webserver.

826 S., 2013, komplett in Farbe, 44,90 Euro
ISBN 978-3-8362-2020-0
www.galileocomputing.de/3277

»Empfehlung der Redaktion!«
Netzwerk Total

- Professionelle, echtzeitfähige Anwendungen entwickeln

- Installation, Grundlagen, Best Practices

- Debugging, Skalierung, Qualitätssicherung

Sebastian Springer

Node.js
Das umfassende Handbuch

Das Buch bietet Ihnen einen guten Einstieg in das Universum von Node.js. Diese Skriptsprache ist eine der derzeit schnellsten JavaScript-Implementierungen für Webserver. An einfachen und leicht verständlichen Beispielen werden die Grundlagen erklärt, die die Basis für weiterführende Themen bilden. Durch diesen Aufbau eignet sich das Buch sowohl zum Erlernen von Node.js als auch als Nachschlagewerk im täglichen Gebrauch.

469 S., 2013, 34,90 Euro
ISBN 978-3-8362-2119-1
www.galileocomputing.de/3319

Galileo Press

- Grundlagen, Praxisbeispiele, Referenz

- Responsive Webdesign, Flexbox, SASS u. v. m.

- Inkl. CSS-Layouts, YAML, mobiles Webdesign

Kai Laborenz

CSS

Das umfassende Handbuch

Das vollständige Wissen zu CSS und Co. in einem Band! Einsteiger erhalten eine fundierte Einführung, professionelle Webentwickler einen Überblick über alle CSS-Technologien und Praxislösungen für CSS-Layouts sowie Tipps, um aus dem täglichen Webeinerlei herauszukommen. Inkl. HTML5, CSS3, Mobiles und Responsive Webdesign u.v.m.

791 S., 2. Auflage 2013, mit DVD und Referenzkarte, 39,90 Euro
ISBN 978-3-8362-2313-3
www.galileocomputing.de/3348

»Ein Standardwerk und daher für Webentwickler uneingeschränkte Pflichtlektüre, von der sowohl Einsteiger wie auch Fortgeschrittene profitieren.«
Macromedia – Akademie der Medien

Galileo Press

- Grundlagen, Einsatz, Praxisbeispiele

- Plug-ins nutzen und erstellen, jQuery UI

- Navigationen, Tabellen, Bildergalerien, Formular, Effekte und Animationen

Frank Bongers, Maximilian Vollendorf

jQuery

Das Praxisbuch

Mit jQuery kann man zaubern. Auch JavaScript-Muffel kommen mit dem Framework schnell zu Ergebnissen, die sich sehen lassen können. Dieses Buch zeigt Ihnen, wie Sie die Funktionen von jQuery effektiv auf Ihren Webseiten einsetzen können. Inkl. Entwicklung mobiler Anwendungen mit jQuery Mobile

ca. 780 S., 3. Auflage, mit DVD, 34,90 Euro
ISBN 978-3-8362-2638-7, Dezember 2013
www.galileocomputing.de/3473

Galileo Press

- Geodaten, Videos, Audio, Grafiken, Bewegungssensoren

- Arbeit mit jQuery Mobile, Sencha, PhoneGap

- Entwicklung von Tablet-Magazinen – Inkl. iPhone 5 und iPad mini

Florian Franke, Johannes Ippen

Apps mit HTML5 und CSS3
für iPad, iPhone und Android

Entdecken Sie die Möglichkeiten von HTML5 und CSS3 für die Entwicklung von modernen Apps. Sie erstellen erste Apps, gestalten Zeitschriften und Bücher für iPad und Co. und nutzen alle Möglichkeiten der mobilen Geräte. Inkl. Ausbau zu nativen Programmen, Einsatz von JavaScript-Frameworks und Windows Phone

524 S., 2. Auflage 2013, mit DVD, 29,90 Euro
ISBN 978-3-8362-2237-2
www.galileocomputing.de/3330

»Im Ergebnis macht das Buch Lust auf das Entwickeln.
Und wenn das kein Erfolg für die Welt der Webapps ist, was sonst?«
Wilhelmshavener Zeitung

Galileo Press